PLANEJAMENTO URBANO E DESENVOLVIMENTO SUSTENTÁVEL
A SIMBIOSE ENTRE O DIREITO URBANÍSTICO E O DIREITO AMBIENTAL

GIOVANI FERRI

Prefácio
Gabriel Wedy

PLANEJAMENTO URBANO E DESENVOLVIMENTO SUSTENTÁVEL
A SIMBIOSE ENTRE O DIREITO URBANÍSTICO E O DIREITO AMBIENTAL

Belo Horizonte

2024

© 2024 Editora Fórum Ltda.

É proibida a reprodução total ou parcial desta obra, por qualquer meio eletrônico, inclusive por processos xerográficos, sem autorização expressa do Editor.

Conselho Editorial

Adilson Abreu Dallari
Alécia Paolucci Nogueira Bicalho
Alexandre Coutinho Pagliarini
André Ramos Tavares
Carlos Ayres Britto
Carlos Mário da Silva Velloso
Cármen Lúcia Antunes Rocha
Cesar Augusto Guimarães Pereira
Clovis Beznos
Cristiana Fortini
Dinorá Adelaide Musetti Grotti
Diogo de Figueiredo Moreira Neto (*in memoriam*)
Egon Bockmann Moreira
Emerson Gabardo
Fabrício Motta
Fernando Rossi
Flávio Henrique Unes Pereira

Floriano de Azevedo Marques Neto
Gustavo Justino de Oliveira
Inês Virgínia Prado Soares
Jorge Ulisses Jacoby Fernandes
Juarez Freitas
Luciano Ferraz
Lúcio Delfino
Marcia Carla Pereira Ribeiro
Márcio Cammarosano
Marcos Ehrhardt Jr.
Maria Sylvia Zanella Di Pietro
Ney José de Freitas
Oswaldo Othon de Pontes Saraiva Filho
Paulo Modesto
Romeu Felipe Bacellar Filho
Sérgio Guerra
Walber de Moura Agra

Luís Cláudio Rodrigues Ferreira
Presidente e Editor

Coordenação editorial: Leonardo Eustáquio Siqueira Araújo
Aline Sobreira de Oliveira

Rua Paulo Ribeiro Bastos, 211 – Jardim Atlântico – CEP 31710-430
Belo Horizonte – Minas Gerais – Tel.: (31) 99412.0131
www.editoraforum.com.br – editoraforum@editoraforum.com.br

Técnica. Empenho. Zelo. Esses foram alguns dos cuidados aplicados na edição desta obra. No entanto, podem ocorrer erros de impressão, digitação ou mesmo restar alguma dúvida conceitual. Caso se constate algo assim, solicitamos a gentileza de nos comunicar através do *e-mail* editorial@editoraforum.com.br para que possamos esclarecer, no que couber. A sua contribuição é muito importante para mantermos a excelência editorial. A Editora Fórum agradece a sua contribuição.

Dados Internacionais de Catalogação na Publicação (CIP) de acordo com ISBD

F388p	Ferri, Giovani Planejamento urbano e desenvolvimento sustentável: a simbiose entre o direito urbanístico e o direito ambiental / Giovani Ferri. Belo Horizonte: Fórum, 2024. 398 p. 14,5x21,5cm ISBN 978-65-5518-616-1 1. Direito ambiental. 2. Direito urbanístico. 3. Desenvolvimento urbano. 4. Cidades sustentáveis. 5. Ministério Público. I. Título. CDD: 344.046 CDU: 349.6

Ficha catalográfica elaborada por Lissandra Ruas Lima – CRB/6 – 2851

Informação bibliográfica deste livro, conforme a NBR 6023:2018 da Associação Brasileira de Normas Técnicas (ABNT):

FERRI, Giovani. *Planejamento urbano e desenvolvimento sustentável*: a simbiose entre o direito urbanístico e o direito ambiental. Belo Horizonte: Fórum, 2024. 398 p. ISBN 978-65-5518-616-1.

Dedico este livro à minha inestimável esposa Silmara e a meus filhos, Isadora e Eduardo, os quais não mediram esforços para compreender os desafios que assumi durante as solitárias noites de estudos e pesquisas que ensejaram a concretização desta obra.

AGRADECIMENTOS

Agradeço ao Ministério Público do Estado do Paraná, que atento à necessidade de aprimoramento profissional de seus membros, permitiu que este projeto fosse concretizado em prol de um novo olhar para os problemas urbanísticos, ambientais e sociais que afligem a sociedade contemporânea.

Um agradecimento especial ao professor Dr. Gabriel Wedy, profissional da mais elevada capacidade, por quem nutro profundo respeito e admiração. Jurista de escol, professor Wedy é um dos grandes protagonistas do direito ambiental contemporâneo, sempre preocupado com o futuro da nossa Mãe Gaia, inspirando as novas gerações a lutarem por um planeta melhor. As orientações sempre ricas e ponderadas do nobre professor durante meus estudos na Universidade do Vale do Rio dos Sinos foram fundamentais para a conclusão desta obra.

Quando falamos de "meio ambiente", fazemos referência também a uma particular relação: a relação entre a natureza e a sociedade que a habita. Isto impede-nos de considerar a natureza como algo separado de nós ou como uma mera moldura da nossa vida. Estamos incluídos nela, somos parte dela e compenetramo-nos. As razões, pelas quais um lugar se contamina, exigem uma análise do funcionamento da sociedade, da sua economia, do seu comportamento, das suas maneiras de entender a realidade. Dada a amplitude das mudanças, já não é possível encontrar uma resposta específica e independente para cada parte do problema. É fundamental buscar soluções integrais que considerem as interacções dos sistemas naturais entre si e com os sistemas sociais. Não há duas crises separadas: uma ambiental e outra social; mas uma única e complexa crise sócio-ambiental. As directrizes para a solução requerem uma abordagem integral para combater a pobreza, devolver a dignidade aos excluídos e, simultaneamente, cuidar da natureza.

(FRANCISCO, Papa. Carta Encíclica Laudato Si, do Santo Padre Francisco: sobre o cuidado da casa comum. Vaticano, 2015, p.46)

LISTA DE ABREVIATURAS E SIGLAS

ABRAINC Associação Brasileira de Incorporadoras Imobiliárias

ACNUR Alto Comissariado das Nações Unidas para os Refugiados

ATHIS Assistência Técnica para Habitação de Interesse Social

BID Banco Interamericano de Desenvolvimento

BNH Banco Nacional da Habitação

CAU Cadastro Ambiental Urbano

CEF Caixa Econômica Federal

CEU Conselho Europeu de Urbanistas

CIAM Congresso Internacional de Arquitetura Moderna

CIC Câmara da Indústria da Construção

CIDH Corte Interamericana de Direitos Humanos

CNODS Comissão Nacional para os Objetivos de Desenvolvimento Sustentável

CRED Centre for Research on the Epidemiology of Disasters

DESA Department of Economic and Social Affairs

DPU Defensoria Pública da União

EPA Environmental Protection Agency

ERCA Escritório Regional de Cascavel

FAO Food and Agriculture Organization of the United Nations

FEHRIS Fundo Estadual de Habitação e Regularização Fundiária de Interesse Social

FGV	Fundação Getulio Vargas
FMP	Fração Mínima de Parcelamento
FNHIS	Fundo Nacional de Habitação de Interesse Social
GAEMA	Grupo de Atuação Especializada em Meio Ambiente, Habitação e Urbanismo
IBGE	Instituto Brasileiro de Geografia e Estatística
IDH	Índice de Desenvolvimento Humano
IDHM	Índice de Desenvolvimento Humano Municipal
IDMC	Internal Displacement Monitoring Centre
INCRA	Instituto Nacional de Colonização e Reforma Agrária
IOM	International Organization for Migration
IPARDES	Instituto Paranaense de Desenvolvimento Econômico e Social
IPBES	Intergovernmental Science Policy Platform on Biodiversity and Ecosystem Services
IPCC	Intergovernamental Panel on Climate Change
IPEA	Instituto de Pesquisa Econômica Aplicada
ISO	International Organization for Standardization
IVM	Índice de Vulnerabilidade Municipal
MIT	Massachusetts Institute of Technology
MME	Ministério de Minas e Energia
MNRU	Movimento Nacional pela Reforma Urbana
MPPR	Ministério Público do Estado do Paraná
NOAA	National Oceanic Atmospheric Administration
OCDE	Organização para a Cooperação e o Desenvolvimento Econômico
ODM	Objetivos do Desenvolvimento do Milênio
ODS	Objetivos de Desenvolvimento Sustentável

ONU	Organização das Nações Unidas
OUA	Organização da Unidade Africana
PDUI	Plano de Desenvolvimento Urbano Integrado
PLANHAP	Plano Nacional de Habitação Popular
PLHIS	Programa Local de Habitação de Interesse Social
PMCMV	Programa Minha Casa Minha Vida
PNDU	Política Nacional de Desenvolvimento Urbano
PNHIS	Plano Nacional de Habitação de Interesse Social
PNHR	Programa Nacional de Habitação Rural
PNHU	Programa Nacional de Habitação Urbana
PNMA	Política Nacional do Meio Ambiente
PNPDEC	Política Nacional de Proteção e Defesa Civil
PNUD	Programa das Nações Unidas para o Desenvolvimento
RDC	Regime Diferenciado de Contratações Públicas
REURB	Regularização Fundiária Urbana
RSDS	Rede de Soluções para o Desenvolvimento Sustentável
SEHIS	Sistema Estadual de Habitação de Interesse Social
SERFHAU	Serviço Federal de Habitação e Urbanismo
SINDUSCON/SP	Sindicato da Indústria da Construção Civil de São Paulo
SISNAMA	Sistema Nacional do Meio Ambiente
SISPEHIS	Sistema de Informações sobre Necessidades Habitacionais do Paraná
SNHIS	Sistema Nacional de Habitação de Interesse Social
STF	Supremo Tribunal Federal
TCU	Tribunal de Contas da União

SUMÁRIO

PREFÁCIO
Gabriel Wedy..19

INTRODUÇÃO..27

CAPÍTULO 1
A TUTELA DO MEIO AMBIENTE PARA A GARANTIA DAS FUTURAS GERAÇÕES..35

1.1 A crise ecológica da sociedade contemporânea 36
1.2 Imprescindibilidade de uma nova ética ambiental 42
1.3 A justiça ecológica e o reconhecimento do valor intrínseco da natureza 46
1.4 Os limites planetários (*Planetary Boundaries*) 51
1.5 O desenvolvimento tecnoindustrial e a sociedade de risco na Era do Antropoceno 54
1.6 A edificação do Direito Constitucional Ecológico 65
1.7 Meio ambiente equilibrado como direito de terceira geração e direito humano fundamental 68
1.8 A construção do Estado Ambiental de Direito 76

CAPÍTULO 2
O PRINCÍPIO DO DESENVOLVIMENTO SUSTENTÁVEL: EVOLUÇÃO HISTÓRICA E PERSPECTIVAS 81

2.1 Dimensões sistêmicas da sustentabilidade 81
2.2 Primeira fase: do Clube de Roma à Declaração de Estocolmo 84
2.3 Segunda fase: a Carta Mundial da Natureza, o Relatório Brundtland e a Rio 92 89
2.4 Terceira fase: da Cúpula do Milênio à Declaração de Johanesburgo 92
2.5 Quarta fase: Rio+20, Agenda 2030 e os Objetivos de Desenvolvimento Sustentável (ODS) 95

2.6 Juridicidade do desenvolvimento sustentável no Brasil: da Política Nacional do Meio Ambiente à Constituição Federal de 1988............100
2.7 Compatibilização entre o Desenvolvimento Sustentável e a Ordem Econômica..104

CAPÍTULO 3
A EVOLUÇÃO DO DIREITO URBANÍSTICO E SUA INTERFACE COM O DIREITO AMBIENTAL..107
3.1 O surgimento das cidades e o fenômeno da urbanização...............108
3.2 Fase da industrialização e do surgimento das grandes metrópoles..113
3.3 Expansão urbana no Brasil contemporâneo....................................120
3.4 Autonomia e interdisciplinaridade do direito urbanístico..............122
3.5 A sustentabilidade urbano-ambiental..128
3.6 A Política Nacional de Desenvolvimento Urbano da década de 1960 à Constituição Federal de 1988..131
3.7 O advento do Estatuto da Cidade como instrumento de ordenamento urbano...139
3.8 Direito às cidades sustentáveis..143
3.9 Sustentabilidade urbana x crescimento populacional desordenado...148
3.10 As dimensões social, econômica e ambiental da *Cidade Coerente*.....151
3.11 O Objetivo de Desenvolvimento Sustentável nº 11: as cidades sustentáveis e resilientes..156
3.12 As cidades verdes (*green cities*) como modelos de sustentabilidade..161
3.13 Construções verdes ou sustentáveis (*green building*).....................166
3.14 As cidades inteligentes (*smart cities*): um novo paradigma tecnológico para a sustentabilidade ambiental e urbanística..........172
3.15 Mudanças climáticas: consequências sociais, ambientais, econômicas e urbanísticas à luz dos relatórios do IPCC e metas do ODS 13, Acordo de Paris, Pacto de Glasgow e Conferência de Sharm El-Sheikh..183

CAPÍTULO 4
O PLANEJAMENTO URBANO COMO POLÍTICA PÚBLICA ESSENCIAL..201
4.1 Evolução das normas de planejamento urbano...............................201
4.2 A boa governança como elemento essencial ao desenvolvimento sustentável e ao planejamento urbano..206

4.3   Mecanismos de democracia participativa na gestão ambiental
        e urbanística 219
4.4   O Princípio da Participação Popular na Declaração de Estocolmo,
        Declaração Rio 92, Convenção de Aarhus, Acordo de Escazú e
        Opinião Consultiva nº 23/17 da CIDH 223
4.5   Democracia participativa na Carta Mundial pelo Direito
        à Cidade, Nova Agenda Urbana e Estatuto da Cidade......................237
4.6   O direito fundamental à moradia como expressão da dignidade
        da pessoa humana e a problemática do déficit habitacional.............243
4.7   Os assentamentos precários e a segregação socioespacial
        urbana 258
4.8   Desigualdades sociais e estruturais no processo de urbanização ...265
4.9   Racismo ambiental e urbanização..273
4.10   As ocupações em áreas de risco, a prevenção de desastres
        no âmbito do direito internacional e os desafios da Política
        Nacional de Proteção e Defesa Civil 283
4.11   Plano diretor como instrumento de desenvolvimento urbano.........300
4.12   O processo de revisão do Plano diretor, o Princípio da Coesão
        Dinâmica e a responsabilidade do gestor público 312
4.13   Parcelamento, uso e ocupação de solo no direito urbanístico 316
4.14   A problemática do parcelamento irregular de solo rural para
        fins urbanos...325

CAPÍTULO 5
O MINISTÉRIO PÚBLICO E SUA ATUAÇÃO EM DEFESA DO MEIO AMBIENTE E DA ORDEM URBANÍSTICA......................331

5.1   As Promotorias de Habitação e Urbanismo e os Grupos de
        Atuação Especializada em Meio Ambiente, Habitação
        e Urbanismo 333
5.2   Plano Setorial de Ação como mecanismo de atuação estratégica
        do Ministério Público nas áreas de habitação e urbanismo 335
5.3   A Ação Civil Pública como mecanismo de tutela do
        meio ambiente e do ordenamento urbano 340

CONCLUSÃO..349

REFERÊNCIAS..357

PREFÁCIO

É com imensa honra que elaboro o prefácio da obra, *PLANEJAMENTO URBANO E DESENVOLVIMENTO SUSTENTÁVEL: a simbiose entre o direito urbanístico e o direito ambiental*, de autoria do Dr. Giovani Ferri, um dos mais brilhantes pesquisadores que acompanhei no Programa de Pós-Graduação em Direito da Unisinos e, para minha sorte e alegria, meu orientando e, agora, amigo.

O Dr. Giovani Ferri é Promotor de Justiça no glorioso Ministério Público do Estado do Paraná (MPPR) desde 1996. Coordenador Regional do Grupo de Atuação Especializada em Meio Ambiente, Habitação e Urbanismo (GAEMA). Doutorando e Mestre em Direito Público pela Universidade do Vale do Rio dos Sinos (Unisinos). Especialista em Direito Ambiental pela Universidade Federal do Paraná (UFPR). Professor de Direito Ambiental. Membro da Associação Brasileira dos membros do Ministério Público de Meio Ambiente (ABRAMPA) e da Rede Latino-Americana de Ministério Público Ambiental (REDEMPA). Membro do Grupo de Pesquisa "Direito fundamental ao desenvolvimento sustentável nas decisões judiciais" (Unisinos). Foi professor de Direito Ambiental na Escola da Magistratura do Paraná (2010-2015) e Coordenador Regional do Ministério Público junto à Bacia Hidrográfica do Rio Paraná II, III e ao Reservatório do Lago de Itaipu (2005 a 2017). Possui vasta experiência, portanto, em direito urbanístico e direito ambiental com enfoque nas áreas de planejamento urbano e sustentabilidade, tendo realizado cursos de extensão em direito público e ambiental em prestigiadas Universidades, como a *University of Florida (EUA) (Levin College of Law)* e a *Università Degli Studi di Roma Tor Vergata*.

A combinação entre um amadurecido e profundo conhecimento da dogmática jurídica e da prática forense no direito ambiental e no direito administrativo, somada à seriedade, serenidade e dedicação nas pesquisas científicas têm como resultado uma obra que já nasce como leitura obrigatória para os operadores do direito ambiental e do direito administrativo brasileiro. A tecnicidade de combinar, com elegância e erudição, a mais recomendada doutrina nacional, com consagrada doutrina estrangeira sobre o tema, sobretudo atuais, faz da leitura do livro algo prazeroso e edificante. A legítima obra jurídica que nos esclarece, acrescenta conhecimento e aguça a curiosidade.

Somados a esses pontos, que por si só já bastariam, o autor traz no livro casos julgados do direito estrangeiro e do direito brasileiro, quanto aos últimos, provenientes dos nossos Tribunais Superiores. Esta jurisprudência empresta à obra um realismo impressionante que se converte em total utilidade para os que atuam como operadores do direito e para aqueles que realizam pesquisas científicas sérias em nível de graduação e de pós-graduação.

Parabenizo, igualmente, a consagrada Editora Fórum pela escolha e seleção da obra, entre tantas outras para publicação, o livro por certo vai agradar e cativar o seu exigente, tradicional e qualificado público leitor.

Pois bem, o Autor inicia o seu livro abordando, no CAPÍTULO 1, A TUTELA DO MEIO AMBIENTE PARA A GARANTIA DAS FUTURAS GERAÇÕES, passando por temas essenciais como a crise ecológica da sociedade contemporânea; a imprescindibilidade de uma nova ética ambiental; a justiça ecológica e o reconhecimento do valor intrínseco da natureza; os limites planetários (*Planetary Boundaries*); o desenvolvimento tecnoindustrial e a sociedade de risco na Era do Antropoceno; a edificação do Direito Constitucional Ecológico; o meio ambiente equilibrado como direito de terceira geração e direito humano fundamental; e, finalizando, com uma completa definição Estado Ambiental de Direito.

No CAPÍTULO 2, trata do PRINCÍPIO DO DESENVOLVIMENTO SUSTENTÁVEL: EVOLUÇÃO HISTÓRICA E PERSPECTIVAS, disserta com profundidade sobre as dimensões sistêmicas da sustentabilidade, realizando uma divisão em etapas, tendo a sua primeira fase que vai desde o Clube de Roma à Declaração de Estocolmo, passando pela segunda fase, que atravessa, cronologicamente, com elegante narrativa, os marcos da Carta Mundial da Natureza, do Relatório Brundtland e a Rio 92, enquadrando como terceira fase o período que vai desde a Cúpula do Milênio à Declaração de Johanesburgo, e a quarta fase que engloba a Rio+20, a Agenda 2030 e os Objetivos de Desenvolvimento Sustentável (ODS). Em seguida, avalia a juridicidade do desenvolvimento sustentável no Brasil, com enfoque principal na Política Nacional do Meio Ambiente e no artigo 225 da Constituição Federal de 1988. Faz uma leitura madura do texto constitucional e aborda a compatibilização entre o desenvolvimento sustentável e a ordem econômica.

No CAPÍTULO 3, disserta sobre a EVOLUÇÃO DO DIREITO URBANÍSTICO E SUA INTERFACE COM O DIREITO AMBIENTAL e trata especificamente do surgimento das cidades e do fenômeno da urbanização, passando pela necessária abordagem da fase da industrialização e do surgimento das grandes metrópoles e da expansão urbana no Brasil contemporâneo. Defende, outrossim, a autonomia e a interdisciplinaridade do direito urbanístico. Faz referência à sustentabilidade urbano-ambiental e à política nacional de desenvolvimento urbano na Constituição Federal de 1988, assim como ao advento do Estatuto da Cidade como instrumento de ordenamento urbano. Enfatiza o direito humano às cidades sustentáveis e ao balanceamento entre a sustentabilidade urbana e o crescimento populacional desordenado. Classifica, com cuidado e responsabilidade, as dimensões social, econômica e ambiental da Cidade Coerente e o Objetivo de Desenvolvimento Sustentável nº 11, que trata das cidades sustentáveis e resilientes. Neste sentido, analisa as cidades verdes (*green cities*) como modelos de sustentabilidade e a regulação das construções verdes ou sustentáveis (*green building*). Como não poderia deixar de ser, avança sobre os novos temas das cidades inteligentes (*smart cities*) e do enfrentamento das mudanças climáticas e suas consequências sociais, ambientais, econômicas e urbanísticas.

No CAPÍTULO 4, O PLANEJAMENTO URBANO COMO POLÍTICA PÚBLICA ESSENCIAL, aborda a evolução das normas de planejamento urbano e a boa governança como elemento fundamental ao desenvolvimento sustentável e ao planejamento urbano e, em decorrência desta opção, lista os mecanismos de democracia participativa na gestão ambiental e urbanística. Insere na pesquisa uma abordagem ampla sobre o Princípio da Participação Popular na Declaração de Estocolmo, na Declaração do Rio 92, na Convenção de Aarhus, no Acordo de Escazú e na Opinião Consultiva nº 23/17 da CIDH.

Define o que é democracia participativa de acordo com a Carta Mundial pelo Direito à Cidade, com a Nova Agenda Urbana e com o Estatuto da Cidade. Trata do tema do direito fundamental à moradia como expressão da dignidade da pessoa humana, sem descurar da problemática do déficit habitacional e dos assentamentos precários e da segregação socioespacial urbana. Não se omite em enfrentar com humanismo as desigualdades sociais e os problemas estruturais no processo de urbanização, entre os quais, o racismo ambiental e as ocupações em áreas de risco. Neste ponto, com conhecimento de causa, não cedendo à tentação de aventuras jurídicas, trata com precisão do tema da prevenção dos desastres e dos desafios da Política Nacional de Proteção e Defesa Civil. Como não poderia deixar de ser, até por simetria constitucional, trata do Plano Diretor como instrumento de desenvolvimento urbano e do seu processo de revisão sob o enfoque do Princípio da Coesão Dinâmica e da responsabilidade do gestor público. Detalha esse ponto da pesquisa, abordando o tormentoso tema do parcelamento, uso e ocupação de solo no direito urbanístico e a problemática do parcelamento irregular de solo rural para fins urbanos.

Por fim, e necessariamente, assume posição positivamente privilegiada, de atuante, experiente e modelar representante do parquet, e de doutrinador, para tratar, no CAPÍTULO 5, do MINISTÉRIO PÚBLICO E SUA ATUAÇÃO EM DEFESA DO MEIO AMBIENTE E DA ORDEM URBANÍSTICA. Aí, com conhecimento de causa e vastíssima experiência profissional, trata das Promotorias de Habitação e Urbanismo e dos Grupos de Atuação Especializada em meio ambiente, habitação e urbanismo e do Plano Setorial de Ação como mecanismo de atuação estratégica do Ministério Público nas áreas de habitação e urbanismo. E, claro, como não poderia faltar, o Autor ainda elabora um tópico sobre o instrumento processual mais utilizado pelo Ministério Público em defesa do meio ambiente e do ordenamento urbano, qual seja: a ação civil pública, tantas vezes manejada pelo Dr. Giovani Ferri, ao longo das décadas, nos seus embates nas Cortes em defesa da Constituição e dos valores por esta tutelados.

Pois bem, apenas para reforçar a importância desta obra e da sua atualidade, é importante referir que após a COP27, em *Sharm El-Sheikh*, no Egito, que deixou como legado principal a criação de um fundo de perdas e danos, parece que, entre outros importantes atores, os municípios vão precisar assumir o seu papel no sentido de serem protagonistas de um pensamento ecológico global e de exercerem uma ação climática local.

A explicação é mais simples do que se pode pensar, pois as cidades são responsáveis por cerca de 70% das emissões de gases de efeito estufa, ao mesmo tempo em que abrigam cerca de 55% da população global, o que equivale a 4,2 bilhões de pessoas. Referido número de residentes nos limites físicos urbanos deve aumentar para 68% até 2050.[1] Uma verdadeira *tragédia dos comuns*, na expressão de

---

[1] UNITED NATIONS, Department of Economic and Social Affairs, Population Division. *World Urbanization Prospects: the 2018 Revision* (ST/ESA/SER.A/420). New York: United Nations, 2019.

Garret Hardin[2] e um problema que também foi identificado por *Amartya Sen*, que defende o controle de natalidade, não de modo coercitivo, mas por meio do fortalecimento das mulheres e das adolescentes na sociedade, da educação gratuita, desde a pré-escola até a Universidade, da diminuição da desigualdade, do acesso universal à saúde e do pleno acesso à informação.[3]

As cidades têm recebido apoio técnico de redes como a *Rede de Pesquisas sobre Mudanças Climáticas Urbanas*, o *Pacto Global de Prefeitos*, o *C40*, o *Conselho Internacional para Iniciativas Ambientais Locais*, a *Rede Cidades e Governos Locais Unidos* e outros. Sem dúvida, é necessário desenvolver a capacidade gerencial e de governança necessária para cumprir as ações climáticas previstas no *Acordo Climático de Paris* e, igualmente, na *Agenda 2030 para o Desenvolvimento Sustentável*, em especial, no *ODS 11: Cidades e Comunidades Sustentáveis*. Relevante não esquecer que, atualmente, 1.676 cidades e 146 regiões, que representam mais de 14% da população global, se comprometeram em alcançar o patamar de emissões líquidas negativas até 2050.[4]

As perigosas interações entre a mudança de estilo da vida urbana, o consumo insustentável, a exposição aos eventos climáticos extremos e as vulnerabilidades na infraestrutura podem criar riscos e danos catastróficos causados pelas mudanças climáticas para as cidades e seres vivos. No entanto, a tendência global de urbanização pode oferecer uma oportunidade no curto prazo, para que o desenvolvimento ecologicamente sustentável ocorra de modo resiliente ao clima, como constatado pelo Grupo II do IPCC em 2022.

Neste cenário, o *The Carbonn Center* fez um levantamento no qual consta que 1.153 cidades já desenvolveram alguma ação em defesa do clima, e estas encontram-se distribuídas em 91 nações. Esta medida beneficia o equivalente ao número de 833 milhões de pessoas, representando cerca de 9% da população global.[5] No Brasil, outrossim,

---

[2] HARDIN, Garret. The Tragedy of the Commons. *Science*, v. 162, n. 3859, p. 1243-1248, 13 dez. 1968.
[3] SEN, Amartya. *Development as Freedom*. New York: Random House, 1999.
[4] DATA-DRIVEN EnviroLab, Global Climate Action from Cities, Regions and Businesses. Utrecht University, German Institute of Development and Sustainability (IDOS), CDP, Blavatnik School of Government, University of Oxford, 2022.
[5] THE CARBONN CENTER. Supporting cities, towns and regions tackling climate change to create transparency, accountability and credibility. *Carbon Center.org*, 5 nov. 2021. Disponível em: https://carbonn.org/. Acesso em: 5 maio 2023.

existem 14 capitais que já instituíram ou estão em vias de elaborar planos de ação climática compatíveis com os seus Planos Diretores, com as Constituições estaduais e federal. São estas: São Paulo, Belo Horizonte, Rio de Janeiro, Brasília, Curitiba, Florianópolis, Porto Alegre, Manaus, Palmas, Porto Velho, Fortaleza, Recife, Salvador e João Pessoa. Além disso, muitas outras cidades estão engajadas na elaboração ou revisão de seus inventários de gases de efeito estufa, alinhadas com o Protocolo Global para Inventários de Emissões de GEE na Escala da Comunidade. O inventário define a linha de base a partir da qual a cidade poderá planejar suas estratégias para implementação de ações de adaptação e de mitigação climáticas.

As cidades brasileiras, por certo, possuem um dever constitucional fundamental de tutela do meio ambiente e, por consequência, de executar estes planos de acordo com a política nacional de mudanças climáticas prevista na Lei nº 12.187/2009. Uma abordagem policêntrica, com diálogo das fontes, para além de recomendável, é lei vigente, conforme expresso nos artigos 3º, inc. V e 5º, inc. V, da PNMC, diploma que vincula uma ação efetiva do município em defesa do sistema climático e a tutela das populações vulneráveis. Esta interpretação advém, aliás, de nosso sistema jurídico constitucional e do federalismo, que vêm manifesto também no art. 23 da Carta Política de 1988, que prevê, com todas as letras, a competência administrativa comum entre os entes federativos em matéria ambiental.

Os municípios, portanto, para além das competências constitucionais, executiva e legislativa, a serem exercidas sempre de modo protetivo – *evolutivo/progressivo* – do meio ambiente e do sistema climático, podem ser autores em litígios climáticos e, também, réus, quando o tema for direito climático. Podem demandar em defesa do meio ambiente e do sistema climático estável, mas também podem ser demandados em virtude de ações e omissões ilegais e inconstitucionais. Os cidadãos podem requerer em juízo indenizações e melhoria da infraestrutura urbana (que deve ser edificada por projetos sustentáveis, compatíveis com conceitos de adaptação e de resiliência). Os municípios, de outro lado, também podem demandar empresas e outros órgãos estatais para o cumprimento da legislação climática e para a concretização dos princípios da prevenção e da precaução em defesa dos munícipes e do próprio macrobem ambiental.

Na jurisdição estrangeira podem ser observados dezenas de litígios climáticos envolvendo Estados e municipalidades. Por exemplo, as cidades de Paris e Nova Iorque juntaram-se a outros autores para ajuizar ação contra a *TotalEnergies* (TTEF.PA) por estas não combaterem adequadamente as alterações climáticas. O litígio climático, instaurado em janeiro de 2020, veicula pedido com base em lei francesa de 2017 que exige que as grandes empresas francesas elaborem planos de vigilância para evitar a ocorrência de danos ambientais e climáticos.

O litisconsórcio ativo requereu ao Estado-Juiz medida judicial que obrigue a *TotalEnergies* a "adotar as medidas necessárias para reduzir drasticamente as suas emissões de gases de efeito de estufa e enquadrar-se aos objetivos do *Acordo de Paris*". Os autores, inclusive, citaram na fundamentação da demanda como precedente o caso *Dutch Shell*.[6] *No referido leading case*, de maio de 2021, o poder judiciário holandês emitiu decisão mandamental para que a *Royal Dutch Shell* acelere o seu objetivo de redução das emissões de carbono. Além das duas municipalidades, que são verdadeiros palcos das lutas pelas liberdades, pelos direitos civis e sociais, cerca de 16 autoridades locais e seis ONGs, incluindo a *Notre Affaire a Tous*, *Sherpa* e a *Amnistia Internacional França* aderiram ao polo ativo da ação.

Em setembro de 2020, a cidade de Hoboken, Nova Jersey, igualmente ajuizou ação climática em tribunal estadual contra a *Exxon Mobil* e 12 outras entidades, incluindo *BP*, *Shell*, *Chevron*, *Conoco Phillips* e *API*, em virtude dos danos causados pela devastação do *Furacão Sandy* em 2012. A parte autora, com base na lei municipal de proteção ao consumo, afirmou que os demandados são responsáveis pelos danos relacionados às alterações climáticas associados à venda de combustíveis fósseis. Na demanda, a parte autora busca a reparação de danos de 140 milhões de dólares referentes aos gastos que a cidade efetuou nas últimas décadas em projetos de resiliência climática, incluindo a construção de barreiras contra a inundação à beira-mar e cisternas subterrâneas para administrar o excesso de água.

Portanto, os exemplos citados, apenas demonstram que em tempos de emergência climática, a obra *PLANEJAMENTO URBANO E DESENVOLVIMENTO SUSTENTÁVEL* demonstra, pelo próprio título, a sua notável importância e clara oportunidade.

---

[6] WEDY, Gabriel, Shell perde ação na Holanda, *Conjur*. Disponível em:https://www.conjur.com.br/2021-jun-19/ambiente-juridico-litigio-climatico-shell-perde-acao-holanda. Acesso em: 20 maio 2023.

Ao mesmo tempo em que parabenizo ao Dr. Giovani Ferri pelo brilhante livro, desejo a todos e a todas felizes possuidores(as) desta diferenciada obra uma excelente e profícua leitura.

São Leopoldo (Unisinos), 30 de maio de 2023.

Gabriel Wedy

Juiz federal. Membro do grupo de trabalho "Observatório do Meio Ambiente e das Mudanças Climáticas", do CNJ. Professor do Programa de Pós-Graduação em Direito da Universidade do Vale do Rio dos Sinos (Unisinos). Pós-doutor, doutor e mestre em Direito, *visiting scholar* pela *Columbia Law School* e pela *Universität Heidelberg*. Integrante da IUCN *World Comission on Environmental Law* (WCEL). Diretor de assuntos internacionais do instituto "O Direito por um Planeta Verde" e ex-presidente da Associação dos Juízes Federais do Brasil (Ajufe).

INTRODUÇÃO

A Constituição Federal de 1988 instituiu o marco jurídico da Política Urbana em seu Capítulo II (artigos 182 e 183), prevendo diretrizes com o objetivo de ordenar o pleno desenvolvimento das funções sociais da cidade e garantir o bem-estar de seus habitantes. Referidas diretrizes envolvem um complexo sistema de normas infraconstitucionais que visam atingir a sustentabilidade dos espaços urbanos, compatibilizando-se com o direito à sadia qualidade de vida e ao meio ambiente equilibrado (artigo 225 da CF/1988).

Nas últimas décadas, a expansão urbana passou a exigir novos regramentos multidisciplinares e instrumentos urbanísticos com o objetivo de evitar a deterioração das cidades e permitir o seu adequado desenvolvimento, tais como o Estatuto das Cidades, os Planos Diretores municipais e leis específicas de parcelamento, uso e ocupação de solo, considerando que "o processo de ocupação irregular de áreas urbanas e a formação de cidades informais é fator decisivo para a degradação ambiental e, por consequência, para a diminuição da qualidade de vida daqueles que habitam essas áreas".[1]

O processo de urbanização no Brasil teve rápida expansão a partir da segunda metade do século XX, pois conforme Maricato, em 1940, a população urbana brasileira correspondia a 26,3% de seu total, alcançando 81,2% no ano 2000, saltando de 18,8 milhões para 138 milhões de pessoas vivendo em centros urbanos.[2] Esse gigantesco

---

[1] DIAS, Daniela Maria dos Santos. *Planejamento e desenvolvimento urbano no sistema jurídico brasileiro*: óbices e desafios. Curitiba: Juruá, 2012. p. 30.
[2] MARICATO, Ermínia. *Brasil, cidades*: alternativas para a crise urbana. 7. ed. Petrópolis: Vozes, 2013. p. 16.

movimento de migração paras as áreas urbanas tornou-se motivo de enorme preocupação quanto aos impactos sociais e ambientais resultantes das aglomerações urbanas, reforçando o papel do direito urbanístico na sociedade contemporânea enquanto conjunto de normas dirigido a organizar os espaços habitáveis para propiciar melhores condições de vida ao ser humano.[3]

A preocupação com o planejamento urbano remonta períodos históricos, pois na Roma antiga já era possível identificar regras urbanísticas relacionadas à segurança, à estética e à salubridade das edificações, com o objetivo de disciplinar o conjunto urbano.[4] Meirelles ainda registra que nos últimos séculos o conceito de urbanismo evoluiu do campo estético para o social, pois a concepção francesa da mera arte de embelezar a cidade (*embelir la ville*) foi superada pela escola inglesa voltada a alcançar o desenvolvimento integral da área planificada, aproximando homem e natureza (*unity of nature mankind*).[5]

Nessa ótica, o fenômeno da urbanização exige ferramentas de planejamento adequadas para alcançar a sustentabilidade, sendo impositiva uma mudança de paradigma voltada ao pleno desenvolvimento das funções sociais da cidade, notadamente pelo fato de que o ordenamento urbano assumiu contornos ambientais. Seguindo essa diretriz, é preciso compreender a complexa dinâmica das cidades por intermédio de mecanismos sistêmicos que permitam harmonizar o desenvolvimento urbano com o meio ambiente equilibrado. Nesse viés, o planejamento urbano adequado pode tornar as cidades sustentáveis nos aspectos social, ambiental e urbanístico, contribuindo para a melhoria da qualidade de vida da população, notadamente pela efetividade de dois instrumentos específicos previstos no Estatuto da Cidade: a) o plano diretor como instrumento do ordenamento da política urbana (artigo 182, §1º, da CF/1988 e artigo 40, *caput*, da Lei nº 10.257/2001); b) a disciplina do parcelamento, uso e ocupação do solo (artigo 4º, III, alíneas 'a' e 'b' da Lei nº 10.257/2001).

Em complemento, considerando que o Ministério Público figura como órgão constitucional incumbido de velar pela defesa da ordem jurídica, do regime democrático e dos interesses sociais e individuais

---

[3] SILVA, José Afonso da. *Direito urbanístico brasileiro*. 7. ed. São Paulo: Malheiros, 2012. p. 37.
[4] CUNHA FILHO, Alexandre Jorge Carneiro. Planejamento, urbanismo e as normas reguladoras da ocupação do solo. *In*: MEDAUAR, Odete *et al.* (Coord.). *Direito urbanístico*: estudos fundamentais. Belo Horizonte: Fórum, 2019. p. 102.
[5] MEIRELLES, Hely Lopes. *Direito municipal brasileiro*. 10. ed. São Paulo: Malheiros, 1998. p. 388-389.

indisponíveis (artigo 127, *caput*, CF/1988), demonstra-se que a atuação estratégica do *Parquet* na tutela do ordenamento urbano constitui elemento relevante para a eficaz implementação do Estatuto da Cidade e demais normas urbanísticas. Para tal mister, o Ministério Público dispõe de instrumentos processuais capazes de prevenir e corrigir inconformidades envolvendo o ordenamento urbano, mecanismos estes que podem figurar como fontes indutoras de um novo paradigma para a efetivação das chamadas "cidades sustentáveis".

Nesse contexto, a implementação adequada de políticas de planejamento territorial constitui elemento essencial para atingir a sustentabilidade urbana, além de prevenir a degradação das cidades e contribuir para o adequado ordenamento urbano com vistas ao pleno desenvolvimento das funções sociais da cidade. Para alcançar tal desiderato, exige-se uma construção interdisciplinar entre o direito urbanístico e o direito ambiental, além da interação com outras ciências afins, permitindo uma visão macro dos instrumentos analisados. Sobre o tema, destaca Enrique Leff:

> A interdisciplinaridade implica assim um processo de inter-relação de processos, conhecimentos e práticas que transborda e transcende o campo da pesquisa e do ensino no que se refere estritamente às disciplinas científicas e a suas possíveis articulações. Dessa maneira, o termo interdisciplinaridade vem sendo usado como sinônimo e metáfora de toda interconexão e "colaboração" entre diversos campos do conhecimento e do saber dentro de projetos que envolvem tanto as diferentes disciplinas acadêmicas, como as práticas não científicas que incluem as instituições e atores sociais diversos.[6]

Portanto, ante a dinamicidade que envolve o processo de urbanização, norteado pela constante evolução das cidades, o planejamento urbano demanda análise sistêmica, que demanda a análise de vários elementos de outras ciências para compreender o seu funcionamento como um todo, especialmente na dinâmica das cidades. Nesse prisma, a urbanização desordenada é capaz de provocar não apenas o surgimento de conflitos territoriais e ambientais, mas também sociais, exigindo a busca de soluções equânimes por intermédio do direito, em conformidade com a Teoria dos Sistemas Sociais de Niklas Luhmann. Reportando ao citado autor, frisa Rocha:

---

[6] LEFF, Enrique. Complexidade, interdisciplinaridade e saber ambiental. *In*: PHILIPPI JR., Arlindo (Org.). *Interdisciplinaridade em ciências ambientais*. São Paulo: Signus, 2000. p. 41.

Luhmann propõe que se leve a sério um pressuposto básico da sociologia: tudo está incluído na sociedade [...] tudo está na sociedade. Estamos sempre vivendo no interior de alguma coisa que já está presente na esfera social. Esse é o ponto de partida fundamental.[7]

Todavia, embora o modo operacional pelo qual a sociedade é produzida e reproduzida se dá por meio de sistemas sociais que se comunicam, Luhmann pontua que tais comunicações sociais nem sempre envolvem consenso, pois do contrário o mundo descansaria silencioso. Assim, conclui que as ações e comunicações são bifurcadas entre aceitação e rejeição, de modo que os seres humanos formam parte não da sociedade, mas sim de seu entorno.[8]

Nesse prisma, o direito, enquanto sistema dinâmico,[9] deve ter como principal objetivo a redução das hipercomplexidades sociais, inclusive mediante apontamento de soluções pragmáticas voltadas a sanar os problemas urbanísticos e ambientais que envolvem o processo de desenvolvimento urbano.

Desta forma, a presente obra está dividida em cinco eixos centrais que norteiam o planejamento urbano e sua correlação com o Princípio do Desenvolvimento Sustentável, fatores estes que revelam a indissociável conexão entre o direito urbanístico e o direito ambiental.

O primeiro capítulo aborda a tutela do meio ambiente para a garantia das futuras gerações, a crise ecológica no cenário contemporâneo, o desenvolvimento tecnoindustrial e a sociedade de risco, o meio ambiente como direito de terceira geração e direito humano fundamental, além do Estado de Direito Ambiental.

O segundo capítulo promove a análise do Princípio do Desenvolvimento Sustentável, sua evolução histórica e perspectivas, abordando

---

[7] No original: "Luhmann propone que se lleve enserio un presupuesto básico de la sociología: Todo está incluido dentro de la sociedad [...] todo está dentro de la sociedad. Siempre estamos viviendo en el interior de alguna cosa que ya está presente en lo social. Ese es el punto de partida fundamental". (ROCHA, Leonel Severo. Observaciones sobre autopoiese, normativismo y pluralismo jurídico. *Hendu 2, Revista Latino-Americana de Derechos Humanos*, [S. l.], v. 2, n. 1, p. 73, 2011).

[8] LUHMANN, Niklas. *Complejidad y modernidad*: de la unidad a la diferencia. Madrid: Trotta, 1998. p. 40-41.

[9] Nesse sentido: "O direito é um organismo vivo, peculiar, porém porque não envelhece, nem permanece jovem, pois é contemporâneo à realidade. O direito é um dinamismo. Essa, a sua força, o seu fascínio, a sua beleza [...] A interpretação do direito não é mera dedução dele, mas sim processo de contínua adaptação de seus textos normativos à realidade e seus conflitos". (GRAU, Eros. *Ensaio e discurso sobre a interpretação/aplicação do direito*. 5. ed. São Paulo: Malheiros, 2009. p. 55).

as fases do Clube de Roma, da Declaração de Estocolmo, da Carta Mundial da Natureza, o Relatório Brundtland, a Conferência Rio 92, a Cúpula do Milênio, a Declaração de Johanesburgo, a Conferência Rio+20, a Agenda 2030 e os Objetivos de Desenvolvimento Sustentável (ODS), concluindo com a análise da juridicidade do desenvolvimento sustentável no Brasil por intermédio da Política Nacional do Meio Ambiente e da Constituição Federal de 1988.

O terceiro capítulo discorre sobre o surgimento das cidades e o fenômeno da urbanização, a evolução e a autonomia do direito urbanístico e sua interface com o direito ambiental, delineando o fenômeno da urbanização e a Política Nacional de Desenvolvimento Urbano, passando pelo advento da Constituição Federal e do Estatuto da Cidade. Nesse capítulo, o estudo do planejamento urbano adota um viés socioambiental, abordando-se aspectos dinâmicos das cidades sustentáveis e resilientes, além de temas emergentes envolvendo as construções verdes (*green building*), as cidades inteligentes (*smart cities*) e as implicações das mudanças climáticas nos aspectos social, ambiental, econômico e urbanístico à luz dos recentes relatórios do IPCC e metas do ODS 13, Acordo de Paris, Pacto de Glasgow e Conferência de Sharm El-Sheikh.

O quarto capítulo aborda a temática do planejamento urbano como política pública essencial, discorrendo sobre a boa governança e os mecanismos de democracia participativa na gestão democrática das cidades. No campo social, referido capítulo trata da ausência de planejamento urbano e seus impactos socioambientais, do direito fundamental à moradia como expressão da dignidade da pessoa humana, dos assentamentos precários e da segregação socioespacial, das desigualdades sociais no processo de urbanização e do fenômeno do racismo ambiental. Neste capítulo também são abordadas as ocupações irregulares, o processo de urbanização em áreas de risco, a prevenção de desastres e os desafios da Política Nacional de Proteção e Defesa Civil, além dos instrumentos urbanísticos do plano diretor, do parcelamento, uso e ocupação de solo, incluindo medidas que devem ser implementadas pelos gestores públicos para a correção e adequação de inconformidades envolvendo o ordenamento urbano.

No quinto capítulo a obra aborda o papel do Ministério Público em defesa do meio ambiente e da ordem urbanística, a atuação das Promotorias e Grupos Especializados nas referidas matérias, os Planos Setoriais de Ação como mecanismos de atuação estratégica do Ministério Público nas áreas de habitação e urbanismo, além da ação civil pública como instrumento de tutela do meio ambiente e do ordenamento urbano.

Em apertada síntese, a obra ainda destaca o cenário de crise ambiental vivenciado pela sociedade contemporânea, fator que exige novos paradigmas voltados a harmonizar a relação homem-natureza para atingir o desenvolvimento plenamente sustentável, inclusive na seara do meio ambiente urbano, considerando que o crescimento desordenado das cidades é capaz de afetar a sustentabilidade urbana e gerar desequilíbrio ambiental.

Outrossim, conclui-se que o processo de urbanização envolve um fenômeno complexo e dinâmico que exige a implementação eficiente de instrumentos urbanísticos destinados a evitar a deterioração das cidades. Nesse norte, aponta-se que a projeção futura de adensamento populacional nos centros urbanos demanda ações concretas de planejamento para tornar as cidades ambientalmente sustentáveis nas dimensões econômica, social, ambiental e urbanística, sobretudo para reduzir as situações de hipercomplexidade que envolvem o *habitat* humano.

Para tal mister, assinala-se a necessidade de abordar o fenômeno da urbanização por intermédio de uma construção interdisciplinar entre o direito urbanístico e o direito ambiental para fazer frente aos múltiplos desafios que circundam as aglomerações urbanas. Nesse contexto, conclui-se que as cidades contemporâneas enfrentam grandes transformações físicas, sociais e ambientais, tornando-se um grande desafio aos gestores públicos, urbanistas e operadores do direito, exigindo instrumentos adequados para regular o ordenamento urbano.

A seu turno, demonstra-se que o Brasil se atrasou no enfrentamento dos problemas urbanísticos, dando azo ao crescimento desordenado de inúmeros centros urbanos e a proliferação de graves problemas que ainda permeiam as cidades do século XXI. Contudo, aponta-se o *Estatuto da Cidade* como um alento para fazer frente aos desafios urbanísticos da sociedade contemporânea, sobretudo para fortalecer o conceito do *direito à cidade* enquanto eixo central do direito urbanístico, para onde convergem outros direitos fundamentais, a exemplo do direito à cidade sustentável, do direito à moradia, a proteção do meio ambiente natural e construído, o direito aos meios de transportes eficientes e inclusivos, aos sistemas de educação e saúde de qualidade, ao saneamento básico sustentável, à segurança pública e ao lazer para toda a população.

Sob outro norte, conclui-se que os desafios do moderno planejamento urbano exigem novos mecanismos de sustentabilidade para a transformação das cidades, a exemplo das construções verdes (*green building*) e das cidades inteligentes (*smart cities*), incluindo a prevenção de impactos futuros oriundos das mudanças climáticas, os quais podem interferir no cumprimento eficaz do ODS 11, que visa tornar as cidades e os assentamentos humanos inclusivos, seguros, resilientes e sustentáveis.

Demonstra-se ainda, que a implementação isolada do Estatuto da Cidade, por si só, não é capaz de propiciar o pleno desenvolvimento sustentável das cidades, fator que exige o diálogo entre as diversas políticas públicas comuns que almejam compatibilizar o artigo 182 e o artigo 225 da CF/1988, tais como a Política Nacional de Habitação de Interesse Social, a Política Nacional de Saneamento Básico, a Política Nacional de Resíduos Sólidos, a Política Nacional de Recursos Hídricos, a Política Nacional sobre Mudança do Clima, a Política Nacional de Proteção e Defesa Civil, a Lei da Mobilidade Urbana, a Lei de Regularização Fundiária Rural e Urbana e o Estatuto das Metrópoles.

Sob o aspecto estruturante, conclui-se que o adequado planejamento urbano e a implementação das cidades sustentáveis exigem uma governança eficaz, transparente e responsável, incluindo a observância da gestão democrática das cidades por intermédio da participação pública na tomada de decisões.

No tocante aos instrumentos urbanísticos, a obra indica o Plano Diretor como o mecanismo mais relevante da política de desenvolvimento urbana, sendo essencial para permitir o adequado planejamento urbano, prevenir inconformidades urbanísticas e apontar diretrizes que conduzam ao pleno desenvolvimento das funções sociais da cidade em suas diversas dimensões. Para tanto, destaca-se que o mecanismo do parcelamento, uso e ocupação adequada de solo constitui outro relevante instrumento de planejamento urbano, cuja inobservância também pode ensejar inúmeros problemas urbanísticos, tornando as cidades ambientalmente insustentáveis, sobretudo pela proliferação de loteamentos irregulares e clandestinos.

No aspecto social, a obra destaca que o planejamento urbano deve abranger a justiça social e a dignidade da pessoa humana com o objetivo de reduzir as desigualdades e a segregação socioespacial, pois o processo de urbanização é historicamente permeado por um sistema que fomenta o ciclo de vulnerabilidade, alavanca o crescimento desordenado das cidades, gera a intensificação de problemas sociais, a exasperação do déficit habitacional, a proliferação de assentamentos precários e a ocupação descontrolada de áreas de risco passíveis de desastres, ocasionando efeitos deletérios para o processo de urbanização.

No aspecto processual, conclui-se que embora tenha sido incumbida ao Ministério Público a tarefa de defesa da ordem urbanística, a instituição precisa atuar de forma mais coordenada e prioritária para enfrentar os problemas estruturais que envolvem as políticas de planejamento urbano, fortalecendo o seu papel fiscalizatório por intermédio da criação e estruturação de Promotorias e Grupos de Atuação Especializada em matéria urbanística.

Nessa ótica, pontua-se que o Ministério Público deve estabelecer metas, diretrizes e planos setoriais de ação para a tutela efetiva da ordem urbanística, incluindo o uso eficaz dos instrumentos postos à sua disposição, a exemplo da Ação Civil Pública Urbanística, cujo mecanismo pode contribuir positivamente para o adequado planejamento urbano.

Enfim, a obra conclui que a implementação das *cidades sustentáveis* em seus aspectos social, ambiental, político e econômico exige a participação ativa da sociedade, uma governança eficaz, a alocação suficiente de recursos orçamentários, maior fiscalização do Ministério Público, uma melhor distribuição de renda, a redução das desigualdades sociais, além de uma mudança de paradigma de toda a sociedade.

CAPÍTULO 1

A TUTELA DO MEIO AMBIENTE PARA A GARANTIA DAS FUTURAS GERAÇÕES

A constante interferência humana no meio ambiente natural e construído é capaz de alterar o seu equilíbrio e causar a deterioração do planeta, sendo impositiva uma mudança de paradigma no que tange ao desenvolvimento sustentável, pois a persistir tal quadro, as gerações atuais podem comprometer de forma irreversível os bens ambientais e o destino das gerações futuras. Para garantir o equilíbrio entre as necessidades atuais e futuras, a noção de sustentabilidade deve se apoiar nos pilares do desenvolvimento econômico, da inclusão social, da proteção ao meio ambiente e da governança.

Sobre o tema, Wedy destaca não ser possível almejar um desenvolvimento sustentável pensando apenas nas gerações futuras e abandonando as presentes. Da mesma forma, conclui que "não se pode cometer a irresponsabilidade de satisfazer as necessidades atuais da humanidade esquecendo-se das gerações futuras".[10]

Essa inter-relação entre presente e futuro visa consolidar um novo paradigma de desenvolvimento sustentável, tendo como foco principal o equilíbrio entre as necessidades das gerações que vivem hoje (equidade intrageracional) e as necessidades das gerações que viverão no futuro (equidade intergeracional).

Justamente nessa orientação, enfatiza Weiss que as gerações atuais têm a obrigação planetária de utilizar racionalmente os recursos naturais que estão à sua disposição para garantir esse legado às futuras

---

[10] WEDY, Gabriel. *Desenvolvimento sustentável na era das mudanças climáticas*: um direito fundamental. São Paulo: Saraiva, 2018. p. 198.

gerações,[11] evidenciando que a proteção do meio ambiente foi elevada à condição de direito humano fundamental, sendo imprescindível que os seres humanos orientem suas ações nos pilares essenciais da sustentabilidade.

1.1 A crise ecológica da sociedade contemporânea

A sociedade contemporânea vive numa era de incertezas intensificada pela crise ambiental que assola o planeta, onde o ecossistema se aproxima dos limites da exaustão,[12] colocando em risco as presentes e futuras gerações, ambas titulares de direitos fundamentais. O maior desafio da sociedade contemporânea é buscar soluções concretas para enfrentar os dilemas ambientais do século XXI, pois a concepção de uma modernidade radicalmente nova, superior à do passado, hoje é colocada em dúvida, conforme sustenta Ost.[13]

Essas incertezas geradas pela crise ambiental exigem mudanças comportamentais e, sobretudo, a busca de novos paradigmas com o objetivo de restabelecer a relação harmoniosa entre homem-natureza, pois ela advém de um longo processo histórico de entropia que envolve o aspecto "ético-antropológico, o jurídico e o político-econômico",[14] de modo que reclama a conjugação desses elementos com o objetivo de edificar uma pacífica relação entre seres humanos e todos os bens que compõem o meio ambiente, seja natural ou artificial.

A mesma concepção se aplica ao planejamento urbano, considerando que o crescimento desordenado das cidades é capaz de provocar a deterioração do meio ambiente, afetar a sustentabilidade urbana e reduzir a qualidade de vida da população, exigindo uma abordagem sistêmica do fenômeno da urbanização. A partir dessa perspectiva se

---

[11] WEISS, Edith Brown. *Un mundo justo para las futuras generaciones*: derecho internacional, patrimonio común y equidade intergeracional. (Trad. Máximo Gowland). Madrid: Ediciones Mundi-Prensa, 1999. p. 105.

[12] FREITAS, Juarez. *Sustentabilidade*: direito ao futuro. 4. ed. Belo Horizonte: Fórum, 2019. p. 43-44.

[13] Segundo o autor, "[...] A modernidade assentava no triplo postulado de um futuro que seria radicalmente novo, resolutamente melhor que o passado, e integralmente produzido pela vontade humana. Hoje, essas certezas vacilam. [...] A objetividade científica é posta em questão, da mesma forma que a universalidade das nossas resoluções éticas. As nossas representações do mundo são atingidas pela relatividade, as nossas certezas abaladas". (OST, François. *O tempo do direito*. Lisboa: Instituto Piaget, 2001. p. 324-326).

[14] LOPES, Ana Maria D'ávila; MARQUES, Lucas Barjud. Proteção indireta do direito ao meio ambiente na jurisprudência das Cortes Europeia e Interamericana de direitos humanos. *Revista Brasileira de Direito Animal*, Salvador, v. 14, n. 1, p. 60, jan./abr. 2019.

evidencia a inafastável simbiose entre o direito ambiental e o direito urbanístico, pois a política urbana não pode ignorar as repercussões entre ambos, já que "a questão ambiental e a questão urbana apresentam-se intrincadas de modo forte e o ordenamento dos espaços urbanos aparece, sem dúvida, como instrumento da política ambiental".[15] Nessa ótica, o direito urbanístico e o direito ambiental estão entrelaçados por uma múltipla rede de conexões que envolvem interesses comuns. Portanto, ao disciplinar os espaços habitáveis das cidades, o direito urbanístico promove, de forma indireta, a proteção do meio ambiente urbano.[16]

Para satisfazer suas múltiplas necessidades, que são *ilimitadas*, cada vez mais os seres humanos disputam os bens da natureza, que são *limitados*.[17] Essa tendência se materializa pelo atual processo de desenvolvimento dos países à custa de recursos naturais vitais, provocando a rápida deterioração do meio ambiente e o consequente desequilíbrio da capacidade de revitalização planetária.

Nesse prisma, o Relatório de Avaliação Global Sobre Biodiversidade e Serviços Ecossistêmicos (*Global Assessment Report on Biodiversity and Ecosystem Services*), divulgado em 2019 pela Plataforma Intergovernamental Científico-Política sobre Biodiversidade e Serviços Ecossistêmicos (IPBES), vinculada à Organização das Nações Unidas (ONU), trouxe dados alarmantes sobre a devastação ambiental em todo o planeta.[18]

O documento destaca que nas últimas décadas a natureza foi consideravelmente alterada por vários fatores humanos, notadamente pelas mudanças climáticas, provocando rápida deterioração do ecossistema. Aponta-se que 75% da superfície da Terra já sofreu alterações consideráveis, enquanto 66% da superfície do oceano está experimentando efeitos cumulativos crescentes. O relatório estima que somente nos trópicos, 32 milhões de hectares de florestas primárias ou em

---

[15] ALMEIDA, Fernando Dias Menezes de; MEDAUAR, Odete. *Estatuto da cidade*: comentários a Lei nº 10.257 de 10.07.2001. São Paulo: Revista dos Tribunais, 2012. p. 16.
[16] SALAZAR JR, João Roberto. O direito urbanístico e a tutela do meio ambiente urbano. In: DALLARI, Adilson Abreu; DI SARNO, Daniela Campos Libório (Coord.). *Direito urbanístico e ambiental*. 2. ed. Belo Horizonte: Fórum, 2011. p. 138.
[17] MILARÉ, Edis. *Direito do Ambiente*: a gestão ambiental em foco. 6. ed. rev., atual. e ampl. São Paulo: Revista dos Tribunais, 2009. p. 58-59.
[18] INTERGOVERNMENTAL PLATFORM ON BIODIVERSITY AND ECOSYSTEM SERVICES (IPBES). *Plataforma intergubernamental científico-normativa sobre diversidad biológica y servicios de los ecosistemas*. Paris, 2019. Disponível em: https://ipbes.net/sites/default/files/ipbes_7_10_add.1_es.pdf. Acesso em 30 jun. 2023.

recuperação foram perdidos entre 2010 e 2015. Também se destaca o acelerado avanço na extinção de espécies, sem precedentes na história, estimando-se que cerca de um milhão delas estejam sob risco iminente de desaparecimento do planeta nas próximas décadas, com danos irreversíveis para a diversidade biológica.[19]

Aliás, confirmando o cenário do *Global Assessment Report on Biodiversity and Ecosystem Services*, a Conferência do Clima de Glasgow (COP 26, *Glasgow Climate* Pact),[20] reconheceu que a integridade dos ecossistemas encontra-se ameaçada pela crescente degradação das florestas e perda da biodiversidade global, sendo destacada a necessidade de implementar uma nova "justiça climática" para proteger a *Mãe Terra* dos nefastos efeitos das mudanças do clima e sua interconexão com a perda da diversidade biológica.

No aspecto do desenvolvimento humano, o relatório *Global Assessment Report on Biodiversity and Ecosystem Services* 2019 aponta projeções negativas na biodiversidade e nas funções do ecossistema futuro, em decorrência do rápido crescimento da população humana, da produção e do consumo insustentáveis e pelo desenvolvimento tecnológico associado. Quanto ao aspecto urbano, o relatório destaca que para alcançar os Objetivos de Desenvolvimento Sustentável (ODS), as cidades devem aumentar sua resiliência social, econômica e ecológica, mediante planejamento integrado em nível urbano e paisagístico, melhorando sua infraestrutura artificial e promovendo a busca de soluções baseadas na formação de comunidades compactas.

Nesse prisma, referidos dados indicam o não cumprimento das *Metas de Aichi*, aprovadas durante a *10ª Conferência das Partes da Convenção sobre Diversidade Biológica* (COP-10), realizada na cidade de Nagoya, Província de Aichi, Japão, quando houve a aprovação do Plano

---

[19] Já em 1823, José Bonifácio, considerado o Patriarca do Reflorestamento brasileiro, alertava sobre o processo de devastação que se iniciava com a colonização do império: "A natureza fez tudo a nosso favor, nós, porém, pouco ou nada temos feito a favor da natureza. Nossas terras estão ermas, as poucas que temos roteado são mal cultivadas, porque o são por braços indolentes e forçados [...] nossas preciosas matas vão desaparecendo, vítimas do fogo e do machado destruidor da ignorância e do egoísmo. [...] virá então esse dia (dia terrível e fatal), em que a ultrajada natureza se ache vingada de tantos erros e crimes cometidos". (SILVA, José Bonifácio Andrada e. *Representação à Assembléa geral constituinte e legislativa do Império do Brasil*: sobre a escravatura. Brasília, DF: Biblioteca do Senado Federal, 1823. p. 38. Disponível em: https://www2.senado.leg.br/bdsf/bitstream/handle/id/518681/000022940.pdf?sequence=7&isAllowed=y. Acesso em 16 jun. 2023).

[20] UNITED NATIONS. Climate Change. *Decision/CP.26 Glasgow Climate Pact*: The Conference of the Parties. Glasgow, 2021. Disponível em: https://unfccc.int/sites/default/files/resource/cop26_auv_2f_cover_decision.pdf. Acesso em 18 jun. 2023.

Estratégico de Biodiversidade para o período de 2011 a 2020. As Metas de Aichi estão embasadas em 5 (cinco) estratégias centrais que buscam estabelecer ações concretas para deter a perda da biodiversidade planetária, sobretudo por intermédio de políticas ambientais eficazes.[21] Esse negativo cenário foi confirmado durante a *15ª Conferência das Nações Unidas sobre Biodiversidade* (COP 15), realizada em Montreal, Canadá (2022), onde se reafirmou que, apesar dos esforços já encetados, a biodiversidade continua em declínio em grande parte do planeta, tendo sido estabelecidas novas metas globais por intermédio do *Quadro Global de Biodiversidade Kunming-Montreal* (GBF), sendo elencadas 23 metas a serem atingidas até o ano de 2030, incluindo a restauração necessária de 30% dos ecossistemas terrestres e marinhos.[22]

Diante desse panorama, o planeta avança rumo à *Tragédia dos Bens Comuns* popularizada pelo ecologista Garrett Hardin,[23] ao asseverar que a excessiva exploração da natureza, em benefício individual, desconsidera o risco da esgotabilidade, tendo em vista que o planeta possui bens finitos e limitados. Na concepção de Hardin, quando os indivíduos agem em favor de seu exclusivo benefício, contrariando os interesses de uma comunidade, há o risco de esgotamento de algum recurso comum.

Nessa perspectiva, Leff assevera que a reversão desse quadro de desequilíbrio ambiental exige não apenas uma mudança de paradigma, mas sobretudo uma *nova racionalidade ambiental*, ou seja, uma racionalidade que resista ao mero processo de capitalização da natureza e economização do mundo, fatores estes que vêm promovendo a destruição das bases ecológicas da produção e subjugando culturas. Segundo o autor, isso inclui a necessidade de adoção de uma *nova racionalidade produtiva*, fundada nas potencialidades da natureza e que avance para o "esverdeamento" do setor econômico.[24]

---

[21] (A) tratar das causas fundamentais de perda de biodiversidade, através da conscientização do governo e da sociedade [acerca] das preocupações com a biodiversidade; (B) reduzir as pressões diretas sobre a biodiversidade e promover o uso sustentável, (C) melhorar a situação da biodiversidade, através da salvaguarda de ecossistemas, espécies e diversidade genética; (D) aumentar os benefícios de biodiversidade e serviços ecossistêmicos para todos; e (E) aumentar a implantação, por meio de planejamento participativo, da gestão de conhecimento e capacitação. (CONVENTION ON THE BIOLOGICAL DIVERSITY. *The Estrategic Plan for Biodiversity 2011-2020 and the Aichi Biodiversity Targets*. Disponível em: https://www.cbd.int/sp/targets/. Acesso em 14 jan. 2023).
[22] UNITED NATIONS ENVIRONMENT PROGRAMME – UNEP. *Conference of the parties to the convention on biological diversity*. Montreal, Canadá, 7-19 dec. 2022. Disponível em: https://www.cbd.int/doc/decisions/cop-15/cop-15-dec-04-en.pdf. Acesso em 14 jan. 2023.
[23] HARDIN, Garret. The Tragedy of the Commons. *Science*, Washington, v. 162, p. 1243-1248, 1968.
[24] LEFF, Enrique. *Racionalidade ambiental*: a reapropriação social da natureza. (Trad. Luís Carlos Cabral). Rio de Janeiro: Civilização Brasileira, 2006. p. 463-466.

Vivenciamos, portanto, um crescente fenômeno de apropriação privada e mercantilização da natureza, exigindo uma reconfiguração de diversos mecanismos que vêm comprometendo a sustentabilidade planetária, sendo imprescindível que o homem restabeleça o equilíbrio planetário por meio de medidas adaptativas, além de mudanças em suas ações comportamentais e uso apropriado de inovações tecnológicas que possam consolidar o pleno desenvolvimento sustentável.

Essa crise planetária é complexa e multidimensional, cujas facetas envolvem as relações sociais, a economia, a tecnologia e a política, abarcando dimensões intelectuais, morais e espirituais,[25] fatores que demandam a adoção de medidas estruturais para a reversão da crise planetária, incluindo ações de prevenção e precaução para evitar a irreversibilidade, garantindo às gerações futuras o direito intangível de poderem gozar de um ambiente não degradado.[26]

O desequilíbrio ambiental provocado pelas ações predatórias da sociedade pós-moderna revela uma ruptura entre o homem e o meio ambiente natural, exigindo uma reconciliação entre ambos, pois conforme Nalini, somente uma imersão ética é capaz de atenuar a voraz atuação do homem sobre seu *habitat*, pois "recuperar o elo perdido com a natureza é a missão dos que hão de vir".[27]

Ainda no campo ético, ao tratar das chamadas *invariantes axiológicas*, Miguel Reale acentua que estas constituem a máxima expressão e salvaguarda da existência e da dignidade do homem, ou seja, condiciona a vida ética e serve como referência para os homens, pois "deixam de ser considerados bens transitórios e permutáveis, para assinalarem algo de permanente e intocável". Nessa concepção, Reale inclui a proteção ambiental como valor invariável, concluindo que:

> [...] dessa preocupação resultou um novo retorno à natureza, não em sentido de admiração romântica, mas antes pela compreensão de que, subvertida ela, comprometida está para todo o sempre a existência do homem sobre a face da Terra. É essa a razão básica da projeção de um valor novo de primeira grandeza, o valor ecológico, ou do meio ambiente, que se situa, hoje em dia, entre os que denomino invariantes axiológicas.[28]

---

[25] CAPRA, Fritjof. *O ponto de mutação*: a ciência, a sociedade e a cultura emergente. (Trad. Álvaro Cabral). São Paulo: Cultrix, 2006. p. 21.
[26] PRIEUR, Michel. Princípio da proibição de retrocesso ambiental. *In*: Comissão de meio ambiente, defesa do consumidor e fiscalização e controle do Senado Federal (Org.). *O princípio da proibição de retrocesso ambiental*. Brasília: Senado Federal, 2012. p. 17.
[27] NALINI, José Renato. *Ética ambiental*. 3. ed. Campinas: Millenium, 2010. p. VII.
[28] REALE, Miguel. *Variações*. 2. ed. São Paulo: Gumercindo Rocha Dorea, 2000. p. 7.

Outrossim, para Vichinkeski e Cozza, a alteração do meio ambiente pelas ações humanas ainda revela que a crise ecológica possui fundamentos filosóficos e antropológicos, exigindo um novo modelo civilizacional para a transformação do cenário contemporâneo:

> Diante disso, pensar em um meio ambiente modificado pelo ser humano, ao mesmo tempo em que este espaço é a representação do natural, i.e., do sagrado, resulta em compreender a ação humana como desassociada da sacralidade e, ao mesmo tempo, como representação do profano, o que constitui a essência da crise ecológica [...] A partir da ideia de crise, bem como de contraposição entre o Tempo Sagrado e o Tempo Profano, vemos que a crise ecológica é também filosófica e antropológica, pois faz irromper um novo tempo entre estes dois tempos já muito distantes entre si. [...] se haverá ainda, diante disso tudo e da necessidade de se pensar a reconstrução do modo pelo qual se habita a Terra, alguma possibilidade de construção de um novo modelo civilizacional ou, melhor dizendo, de um novo Projeto Antropológico, como condição imprescindível à transformação do cenário contemporâneo.[29]

Nessa ordem de ideias, a *Encíclica Centesimus Annus* (1991) é enfática ao perfilhar que além da destruição irracional do ambiente natural, há de se recordar de outra ainda mais grave, qual seja, a destruição do ambiente humano, pois o homem se empenha muito pouco para salvaguardar as condições morais de uma autêntica "ecologia humana".[30]

Diante dessa conjuntura, impõe-se afastar a equivocada perspectiva de universos paralelos que abrigam homem e natureza, sendo imprescindível a interação entre ambos e o abandono da ideia de dominação dos bens naturais a serviço dos seres humanos, pois essa situação limite "está associada de forma direta à postura filosófica – incorporada em nossas práticas cotidianas – de dominação do ser humano em face do mundo natural, adotada desde a ciência moderna, de inspiração cartesiana, especialmente pela cultura ocidental".[31]

---

[29] TEIXEIRA, Anderson Vichinkeski; SARAIVA, Bruno Cozza. O destino da humanidade como fatalidade: a crise ecológica como a dessacralização do habitar-morar na terra. *Revista Jurídica Unicuritiba*, Curitiba, v. 2, n. 47, p. 47-59, 2017. Disponível em: http://revista.unicuritiba.edu.br/index.php/RevJur/article/view/2064/1326. Acesso em 16 jun. 2023.

[30] JOÃO PAULO II, Papa. *Carta Encíclica Centesimus Annus, do Sumo Pontífice João Paulo II.* Vaticano, 1991. p. 38. Disponível em: https://www.vatican.va/content/john-paul-ii/pt/encyclicals/documents/hf_jp-ii_enc_01051991_centesimus-annus.html. Acesso em 16 jun. 2023.

[31] SARLET, Ingo Wolfgang; FENSTERSEIFER, Tiago. *Direito constitucional ambiental*: estudos sobre a Constituição, Direitos Fundamentais e Proteção ao Ambiente. São Paulo: Revista dos Tribunais, 2011. p. 31.

Essa dominação da natureza teve início quando o *homo sapiens* começou a reescrever as regras de jogo, resultando nos impactos atuais, onde a humanidade tenciona substituir a seleção natural por um projeto que estende a vida do reino orgânico para o inorgânico.[32]

Disso resulta a crescente crise ecológica que permeia a sociedade contemporânea, alavancada pela deterioração indiscriminada do meio ambiente e pela destruição das demais espécies animais, fatores que avultam o rompimento do vínculo entre homem e natureza conforme pontua Ost:

> Esta crise é simultaneamente a crise do vínculo e a crise do limite: uma crise de paradigma, sem dúvida. Crise do vínculo: já não conseguimos discerni-la do que nos liga ao animal, ao que tem vida útil: já não conseguimos discernir o que deles nos distingue [...] Homem e natureza têm um vínculo, sem que, no entanto, se possam reduzir um ao outro.[33]

Nessa premissa, o rompimento da relação ente homem e natureza demanda o restabelecimento de uma verdadeira *relação homeostática*,[34] de caráter social e biológico, que permita a interação e a restauração do equilíbrio entre ambos, sendo impositivo que a concepção estritamente antropocêntrica caminhe rumo a uma nova diretriz ecocêntrica de ampla proteção ao meio ambiente.

1.2 Imprescindibilidade de uma nova ética ambiental

A concepção de *ética ambiental* assumiu novos contornos somente a partir da década de 1970, época em que a intervenção humana sobre o meio ambiente passou a exigir novas respostas de cunho filosófico. Kawaal[35] destaca que nessa fase evolutiva, as teorias éticas tradicionais estavam voltadas apenas aos interesses humanos, surgindo

---

[32] HARARI, Yuval Noah. *Homo Deus*: uma breve história do amanhã. (Trad. Paulo Geiger). 1. ed. São Paulo: Companhia das Letras, 2016. p. 81.

[33] OST, François. *A natureza à margem da lei*: a ecologia à prova do direito. Lisboa: Piaget, 1997. p. 8-16.

[34] No campo da biologia, a *homeostase* significa o processo de regulação pelo qual um organismo consegue o equilíbrio necessário para sobreviver, baseado na interação entre a biota e a biosfera.

[35] KAWAAL, Jason. A History of Environmental Ethics. In: GARDINER, Stephen M.; THOMPSON, Allen. *The Oxford Handbook of Environmental Ethics*. Oxford: Oxford University Press, 2017. p. 16-17.

a necessidade de desenvolvem uma nova *ética ecológica*. Nesse cenário incipiente, explica que a *ética individualista*, até então proeminente, começa a dar espaço para o surgimento da ética ambiental a partir dos anos 1970.

Como consequência, as teorias individualistas, tradicionalmente direcionadas apenas aos humanos, estendem sua preocupação moral a outros seres da natureza, ampliando o *status* moral para além do homem. Kawaal pontua que as primeiras raízes sobre o tema surgiram em uma conferência organizada por William Blackstone na Universidade da Geórgia em 1971, que contou com teólogos e filósofos, sendo considerada a primeira conferência sobre ética ambiental com participação significativa de filósofos. O evento preocupou-se em debater se a crise ambiental enfrentada pela humanidade exigia ou não novas abordagens éticas ou mais precisamente de uma "nova ética ecológica".

Outrossim, esse novo olhar sobre a ética ambiental assumiu maiores contornos com a célebre obra de Peter Singer, *Animal Liberation*, de 1975,[36] considerada um trabalho percursor da ética animal, a qual inseriu os animais não humanos no debate ético contemporâneo. Posteriormente, Singer ampliou o debate sobre o status moral dos animais na obra *Ética Prática*, de 1979,[37] avançando sobre temas como bem-estar e sofrimento animal.

Nesse contexto evolutivo, verifica-se que tais movimentos propiciaram significativos avanços sobre o tema da ética ecológica a partir da década de 1980, além de fomentar o paradigma ecocêntrico voltado a resgatar a interdependência entre homem e natureza, passando a exigir uma nova cultura ambiental.

No cenário contemporâneo, pode-se afirmar que a crise ecológica também reflete uma crise ética e de valores humanos, estando ambas intrinsicamente ligadas. Essa ponderação exige consciência dos perigos que ameaçam a terra, pois segundo Boff, o respeito à natureza também passa por um processo de construção de conhecimento pautado pela educação ambiental: "Para cuidar do planeta precisamos todos passar por uma alfabetização ecológica e rever nossos hábitos de consumo. Importa desenvolver uma ética do cuidado".[38]

---

[36] SINGER, Peter. *Animal liberation*. New York: Random House, 1975.
[37] SINGER, Peter. *Practical ethics*. New York: Random House, 1979.
[38] BOFF, Leonardo. *Saber cuidar*: ética do humano, compaixão pela Terra. 5. ed. Petrópolis: Vozes, 1999. p. 34.

A esse respeito, Bosselmann[39] igualmente destaca a necessidade de desenvolver uma consciência ética ambiental para que gradualmente o homem assuma sua responsabilidade moral pela natureza e passe a aceitar a ideia de que o exercício de seus direitos possui limitações ecológicas. Esse incremento ético no contexto da *cidadania ambiental* constitui premissa inafastável para restabelecer o equilíbrio entre as ações humanas e a preservação dos múltiplos bens que compõem a natureza.

Portanto, a reeducação ambiental constitui diretriz essencial para que o homem conviva harmonicamente com a natureza, assumindo novas perspectivas ecológicas, pois conforme enuncia o preâmbulo da *Carta da Terra*,[40] a humanidade é parte de um vasto universo em evolução e a Terra é um bem comum que pertence a todos os povos, sendo a proteção de sua vitalidade, diversidade e beleza, um dever sagrado. Nessa vertente, a Carta conclama todos os povos da Terra a somarem forças para se alcançar uma sociedade global sustentável, baseada no respeito pela natureza, nos direitos humanos universais, na justiça econômica e na cultura da paz, enfatizando que, para atingir tais propósitos, torna-se imperativo que todos nós "declaremos nossa responsabilidade uns para com os outros, com a grande comunidade da vida, e com as futuras gerações".

A mesma premissa foi adotada pela Assembleia Geral da ONU em 2009, ao estabelecer o Ano Internacional do Planeta Terra (*International Year of Planet Earth*, A/RES/63/278), sendo enfatizado que tanto a Terra quanto os seus ecossistemas integram o planeta de forma conectada, sendo necessário promover e restabelecer a harmonia entre a natureza e a terra, considerando que esta verdadeira simbiose "reflete a interdependência que existe entre os seres humanos, outras espécies vivas e o planeta que todos nós habitamos".[41]

---

[39] BOSSELMANN, Klaus. Direitos humanos, meio ambiente e sustentabilidade. *Revista do Centro de Estudos de Direito do Ordenamento, do Urbanismo e do Ambiente*, Coimbra, a. 11, n. 21, p. 27, 2008. Disponível em: https://digitalis-dsp.uc.pt/bitstream/10316.2/8821/3/1.pdf?ln=pt-pt. Acesso em 16 jun. 2023.

[40] BRASIL. Ministério do Meio Ambiente. *Carta da terra*. Preâmbulo: terra, nosso lar. Brasília, DF, 2015. Disponível em: https://antigo.mma.gov.br/component/k2/item/8071-carta-da-terra.html. Acesso em 16 jun. 2023.

[41] UNITED NATIONS. *Resolution adopted by the General Assembly, 2009. A/RES63/278, International Mother Earth Day*. [S. l.], 2009. Disponível em: https://documents-dds-ny.un.org/doc/UNDOC/GEN/N08/487/47/PDF/N0848747.pdf?OpenElement. Acesso em 30 jun. 2023.

Com similar ênfase, destaca o Papa Francisco, na Encíclica *Laudato Si*, que nunca maltratamos e ferimos tanto "nossa Casa Comum" como nos últimos dois séculos, de modo que o enfrentamento dos problemas ambientais exige uma necessária mudança nos hábitos da sociedade, pois "o tema da degradação ambiental põe em questão os comportamentos de cada um de nós". E de forma sacramental, enfatiza: "o ambiente humano e o ambiente natural degradam-se em conjunto; e não podemos enfrentar adequadamente a degradação ambiental, se não prestarmos atenção às causas que têm a ver com a degradação humana e social".[42]

Os ensinamentos do Papa Francisco sobre *o cuidado da Casa Comum* resgatam o conceito de *Contrato Natural* defendido por Michel Serres[43] ao perfilhar que a proteção ambiental constitui uma das bases fundamentais da sociedade contemporânea, exigindo o convívio harmonioso entre homem e natureza por meio de um *pacto socioambiental* em relação à proteção da Terra. Esse "contrato" bilateral não dissocia o homem de seu *habitat*, mas sim o insere no "sistema vida" que abriga todas as estruturas que compõem a grande mãe Gaia.

Nessa perspectiva, para Serres, o homem deve abandonar sua condição de dominador diante do mundo natural, restabelecendo uma relação de reciprocidade entre ambos por intermédio de um pacto mútuo, pois "aquilo que a natureza dá ao homem é o que este deve dar a ela, tornando-se sujeito de direito".[44]

Em suma, torna-se necessário rever o alcance da ética tradicional em busca de uma *nova ética civilizatória ambiental* para além de esfera humana, pois a ultrapassada concepção de que a natureza é um elemento externo ao homem deve ser repensada em busca de uma ética para o futuro que inclua não apenas o ser humano, mas também as coisas extra-humanas.[45] Com igual compreensão, sustentam Capra e Mattei:

---

[42] FRANCISCO, Papa. *Carta Encíclica Laudato Si, do Santo Padre Francisco*: sobre o cuidado da casa comum. Vaticano, 2015. p. 37 e 157. Disponível em: http://www.vatican.va/content/francesco/pt/encyclicals/documents/papa-francesco_20150524_enciclica-laudato-si.html. Acesso em 27 jun. 2023.
[43] SERRES, Michel. *O contrato natural*. Portugal: Instituto Piaget, 1994. p. 11-32.
[44] SERRES, Michel. *O contrato natural*. Portugal: Instituto Piaget, 1994. p. 66.
[45] JONAS, Hans. *El principio de responsabilidad*: ensayo de una ética para la civilización tecnológica. Barcelona: Herder, 1995. p. 33-48.

Nenhum organismo individual pode existir isoladamente. [...] a sustentabilidade não é uma propriedade individual, mas uma propriedade de toda uma rede de relações. Uma comunidade humana sustentável interage com outras comunidades – seres humanos e não humanos – de maneira que cada uma possa viver e se desenvolver de acordo com sua natureza.[46]

Com efeito, é preciso resgatar a harmonia entre homem e natureza, pois a crise ambiental assumiu proporções catastróficas nas últimas décadas, exigindo não apenas uma mudança de paradigma humano, mas também um novo paradigma jurídico para fazer frente aos novos desafios impostos pela sociedade contemporânea.

1.3 A justiça ecológica e o reconhecimento do valor intrínseco da natureza

Por ocasião do Acordo de Paris (2015), foi enfatizada a necessidade de fomentar uma *nova justiça ecológica* em relação aos direitos da natureza para combater eficazmente as consequências da crise ambiental que assola o planeta. A partir desse ponto de vista, Gimenez[47] ressalta que numa perspectiva mais ampla, o conceito de justiça ecológica protege a natureza por seu próprio valor intrínseco, estabelecendo uma nova relação de complementaridade entre a responsabilidade humana e o ambiente natural, com vistas à proteção das gerações futuras.

A esse respeito, na processualística moderna, o valor intrínseco do meio ambiente vem propiciando o reconhecimento dos direitos de titularidade da própria natureza, permitindo o seu reconhecimento como sujeito de direitos, inclusive para fins de defesa em Juízo por intermédio de entes legitimados.

Avançando sobre o tema, no ano de 2008, o artigo 10, segunda parte, da Constituição do Equador, passou a atribuir personalidade jurídica à natureza, reconhecendo o seu valor intrínseco ao estabelecer que "[l]a naturaleza será sujeto de aquellos derechos que le reconozca la Constitución". Regulando o tema, a Constituição do Equador dedicou

---

[46] MATTEI, Ugo; CAPRA, Fritjof. *A revolução ecojurídica*: o direito sistêmico em sintonia com a natureza e a comunidade. (Trad. Jeferson Luiz Camargo). São Paulo: Cultrix, 2018. p. 250.

[47] GIMENEZ, Teresa Vicente. As relaciones entre la naturaleza y el derecho: justicia climática y derechos humanos, justicia ecológica y derechos de la naturaleza. *Revista Electrónica de Derecho Ambiental: medio ambiente & derecho*, Sevilla, n. 37, p. 3, 2020. Disponível em: https://dialnet.unirioja.es/servlet/articulo?codigo=7724482. Acesso em 27 jun. 2023.

um capítulo especial (Capítulo Séptimo) para definir os *Derechos de la naturaleza* e seus mecanismos de proteção, à qual denomina *Pacha Mama* (Mãe Terra na língua Quechua):

> Art. 71. La naturaleza o Pacha Mama, donde se reproduce y realiza la vida, tiene derecho a que se respete integralmente su existencia y el mantenimiento y regeneración de sus ciclos vitales, estructura, funciones y procesos evolutivos. Toda persona, comunidad, pueblo o nacionalidad podrá exigir a la autoridad pública el cumplimiento de los derechos de la naturaleza. Para aplicar e interpretar estos derechos se observarán los principios establecidos en la Constitución, en lo que proceda. El Estado incentivará a las personas naturales y jurídicas, y a los colectivos, para que protejan la naturaleza, y promoverá el respeto a todos los elementos que forman un ecosistema.
>
> Art. 72. La naturaleza tiene derecho a la restauración. Esta restauración será independiente de la obligación que tienen el Estado y las personas naturales o jurídicas de indemnizar a los individuos y colectivos que dependan de los sistemas naturales afectados. En los casos de impacto ambiental grave o permanente, incluidos los ocasionados por la explotación de los recursos naturales no renovables, el Estado establecerá los mecanismos más eficaces para alcanzar la restauración, y adoptará las medidas adecuadas para eliminar o mitigar las consecuencias ambientales nocivas.
>
> Art. 73. El Estado aplicará medidas de precaución y restricción para las actividades que puedan conducir a la extinción de especies, la destrucción de ecosistemas o la alteración permanente de los ciclos naturales. Se prohíbe la introducción de organismos y material orgánico e inorgánico que puedan alterar de manera definitiva el patrimonio genético nacional.
>
> Art. 74. Las personas, comunidades, pueblos y nacionalidades tendrán derecho a beneficiarse del ambiente y de las riquezas naturales que les permitan el buen vivir. Los servicios ambientales no serán susceptibles de apropiación; su producción, prestación, uso y aprovechamiento serán regulados por el Estado.[48]

Pelos dispositivos supra, infere-se que o constituinte equatoriano estabeleceu quatro espécies de direitos essenciais à natureza: direito à conservação e regeneração de seus ciclos vitais (artigo 71), direito à restauração na hipótese de danos (artigo 72), direito à precaução e

---

[48] ECUADOR. *Constitucion de la Republica del Ecuador 2008*. Disponível em: https://www.gob.ec/sites/default/files/regulations/2020-06/CONSTITUCION%202008.pdf. Acesso em 27 jun. 2023.

restrição de atividades lesivas (artigo 73) e a vedação de apropriação dos serviços ambientais pelas pessoas (artigo 74, segunda parte).

Nesse vértice, constata-se um enorme avanço da Constituição Equatoriana, pois consoante Wolkmer, ela rompe com a tradição constitucional clássica do ocidente, que atribui apenas aos seres humanos a fonte exclusiva de direitos subjetivos e direitos fundamentais, passando a incluir a natureza como sujeito de direitos: "Trata-se da ruptura e do deslocamento de valores antropocêntricos (tradição cultural europeia) para o reconhecimento de direitos próprios da natureza, um autêntico "giro biocêntrico", fundado nas cosmovisões dos povos indígenas".[49]

Seguindo essa diretriz, em 2012, a Corte Provincial de Loja, do Equador, reconheceu a legitimidade do *Rio Vilcabamba*, juntamente com outros dois atores, para figurar no polo ativo de *Acción de Protección*.[50] Ao reconhecer os direitos do rio e a necessidade de defesa dos direitos da natureza, a Corte de Loja também enfatizou o dever legal do Poder Judiciário em adotar medidas para sua efetiva tutela: "El deber de los Jueces constitucionales propender de inmediato al resguardo y hacer efectiva tutela judicial de los derechos de la naturaleza, efectuando lo que fuera necesario para evitar que sea contaminada, o remediar".[51]

De igual forma, outros relevantes precedentes sobre o tema foram adotados pelo Poder Judiciário da Colômbia. Em 2016, a Corte Constitucional Colombiana reconheceu o *Rio Atrato* como sujeito de direito, determinando que o governo nacional exerça "la tutoría y representación legal de los derechos del río". Na decisão, a Corte destacou que a natureza não pode ser interpretada como mero objeto à disposição do homem, mas sim concebida como autêntica "entidade sujeito de direitos".[52]

---

[49] WOLKMER, Antônio Carlos. Ética da sustentabilidade e direitos da natureza no constitucionalismo latino-americano. *In*: LEITE, José R. Morato; PERALTA, Carlos E. (Orgs.). *Perspectivas e desafios para a proteção da biodiversidade no Brasil e na Costa Rica*. [S. l.]: Instituto o Direito por um Planeta Verde, 2014. p. 76.

[50] Sobre o tema vide: SUZUKI, David. Un río va a la corte. *In*: BOYD, David. *Los derechos de la naturaleza*: una revolución legal que podría salvar al mundo. Bogotá: Fundación Heinrich Böll, 2020. p. 155-158. Disponível em: https://co.boell.org/sites/default/files/2021-04/Derechos%20de%20la%20naturaleza%20Web.pdf. Acesso em 27 jun. 2023.

[51] ECUADOR. Corte Provincial de Loja. *Juicio 11121-2011-0010, Casillero nº 826/2011, 30 marzo 2011*. Richard Frederick Wheeler e Eleanor Geer Huddle c/ Gobierno Provincial de Loja. Disponível em: https://elaw.org/system/files/ec.wheeler.loja_.pdf. Acesso em 27 jun. 2023.

[52] COLOMBIA. Corte Constitucional. *Sentencia T-622/16, 10 noviembre 2012*. Disponível em: https://www.corteconstitucional.gov.co/relatoria/2016/t-622-16.htm. Acesso em 27 jun. 2023.

Outra relevante decisão adveio da Corte Suprema de Justiça da Colômbia ao reconhecer a *Floresta Amazônica Colombiana* como entidade sujeito de direitos, decidindo que "[l]os derechos ambientales de las futuras geraciones se cimentan em el (i) deber de la solidaridad de la espécie y (ii) em el valor intrínseco de la natureleza. No relevante precedente, a Corte Colombiana ainda destacou que os ecossistemas estão sob constante degradação e expostos a situações extremas pela adoção de um modelo de vida antropocêntrico da sociedade: "La humanidade es la principal responsable de este scenario, su posición hegemônica planetária llevó a la adopcion de um modelo antropocêntrico y egoísta, cuyos rasgos característicos son nocivos para la estabilidade ambiental".[53]

Avançando sobre o tema, ao emitir a Opinião Consultiva nº 23/2017, a Corte Interamericana de Direitos Humanos também perfilhou a necessidade de construção de um novo paradigma procedimental para a proteção autônoma da natureza, afirmando que esta é merecedora de proteção em si mesma, concluindo haver uma tendência de reconhecimento da personalidade jurídica da natureza nos ordenamentos constitucionais e decisões judiciais.[54]

Outrossim, um marco na legislação ambiental mundial foi a decisão do Parlamento da Nova Zelândia de 2017 ao declarar que o *Rio Whanganui*, venerado pelo povo nativo Maori, possui os mesmos direitos dos seres humanos, declarando sua personalidade jurídica e reconhecendo formalmente o rio como uma entidade jurídica para fins legais.

Nesse norte, os artigos 13 e 14, da Lei Te Awa Tupua (Whanganui River Claims Settlement) – ACT 2017, declararam que *Te Awa Tupua* representa uma entidade espiritual e física que apoia e sustenta tanto a vida quanto os recursos naturais dentro do rio Whanganui, além da saúde e do bem-estar dos Iwi, Hapū e outras comunidades do rio, reconhecendo que "Te Awa Tupua é uma pessoa legal e tem todos os direitos, poderes, deveres e responsabilidades de uma pessoa jurídica".[55]

---

[53] COLÔMBIA. Corte Suprema de Justicia. STC4360-2018. *Radicación nº 11001-22-03-000-2018-00319-01*. 5 abr. 2018. Disponível em: https://cortesuprema.gov.co/corte/wp-content/uploads/2018/04/STC4360-2018-2018-00319-011.pdf. Acesso em 27 jun. 2023.

[54] CORTE INTERAMERICANA DE DERECHOS HUMANOS (CIDH). *Opinion consultiva OC-23/17, 15 de noviembre de 2017*: medio ambiente y derechos humanos. [S. l.], 2017. p. 28-29. Disponível em: http://www.corteidh.or.cr/docs/opiniones/seriea_23_esp.pdf. Acesso em 30 jun. 2023.

[55] NEW ZEALAND LEGISLATION. *Te awa tupua (Whanganui River Claims Settlement)*. Act 2017, [S. l.], 20 mar. 2017. Disponível em: https://www.legislation.govt.nz/act/public/2017/0007/latest/whole.html. Acesso em 27 jun. 2023.

Segundo Collins e Esterling, a Lei *Te Awa Tupua (Whanganui River Claims Settlement Act 2017)* é considerada a primeira lei mundial a declarar um rio como pessoa jurídica.[56]

Na mesma diretriz, o Rio Magpie (*Muteshekau-shipu* na língua nativa Innu), que corta as florestas do Quebec por cerca de 320 quilômetros, também teve sua personalidade jurídica reconhecida em 2021 pelo Canadá. Esta foi a primeira iniciativa do País ao conceder a um rio direitos de personalidade, elencados em nove direitos legais: 1) o direito de fluir; 2) o direito de respeitar os seus ciclos; 3) o direito de sua evolução natural ser protegida e preservada; 4) o direito de manter sua biodiversidade natural; 5) o direito de cumprir suas funções essenciais dentro de seu ecossistema; 6) o direito de manter sua integridade; 7) o direito de estar a salvo da poluição; 8) o direito de regenerar e ser restaurado; 9) o direito de processar.

Para garantir a aplicação desses direitos, foi estabelecido que o rio será representado por guardiões nomeados em conjunto pelo município regional de Minganie e pelo povo Innu, os quais terão poder para falar em nome do rio Magpie, sendo investidos do dever legal de garantir que seus direitos e interesses sejam respeitados.[57]

Por seu turno, o direito brasileiro também vem avançando na temática, pois recente decisão do Tribunal de Justiça do Paraná reconheceu a capacidade ativa dos animais para litigar em juízo. O acórdão paradigmático reconheceu o direito de dois cães (Spike e Rambo) figurarem no polo ativo de uma ação de maus-tratos e abandono, sendo destacado que os animais, enquanto sujeitos de direitos subjetivos, "são dotados da capacidade de ser parte em juízo (personalidade judiciária)"[58] e nesta condição sua legitimidade decorre não somente do direito natural, mas também do direito positivo, conforme dicção do

---

[56] COLLINS, Toni; ESTERLING, Shea. Fluid personality: indigenous rights and the te Awa Tupua (Whanganui River claims settlement) Act 2017 in Aotearoa New Zealand. *Melbourne Journal of International Law*, University Melbourne, v. 20, p. 1, 2017. Disponível em: https://law.unimelb.edu.au/__data/assets/pdf_file/0006/3144318/Collins-and-Esterling.pdf. Acesso 27 jun. 2023.

[57] CANADA. Conseil Des INNU de Ekuanitshit. *Consecutif 919-082.* Assemblée dument convoqueé. Quebec, 18 janvier 2021. Disponível em: skm_c36821012614400 (harmonywithnatureun.org). Acesso em 05 set. 2022. Sobre o tema ver: CANADIAN ENVIRONMENTAL LAW FUNDATION. *Quebec's magpie river is now a legal person.* Disponível em: https://cela.ca/blog-quebecs-magpie-river-is-now-a-legal-person/. Acesso em 05 set. 2023.

[58] PARANÁ. Tribunal de Justiça. *Agravo de Instrumento nº 0059204-56.2020.8.16.0000.* Cascavel (Acórdão), Relator: Marcel Guimarães Rotoli de Macedo, Data de Julgamento: 14.09.2021, 7ª Câmara Cível, Data de Publicação: 23.9.2021.

artigo 2º, §3º, do Decreto nº 24.645/1934 e da Declaração de Toulon (2019), onde se reconhece que os animais devem ser tratados como pessoas físicas não humanas.

Outrossim, no âmbito global, vem sendo impulsionado um movimento pela tipificação do chamado *ecocídio*, delito que envolveria atos ilícitos ou arbitrários conscientes, capazes de provocar danos graves, extensos e duradouros ao meio ambiente. A proposta visa incorporar uma nova tipificação penal ao Estatuto de Roma, ainda não concretizada, para permitir que tais casos sejam levados a julgamento perante o Tribunal Penal Internacional, notadamente pelo caráter transnacional envolvendo os delitos ambientais da era contemporânea.[59]

Com esteio nessa progressista interpretação das normas ambientais e notadamente pela complexidade e extensão dos ilícitos ambientais, verifica-se a paulatina consolidação de uma *nova justiça ecológica* que tende a reconhecer o valor intrínseco da natureza como titular de direitos.

1.4 Os limites planetários (*Planetary Boundaries*)

Noutra perspectiva vinculada aos direitos de natureza, Eugene Odum, ao tratar da ecologia humana aplicada, ressalta que o planeta está chegando ao limite da sustentabilidade, pois o homem vem atuando no seu ambiente natural como um verdadeiro parasita, colocando em risco a saúde do seu hospedeiro (Terra), isto é, do sistema de sustentação da sua vida,[60] fator que exige uma total mudança de paradigma para a proteção de todos os ecossistemas que compõem o planeta.

Nessa ordem de ideias, os cientistas Paul e Anne Ehrlich questionam se o homem, enquanto animal dominante, está preparado para o risco de extinção que já se iniciou na *Era do Antropoceno*, considerando as inúmeras ameaças enfrentadas pela humanidade no que tange às alterações ambientais.[61]

---

[59] Sobre o tema, vide: NETO, Djalma Alvarez Brochado; MONTALVERNE, Tarin Cristino Frota. Ecocídio: proposta de uma política criminalizadora de delitos ambientais internacionais ou tipo penal propriamente dito? *Revista Brasileira de Políticas Públicas*, v. 8, n. 1, p. 209-226, 2018; EYRET, Laurent. *From ecocrimes to ecocide*. Protecting the environment through criminal law. C-EENRG Reports, University of Cambridge, 2017. Disponível em: https://www.ceenrg.landecon.cam.ac.uk/system/files/documents/report-002.pdf. Acesso em 07 nov. 2022.

[60] ODUM, Eugene P. *Fundamentos de ecologia*. 6. ed. Lisboa: Fundação Calouste Gulbenkian, 2004. p. 811.

[61] EHRLICH, Paul R.; EHRLICH, Anne H. *The dominant animal*: human evolution and the environment. Washington DC: Island Press, 2008. p. 102-110.

A partir dessa visão, o ser humano passa a ser responsável pela manutenção de seu *habitat* natural, exigindo-se mudanças comportamentais que condicionem o ciclo da vida a uma maior consciência ecológica. Essa mudança de paradigma também demanda respeito aos limites do planeta,[62] pois as ações humanas já ultrapassaram a capacidade de adaptação da Terra, colocando em risco sua sustentabilidade e equilíbrio, podendo adoecer a grande mãe *Gaia*[63] e, consequentemente, afetar o sistema planetário e todos os seus ecossistemas.

As chamadas "fronteiras" ou "limites planetários" (*Planetary Boundaries*) determinam a capacidade de autorregulação da Terra, auxiliando a identificar e a quantificar os limites que não devem ser transgredidos para manter o equilíbrio do planeta, sendo identificadas por Rockstrom através de nove dimensões: 1) Mudanças climáticas; 2) Acidificação oceânica; 3) Depleção ou diminuição da camada de ozônio estratosférico; 4) Carga atmosférica de aerossóis; 5) Interferência nos ciclos globais de fósforo e nitrogênio; 6) Perda de biodiversidade; 7) Consumo global de água doce; 8) Mudança no Sistema do Solo (*Land-System Change*); 9) Poluição química.[64]

---

[62] Decisões equivocadas também podem ser fatais para a preservação da vida humana, conforme destaca Jared Diamond ao citar o exemplo de inadaptação ocorrido na Ilha de Pascoa, situada em local remoto do oceano pacífico, cuja prosperidade acabou com um trágico desfecho em virtude da exploração exaustiva do meio ambiente, provocando a extinção das espécies que habitavam a pequena ilha e, consequentemente, da própria população local. Segundo Diamond, estudos apontam que o povo que habitava a ilha projetava com segurança que poderia avançar ao futuro diante da riqueza natural de suas terras. O desmatamento para fins agrícolas, a erosão do solo e o uso indiscriminado de madeira para construir casas e estátuas gigantes (887 Moais), causaram a esterilidade de suas férteis terras, a escassez de alimentos e fome, contribuindo para o declínio daquela próspera civilização, com cerca de 30 mil habitantes na época (século XVIII). As escolhas equivocadas daquele povo no aspecto ambiental influenciaram seu destino, tornando a ilha desolada e inabitável, impedindo a adaptação de seu povo, pois conforme Diamond, "o colapso da sociedade de Páscoa ocorreu logo após a sociedade chegar ao seu auge em termos de população, construção de monumentos e impacto ambiental". Em menor escala, a Ilha de Páscoa tinha as mesmas limitações que a Terra possui, sendo um exemplo de que a tomada de decisões equivocadas, com a extração desenfreada de recursos naturais pode ocasionar desequilíbrio e colocar em risco a vida humana, pois conforme Diamond, o caso da Ilha de Páscoa é "o mais claro exemplo de uma sociedade que se destruiu pelo abuso de seus recursos". (DIAMOND, Jared. *Colapso*: como as sociedades escolhem os fracassos ou o sucesso. 7. ed. São Paulo: Record, 2012. p. 110-155).

[63] Sobre a *Hipótese Gaia*, Deusa da Terra, vide: LOVELOCK, James. *Gaia*: a new look at life on earth. 3rd ed. Oxford: Oxford University Press, 1979.

[64] ROCKSTRÖM, Johan; STEFFEN, W.; NOONE, K. *et al*. A safe operating space for humanity. *Nature*, [S. l.], v. 461, p. 472-475, set. 2009. Disponível em: https://www.nature.com/articles/461472a. Acesso em 30 jun. 2023.

Nessa mesma diretriz, Kolbert alerta que o planeta está passando por uma rápida e profunda transformação e que se não houver a reversão desse quadro, a humanidade corre o risco de sucumbir à *sexta extinção* em massa da história da Terra.[65] O desvio dessa rota de colisão depende de mudanças transformadoras na relação entre o ser humano e as demais espécies, pois "se o reconhecimento dos direitos da natureza pode ajudar a prevenir uma calamidade tão sombria e distópica, então devemos persegui-lo com toda a energia que pudermos reunir".[66]

No mesmo sentido, sobre a correlação entre a Era do Antropoceno e o risco da sexta extinção, Derani e Duarte destacam que este pode consistir num novo ponto de partida para que o homem modifique seu olhar sobre a proteção ambiental, asseverando que "não há um nível aceitável de atividade humana, nem há meios seguros de garantir a atividade humana para que os ecossistemas se mantenham".[67]

De fato, os limites planetários da Terra envolvem um sistema complexo e adaptativo, mas quando sobrecarregado, sua capacidade de resiliência se reduz consideravelmente num choque de forças, afetando a sustentabilidade dos ecossistemas. Essa sobrecarga terrestre resulta num déficit de recursos naturais em relação ao desenfreado consumo humano, podendo desestabilizar o planeta, conforme cálculos da entidade *Global Footprint Network*, que criou a chamada 'pegada ecológica', com o objetivo de contabilizar os padrões de consumo do ser humano em relação à capacidade ecológica do planeta em repor os recursos naturais (biocapacidade).

A entidade destaca que a biocapacidade do planeta é de 2,1ha por pessoa, enquanto os seres humanos consomem o equivalente a 2,7ha por ano. A título de exemplo, a China possui 0.9ha de biocapacidade por pessoa e consome 3.7ha por ano. Os Estados Unidos possuem uma biocapacidade de 3.4 por pessoa/ha e consomem o equivalente a 8.0ha, apresentando um déficit de -4,6.[68]

---

[65] KUNZIG, Robert. The sixth extinction: a conversation with Elizabeth Kolbert. *National Geographic*, [S. l.], 20 fev. 2014. Disponível em: https://www.nationalgeographic.com/science/article/140218-kolbert-book-extinction-climate-science-amazon-rain-forest-wilderness. Acesso em 27 jun. 2023.

[66] BOYD, David R. *Los derechos de la naturaliza*: una revolución legal que podría salvar al mundo. (Trad. Santiago Vallejo Galárraga). Bogotá, Colombia: Fundación Heinrich Böll, 2020. p. 13.

[67] DERANI, Cristiane; DUARTE, Matheus. A sexta extinção e o direito por uma economia ecológica. *In*: NUSDEO, Ana Maria de Oliveira; TRENNEPOHL, Terence (Coord.). *Temas de direito ambiental econômico*. São Paulo: Thomson Reuters Brasil, 2019. p. 15.

[68] GLOBAL FOOTPRINT NETWORK. *Ecological Footprint*. [S. l.], 2021. Disponível em: https://www.footprintnetwork.org/. Acesso em 27 jun. 2023.

Infere-se, portanto, que os limites planetários vêm sendo constantemente ultrapassados, exigindo medidas que restrinjam a intervenção humana desenfreada sobre os bens naturais, pois "se não formos capazes de impor limites a nós mesmos, os limites nos serão impostos pela própria Natureza",[69] sendo inquestionável que o desequilíbrio planetário avança de forma acelerada e o preço do comportamento nocivo do homem pode ser sua futura extinção.

Nesse contexto, pertinente a concepção da Ecologia Profunda (*Deep Ecology*) sustentada por Fritjof Capra,[70] ao enunciar que a crise ambiental demanda uma *visão holística* de mundo como um todo integrado, ao invés de uma coleção de partes dissociadas, sendo impositivo o reconhecimento da interdependência entre os fenômenos, pois indivíduos e sociedades estão encaixados nos processos cíclicos da natureza, sendo o homem apenas um fio particular na teia da vida.

Sob esse influxo, a crise planetária exige uma reaproximação entre os seres humanos e o meio ambiente natural, pois ambos estão interconectados de forma sistêmica, sendo necessário reconhecer o valor intrínseco de todos os seres vivos e de seus elementos para o equilíbrio dos ecossistemas.

Enfim, a crise ambiental vivenciada no cenário contemporâneo exige ações proativas de toda a sociedade, pois não se pode esperar que o planeta Terra consiga proteger-se por si mesmo e igualmente se autopurificar das constantes agressões sofridas, sendo impositiva uma completa mudança de paradigma nas ações humanas.

1.5 O desenvolvimento tecnoindustrial e a sociedade de risco na Era do Antropoceno

A crise ecológica da sociedade contemporânea muito se deve ao forte modelo capitalista de desenvolvimento econômico e industrial experimentado nas últimas décadas, pois apesar dos benefícios tecnológicos alcançados, a devastação ambiental tornou-se indiscriminada e avança de forma vertiginosa sobre a natureza.

---

[69] SARLET, Ingo; FENSTERSEIFER, Tiago. Os limites planetários como parâmetro para a progressividade das 'Leis dos Homens' de proteção ecológica em face da força imperativa da 'Leis da Natureza'. *Gen Jurídico*, São Paulo, 17 ago. 2020. Disponível em: http://genjuridico.com.br/2020/08/17/limites-planetarios-como-parametro/. Acesso em 27 jun. 2023.

[70] CAPRA, Fritjof. *The web of life*: a new scientific understanding of living systems. New York: Anchor Books, 1996. p. 25.

Essa exponencial crise ecológica é resultante do drástico desajuste entre os processos cíclicos que envolvem a ecosfera, tendo em vista a introdução, nos últimos séculos, de processos tecnológicos agressivos à natureza e incompatíveis com a preservação dos ecossistemas naturais, afetando drasticamente a sustentabilidade planetária[71] e colocando em risco o próprio futuro da humanidade.

Sobre o tema, Harari[72] afirma que o ser humano progrediu das canoas para as galeras, dos navios a vapor para os ônibus espaciais, mas não sabe para onde está indo. E reverbera: o *homo sapiens* está prestes a se tornar um Deus, dominando a terra, controlando tudo ao seu redor, aumentando a produção de alimentos, construindo cidades, estabelecendo impérios e criando vastas redes de comércio. Mas diante de tudo isso, questiona: o homem reduziu o sofrimento do mundo, que está sendo devastado cada vez mais?

Em decorrência desse modelo de sociedade industrial se multiplicam os riscos e os perigos, muitas vezes com interesses conflitantes e ambivalentes, pois, consoante Beck, "é precisamente com o avanço da sociedade de risco que se desenvolvem como decorrência as oposições entre aqueles que são *afetados* pelos riscos e aqueles que *lucram* com eles".[73] Nesse contexto, afirma-se que a própria modernidade é uma cultura de risco marcada pelas incertezas, pois o mundo moderno vem introduzindo atividades de risco que gerações anteriores não tiveram que enfrentar.[74]

Nessa tônica, Capra e Mattei asseveram que o atual modelo de capitalismo global envolve uma rede de fluxos financeiros que se desenvolvem à margem de qualquer estrutura ética, sendo amparado por uma concepção mecanicista pautada pela liberdade de ocupar recursos inexplorados, transformando a ecologia em engenharia e a própria vida num bem de consumo, gerando acúmulo de riqueza ao custo de consequências sociais e ambientais desastrosas.

Segundo referidos autores, esta *armadilha mecanicista* revela que os seres humanos não mais são capazes de controlar as ações nocivas

---

[71] JUNGES, José Roque. *Ecologia e criação*: resposta cristã à crise ambiental. São Paulo: Loyola, 2001. p. 9.
[72] HARARI, Yuval Noah. *Sapiens*: uma breve história da humanidade. (Trad. Jorio Dauster). São Paulo: Companhia das Letras, 2020. p. 437-438.
[73] BECK, Ulrich. *La sociedad del riesgo*: hacia una nueva modernidad. (Trad. Jorge Navarro, Daniel Jiménez e Maria Rosa Borrás). Barcelona: Paidós, 1998. p. 56.
[74] GIDDENS, Anthony. *Modernidade e identidade*. (Trad. Plinio Dentzien). Rio de Janeiro: Jorge Zahar Editor, 2002. p. 11-12.

ao meio ambiente diante da voracidade pela busca de resultados financeiros, cuja tônica é o crescimento econômico ilimitado, concluindo que o novo capitalismo global, amparado pela concepção mecanicista da propriedade, não possui limites e visa enriquecer "uma elite global de especuladores financeiros, empresários e profissionais de alta tecnologia, a todos os quais se concede liberdade extrativista legalmente protegida".[75]

Desta forma, conclui-se que embora a economia esteja atrelada à ecologia, havendo uma relação sinérgica entre ambas, aquela tem determinado os rumos desta, pois segundo Ávila Coimbra, "a economia não respeita os limites impostos pela natureza, seu jogo é desenfreado, mutante, inseguro e perigoso".[76] Disso resulta uma tensão de interesses entre meio ambiente, economia e desenvolvimento, situação que avança de forma indiscriminada e voraz no cenário contemporâneo, tendo em vista que o ser humano cada vez mais dilapida os recursos naturais para satisfazer os seus ilimitados interesses, muitas vezes de cunho privatístico e em detrimento do interesse público.[77]

Essas transformações ambientais foram em grande parte capitaneadas pela Revolução Industrial iniciada no século XVIII, que segundo Klaus Schwab, envolve quatro fases distintas e progressivas: a 1ª Revolução Industrial experimentada entre 1760 e 1840, com o advento da máquina a vapor e das ferrovias; a 2ª Revolução Industrial surgida entre o final do século XIX e início do século XX, originando a eletricidade e a linha de montagem, permitindo a produção em massa; a 3ª Revolução Industrial, iniciada na década de 1960, com o advento dos processos digitais e do computador, impulsionada pelo desenvolvimento dos semicondutores, da computação em *mainframe* (década de 1960), da computação pessoal (década de 1970 e 1980) e da internet (década de 1990); e, por fim, o surgimento da 4ª Revolução Industrial ou Indústria 4.0, iniciada no final dos anos 90 e começo do ano 2000, conhecida como a "virada do século", impulsionada pela modernidade

---

[75] MATTEI, Ugo; CAPRA, Fritjof. *A revolução ecojurídica*: o direito sistêmico em sintonia com a natureza e a comunidade. (Trad. Jeferson Luiz Camargo). São Paulo: Cultrix, 2018. p. 171.

[76] COIMBRA, José de Ávila Aguiar. *O outro lado do meio ambiente*. Campinas: Millennium, 2002. p. 47.

[77] Para Bauman, a globalização contemporânea representa a 'nova desordem mundial' ante seu caráter indeterminado, indisciplinado e de autopropulsão dos assuntos mundiais, todos ausentes de controle. (BAUMAN, Zygmunt. *Globalização*: as consequências humanas. (Trad. Marcus Penchel). Rio de Janeiro: Jorge Zahar Editores, 1999. p. 66).

física, digital e biológica, propiciando o surgimento da robótica, da inteligência artificial, da internet das coisas, de veículos autônomos, da impressão em 3D, da nanotecnologia,[78] da biotecnologia, da engenharia genética e o surgimento de novos materiais, a exemplo do grafeno e dos nanomateriais.[79]

Apesar dos avanços sociais e tecnológicos gerados pela 4ª Revolução Industrial, o atual modelo de industrialização continua sendo pautado por severas intervenções sobre a natureza, exigindo mudanças nos modelos de desenvolvimento e crescimento econômico dos países, visando atingir a sustentabilidade e impedir a escassez de recursos naturais. Nesse sentido, Schwab, em obra complementar à temática, reconhece que as Revoluções Industriais anteriores progrediram às custas da degradação ambiental e o grande desafio da nova era da industrialização é gerenciar as externalidades negativas:

> Para viabilizarmos um futuro tão justo e inclusivo, teremos que ajustar nossa mentalidade e nossas instituições. Afinal, a experiência das revoluções industriais anteriores mostra que, para que os benefícios das novas tecnologias sejam plenamente obtidos na próxima revolução dos sistemas, o mundo deverá satisfazer três desafios prementes. O primeiro desafio é garantir que os benefícios da Quarta Revolução Industrial sejam distribuídos de forma justa [...], o segundo desafio é gerenciar as externalidades da Quarta Revolução Industrial no que diz respeito aos seus possíveis riscos e danos. Nas revoluções industriais anteriores foram feitos pouquíssimos esforços para proteger as populações vulneráveis, o ambiente natural e as gerações futuras [...] tendo em vista a força das tecnologias da Quarta Revolução Industrial e a incerteza sobre os impactos a longo prazo em sistemas sociais e ambientais complexos [...], o terceiro desafio é garantir que a Quarta Revolução Industrial seja liderada por humanos e para humanos. Os valores humanos devem ser respeitados por si mesmos, em vez de ser quantificados em termos financeiros.[80]

---

[78] No tocante aos riscos das nanotecnologias, destaca-se que "[...] há uma inconsciente falta de preocupação com os riscos ambientais dos novos produtos com nanotecnologias, pois os mesmos já estão sendo comercializados, quando ainda não são totalmente conhecidos seus possíveis resultados negativos". (BERWIG, Juliane Altmann; ENGELMANN, Wilson; WEYERMULLER, André Rafael. *Veredas do Direito*. Belo Horizonte, v. 16, n. 36, p. 223, set./dez. 2019).

[79] SCHWAB, Klaus. *The Fourt Industrial Revolution*. Cology: World Economic Forum, 2016. p. 19-20.

[80] SCHWAB, Klaus. *Shaping the fourth industrial revolution*. Cology: World Economic Forum, 2018. p. 43-44.

Desta forma, a tônica do "desenvolvimento a qualquer custo" sufragada pelas revoluções industriais passadas demanda uma nova concepção de desenvolvimento sustentável no cenário contemporâneo,[81] inclusive no que tange ao forte modelo devorador capitalista, pois na atual conjuntura é impossível falar em direito ao desenvolvimento ignorando a sustentabilidade, notadamente pelo aspecto da finitude dos recursos naturais.[82]

Nesse aspecto, destacam Leite e Ayala que o atual modelo capitalista, alicerçado no individualismo e no mercantilismo, adotam uma visão clássica de desenvolvimento econômico, cujo modelo é agressivo aos recursos naturais, sendo necessário concretizar "um modelo de desenvolvimento que leve em consideração as gerações futuras e uma política que tenha como base a preservação dos recursos naturais a longo prazo".[83]

Em decorrência desse contraste entre direito, desenvolvimento e capitalismo, alerta Tamanaha, de forma precisa, que o desenvolvimento se move para além do mero desenvolvimento econômico, também abarcando outros fins, de modo que o direito de propriedade e o direito comercial devem sucumbir a um maior interesse, de direito público, que envolve as proteções constitucionais, os direitos políticos e civis, concluindo que

> os defensores de uma perspectiva mais ampla são céticos quanto à disseminação descontrolada do capitalismo global: suscitam preocupações acerca de suas consequências humanas e ambientais adversas, bem como duvidam da sua imparcialidade na seleção de vencedores e vencidos e nas distribuições de benefícios.[84]

Aliás, na moderna sociedade de consumo, os valores e bens ambientais não podem ser precificados em benefício da ordem econômica, sendo necessária a imposição de limites morais na análise do

---

[81] Sobre o tema, vide: RAWORTH, Kate. *Doughnut Economics*: Seven Ways to Think Like a 21st-Century Economist. New York: Random House Business, 2017.

[82] WEDY, Gabriel. *Desenvolvimento sustentável na era das mudanças climáticas*: um direito fundamental. São Paulo: Saraiva, 2018. p. 113.

[83] LEITE, José R. Morato; AYALA, Patryck de Araújo. *Dano ambiental*: do individual ao coletivo extrapatrimonial. Teoria e Prática. 3. ed. São Paulo: Revista dos Tribunais, 2010. p. 24-25.

[84] TAMANAHA, Brian Z. O primado da sociedade e as falhas do direito e desenvolvimento. (Trad. Tatiane Honório Lima. Revisão técnica de José Rodrigo Rodriguez). *Revista Direito Getúlio Vargas*, São Paulo, v. 6, n. 1, p. 191, jan./jun. 2010.

custo-benefício entre a degradação ambiental e o desenvolvimento a qualquer preço.[85] Essa visão é compartilhada por Leff ao destacar que a noção de sustentabilidade constitui um critério normativo para a reconstrução da ordem econômica, sendo condição essencial para a sobrevivência humana e suporte para atingir um desenvolvimento duradouro, motivo pelo qual tece severas críticas ao atual modelo globalizado de desenvolvimento econômico, o qual vem sendo pautado pela superexploração da natureza:

> A globalização econômica está gerando uma retotalização do mundo sob o valor unidimensional do mercado, superexplorando a natureza, homogeneizando culturas, subjugando saberes e degradando a qualidade de vida das maiorias. A racionalidade ambiental gera uma reorganização da produção baseada no potencial produtivo da natureza, no poder da ciência e da tecnologia modernas e nos processos de significação que definem identidades culturais e sentidos existenciais dos povos em diversas formas de relação entre os seres humanos e a natureza. A sinergia na articulação destes processos faz com que na racionalidade ambiental o todo seja mais do que os processos que a constituem, gerando um processo produtivo sustentável, aberto à diversidade cultural e à diversificação das formas de desenvolvimento. Este é o grande desafio, o da dívida que se mantém agrilhoada ao desenvolvimento autodeterminado, democrático e sustentável dos povos da América Latina e do Terceiro Mundo. Um desafio que obriga a questionar os mecanismos de submissão que nos mantém em dívida permanente, como apêndices dependentes da ordem mundial. Os devedores desta dívida pedem para escapar desta armadilha, querem cortar o cordão umbilical da dependência e da opressão, querem desvincular-se da globalização. Pedem um mundo novo onde se possa saldar a dívida da unificação forçosa do desenvolvimento unidimensional e se abram os canais de um desenvolvimento diversificado. Pedem uma nova verdade, uma nova racionalidade para entender o mundo em sua complexidade, em sua diversidade. Estes são os desafios com os quais se defronta o projeto civilizatório da humanidade ao vislumbrar o próximo milênio.[86]

---

[85] Sobre o tema, vide: NUSSBAUM, Martha. The Costs of Tragedy, Some Moral Limits of Cost-Benefit Analysis. *In*: SCHMIDTZ, David; WILLOTT, Elizabeth. *Environmental Ethics*: What Really Matters, What Really Works. New York: Oxford University Press, 2016. p. 370-386.

[86] LEFF, Enrique. *Saber ambiental*: sustentabilidade, racionalidade, complexidade, poder. Petrópolis: Vozes, 2002. p. 40-41.

Ainda no aspecto econômico, a *Era do Antropoceno* exige mudanças de paradigma e reclama medidas transformadoras dos padrões de produção e consumo, pois há indicativos concretos de que a sexta extinção está em curso em decorrência de causas antrópicas, sendo imprescindível que toda a sociedade se reorganize para minimizar o vertiginoso processo de eliminação de espécies que estamos vivenciando.[87]

Como observa Amartya Sen, o pleno desenvolvimento demanda uma *intervenção humana construtiva*, pois o meio ambiente não é apenas uma questão de preservação passiva, mas também de ações ativas. Nesse vértice, destaca que muitas atividades humanas que envolvem o processo de desenvolvimento podem ter consequências destrutivas, mas também conferem ao ser humano o poder de enriquecer e melhorar o ambiente em que vive, permitindo uma intervenção ativa eficaz para o processo de desenvolvimento, concluindo que "o desenvolvimento é fundamentalmente um processo de 'empoderamento', e esse poder pode ser usado para preservar e enriquecer o ambiente, e não apenas para dizimá-lo".[88]

Justamente nessa diretriz é que se exige um reequilíbrio entre os meios de produção, padrões de consumo e a preservação do meio ambiente, em observância aos limites da sustentabilidade planetária, pois a política econômica também deve ser orientada por critérios não monetários. Nessa vertente, torna-se impositiva a inclusão do fator econômico no ecológico, no social e no político, fator que demanda a "necessidade de mudança de uma microrracionalidade do lucro para uma macrorracionalidade social e ecológica, o que exige uma verdadeira mudança da civilização".[89]

Essa mesma visão se aplica ao desenvolvimento urbano sustentável, pois os efeitos nocivos para o ambiente físico das cidades assumiram maior gravidade com a Revolução Industrial, quando teve início a produção em massa, a acumulação de bens e de pessoas nas cidades, tornando suas áreas insalubres,[90] problemas que ainda hoje afligem as aglomerações urbanas, notadamente nas grandes cidades e metrópoles.

---

[87] DERANI, Cristiane; DUARTE, Matheus. A sexta extinção e o direito por uma economia ecológica. *In*: NUSDEO, Ana Maria de Oliveira; TRENNEPOHL, Terence (Coord.). *Temas de direito ambiental econômico*. São Paulo: Thomson Reuters Brasil, 2019. p. 15-16.

[88] SEN, Amartya. *A ideia de justiça*. (Trad. Denise Bottman e Ricardo Doninelli Mendes). São Paulo: Companhia das Letras, 2011. p. 283-284.

[89] LÖWY, Michael. *Ecologia e socialismo*. São Paulo: Cortez, 2005. p. 51.

[90] ALISEDA, Julián Mora; CASTELLANO ÁLVAREZ, F. J. Reflexiones sobre la sostenibilidad del medio urbano. *Observatorio Medio Ambiental*, Madrid, v. 5, n. 2, p. 403, 2002.

Aliás, essa diretriz foi consagrada no artigo 2º, VIII, do Estatuto da Cidade (Lei nº 10.257/2001), onde se prevê que um dos objetivos da política urbana é ordenar o pleno desenvolvimento das funções sociais da cidade e da propriedade urbana mediante a adoção de padrões de produção e consumo de bens, de serviços e de expansão urbana compatíveis com os limites da sustentabilidade ambiental, social e econômica.

A seu turno, essa nova visão de desenvolvimento sustentável que inclui a economia, a segurança alimentar e energética, a erradicação da pobreza, o combate à fome, à desnutrição, a geração de empregos, foi reconhecida como um elemento-chave da agenda para a prosperidade global durante a *Declaração de Nova Delhi de 2012*, por ocasião da Quarta Cúpula do BRICS.[91]

Com a mesma ênfase, François Ost critica a visão reducionista da natureza por alguns segmentos da economia, os quais desconsideram seus efeitos deletérios ao associar o crescimento econômico sob o prisma nitidamente monetário, colocando em segundo plano a preservação dos recursos naturais e do meio ambiente como um todo:

> Ora, como ignorar, hoje, que a realidade ecológica é simultaneamente translocal e transtemporal: simultaneamente global e complexa e, logo, decididamente estranha à divisão puramente contabilizável e à avaliação exclusivamente monetária? Sem dúvida que, nestes vastos conjuntos inapropriáveis e não contabilizáveis podem ser isoladas zonas e retirados recursos que encontram um preço num mercado, mas os conjuntos, enquanto tais (patrimônio genético, ciclos bioquímicos, clima etc.) escapam a este reducionismo.[92]

Nesse norte, a sociedade contemporânea apresenta uma normalização na produção de riscos ecológicos estimulados por interesses econômicos e até mesmo políticos, que segundo Ulrich Beck decorrem da potencialização de riscos oriundos do desenvolvimento industrial. Esse modelo de sociedade é catalizador de potenciais riscos civilizatórios provocados pelo desenvolvimento científico e econômico fomentados

---

[91] BRICS. Fourth Brics summit: Delhi declaration. *Brics Information Centre*, New Delhi, 29 mar. 2012. Disponível em: http://www.brics.utoronto.ca/docs/120329-delhi-declaration.html. Acesso em 30 jun. 2023.
[92] OST, François. *A natureza à margem da lei*: a ecologia à prova do direito. Lisboa: Piaget, 1997. p. 162.

pela pós-modernidade, ensejando a chamada *modernidade reflexiva*[93] que decorre de transição da Sociedade Industrial para a Sociedade de Risco, onde "o acúmulo do progresso tecnológico-econômico é cada vez mais ofuscado pela produção de riscos".[94]

Como consequência, referido autor ressalta que os efeitos colaterais decorrentes da sociedade de risco provocam um *efeito bumerangue*, pois o desenvolvimento tecnológico gera, ao mesmo tempo, resultados positivos e negativos: "O reverso da natureza socializada é a socialização das destruições da natureza, sua transformação em ameaças sociais, econômicas e políticas do sistema de sociedade superindustrializada".[95]

Tratando especificamente da *metamorfose das cidades*, Beck, em sua última obra póstuma, ainda destaca que as cidades desempenham papel ativo na sociedade global de risco, pois podem ser caracterizadas como "comunidades de risco cosmopolita", notadamente no que tange às grandes cidades mundiais, as quais representam a interação entre "colapso e despertar". Para o autor, a metamorfose das cidades exige uma nova "realpolitik urbano-cosmopolita" para fazer frente aos riscos globais, notadamente os riscos climáticos, apontando a necessidade de estabelecimento de novos padrões e alianças para combater os conflitos urbanos, devendo essa *realpolitik* entrelaçar cooperação e competição, economia e ambiente, igualdade e desigualdade, solidariedade e individualismo, localismo e cosmopolitismo.[96]

Nesse mesmo sentido, constata-se que o modelo oriundo da Revolução Industrial prometia o bem-estar a todos, mas não cumpriu exatamente aquilo que prometeu, pois apesar dos benefícios tecnológicos produzidos, trouxe em seu bojo a devastação ambiental

---

[93] Acerca do tema, enfatiza Engelmann: "A modernidade reflexiva é uma fase na qual o desenvolvimento da ciência e da técnica não pode dar conta da predição e controle dos riscos que ele (o desenvolvimento da ciência e da técnica) contribuirá para criar (aí a reflexividade desta modernidade)". (ENGELMANN, Wilson. As nanotecnologias e o meio ambiente: entre os riscos e a autorregulação regulada. *In*: STRECK, Lenio Luiz; ROCHA, Leonel Severo; ENGELMANN, Wilson (Org.). *Constituição, sistemas sociais e hermenêutica*: anuário do Programa de Pós-graduação em Direito da UNISINOS: mestrado e doutorado. Porto Alegre: Liv. do Advogado; São Leopoldo: UNISINOS, 2018. p. 251).

[94] BECK, Ulrich. *La sociedad del riesgo*: hacia una nueva modernidad. (Trad. Jorge Navarro, Daniel Jiménez e Maria Rosa Borrás). Barcelona: Paidós, 1998. p. 199-206.

[95] No original: "El reverso de la naturaleza socializada es la socialización de las destrucciones de la naturaleza, su transformacion em amenazas sociales, economicas y políticas del sistema de la sociedad superindustrializada". (BECK, Ulrich. *La sociedad del riesgo*: hacia una nueva modernidad. (Trad. Jorge Navarro, Daniel Jiménez e Maria Rosa Borrás). Barcelona: Paidós, 1998. p. 13).

[96] BECK, Ulrich. *A metamorfose do mundo*: novos conceitos para uma nova realidade. (Trad. Maria Luiza X. de A. Borges). 1. ed. Rio de Janeiro: Zahar, 2018. p. 216-232.

planetária e indiscriminada.[97] Tais projeções negativas estão embasadas em elementos concretos, pois nas últimas décadas a sociedade avançou para além dos riscos toleráveis, ensejando uma gama de implicações ambientais que levam a uma incógnita sobre o futuro do planeta.

Fartos estudos científicos revelam de forma induvidosa que o desequilíbrio planetário assumiu proporções sem precedentes após a Revolução Pós-industrial, demonstrando a irracionalidade do ser humano na condução de suas ações terrenas, pois consoante observa Harari, "ao usar seu poder para contrariar as forças da natureza e subjugar o ecossistema para satisfazer suas necessidades e caprichos, os humanos podem multiplicar efeitos colaterais perigosos e imprevistos".[98]

Nesse norte, a "grande aceleração" (*The Great Acceleration*) nos indicadores terrestres negativos revela que os riscos planetários estão sendo impulsionados e alimentados pelas ações humanas, antecipando os vetores que conduzem à Era do Antropoceno, que segundo Paul Crutzen, teria se iniciado a partir da Revolução Industrial. Para o Prêmio Nobel de Química, a crescente influência da humanidade no meio ambiente foi reconhecida pelo geólogo italiano Antônio Stoppani nos idos de 1873, ao descrever o surgimento de uma nova *força telúrica* comparável às maiores forças da terra, gerando uma incógnita sobre o futuro do planeta:

> Uma tarefa difícil está à frente para cientistas e engenheiros guiar a sociedade em direção a uma gestão ambientalmente sustentável durante a era do Antropoceno. Isso exigirá um comportamento humano apropriado em todas as escalas e pode muito bem envolver projetos de geoengenharia de larga escala internacionalmente aceitos, por exemplo, para 'otimizar' o clima. Nesta fase, no entanto, ainda estamos em grande parte pisando em *terra incógnita*.[99]

Para Kolbert, esse perigoso caminho leva a uma incerteza, pois a história nos revela que a vida, embora resiliente, não dura para sempre, salientando que "a extinção em curso tem sua própria causa

---

[97] BENJAMIN, Antonio Herman V. A proteção do meio ambiente nos países menos desenvolvidos: o caso da América Latina. *Revista de Direito Ambiental*, São Paulo, p. 83-84, 1995.

[98] HARARI, Yuval Noah. *Sapiens*: uma breve história da humanidade. (Trad. Jorio Dauster). São Paulo: Companhia das Letras, 2020. p. 371.

[99] CRUTZEN, Paul J. Geology of Mankind. *Nature*, [S. l.], v. 415, n. 23, 2002. Disponível em: https://www.nature.com/articles/415023a. Acesso em 27 jun. 2023.

original – não é um asteroide ou uma erupção vulcânica maciça, mas "uma espécie daninha", ou seja, o ser humano.[100] Destarte, as incertezas trazidas pela modernidade exigem novos parâmetros éticos para consolidar o desenvolvimento sustentável, pois a atual crise ambiental vem sendo desencadeada pelo crescente poder de intervenção e destruição do homem sobre a natureza e alterações constantes de seu *habitat*, colocando em risco a sobrevivência humana e o próprio planeta Terra. Justamente nessa órbita é que Heidegger, numa visão filosófica, ressalta que o habitar é o traço fundamental do ser humano, pois os mortais habitam à medida que salvam a Terra. Contudo, assevera que "[...] salvar a Terra é mais do que explorá-la ou esgotá-la. Salvar a Terra não é assenhorar-se da Terra e nem tampouco submeter-se à Terra, o que constitui um passo quase mediato para a exploração ilimitada".[101]

Tal fator exige o rompimento da concepção antropocêntrica com vistas à reinserção do homem no processo cíclico da natureza, assim propiciando a salvaguarda e garantia de sobrevivência das gerações futuras. Sobre o tema, alerta Giddens que essas incertezas e ameaças demandam respostas globais e mudanças de paradigma de toda a sociedade:

> Enfrentar as ameaças advindas do dano aos ecossistemas da Terra provavelmente demandará respostas globais coordenadas em níveis muito distantes da ação individual. Por outro lado, essas ameaças não serão eficazmente combatidas a menos que haja uma reação e uma adaptação da parte de todo indivíduo. Mudanças generalizadas de estilo de vida, junto com uma diminuição da importância atribuída à contínua acumulação econômica, serão quase certamente necessárias se quisermos minimizar os riscos ecológicos hoje à nossa frente.[102]

Portanto, as relações homem-natureza precisam ser restabelecidas de forma harmoniosa, pois não há antagonismo entre ambos: a natureza não é inimiga do homem, mas sim sua cúmplice; protegendo a natureza, o homem protege a si mesmo.[103] Em suma, o crescimento econômico

---

[100] KOLBERT, Elizabeth. *A sexta extinção*: uma história não natural. Rio de Janeiro: Intrínseca, 2015. p. 275-276.

[101] HEIDEGGER, Martin. *Ensaios e conferências*: construir, habitar e pensar. (Trad. Emanuel Leão, Gilvan Fogel e Márcia Sá C. Schuback). Petrópolis: Vozes, 2008. p. 130.

[102] GIDDENS, Anthony. *Modernidade e identidade*. (Trad. Plinio Dentzien). Rio de Janeiro: Jorge Zahar Editor, 2002. p. 204.

[103] MORAND-DEVILLER, Jacqueline. O indivíduo e o corpo social: corpo biológico e corpo social. *In*: MARQUES, Claudia Lima; MEDAUAR, Odete; SILVA, Solange Teles da

sem a observância ao direito fundamental ao ambiente saudável e ecologicamente equilibrado é capaz de provocar danos irreparáveis ou de difícil reparação à natureza, sendo "hora de precificar a inércia perante os malefícios ocasionados por esse modelo devorador".[104]

Portanto, o preço da exploração desenfreada dos recursos naturais é o desequilíbrio ecológico, o desenvolvimento insustentável do planeta, o esgotamento de bens finitos e a produção de riscos às gerações futuras, sendo impositivo compatibilizar o progresso da sociedade com o desenvolvimento plenamente sustentável em todas as esferas, o que abrange aspectos econômicos, sociais, ambientais e urbanísticos.

1.6 A edificação do Direito Constitucional Ecológico

A Constituição Federal de 1988 representa um divisor de águas no tocante ao ordenamento jurídico ambiental no Brasil, promovendo significativos avanços no sistema protetivo ao meio ambiente. Ao elencar um capítulo exclusivo sobre a matéria (Capítulo VI, Do Meio Ambiente), o legislador pátrio consolidou o surgimento do *Direito Constitucional Ecológico*, pois segundo Benjamin, "saímos do estágio da miserabilidade ecológica constitucional, própria das Constituições liberais anteriores, para um outro, que, de modo adequado, pode ser apelidado de opulência ecológica constitucional".[105]

É certo que a CF/1988 recepcionou a Política Nacional do Meio Ambiente, em vigor desde 1981 (Lei nº 6.938/81), instrumento normativo que já ostentava um considerável arcabouço jurídico voltado à proteção ambiental. Contudo, a PNMA, ainda em vigência, envolve norma pragmática, tendo por escopo central a formação e composição de órgãos responsáveis por gerir a proteção ambiental e a definição de instrumentos voltados à executoriedade da Política Nacional do Meio Ambiente.

De forma mais ampla, a Constituição Cidadã institucionalizou o direito ao meio ambiente ecologicamente equilibrado como um *direito fundamental*, pois a anterior Constituição Federal de 1967 apenas

---

(Coord.). *O novo direito administrativo, ambiental e urbanístico*: estudos em homenagem à Jacqueline Morand-Deviller. São Paulo: Ed. Revista dos Tribunais, 2010. p. 39.

[104] FREITAS, Juarez. *Sustentabilidade*: direito ao futuro. 4. ed. Belo Horizonte: Fórum, 2019. p. 49.

[105] BENJAMIN, Antonio Herman. O meio ambiente na Constituição Federal de 1988. *Informativo Jurídico da Biblioteca Ministro Oscar Saraiva*, Brasília, DF, v. 19, n. 1, p. 44, jan./jun. 2008.

dispunha de forma tímida sobre a necessidade de proteção genérica do patrimônio histórico, cultural e paisagístico (artigo 175), inexistindo na CF/1967 qualquer dispositivo com menção ao termo "meio ambiente". Ao constitucionalizar o meio ambiente equilibrado como um direito público subjetivo e oponível contra o próprio Poder Público, ante sua missão de defendê-lo e preservá-lo para as futuras gerações, a CF/1988 ampliou o seu enfoque humanístico, correlacionando-o ao próprio direito à vida.[106]

Machado registra que o termo *equilíbrio* implica a noção de *estabilidade*, pois os processos de alteração do ecossistema envolvem limites planetários interligados: "Se um limite é transgredido, então, outros passam também a estar sob um risco sério".[107] Ao vincular o direito ao meio ambiente equilibrado ao próprio direito à vida, a Constituição Federal adotou a premissa do *direito ao mínimo existencial ecológico* como garantia fundamental de uma qualidade de vida digna e saudável.[108] Essa ideia reside na necessidade de conferir um patamar mínimo de proteção ambiental para a salvaguarda de interesses metaindividuais, permitindo um equilíbrio indispensável para atingir a sustentabilidade.

Assim, a noção de mínimo existencial abrange um conjunto de prestações materiais que visam assegurar uma vida digna e saudável que corresponda a padrões qualitativos mínimos, inclusive na dimensão ecológica.[109] Contudo, em decorrência das ações predatórias do ser humano, adverte Benjamin que a barreira limítrofe do perigo infelizmente já foi ultrapassada e acendeu o "sinal vermelho", colocando muitos ecossistemas sob risco de extinção, não mais se admitindo retrocessos na proteção do mínimo ecológico.[110]

---

[106] Ressalta Milaré que, a partir da Conferência de Estocolmo, além do Brasil, outros diversos países passaram a inserir o direito ao meio ambiente equilibrado como premissa fundamental em suas Constituições, a exemplo das Constituições do Chile (1972), Panamá (1972), Iugoslávia (1974), Grécia (1975), Portugal (1976), Polônia (1976), Argélia (1976), China (1978), Espanha (1978), Peru (1980) e Argentina (1994). (MILARÉ, Edis. *Direito do Ambiente*: a gestão ambiental em foco. 6. ed. rev., atual. e ampl. São Paulo: Revista dos Tribunais, 2009. p. 145-148).

[107] MACHADO, Paulo A. Leme. *Direito ambiental brasileiro*. 21. ed. São Paulo: Malheiros, 2013. p. 67.

[108] Segundo Fiorillo, tais direitos fundamentais envolvem o 'piso vital mínimo' de todo o ordenamento jurídico. (FIORILLO, Celso Pacheco. Fundamentos constitucionais do direito ambiental brasileiro. *Revista do Tribunal Regional Federal da 3ª Região (RTRF3)*, São Paulo, n. 76, p. 91, 2006).

[109] SARLET, Ingo Wolfgang; FENSTERSEIFER, Tiago. *Direito constitucional ecológico*: constituição, direitos fundamentais e proteção da natureza. 6. ed. São Paulo: Revista dos Tribunais, 2019. p. 437.

[110] BENJAMIN, Antonio Herman. Princípio da proibição de retrocesso ambiental. *In*: Comissão de meio ambiente, defesa do consumidor e fiscalização e controle do Senado

A concepção do *mínimo existencial ecológico* já foi reconhecida pelo Superior Tribunal de Justiça[111] e consagrada pela Corte Interamericana de Direitos Humanos na *Opinião Consultiva nº 23/17*, ao destacar que vários direitos de categoria fundamental requerem uma pré-condição necessária para o seu exercício, qual seja, uma qualidade ambiental mínima, considerando que também são afetados pela degradação dos recursos naturais.[112]

Portanto, a garantia do mínimo existencial se relaciona não apenas com o princípio da dignidade da pessoa humana enquanto núcleo essencial do Estado Democrático de Direito (artigo 1º, III, CF/1988), como também está intrinsecamente ligada à qualidade ambiental, pois a dimensão ecológica confere um patamar mínimo ao direito fundamental ao meio ambiente sadio e, consequentemente, tutela o próprio direito à vida (artigo 5º, *caput*, CF/1988).

Consoante Alexy, o direito fundamental ao meio ambiente corresponde àquilo que se denomina *direito fundamental completo*, pois abrange um feixe amplo e complexo de direitos, sendo dever do Estado se abster de determinadas intervenções lesivas ao meio ambiente (direito de defesa), adotar medidas fáticas benéficas ao meio ambiente (direito à prestação fática), proteger o titular desse direito contra intervenções de terceiros que provoquem lesão ao meio ambiente (direito de proteção) e incluir o titular do direito fundamental nos procedimentos relevantes para a tutela do meio ambiente (direito a procedimentos).[113]

Disso resulta que a tutela ao meio ambiente, enquanto direito fundamental e dever do Estado, deve compreender uma proteção adequada, eficaz e proporcional, inclusive para resguardar a *garantia da proibição de retrocesso ambiental*,[114] considerando que o nível de proteção

---

Federal (Org.). *O princípio da proibição de retrocesso ambiental*. Brasília, DF: Senado Federal, 2012. p. 59.

[111] [...] o ordenamento jurídico deve ser interpretado de forma sistêmica e harmônica, privilegiando os princípios do mínimo existencial ecológico e do ambiente ecologicamente equilibrado". (BRASIL. Superior Tribunal de Justiça. AREsp 1312435/RJ. 2ª Turma. Relator. Ministro Og Fernandes. 07 fev. 2019).

[112] CORTE INTERAMERICANA DE DERECHOS HUMANOS (CIDH). *Opinion consultiva OC-23/17, 15 de noviembre de 2017*: medio ambiente y derechos humanos. [S. l.], 2017. p. 22. Disponível em: http://www.corteidh.or.cr/docs/opiniones/seriea_23_esp.pdf. Acesso em 30 jun. 2023.

[113] ALEXY, Robert. *Teoria dos direitos fundamentais*. (Trad. Virgílio Afonso da Silva). São Paulo: Malheiros, 2008. p. 443.

[114] Sobre o tema vide: ARAGÃO, Alexandra. A proibição de retrocesso como garantia de evolução sustentável do direito ambiental. *In*: CHACON, Mário Pena (Ed.). *El princípio de no regresion ambiental em Iberoamerica*. Gland: IUCN – Programa de Derecho Ambiental, 2015. p. 27-33.

ao meio ambiente não pode retroceder em detrimento da coletividade.[115] Nesse norte, Michel Prieur destaca a correlação entre o Princípio do Desenvolvimento Sustentável e o Princípio da Proibição de Retrocesso Ambiental, afirmando que:

> Nesse sentido, há que se considerar que, junto com o Princípio de desenvolvimento sustentável, não se pode esquecer dos direitos à vida e à saúde das gerações futuras e, assim, há que se impedir que se tomem medidas que causariam danos a elas. Reduzir ou revogar as regras de proteção ambiental teria como efeito impor às gerações futuras um ambiente mais degradado.[116]

Em resumo, não há como negar a edificação paulatina de uma Teoria Constitucional Ecológica, tornando possível a defesa de um *Direito Constitucional Ecológico*, cujo processo teve início na década de 1970 e ainda continua em curso, formando um novo programa jurídico-constitucional denominado *ecologização da constituição*,[117] ao qual aderiu o legislador pátrio com o objetivo de garantir um meio ambiente saudável e equilibrado, alinhando-se à construção e consolidação do conceito de desenvolvimento sustentável.

1.7 Meio ambiente equilibrado como direito de terceira geração e direito humano fundamental

Ao estabelecer, em seu artigo 225, que todos têm direito ao meio ambiente ecologicamente equilibrado, proclamando-o como bem de uso comum do povo e essencial à sadia qualidade de vida, a Constituição Federal brasileira assentou a premissa de que os bens ambientais envolvem típicos direitos de terceira geração, tendo como sujeitos ativos as gerações atuais e futuras. Nesse sentido, já proclamou o Ministro

---

[115] O *princípio da vedação de retrocesso* e do *dever de progressividade* em matéria ambiental foram expressamente inseridos no artigo 3, c, do Acordo de Escazú. (COMISSÃO ECONÔMICA PARA A AMÉRICA LATINA E O CARIBE. Acordo Regional sobre Acesso à Informação, Participação Pública e Acesso à Justiça em Assuntos Ambientais na América Latina e no Caribe. *Acordo de Escazú*. Costa Rica, 2018. Disponível em: https://repositorio.cepal.org/bitstream/handle/11362/43611/S1800493_pt.pdf. Acesso em 27 jun. 2023).

[116] PRIEUR, Michel. Princípio da proibição de retrocesso ambiental. In: Comissão de meio ambiente, defesa do consumidor e fiscalização e controle do Senado Federal (Org.). *O princípio da proibição de retrocesso ambiental*. Brasília: Senado Federal, 2012. p. 19-20.

[117] SARLET, Ingo Wolfgang; FENSTERSEIFER, Tiago. *Direito constitucional ecológico*: constituição, direitos fundamentais e proteção da natureza. 6. ed. São Paulo: Revista dos Tribunais, 2019. p. 53-54.

Celso de Mello, do Supremo Tribunal Federal, que o direito ao meio ambiente ecologicamente equilibrado envolve

> [...] um típico direito de terceira geração (ou de novíssima dimensão), que assiste, de modo subjetivamente indeterminado, a todo o gênero humano, circunstância essa que justifica a especial obrigação – que incumbe ao Estado e à própria coletividade (PAULO AFFONSO LEME MACHADO, 'Direito Ambiental Brasileiro', p. 121-123, item n. 3.1, 13ª ed. 2005, Malheiros) – de defendê-lo e de preservá-lo em benefício das presentes e futuras gerações, evitando-se, desse modo, que irrompam, no seio da comunhão social, os graves conflitos intergeracionais marcados pelo desrespeito ao dever de solidariedade na proteção da integridade desse bem essencial de uso comum de todos quantos compõem o grupo social.[118]

Sobre o tema, Canotilho enfatiza que a partir da década de 1960 houve o surgimento de uma nova categoria de direitos humanos denominados *direitos da terceira geração*, os quais podem ser subdivididos em direitos de liberdade, de prestação (igualdade) e de solidariedade, nos quais se incluem o pleno direito ao desenvolvimento e a proteção ao meio ambiente, pois tais direitos "pressupõem o dever de colaboração de todos os estados e não apenas o actuar activo de cada um e transporta uma dimensão colectiva justificadora de um outro nome dos direitos em causa: direitos dos povos".[119] De igual modo, Bobbio, ao tratar da *Era dos Direitos*, destaca a ampliação desses direitos fundamentais como um fenômeno emergente, dentre eles o direito de viver num ambiente saudável:

> Ao lado dos direitos sociais, que foram chamados de direitos de segunda geração, emergiram hoje os chamados direitos de terceira geração, que constituem uma categoria, para dizer a verdade, ainda excessivamente heterogênea e vaga, o que nos impede de compreender do que efetivamente se trata. O mais importante deles é o reivindicado pelos movimentos ecológicos: o direito de viver num ambiente não poluído.[120]

Portanto, os direitos de terceira geração são dotados de um elevado teor humanístico e pautados por critérios de universalidade,

---

[118] BRASIL.. Supremo Tribunal Federal. *ADI/DF 3.540-MC*. Tribunal Pleno. Relator: Min. Celso de Mello. Julgamento: 1 set. 2005.

[119] CANOTILHO, José Joaquim Gomes. *Direito constitucional e teoria da constituição*. 6. ed. Coimbra: Almedina, 2002. p. 386.

[120] BOBBIO, Norberto. *A era dos direitos*. Rio de Janeiro: Elsevier, 1992. p. 9.

pois não se destinam especificamente à proteção dos interesses individuais ou de um determinado grupo. Para Bonavides,[121] tais direitos têm como destinatário o gênero humano e a afirmação do valor supremo de sua existencialidade, pois emergiram da reflexão sobre temas cruciais relacionados ao desenvolvimento, à paz, ao meio ambiente, à comunicação e ao patrimônio comum da humanidade.

Ao ser elevado à condição de típico direito de terceira geração, o meio ambiente ecologicamente equilibrado exige uma ruptura do paradigma individualista, devendo ser pautado pelos ideais de solidariedade e fraternidade, conectando os sistemas social e ambiental. Nesse norte, Luhmann ressalta que, estando umbilicalmente interligados e por envolverem complexos sistemas dinâmicos, os ecossistemas naturais não podem ser considerados isoladamente, pois "a formação do conceito de ecossistema não considera este importante estado de coisas em seu valor justo. Em vez disso, deve-se falar mais de um complexo ecológico".[122]

O equilíbrio desse complexo sistema ecológico é a razão de ser da defesa intransigente do patrimônio ambiental, pois sua preservação é essencial para manter a estabilidade dos ecossistemas, sendo inquestionável que a transformação radical da natureza coloca em risco os direitos fundamentais do homem, inclusive o próprio futuro e a sobrevivência da humanidade,[123] fator que exige a reconfiguração das ações humanas do tempo presente em prol da garantia de um futuro estável.

Ao discorrer sobre a interdependência entre passado, presente e futuro, Edgar Morin questiona para onde o mundo está indo e enfatiza que a cegueira do presente nos torna cegos para o futuro: "[...] o futuro nasce do presente. Em outras palavras, a primeira dificuldade em pensar

---

[121] BONAVIDES, Paulo. *Curso de direito constitucional*. 4. ed. São Paulo: Malheiros, 1993. p. 481.

[122] No original: "La formacion del concepto ecosistema no aprecia em su justo valor ese estado de cosas importante. En lugar de eso, se deveria hablar más bien de eco-complejo". (LUHMANN, Niklas. *Sistemas sociales*: lineamentos para uma teoria general. México: Alianza, Universidad Iberoamericana, 1991. p. 53).

[123] Aliás, referida diretriz foi reconhecida na Declaração de Estocolmo: "O homem é, ao mesmo tempo, obra e construtor do meio ambiente que o cerca, o qual lhe dá sustento material e lhe oferece oportunidade para desenvolver-se intelectual, moral, social e espiritualmente [...] O homem adquiriu o poder de transformar, de inúmeras maneiras e em uma escala sem precedentes, tudo que o cerca. Os dois aspectos do meio ambiente humano, o natural e o artificial, são essenciais para o bem-estar do homem e para o gozo dos direitos humanos fundamentais, inclusive o direito à vida em si mesma". (UNITED NATIONS. *Report of the United Nations Conference on the human Enviroment*. Stockholm, 5-16 jun. 1972. Cap. 1, p. 3. Disponível em: https://www.un.org/ga/search/view_doc.asp?symbol=A/CONF.48/14/%20REV.1. Acesso em 30 jun. 2023).

o futuro é a dificuldade de pensar no presente. A cegueira do presente nos torna *ipso facto* cegos para o futuro".[124] Portanto, as incertezas que envolvem tais perspectivas futuras impõem uma nova racionalidade ambiental, pautada por novos paradigmas de desenvolvimento compatíveis com a proteção humana. Nesse contexto, pontua Leff:

> A prospectiva ambiental é a construção de uma nova racionalidade que implica uma desentificação do mundo objetivado, tecnificado, coisificado; trata-se de uma contraidentificação do pensamento e da realidade, da verdade e do ser [...] A prospectiva ambiental implica, desta forma, a desconstrução da racionalidade dominante e a construção de uma nova racionalidade. Um futuro sustentável não pode basear-se na cegueira que se apoderou de nossa existência.[125]

Além disso, a nova ordem jurídico-ambiental planetária confere ao patrimônio ambiental o caráter de direito indisponível e inalienável, características que rompem com a visão puramente antropocêntrica, hoje incompatível com os desafios ambientais da sociedade contemporânea.

Essa concepção impõe uma nova realidade planetária voltada à consolidação de um paradigma ecocêntrico que envolve a proteção indistinta de todos os bens que compõem a Terra, incluindo o direito às cidades habitáveis e sustentáveis, pois consoante Sennett, o grande desafio do ser humano "consiste em estabelecer com a Natureza uma relação simples, mas sem privilégios. Uma relação que precisa ser construída".[126]

Esse ponto de vista enfatiza que a existência humana é indissociável do meio ambiente em que convive, pressuposto para a garantia do equilíbrio dos ecossistemas terrestres, objetivo primaz de todo ordenamento jurídico, consoante reconhecido expressamente na Constituição Francesa de 1946, ampliada pela Carta Ambiental de 2004,[127] cuja concepção vai ao encontro da Constituição Federal brasileira.

---

[124] No original: [...] el futuro nace del presente. Es decir que la primera dificuldad a la hora de pensar el futuro es la dificuldad de pensar el presente. La ceguera del presente nos vuelve *ipso facto* ciegos al futuro". (MORIN, Edgar. *Hacia dónde va el mundo?* Barcelona: Paidós, 2011. p. 16).

[125] LEFF, Enrique. *Discursos sustentáveis*. (Trad. Silvana C. Leite). São Paulo: Cortez, 2010. p. 76-79.

[126] SENNETT, Richard. *Construir e habitar*: ética para uma cidade aberta. São Paulo: Record, 2018. p. 311.

[127] "O futuro e a própria existência da humanidade são indissociáveis de seu meio natural e, por isso, o meio ambiente é o patrimônio comum dos seres humanos [...]". (CONSEIL

O alargamento dessa visão antropocêntrica envolve o próprio direito elementar à vida, pois o ambiente não pode ser visto como mero passaporte à acumulação de riquezas,[128] mesma premissa sustentada por Carson na destacada obra *Primavera Silenciosa*, um dos marcos do movimento ambientalista mundial, ao frisar que "o controle da natureza é uma frase concebida na arrogância, nascida na era da biologia e da filosofia de Neanderthal, quando supostamente a natureza existia para a conveniência do homem".[129]

Necessário pontuar que a indisponibilidade do direito ao meio ambiente equilibrado, previsto no artigo 225, *caput*, da Constituição Federal de 1988, também gera o dever legal e impositivo de sua defesa por todos os cidadãos. A partir desse preceito, infere-se que os bens ambientais pertencem a toda coletividade, afastando-se acepções individualistas, sendo impositivo tanto ao poder público quanto à sociedade assumirem o dever de preservar e defender o meio ambiente equilibrado enquanto princípio de ordem cogente inscrito na CF/1988.

Aliás, numa perspectiva objetiva, o direito ao meio ambiente equilibrado é pressuposto do desenvolvimento sustentável, pois engloba o desenvolvimento humano, social, econômico e o respeito ao meio ambiente, sendo resultado do processo de afirmação histórica dos direitos fundamentais.[130]

Por seu turno, numa perspectiva subjetiva, o entrelaçamento entre direito ambiental e direitos humanos também veio sendo incorporado em vários instrumentos e Declarações de Direitos Humanos a partir da década de 1980, podendo ser citadas a Carta Africana dos Direitos Humanos e dos Povos, aprovada em 1981 durante a Conferência Ministerial da Organização da Unidade Africana (OUA) em Banjul, Gâmbia,[131] o Protocolo Adicional à Convenção Americana

---

CONSTITUTIONNEL DE LA FRANCE. Préambule de La Constitution du 27 Octobre 1946. *Charte de L'environnement de 2004*. Disponível em: https://www.conseil-constitutionnel.fr/le-bloc-de-constitutionalite/charte-de-l-environnement-de-2004. Acesso em 27 jun. 2023.

[128] LEITE, José R. Morato. Sociedade de risco e Estado. *In*: CANOTILHO, José Joaquim G.; LEITE, José R. Morato (Org.). *Direito constitucional ambiental brasileiro*. 3. ed. São Paulo: Saraiva, 2010. p. 257.

[129] CARSON, Rachel. *Silent spring*. Boston: Hougton Miffin, 1962. p. 189.

[130] WEDY, Gabriel. *Desenvolvimento sustentável na era das mudanças climáticas*: um direito fundamental. São Paulo: Saraiva, 2018. p. 185.

[131] Artigo 24: "Todos os povos têm direito a um meio ambiente geral satisfatório, propício ao seu desenvolvimento". (COMISSÃO AFRICANA DOS DIREITOS HUMANOS E DOS POVOS. *Carta africana de direitos humanos e dos povos*. [S. l.], 1981. Disponível em: https://www.achpr.org/pr_legalinstruments/detail?id=49. Acesso em 30 jun. 2023).

Sobre Direitos Humanos em Matéria de Direitos Econômicos, Sociais e Culturais, adotado em 1988 durante a XVIII Assembleia-Geral da Organização dos Estados Americanos, em San Salvador/El Salvador,[132] a Carta dos Direitos Fundamentais da União Europeia de 2000 (2016/C 202/02).[133]

Outrossim, merece destaque o relevante Acordo Regional sobre Acesso à Informação, Participação Pública e Acesso à Justiça em Assuntos Ambientais na América Latina e Caribe (*Acordo de Escazu*), aprovado em 2018 na Costa Rica, considerado um verdadeiro tratado ambiental e de direitos humanos por ser um pacto multilateral destinado a fortalecer a democracia, o desenvolvimento sustentável e os direitos humanos.[134]

Nesse mesmo sentido, Chacon destaca a interdependência entre meio ambiente e humanidade, destacando a relação indivisível entre ambos:

> A realidade é que natureza e humanidade formam uma relação inerente e interdependente. Automaticamente, um atua sobre o outro e vice-versa, de modo que os erros cometidos na aplicação das diferentes políticas que lhes dizem respeito afetam de forma igualitária e comprometem a qualidade de vida da espécie humana, incluindo sua própria sobrevivência.[135]

---

[132] Artigo 11. Direito ao Meio Ambiente Sadio: 1. Toda pessoa tem direito a viver em meio ambiente sadio e a dispor dos serviços públicos básicos. 2. Os Estados-Partes promoverão a proteção, preservação e melhoramento do meio ambiente". (COMISSÃO INTERAMERICANA DE DIREITOS HUMANOS. *Protocolo adicional à Convenção Americana sobre Direitos Humanos em matéria de direitos econômicos, sociais e culturais*. Protocolo de San Salvador. [S. l.], 1988. Disponível em: http://www.cidh.org/basicos/portugues/e.protocolo_de_san_salvador.htm. Acesso em 30 jun. 2023).

[133] Artigo 37: "Proteção do ambiente. Todas as políticas da União devem integrar um elevado nível de proteção do ambiente e a melhoria da sua qualidade, e assegurá-los de acordo com o princípio do desenvolvimento sustentável". (CARTA dos Direitos Fundamentais da União Europeia. *Jornal Oficial das Comunidades Europeias*, [S. l.], 18 dez. 2000. Disponível em: https://www.europarl.europa.eu/charter/pdf/text_pt.pdf. Acesso em 30 jun. 2023).

[134] Artigo 1. "O objetivo do presente Acordo é garantir a implementação plena e efetiva, na América Latina e no Caribe, dos direitos de acesso à informação ambiental, participação pública nos processos de tomada de decisões ambientais e acesso à justiça em questões ambientais, bem como a criação e o fortalecimento das capacidades e cooperação, contribuindo para a proteção do direito de cada pessoa, das gerações presentes e futuras, a viver em um meio ambiente saudável e a um desenvolvimento sustentável". (ORGANIZAÇÃO DAS NAÇÕES UNIDAS (ONU). Acordo regional sobre acesso à informação, participação pública e acesso à justiça em assuntos ambientais na América Latina e no Caribe. *Acordo de Escazú*. Costa Rica, 2018. Disponível em: https://repositorio.cepal.org/bitstream/handle/11362/43611/S1800493_pt.pdf. Acesso em 26 jun. 2023).

[135] PEÑA CHACÓN, Mario. *Derechos humanos y medio ambiente*. 1. ed. San José, Costa Rica: Programa de Posgrado en Derecho Ambiental, Universidad de Costa Rica, 2021. p. 10.

Solidificando a concepção de direito humano fundamental, a Corte Interamericana de Direitos Humanos (CIDH), ao emitir a *Opinião Consultiva nº 23/2017*, reconheceu que o meio ambiente equilibrado representa condição necessária para a sobrevivência humana. Numa verdadeira *ecologização dos direitos humanos*, a Corte assentou que "a degradação ambiental pode causar danos irreparáveis aos seres humanos, tornando um ambiente saudável um direito fundamental para a existência da humanidade",[136] tendência que materializa um verdadeiro "esverdeamento dos direitos humanos",[137] elevando a proteção ambiental a um novo patamar de inter-relação com o direito à vida.[138]

Ao atuar na OC-23/2017 como *amicus curiae*, o *Centre International de Droid Compare de L'Environnement* (CIDCE), então representado pelo catedrático Michel Prieur, ressaltou o enorme desafio da Corte Interamericana em dar um passo adiante no julgamento da matéria com o objetivo de consolidar a inter-relação entre os direitos humanos e o direito ambiental:

> Esperamos que la Corte Interamericana de Derechos Humanos siga dando pasos hacia adelante, considerando la cantidad de elementos existentes para integrar todos los aspectos del derecho ambiental en interrelación con los derechos humanos. Esta demanda de opinión es una ocasión única para marcar un progreso en la interpretación de los derechos humanos que se corresponde con la actualidad y con los desafíos del presente y del desarrollo universal del derecho humano al ambiente en curso.[139]

---

[136] CORTE INTERAMERICANA DE DERECHOS HUMANOS (CIDH). *Opinion consultiva OC-23/17, 15 de noviembre de 2017*: medio ambiente y derechos humanos. [S. l.], 2017. p. 27. Disponível em: http://www.corteidh.or.cr/docs/opiniones/seriea_23_esp.pdf. Acesso em 30 jun. 2023.

[137] Aragon e Paiva destacam que no âmbito internacional vem sendo fortalecido o instituto do *greening* ou *esverdeamento dos direitos humanos* para salvaguardar questões de cunho ambiental, a exemplo de recentes decisões da Corte Interamericana de Direitos Humanos (CIDH) em casos de violações de direitos civis e políticos conexos com a degradação ambiental. (ARAGON, Thimotie; PAIVA, Caio. *Jurisprudência internacional de direitos humanos*. 2. ed. Belo Horizonte: CEI, 2017. p. 609).

[138] Sobre o tema, vide: FERRI, Giovani; WEDY, Gabriel. A Opinião Consultiva 23/17 da Corte Interamericana sob um tríplice enfoque: meio ambiente, direitos humanos e desenvolvimento sustentável. *Revista Direito Ambiental e sociedade*, v. 12, n. 02, p. 284-312, mai./ago. 2022. Disponível em: http://www.ucs.br/etc/revistas/index.php/direitoambiental/article/view/9078. Acesso em 6 fev. 2023.

[139] CORTE INTERAMERICANA DE DERECHOS HUMANOS. *Opinión del Centro Internacional de Derecho Ambiental Comparado (CIDCE) sobre la Solicitud de Opinión Consultiva presentada por Colombia ante la Corte Interamericana de Derechos Humanos, el 14 de marzo de*

Seguindo esta tendência mundial, em 2021, o Conselho de Direitos Humanos da Organização das Nações Unidas (ONU) reconheceu que o meio ambiente seguro, limpo, saudável e sustentável constitui um *direito humano essencial*, estando intrinsicamente associado ao direito à vida (Resolução A/HRC/48/L.23):

> Reconhece o direito a um ambiente limpo, saudável e sustentável como um direito humano importante para o gozo dos direitos humanos; 2. Observa que o direito a um ambiente limpo, saudável e sustentável está relacionado com outros direitos e com o direito internacional existente; 3. Afirma que a promoção do direito humano a um meio ambiente limpo, saudável e sustentável requer a plena implementação de acordos ambientais multilaterais de acordo com os princípios do direito ambiental internacional.[140]

Na mesma esteira da decisão supra, em 2022, a Assembleia Geral da Organização das Nações Unidas (ONU) reconheceu o direito a um ambiente limpo, saudável e sustentável como *direito humano autônomo e universal* (Resolução A/76/300), assim disposto:

> Reconhecem que o desenvolvimento sustentável, em suas três dimensões (social, econômica e ambiental), e a proteção do meio ambiente, incluindo ecossistemas, contribuem e promovem o bem-estar humano e o pleno gozo de todos os direitos humanos, para as gerações presentes e futuras. Reconhecendo também que, inversamente, o impacto das alterações climáticas, a gestão e o uso insustentáveis dos recursos naturais, a poluição do ar, da terra e água, a má gestão de produtos químicos e resíduos, a resultante perda de biodiversidade e o declínio dos serviços prestados pelos ecossistemas interferem no usufruto de um ambiente limpo, saudável e sustentável, cujos danos têm implicações negativas, diretas e indiretas, para o efetivo gozo de todos os direitos humanos [...] 1. Reconhece o direito a um ambiente limpo, saudável e sustentável como direito humano; 2. Observa que o direito a um ambiente limpo, saudável e sustentável está relacionado a outros direitos e ao direito internacional existente; 3. Afirma que a promoção do direito humano a um ambiente limpo, saudável e ambiente sustentável exige a plena

---

2016. Disponível em: http://www.corteidh.or.cr/sitios/observaciones/colombiaoc23/35_cidce.pdf. Acesso em 24 mai. 2023.

[140] UNITED NATIONS. Human Rights Council. Forty-eighth session. A/HRC/48/L.23. *Promotion and protection of all human rights, civil, political, economic, social and cultural rights, including the right to development*. [S. l.], sept./oct. 2021. Disponível em: https://documents-dds-ny.un.org/doc/UNDOC/GEN/G21/289/53/PDF/G2128953.pdf?OpenElement. Acesso em 20 ago. 2023.

implementação dos acordos multilaterais ambientais e dos princípios do direito ambiental internacional; 4. Exorta os Estados, organizações internacionais, empresas e outras partes interessadas relevantes para adotar políticas para melhorar a cooperação internacional, fortalecer a capacitação e continuar a compartilhar boas práticas para ampliar esforços para garantir um ambiente limpo, saudável e sustentável para todos.[141]

Trata-se de uma resolução histórica que incentiva e conclama os países a implementar seus compromissos internacionais e aumentar esforços para enfrentar os efeitos advindos da crise ambiental, notadamente aqueles relacionados à mudança climática, perda de biodiversidade e poluição ambiental.

Enfim, sendo alçado à condição de direito de terceira geração e igualmente reconhecido como um direito humano fundamental, o meio ambiente equilibrado e seguro constitui patrimônio indisponível, pois envolve um *macrobem* que a todos pertence indistintamente, sendo obrigação do Estado e dos cidadãos defendê-lo e concretizá-lo em prol das presentes e futuras gerações.

1.8 A construção do Estado Ambiental de Direito

Os compromissos com o meio ambiente ecologicamente equilibrado avançam para além do Estado Democrático e Social de Direito, dando ênfase à construção do *Estado Ambiental de Direito*, definido por Ricardo Lorenzetti como "la vigencia de la ley dentro de un paradigma ambiental",[142] realçando a proteção do meio ambiente sob uma perspectiva de direito humano fundamental.

Nessa esteira, pode-se afirmar que o Estado Ambiental de Direito é fruto de "novas reivindicações fundamentais do ser humano e particularizado pela ênfase que confere à proteção do meio ambiente", consistindo num conceito de cunho teórico abstrato que abrange elementos jurídicos, sociais e políticos, cujo fim primordial visa alcançar

---

[141] UNITED NATIONS. The human right to a clean, healthy and sustainable environment. *Promotion and protection of human rights*: human rights questions, including alternative approaches for improving the effective enjoyment of human rights and fundamental freedoms. Disponível em: https://documents-dds-ny.un.org/doc/UNDOC/GEN/N22/442/77/PDF/N2244277.pdf?OpenElement. Acesso em 12 jun. 2023.

[142] LORENZETTI, Ricardo Luis; LORENZETTI, Pablo. *Derecho ambiental*. Santa Fé: Rubinzal-Culzoni, 2008. p. 63.

uma condição ambiental que seja capaz de harmonizar os ecossistemas e, desta forma, garantir a satisfação da dignidade para além do ser humano.[143] A contínua evolução do Estado de Direito e a ampliação de novas dimensões nos aspectos ambiental, político, social, econômico e cultural vêm propiciando a construção de um *Estado Ambiental de Direito* ou do *Estado Ecológico*. Para Canotilho, o Estado de Direito contemporâneo deve apresentar as dimensões fundamentais da juridicidade, democracia, sociabilidade e sustentabilidade ambiental.[144] Portanto, essa nova dimensão jurídico-ambiental permite a construção de um moderno Estado de Direito que agrega os elementos social, ambiental e econômico, incluindo a proteção dos direitos humanos.

Diferenciando o *Estado de Direito* do *Estado Ecológico*, Klaus Bosselmann frisa que enquanto o primeiro foca sua preocupação no bem-estar humano, o Estado Ecológico ou Estado Ecoconstitucional considera de forma conexa a relevância do bem-estar humano e da natureza. Para tanto, reconhece o valor intrínseco do meio ambiente em relação à condição humana, os quais se integram e se reforçam mutuamente:

> O estado ecoconstitucional difere significativamente de um estado meramente comprometido com o Estado de Direito (Rechtsstaat), por um lado, e a proteção ambiental (Umweltstaat), por outro. Em vez disso, ambos devem ser vistos como se reforçando mutuamente e definindo o estado juntos. Essa visão integradora contrasta fortemente com a ideia liberal tradicional de Estado (considerada 'neutra'). O mais impressionante é que o conceito liberal de Estado de Direito/Rechtsstaat concentra-se no bem-estar dos humanos, enquanto o conceito ecológico de Estado de Direito/Rechtsstaat enfoca o bem-estar dos humanos e da natureza. A diferença entre os dois modelos não é meramente gradual, mas paradigmática, como vimos, embora semelhanças e sobreposições na prática legislativa sejam possíveis (tradução nossa).[145]

---

[143] LEITE, José R. Morato; FERREIRA, Heline Sivini. A expressão do Estado de Direito Ambiental na Constituição Federal de 1988. *In*: LEITE, José R. Morato; FERREIRA, Heline S.; CAETANO, Matheus Almeida (Org.). *Repensando o estado de direito ambiental*. Florianópolis: Fundação Boiteux, 2012. p. 19.

[144] CANOTILHO, José Joaquim Gomes. Estado de direito. *Cadernos Democráticos*, Lisboa, n. 7, p. 23, 1998.

[145] No original: "The eco-constitutional state differs significantly from a state merely commited to the rule of law (Rechtsstaat), on the one hand, and environmental protection (Umweltstaat) on the other. Rather, both must be seen as mutually reinforcing and together defining the state. Such an integrating view in stark contrast to the traditional liberal idea of the state (perceived to be "neutral"). Most strikingly, the liberal concept

Frise-se que esse novo modelo de Estado ambiental não abandona as demais conquistas do Estado de Direito tradicional em termos de salvaguarda da dignidade da pessoa humana, mas apenas agrega a tais conquistas uma nova dimensão ecológica, em superação aos modelos de Estado Liberal e Social,[146] com o objetivo de estabilizar e prevenir os riscos e a degradação ambiental, além de permitir a consolidação do direito à integridade ecológica em todas as suas dimensões.

Nessa mesma ótica, a nova dimensão do Estado Ecológico solidifica a concepção da *Ecologia Profunda* sustentada por Arne Naess ao enunciar que o homem deve assumir uma *consciência ecosófica*[147] *e modificar seu estilo de vida, reavaliando o seu papel atual perante o planeta à luz da cosmovisão filosófica, concluindo que não existe uma visão de mundo articulada que sustente o papel da humanidade na ecosfera.*[148]

A Ecologia Profunda de Naess e o reconhecimento dessa nova dimensão ecológica foi, inclusive, sustentada pelo Supremo Tribunal Federal, em 2016, durante o julgamento da ADI nº 4.983/CE, movida pela Procuradoria-Geral da República, questionando a Lei da Vaquejada aprovada pelo Estado do Ceará. Em brilhante voto que declarou a inconstitucionalidade da lei cearense, assentou a Ministra Rosa Weber:

> O atual estágio evolutivo da humanidade impõe o reconhecimento de que há dignidade para além da pessoa humana, de modo que se faz presente a tarefa de acolhimento e introjeção da dimensão ecológica ao Estado de Direito. A pós-modernidade constitucional incorporou um

---

of the rule of law/Rechtsstaat has its focus on the well-being of humans, whereas the ecological concept of the rule of law/Rechtsstaat has its focus on the well-being of humans and nature. The difference between both models is not merely gradual, but paradigmatic as we have seen, although commonalities and overlaps in practical law-making are possible". (BOSSELMANN, Klaus. Grounding the rule of law: in memorian of staffan westerlund, chapter *In*: BUGGE, H. C.; VOIGT, C. (Ed.). *Rule of law for nature*: basic issues and new developments in environmental law. Cambridge: Cambridge University Press, 2013. p. 12).

[146] SARLET, Ingo Wolfgang; FENSTERSEIFER, Tiago. *Direito constitucional ambiental*: estudos sobre a Constituição, Direitos Fundamentais e Proteção ao Ambiente. São Paulo: Revista dos Tribunais, 2011. p. 42-44.

[147] A *Ecosofia* parte de um conceito criado pelo filósofo francês Félix Guattari, visando compreender a relação entre os seres humanos e a natureza, bem como os sistemas comunicativos de interação entre homem e ecossistema. Para tanto, propõe aproximações entre meio ambiente, filosofia e sociologia, apresentando três sistemas ecológicos: ecologia do meio ambiente, ecologia das relações sociais e ecologia subjetiva ou mental. Sobre o tema, vide: GUATTARI, Félix. ¿*Qué es la ecosofia? Textos presentados y agenciados por Stéphane Nadaud*. Ciudad Autónoma de Buenos Aires: Cactus, 2015.

[148] NAESS, Arne. *Ecologia, comunidade y estilo de vida*: esbozos de una ecosofía. Buenos Aires: Prometeo Libros, 2018. p. 143.

novo modelo, o do Estado Socioambiental de Direito, como destacam Ingo Sarlet e Tiago Fensterseifer, com pertinente citação, em suas reflexões, de Arne Naess que reproduzo: 'O florescimento da vida humana e não humana na Terra tem valor intrínseco. O valor das formas de vida não humanas independe da sua utilidade para os estreitos propósitos humanos'.[149]

Na mesma dimensão, o sociólogo Löwy sustenta que o Estado de Direito Ambiental deve incluir os preceitos do *ecossocialismo*, corrente que rompe com a ideia da expansão ilimitada dos meios de produção e de consumo destrutivos da natureza. Para os ecossocialistas, a lógica do mercado e do lucro se revela incompatível com as exigências de proteção da natureza,[150] colocando em risco todos os ecossistemas que envolvem a vida humana, animal e vegetal.

Entretanto, consoante conclusões do Relatório *Environmental Rule of Law, First Global Report* da ONU (2019),[151] embora a legislação ambiental tenha avançado de forma significativa a partir da década de 1970, por intermédio de um vasto arcabouço de normas, a incapacidade de implementação e cumprimento das leis ambientais constitui um dos maiores desafios para a efetividade do Estado de Direito Ambiental.

O relatório destaca que, apesar da proliferação de leis ambientais nas últimas décadas, a poluição, a redução da biodiversidade, a perda generalizada de espécies e *habitats*, além das mudanças climáticas avançam de forma persistente, revelando o baixo índice de eficácia das normas ambientais, a reduzida capacidade institucional dos Estados, a falta de coordenação entre as agências ambientais, além da corrupção e da falta de engajamento da sociedade civil.

O documento ressalta que, para atingir um ambiente propício ao desenvolvimento sustentável, o Estado de Direito ambiental deve construir instituições fortes que engajem o público, garantam o acesso à informação e à justiça, além de proteger os direitos humanos.

---

[149] BRASIL. Supremo Tribunal Federal. *Ação Direta de Inconstitucionalidade n° 4.983/CE*. Tribunal Pleno. Requerente: Procurador-Geral da República Intimado: Governador do Estado do Ceará; Assembleia Legislativa Do Estado Do CEA. Relator: Ministro Marco Aurélio de Mello. 12 ago. 2015. Disponível em: https://redir.stf.jus.br/paginadorpub/paginador.jsp?docTP=TP&docID=12798874. Acesso em 27 jun. 2023.

[150] LÖWY, Michael. Crise ecológica, capitalismo, altermundialismo: um ponto de vista ecossocialista. *Interfacehs: Revista de Gestão Integrada em Saúde do Trabalho e Meio Ambiente*, São Paulo, v. 4, n. 3, p. 135, 2009.

[151] UNITED NATIONS DEVELOPMENT PROGRAMME. *Environmental rule of law*: first global report. Nairobi, 2019. Disponível em: https://www.unep.org/resources/assessment/environmental-rule-law-first-global-report. Acesso em 27 jun. 2023. p. 226-234.

Nessa ótica, o relatório destaca que, se o *Estado de Direito Ambiental* não for fortalecido, leis aparentemente rigorosas estarão fadadas a falhar, impedindo a fruição do direito humano fundamental a um meio ambiente saudável e equilibrado, além de frustrar o cumprimento dos Objetivos de Desenvolvimento Sustentável, notadamente o ODS 16 (*Paz, Justiça e Instituições Eficazes*).

Outrossim, o relatório pontua que a *governança* constitui um elemento essencial para alcançar o pleno desenvolvimento sustentável, pois sem leis e instituições eficazes, os Países não terão sucesso no cumprimento de seus objetivos e metas. Nesse vértice, exara que o ODS 16 representa um objetivo transversal que se relaciona com todos os demais Objetivos de Desenvolvimento Sustentável, pois o amplo acesso à justiça e a atuação de instituições sólidas e eficazes fortalecem o Estado de Direito, reduzem a corrupção e o suborno, além de garantir a transparência e a participação da sociedade para alcançar seus objetivos primordiais.

Necessário, portanto, que o Estado de Direito Ambiental seja fortalecido por uma nova pauta de direitos e deveres ecológicos, fator que exige a transformação global dos meios de produção, além de uma nova relação paradigmática com a natureza. Outrossim, a implementação eficaz do Estado de Direito Ambiental exige a construção de uma nova ordem jurídica ecológica para que toda a sociedade atue com maior responsabilidade para tornar o planeta saudável para as gerações vindouras, conforme enuncia a *Encíclica Laudato Si*: "Somos nós os primeiros interessados em deixar um planeta habitável para a humanidade que nos vai suceder. Trata-se de um drama para nós mesmos, porque isto chama em causa o significado da nossa passagem por esta Terra".[152]

Enfim, essa nova perspectiva do *Estado Ecológico* visa despertar maior consciência ambiental na sociedade, alicerçando uma relação harmoniosa entre homem e natureza, para consolidar o direito fundamental ao meio ambiente equilibrado e assim garantir a todas as gerações a permanência e sobrevivência em um planeta seguro e saudável, o que por certo abrange o direito à sustentabilidade em todas as suas acepções, inclusive o desenvolvimento urbano sustentável para manter a estabilidade e o equilíbrio do *habitat* humano.

---

[152] FRANCISCO, Papa. *Carta Encíclica Laudato Si, do Santo Padre Francisco*: sobre o cuidado da casa comum. Vaticano, 2015. p. 54. Disponível em: http://www.vatican.va/content/francesco/pt/encyclicals/documents/papa-francesco_20150524_enciclica-laudato-si.html. Acesso em 27 jun. 2023.

CAPÍTULO 2

O PRINCÍPIO DO DESENVOLVIMENTO SUSTENTÁVEL: EVOLUÇÃO HISTÓRICA E PERSPECTIVAS

O tema da sustentabilidade teve seu nascedouro no final da década de 1960, assumindo maior ênfase nos decênios seguintes por intermédio de diversas conferências internacionais que consolidaram o Princípio do Desenvolvimento Sustentável como uma diretriz voltada a suprir as necessidades das gerações atuais, sem comprometer a capacidade de atender às necessidades das futuras gerações, compatibilizando o desenvolvimento com a preservação dos recursos naturais do planeta.

2.1 Dimensões sistêmicas da sustentabilidade

A palavra sustentável provém do latim *sustentare*, que significa conservar, cuidar, sustentar, fundando-se em dois critérios básicos: analisar as ações humanas diante do fator cronológico (presente e futuro) e permitir um prognóstico sobre os efeitos e consequências das ações humanas no futuro. Já o termo desenvolvimento significa crescimento, aumento, progresso, estando atrelado à ideia de melhoria gradativa em diversos campos.[153]

A junção dos dois termos deu origem ao moderno conceito de desenvolvimento sustentável, inicialmente voltado ao bem-estar do ser humano, numa concepção puramente antropocêntrica, posteriormente abarcando outras dimensões conexas com a proteção ambiental. A esse

---
[153] MACHADO, Paulo A. Leme. *Direito ambiental brasileiro*. 21. ed. São Paulo: Malheiros, 2013. p .71-72.

respeito, a ideia do desenvolvimento sustentável traduz um casamento entre desenvolvimento e meio ambiente,[154] sendo responsável por afastar o pecado mais terrível da humanidade, consistente na ideia de que o homem é apenas uma espécie dentre as milhares de outras espécies existentes no planeta.

Posteriormente, assumindo um caráter sistêmico, o conceito de desenvolvimento sustentável passou a abranger os aspectos político, econômico, social, ambiental e urbanístico, agregando todo o ecossistema planetário, reforçando a concepção ecocêntrica em busca de uma convivência harmônica entre o homem e o ambiente natural. Nesse norte, consoante refere Cançado Trindade, é preciso que a humanidade crie uma cultura de respeito ao meio ambiente, para que o homem seja inserido num cenário "menos nocivo, menos hostil e mais harmônico".[155]

Nesse contexto, Freitas destaca que o conceito de sustentabilidade é multidimensional, pois envolve as dimensões social, ética, ambiental, econômica e jurídico-política.[156] Em sua dimensão social, a sustentabilidade não admite o modelo de desenvolvimento excludente, pois abrange direitos fundamentais sociais, caracterizados por programas de universalização de acesso a bens e serviços essenciais, a exemplo do direito à moradia. Na dimensão ética, a sustentabilidade assume uma conexão intersubjetiva de cooperação, pautada pelo dever natural e indeclinável de sustentabilidade ativa por todos os membros da sociedade.[157] Em sua dimensão ambiental, a sustentabilidade visa resguardar o direito das gerações atuais em usufruir de um meio ambiente saudável, sem prejudicar as gerações futuras, sob pena de inviabilizar a continuidade da existência humana. Na dimensão econômica, a

---

[154] MACHADO, Paulo A. Leme. *Direito ambiental brasileiro*. 21. ed. São Paulo: Malheiros, 2013. p. 74-75.

[155] Consoante refere Cançado Trindade, é preciso "[...] criar uma cultura de respeito ao meio ambiente, contextualizando o homem em um cenário menos nocivo, menos hostil e mais harmônico". (TRINDADE, Cançado; LEAL, César Barros (Coord.). *Direitos humanos e ambiente*. Fortaleza: Expressão Gráfica e Editora, 2017. p. 8).

[156] FREITAS, Juarez. *Sustentabilidade*: direito ao futuro. 4. ed. Belo Horizonte: Fórum, 2019. p. 68-69.

[157] No mesmo sentido: "A sustentabilidade é, sem dúvida, um dos mais relevantes aspectos, não somente para a estrutura do Estado de Direito para a natureza, mas também para que haja uma mudança ética e de atitude das sociedades humanas, podendo modificar a pré-compreensão ambiental existente". (LEITE, José R. Morato; SILVEIRA, Paula Galbiatti; BETTEGA, Belisa. Princípios estruturantes do estado de direito para a natureza. *In*: LEITE, José R. Morato; DINNEBIER, Flávia França (Org.). *Estado de direito ecológico*: conceito, conteúdo e novas dimensões para a proteção da natureza. São Paulo: Instituto O Direito por um Planeta Verde, 2017. p. 176).

sustentabilidade visa regular a produção e o consumo voraz do mercado para coibir as disfuncionalidades do desenvolvimento, pois a natureza não pode ser vista como mero capital que privilegia o *homo economicus* em detrimento do meio ambiente. Em sua dimensão jurídico-política, a sustentabilidade envolve o dever constitucional de proteger a liberdade de cada pessoa, enquanto titular da cidadania ambiental ou ecológica, de ter a garantia de exercício desse direito subjetivo.

Concluindo, a sustentabilidade engloba um princípio constitucional imediato e diretamente vinculante, que determina a eficácia de direitos fundamentais de múltiplas dimensões, tornando desproporcional e antijurídica toda e qualquer ação ou omissão que cause danos injustos intrageracionais e intergeracionais.[158]

No mesmo vértice, fazendo referência ao Preâmbulo da Carta de Direitos Fundamentais e ao Tratado da União Europeia, Alexandra Aragão ressalta as dimensões diacrônica e sincrônica do desenvolvimento sustentável em relação ao resguardo das gerações atuais e futuras. A dimensão diacrônica diz respeito à justiça intergeracional, ou seja, à responsabilidade das gerações atuais perante as gerações futuras, notadamente em questões envolvendo impactos futuros, como segurança social, armamento, genética, ordenamento do território e meio ambiente. Já a dimensão sincrônica do desenvolvimento sustentável traduz a ideia de justiça espacial ou justiça que envolve diferentes regiões, indivíduos e povos.[159]

Portanto, vê-se que o desenvolvimento sustentável envolve um amplo conceito que abrange o desenvolvimento econômico, social e humano, a proteção do meio ambiente e a boa governança, tendo por objetivo proteger as gerações atuais e futuras, e assim garantir o bem-estar coletivo, pois segundo Amartya Sen,[160] enxergar o desenvolvimento a partir das liberdades substantivas implica na compreensão abrangente do processo de desenvolvimento e dos meios de promovê-la, o que evidencia uma relação intrínseca entre ambos.

Nesse contexto, o grande desafio ambiental do século XXI é promover o desenvolvimento em todas as suas dimensões, sem ocasionar um colapso no sistema ecológico, pois segundo Harari, os seres

---

[158] FREITAS, Juarez. *Sustentabilidade*: direito ao futuro. 4. ed. Belo Horizonte: Fórum, 2019. p. 65-82.
[159] ARAGÃO, Alexandra. Direito constitucional do ambiente da União Europeia. *In*: CANOTILHO, José Joaquim Gomes; LEITE, José Rubens Morato (Org.). *Direito constitucional ambiental brasileiro*. 6. ed. São Paulo: Saraiva, 2012. p. 65-68.
[160] SEN, Amartya. *Development as freedom*. New York: Random House, 1999. p. 53.

humanos estão desestabilizando a biosfera global em múltiplas frentes, rompendo o equilíbrio que se configurou ao longo de milhares de anos, concluindo que, "se continuarmos no curso atual, isso não apenas causará a aniquilação de um grande percentual de todas as formas de vida, como poderia também solapar os fundamentos da civilização humana".[161]

Em complemento, destaca Ferrer que não apenas a degradação do planeta é insustentável, mas também outras mazelas sociais que igualmente aviltam o ser humano:

> O paradigma atual da Humanidade é a sustentabilidade. A vontade de articular uma nova sociedade capaz de se perpetuar no tempo e em condições dignas. A deterioração material do Planeta é insustentável, mas também são insustentáveis a pobreza e a exclusão social, a injustiça e a opressão, a escravidão e a dominação cultural e econômica.[162]

Enfim, o desenvolvimento plenamente sustentável demanda uma profunda incursão em todas as dimensões de caráter social, político, econômico e ambiental, as quais se entrelaçam e se convergem mutuamente. Todavia, conforme se demonstrará adiante, a atual concepção de desenvolvimento sustentável nas dimensões social, econômica, ambiental e da boa governança, passou por um gradativo processo de aprimoramento e difusão, sofrendo um longo percurso histórico até sua inserção nos ordenamentos jurídicos e nas políticas públicas ambientais.

2.2 Primeira fase: do Clube de Roma à Declaração de Estocolmo

Os debates iniciais sobre o tema do desenvolvimento sustentável remontam a abril de 1968, quando um grupo de cientistas e especialistas de diversos países se reuniram na *Accademia dei Lincei*, em Roma, sob

---

[161] HARARI, Yuval Noah. *21 lições para o século XXI*. (Trad. Paulo Geiger). São Paulo: Companhia das Letras, 2018. p. 151.

[162] No original: "El paradigma actual de La Humanidad es la sostenibilidad. La voluntad de articular una nueva sociedad capaz de perpetuarse en el tienpo en unas condiciones dignas. El deterioro material del Planeta es insostenible, pero también es insostenible la miseria y la exclusión social, la injusticia y la opresión, la esclavitud y la dominación cultural y económica". (FERRER, Gabriel Real. Calidad de vida, médio ambiente, sostenibilidad y ciudadanía: construimos juntos el futuro? *Revista Novos Estudos Jurídicos*, Itajaí, v. 17, n. 3, p. 319-321, set./dez. 2012. Disponível em: https://periodicos.univali.br/index.php/nej/article/view/4202/2413. Acesso em 30 jun. 2023).

a coordenação do economista italiano Aurélio Peccei, com o objetivo de debater os dilemas atuais e futuros do homem nas áreas social, econômica e política.

Desse encontro surgiu o histórico *Clube de Roma*, tendo o objetivo primordial de examinar os complexos problemas que afligiam as nações, especialmente a pobreza em meio à abundância, a deterioração do meio ambiente, a perda de confiança nas instituições, a expansão urbana descontrolada, a insegurança de emprego, a alienação da juventude, a rejeição de valores tradicionais, a inflação e outros transtornos econômicos e monetários.[163]

Em 1970, o Clube de Roma deu início à primeira fase de seu projeto, denominado *Dilemas da Humanidade*, reunindo especialistas do Instituto Tecnológico de Massachusetts (MIT), em Cambridge, Estados Unidos, sob a coordenação do professor Denis Meadows. Os estudos resultaram no histórico relatório denominado "Os Limites do Crescimento" (*The Limits to Growth*), de 1972, também conhecido por *Relatório Meadows*.

Naquele cenário ainda incipiente, o relatório já destacava a necessidade de uma mudança de paradigma[164] para compatibilizar o crescimento e o equilíbrio global, enfatizando a relação chave entre desenvolvimento e meio ambiente:

> Afirmamos que o problema global do desenvolvimento está tão intimamente ligado a outros problemas globais, que uma estratégia geral deve ser desenvolvida para atacar todos os grandes problemas, incluindo especialmente aqueles que dizem respeito à relação do homem com seu meio ambiente [...]. Não podemos esperar que as soluções tecnológicas por si sós nos tirem deste círculo vicioso. A estratégia para lidar com os dois problemas-chave, desenvolvimento e meio ambiente, deve ser concebida como sendo apenas uma.[165]

---

[163] MEADOWS, Donella H. *et al*. *Limites do crescimento*: um relatório para o Projeto do Clube de Roma sobre o dilema da humanidade. (Trad. Inês M. F. Litto). São Paulo: Perspectiva, 1973. p. 9-11.

[164] Sobre o tema, os sociólogos Dunlap e Liere abordam um "novo paradigma ambiental" (*New Environmental Paradigm*) sob uma visão global emergente, nos quais devem estar inseridos os limites do crescimento, a preservação do equilíbrio da natureza e a rejeição da noção antropocêntrica de que a natureza existe apenas para o uso humano. (DUNLAP, Riley; VAN LIERE, Kent. The new environmental paradigm: a proposed measuring instrument and preliminary results. *Journal of Environmental Education*, Madison, v. 9, n. 4, p. 10-19, 1978).

[165] MEADOWS, Donella H. *et al*. *Limites do crescimento*: um relatório para o Projeto do Clube de Roma sobre o dilema da humanidade. (Trad. Inês M. F. Litto). São Paulo: Perspectiva, 1973. p. 187-188.

Ao tratar do desenvolvimento dos países, o relatório apontava o crescimento exponencial de cinco elementos básicos como mecanismos capazes de alterar o equilíbrio planetário: população, produção de alimentos, industrialização, poluição e consumo de riquezas naturais não renováveis.[166]

Com esteio em uma acurada previsão, o Relatório Meadows também anunciava que embora a produção agrícola do planeta estivesse crescendo a cada ano, sua distribuição *per capita* era inadequada, pois já na década de 1970 a desnutrição era apontada como uma das maiores causas de mortes prematuras de crianças nos países subdesenvolvidos,[167] situação que somente poderia ser revertida mediante políticas adequadas de desenvolvimento.

Esse prognóstico hoje se confirma pela recente divulgação do Relatório 2020 dos Objetivos de Desenvolvimento Sustentável (ODS) da Organização das Nações Unidas (*Sustainable Development Goals Report 2020*),[168] onde se aponta que em pleno século XXI, cerca de 47 milhões de crianças menores de 5 anos (6,9%) sofrem atraso de crescimento em virtude de má alimentação.

Segundo o relatório, o aumento da insegurança alimentar mundial é alavancado pelos baixos índices de desenvolvimento humano da África Subsaariana e da América Latina. Outro relatório divulgado em 2020 pela FAO – Food and Agriculture Organization of the United Nations, denominado "Estado da Segurança Alimentar e Nutrição no Mundo"[169] alerta que a América Latina e o Caribe provavelmente não atingirão as metas do Objetivo de Desenvolvimento Sustentável nº 2 (fome zero) nos próximos anos, havendo uma projeção de que em 2030 cerca de 67 milhões de pessoas tenham alimentação inadequada.

Noutro prognóstico preciso, o Relatório Meadows também alertava, há quase 50 anos, sobre os riscos então desconhecidos, do aumento

---

[166] MEADOWS, Donella H. *et al. Limites do crescimento*: um relatório para o Projeto do Clube de Roma sobre o dilema da humanidade. (Trad. Inês M. F. Litto). São Paulo: Perspectiva, 1973. p. 23.

[167] MEADOWS, Donella H. *et al. Limites do crescimento*: um relatório para o Projeto do Clube de Roma sobre o dilema da humanidade. (Trad. Inês M. F. Litto). São Paulo: Perspectiva, 1973. p. 45.

[168] UNITED NATIONS. Department of Economic and Social Affairs – DESA. *The sustainable development goals report 2020*. New York, 2020. Disponível em: https://unstats.un.org/sdgs/report/2020/The-Sustainable-Development-Goals-Report-2020.pdf. Acesso em 27 jun. 2023.

[169] FOOD AND AGRICULTURE ORGANIZATION OF THE UNITED NATIONS (FAO). *The state of food security and nutrition in the word 2020*. Roma, 2020. Disponível em: http://www.fao.org/3/ca9692en/ca9692en.pdf. Acesso em 27 jun. 2023.

exponencial de CO2 na atmosfera pelo uso de combustíveis fósseis. Num período em que a noção de "mudanças climáticas" ainda era tema incipiente, prenunciava o relatório:

> 1. Os poucos tipos de poluição que foram realmente medidos durante um certo tempo, parecem estar crescendo exponencialmente. 2. Quase não temos conhecimento a respeito dos limites máximos dessas curvas de crescimento de poluição. 3. A presença de atrasos naturais nos processos ecológicos aumenta a probabilidade de se subestimarem as medidas de controle necessárias e, por conseguinte, de atingir, inadvertidamente, esses limites máximos.[170]

Confirmando as projeções do Relatório Meadows, o mapeamento do *Intergovernamental Panel on Climate Change* (IPCC),[171] divulgado em 2019, revela a necessidade emergencial de adoção de medidas para limitar o aquecimento global em 1,5Cº até 2030, pois as emissões globais de Gases de Efeito Estufa (GEE) atingiram números exponenciais, colocando em risco o equilíbrio planetário, numa clara demonstração de que a humanidade vem agindo na contramão do proclamado desenvolvimento sustentável.

Na sequência do Relatório Meadows, em 1972 houve significativo progresso no debate sobre o Desenvolvimento Sustentável com a *Conferência das Nações Unidas sobre Meio Ambiente (Declaração de Estocolmo)*, sendo reconhecido que o meio ambiente equilibrado é essencial à preservação da vida e que a transformação desenfreada da natureza coloca em risco a sobrevivência humana, sendo necessário compatibilizar o desenvolvimento econômico e social com a preservação ambiental.[172] Nessa diretriz, surge o entendimento de que o direito ambiental e o direito ao desenvolvimento devem coexistir de forma mútua, pois a integração entre ambos não é um favor ao meio ambiente, mas sim uma obrigação.[173]

---

[170] MEADOWS, Donella H. et al. *Limites do crescimento*: um relatório para o Projeto do Clube de Roma sobre o dilema da humanidade. (Trad. Inês M. F. Litto). São Paulo: Perspectiva, 1973. p. 66-67.

[171] INTERGOVERNMENTAL PANEL ON CLIMATE CHANGE (IPCC). Summary for policymakers. *In*: *Special report*: global warming of 1,5ºC. Geneva: World Meteorology Organization, 2019. p. 1-24. Disponível em: https://www.ipcc.ch/site/assets/uploads/sites/2/2019/05/SR15_SPM_version_report_LR.pdf. Acesso em 27 jun. 2023.

[172] UNITED NATIONS. *Report of the United Nations Conference on the human Enviroment*. Stockholm, 5-16 jun. 1972. Disponível em: https://www.un.org/ga/search/view_doc.asp?symbol=A/CONF.48/14/%20REV.1. Acesso em 30 jun. 2023.

[173] MACHADO, Paulo A. Leme. *Direito ambiental brasileiro*. 21. ed. São Paulo: Malheiros, 2013. p. 89-90.

Avançando sobre o tema da urbanização, a Declaração de Estocolmo também reconheceu em seu Princípio 15 a necessidade de observar os impactos ambientais no planejamento urbano e nos assentamentos humanos,[174] demonstrando que já na década de 1970 havia uma preocupação com as repercussões ambientais atreladas ao desenvolvimento urbano, projeção que se confirma no cenário atual diante dos inúmeros problemas urbanísticos atrelados ao crescimento desordenado das cidades e de suas populações.

Apesar dos significativos avanços da Declaração de Estocolmo de 1972, Sarlet e Fensterfeiser[175] registram que seu conteúdo simbolizou a gênese humana como uma ideia de superioridade, pois seu preâmbulo assentou que "de todas as coisas do mundo, as pessoas são as mais preciosas". Essa visão conceitual antropocêntrica exigiu um novo patamar filosófico e jurídico voltado a reintegrar o homem no ciclo planetário, sendo palco de profundas alterações a partir da década de 1980, quando novos movimentos ambientalistas e emergentes propiciaram uma mudança de paradigma no tocante ao tema do desenvolvimento sustentável.

Nesse sentido, o impacto positivo que a Declaração de Estocolmo trouxe ao direito ambiental global dos últimos cinquenta anos é inquestionável, pois a Conferência de 1972 representou um novo paradigma ambiental, baseado na concepção do meio ambiente como um bem coletivo.[176]

No mesmo vértice, Caferatta[177] assinala que a Conferência de Estocolmo pode ser considerada a "pedra batismal do direito ambiental", pois deu início aos movimentos que consolidaram o direito

---

[174] "Deve-se aplicar o planejamento aos assentamentos humanos e à urbanização com vistas a evitar repercussões prejudiciais sobre o meio ambiente e a obter os máximos benefícios sociais, econômicos e ambientais para todos. A este respeito devem-se abandonar os projetos destinados à dominação colonialista e racista". (UNITED NATIONS. *Report of the United Nations Conference on the human Enviroment*. Stockholm, 5-16 jun. 1972. Disponível em: https://www.un.org/ga/search/view_doc.asp?symbol=A/CONF.48/14/%20REV.1. Acesso em 30 jun. 2023).

[175] SARLET, Ingo Wolfgang; FENSTERSEIFER, Tiago. *Direito constitucional ecológico*: constituição, direitos fundamentais e proteção da natureza. 6. ed. São Paulo: Revista dos Tribunais, 2019. p. 141.

[176] LORENZETTI, Ricardo Luís. El impacto de la Declaración de Estocolmo en la configuración del derecho y la jurisprudencia ambientales globales. *Revista de Derecho Ambiental – doctrina, jurisprudencia, legislación y práctica*. Dossier especial: 50 años del derecho ambiental, Buenos Aires, n. 71, p. 3, jul./sep. 2022.

[177] CAFFERATTA, Nestor A. Conferencia de Estocolmo sobre el Ambiente Humano de 1972: piedra bautismal del derecho ambiental. *Revista de Derecho Ambiental – doctrina, jurisprudencia, legislación y práctica*. Dossier especial: 50 años del derecho ambiental, Buenos Aires, n. 71, p. 71-72, jul./sep. 2022.

internacional do meio ambiente. Para o autor, a Conferência de 1972 representa a "Carta Magna del Medio Ambiente", pois reflete o compromisso dos países em estabelecer uma cooperação internacional para fazer frente aos problemas ambientais mundiais. Referido autor ainda registra que "o espírito de Estocolmo" foi precedido de um documento do Conselho Econômico e Social das Nações Unidas (E/4466/Add.1), formalizado em 20 de maio de 1968, quando a ONU decidiu incluir o tema em uma conferência internacional voltada a debater os problemas de meio ambiente humano, dando início a um movimento mundial voltado ao tema do desenvolvimento sustentável e à proteção ambiental.

2.3 Segunda fase: a Carta Mundial da Natureza, o Relatório Brundtland e a Rio 92

Na sequência da Declaração de Estocolmo, superando o viés antropocêntrico clássico, a Assembleia Geral da ONU, em sua 48ª Sessão Plenária (1982), avançou no tema aprovando a Carta Mundial da Natureza (*World Charter for Nature*, A/RES/377), reconhecendo que o desenvolvimento sustentável é necessário para alcançar o justo equilíbrio entre as necessidades econômicas, sociais e ambientais das atuais e futuras gerações.[178]

Com uma nítida concepção biocêntrica, o documento reconheceu que a espécie humana depende do funcionamento ininterrupto dos sistemas naturais, alertando que o homem possui o poder de alterar a natureza e esgotar os recursos naturais com suas ações, sendo urgente e impositiva a manutenção da estabilidade do planeta mediante a reinserção do homem no ciclo da natureza.

Posteriormente, a partir de estudos promovidos pela Comissão Mundial sobre o Meio Ambiente e Desenvolvimento, então chefiada pela Primeira Ministra da Noruega, Gro Harlem Brundtland, em 1987 surgiu o Relatório Nosso Futuro Comum (*Our Common Future*, A/RES/42-427), também conhecido como *Relatório Brundtland*, sendo delineado o tema do desenvolvimento sustentável sob o viés da proteção humana, com foco intrageracional e intergeracional: atender as necessidades presentes, sem comprometer as futuras gerações.[179]

---

[178] UNITED NATIONS. *World Charter for Nature, A/RES/377*. [S.l.], 1982. Disponível em: https://digitallibrary.un.org/record/39295#record-files-collapse-header. Acesso em 27 jun. 2023.
[179] COMISSÃO MUNDIAL SOBRE MEIO AMBIENTE E DESENVOLVIMENTO. *Nosso futuro comum*. 2. ed. Rio de Janeiro: Fundação Getúlio Vargas, 1991. p.46-61.

Nesse sentido, fazendo referência ao Relatório Brundtland, pontua Weiss[180] que o primeiro passo dirigido a cumprir a obrigação para com as gerações futuras é a necessidade de identificar potenciais problemas de equidade intergeracional, desenvolver princípios normativos para que possam guiar a abordagem desses problemas e permitir a tradução destes em políticas específicas e acordos aplicáveis.

Essa inter-relação entre presente e futuro traduzida pelo Relatório Brundtland buscou consolidar um novo paradigma de desenvolvimento sustentável, tendo como foco principal o equilíbrio entre as necessidades das gerações que vivem hoje (equidade intrageracional) e as necessidades das gerações que viverão no futuro (equidade intergeracional). Justamente nessa tônica é que nas últimas décadas o *Princípio da Equidade Intergeracional* veio sendo fortalecido mundialmente como uma obrigação planetária e assim tratado como um pressuposto fundamental para resguardar a sustentabilidade futura.

Amartya Sen ainda registra que a Comissão Brundtland promoveu a compreensão de que o valor do meio ambiente não pode ser dissociado da vida de qualquer dos seres existentes no planeta,[181] demonstrando que o relatório, atento às transformações oriundas da sociedade moderna, buscou compatibilizar o desenvolvimento equilibrado entre homem e todos os demais bens que compõem os ecossistemas.

Além de destacar a necessidade de proteção das gerações presentes e futuras, o Relatório Brundtland elencou novas concepções sobre o desenvolvimento sustentável e padrões de produção e consumo, trazendo à lume uma proposta de conciliação entre ser humano e meio ambiente, incluindo o uso racional e equitativo de recursos naturais. Inovando em questões até então não abordadas, o documento também avançou em temas como o aquecimento global, a destruição da camada de ozônio, a necessidade de investimentos em energias renováveis, o desenvolvimento de novas tecnologias ambientalmente sustentáveis e o *controle da urbanização desordenada*.

Nesse contexto, o documento também reconheceu em seu bojo a necessidade de "limitação do crescimento populacional", o "controle da urbanização desordenada e a integração entre campo e cidades

---

[180] WEISS, Edith Brown. Climate change, intergenerational equity & int'l law. *Vermont Journal of Environmental Law*, [S. l.], n. 9, p. 620, 2008.

[181] SEN, Amartya. *A ideia de justiça*. (Trad. Denise Bottman e Ricardo Doninelli Mendes). São Paulo: Companhia das Letras, 2011. p. 209.

menores", além do "atendimento das necessidades básicas (saúde, escola, moradia)",[182] numa clara demonstração de que o desenvolvimento urbano já representava uma preocupação mundial no âmbito da sustentabilidade.

Contudo, apesar dos avanços sobre a matéria, o Relatório Brundtland nada dispôs sobre o tema da governança ambiental, importante mecanismo de gestão pública que somente viria à tona anos depois, pois uma gama de problemas ambientais e urbanísticos que despontam no cenário contemporâneo decorrem da má governança, ausência de políticas públicas, falta de investimentos em infraestrutura urbana e desvio de recursos públicos.

Posteriormente, a noção de sustentabilidade teve maior projeção internacional em 1992, durante a *Conferência das Nações Unidas sobre Meio Ambiente e desenvolvimento Sustentável (Rio 92)*, tendo sido reafirmado em seu Princípio nº 1 a necessidade de interação harmoniosa entre o homem e a natureza: "Os seres humanos estão no centro das preocupações com o desenvolvimento sustentável. Têm direito a uma vida saudável e produtiva em harmonia com a natureza".[183]

A mesma conferência mundial também produziu a *Agenda 21 Global* para o desenvolvimento sustentável, sendo tratadas questões afetas ao desenvolvimento econômico e social, a promoção da consciência ambiental, mudanças nos padrões de consumo e processos produtivos, a erradicação da pobreza, o fortalecimento das instituições, a administração de recursos para o desenvolvimento e implementação de planos, além de projetos e programas de governo para o desenvolvimento sustentável.[184]

Especificamente sobre o tema da urbanização, a *Agenda 21 Global*, fruto da Rio 92, já destacava que os fatores demográficos e o desenvolvimento sustentável possuem uma relação sinérgica, exigindo medidas preventivas de planejamento do poder público, concluindo que "as cidades em rápido crescimento, caso mal administradas,

---

[182] COMISSÃO MUNDIAL SOBRE MEIO AMBIENTE E DESENVOLVIMENTO. *Nosso futuro comum*. 2. ed. Rio de Janeiro: Fundação Getúlio Vargas, 1991. p. 60-62.
[183] UNITED NATIONS. *United Nations Conference on Environment and Development (UNCED), Earth Summit*. Rio de Janeiro, 1992. Disponível em: https://sustainabledevelopment. un.org/milestones/unced. Acesso em 27 jun. 2023.
[184] BRASIL. Ministério do Meio Ambiente. Conferência das Nações Unidas sobre o Meio Ambiente e Desenvolvimento (1992). *Agenda 21 Global*. Brasília, DF: Ministério do Meio Ambiente, 2002. Disponível em: https://antigo.mma.gov.br/responsabilidade-socioambiental/agenda-21/agenda-21-global/item/607.html. Acesso em 27 jun. 2023.

deparam-se com problemas ambientais gravíssimos. O aumento do número e da dimensão das cidades exige maior atenção para questões de Governo local e gerenciamento municipal".[185]

Nesse sentido, a Agenda 21 anteviu que o cenário da rápida expansão urbana envolve a necessidade de implementar padrões eficientes de urbanização para evitar a insustentabilidade, temática que veio sendo aprofundada nas décadas seguintes com o aprimoramento e surgimento de novos instrumentos normativos.

2.4 Terceira fase: da Cúpula do Milênio à Declaração de Johanesburgo

Aprofundando a temática do desenvolvimento sustentável, no ano 2000, a Organização das Nações Unidas reuniu líderes de 191 Países durante a *Cúpula do Milênio*, realizada em Nova York, sob a coordenação de Koff Annan, Secretário-Geral da ONU. A Cúpula resultou na Declaração do Milênio das Nações Unidas (*United Nations Millennium Declaration, A/RES/55/2, 8.9.2000*), sendo destacado no documento que "determinados valores fundamentais são considerados essenciais para as relações internacionais no século XXI", dentre eles o "respeito pela natureza"[186] visando consolidar o Princípio do Desenvolvimento Sustentável por meio de mudanças nos padrões de produção e consumo para garantir o futuro da humanidade.[187]

O documento resultou na formatação dos *Objetivos do Desenvolvimento do Milênio* (ODM), sendo agregados à noção de desenvolvimento

---

[185] BRASIL. Ministério do Meio Ambiente. Conferência das Nações Unidas sobre o Meio Ambiente e Desenvolvimento (1992). *Agenda 21 Global*. Brasília, DF: Ministério do Meio Ambiente, 2002. p. 29. Disponível em: https://antigo.mma.gov.br/responsabilidade-socioambiental/agenda-21/agenda-21-global/item/607.html. Acesso em 27 jun. 2023.

[186] "É necessário actuar com prudência na gestão de todas as espécies e recursos naturais, de acordo com os princípios do desenvolvimento sustentável. Só assim poderemos conservar e transmitir aos nossos descendentes as imensuráveis riquezas que a natureza nos oferece". (UNITED NATIONS HUMAN RIGHTS. The General Assembly. *United Nations Millennium Declaration, A/RES/55/2, 8.9.2000*. Geneva, 2000. Item I, p. 6. Disponível em: https://www.ohchr.org/EN/ProfessionalInterest/Pages/Millennium.aspx. Acesso em 27 jun. 2023).

[187] "Não devemos poupar esforços para libertar toda a humanidade, acima de tudo os nossos filhos e netos, da ameaça de viver num planeta irremediavelmente destruído pelas actividades do homem e cujos recursos não serão suficientes já para satisfazer as suas necessidades". (UNITED NATIONS HUMAN RIGHTS. The General Assembly. *United Nations Millennium Declaration, A/RES/55/2, 8.9.2000*. Geneva, 2000. Item 21, p. 4. Disponível em: https://www.ohchr.org/EN/ProfessionalInterest/Pages/Millennium.aspx. Acesso em 27 jun. 2023).

sustentável oito eixos temáticos de caráter econômico e social: 1 – Acabar com a fome e a miséria; 2 – Oferecer educação básica de qualidade para todos; 3 – Promover a igualdade entre os sexos e a autonomia das mulheres; 4 – Reduzir a mortalidade infantil; 5 – Melhorar a saúde das gestantes; 6 – Combater a Aids, a malária e outras doenças; 7 – Garantir qualidade de vida e respeito ao meio ambiente; 8 – Estabelecer parcerias para o desenvolvimento.[188]

Essa inserção de novos eixos sociais e econômicos no conceito de desenvolvimento sustentável consolidou as lições do economista Ignacy Sachs, ao apontar *cinco dimensões de sustentabilidade* que devem ser observadas para atingir o pleno desenvolvimento sustentável: *Social*: o objetivo da sustentabilidade social é permitir a homogeneidade social, melhorando os níveis de distribuição de renda, promovendo o pleno emprego e igualdade de acesso aos recursos e serviços sociais. *Cultural*: a sustentabilidade cultural envolve a alteração no modo de pensar e agir da sociedade, despertando uma consciência ambiental voltada à redução do consumo de produtos que provoquem impactos ambientais. *Econômica*: a sustentabilidade econômica se refere à maior eficiência do sistema por intermédio de uma adequada governança, alocação de recursos, investimentos públicos e gestão eficaz. *Espacial*: a sustentabilidade espacial envolve a ocupação equilibrada do território urbano e rural, além da melhor distribuição territorial das atividades econômicas e assentamentos humanos. *Ecológica*: a sustentabilidade ecológica envolve a preservação do meio ambiente sem comprometer a oferta dos recursos naturais necessários à sobrevivência da humanidade.

Para Sachs, a partir da observância dessas cinco dimensões sistêmicas e interligadas – nas quais se incluem a sustentabilidade espacial e territorial urbana e rural – é possível atingir o pleno desenvolvimento sustentável.[189]

Ademais, essa perspectiva orientada pela Cúpula do Milênio do ano 2000 consolidou o termo *triple bottom line*, criado por John Elkington,[190] que designa a necessidade de equilíbrio entre três pilares para se alcançar a sustentabilidade: ambiental, econômico e social.

---

[188] UNITED NATIONS. *The millenium development goals report 2015*. New York, 2015. Disponível em: https://www.un.org/millenniumgoals/2015_MDG_Report/pdf/MDG%20 2015%20rev%20(July%201).pdf. Acesso em 27 jun. 2023.

[189] SACHS, Ignacy. *Estratégias de transição para o século XXI*: desenvolvimento e meio ambiente. São Paulo: Studio Nobel, 1993. p. 29-56.

[190] ELKINGTON, John. *Cannibals with forks*: the triple bottom line of 21st century business. Canadá: New Society Publishers, 1998. p. 107-131.

Estes três pilares ficaram conhecidos como o *tripé da sustentabilidade*, abrangendo as pessoas (aspecto social), o planeta (aspecto ambiental) e o lucro (aspecto econômico) – *people, planet and profit* – de forma que o desenvolvimento sustentável seria alcançado pelo equilíbrio sustentável entre essas três forças motrizes.

Mais adiante, Jeffrey Sachs,[191] diretor do *Center for Sustainable Development* da *Columbia University* (*Earth Institute*), agregou ao tripé da sustentabilidade um quarto elemento constituído pela *boa governança*, construindo o conceito dos *quatro pilares da sustentabilidade*: desenvolvimento econômico, desenvolvimento humano (inclusão e coesão sociais), proteção do meio ambiente e boa governança. Com esteio nesses quatro pilares, Gabriel Wedy[192] destaca ser imperioso o equilíbrio entre as necessidades das gerações atuais (equidade intrageracional) e as necessidades das gerações futuras (equidade intergeracional) para atingir o pleno desenvolvimento sustentável, pois sem a compatibilização desses dois pressupostos não é possível atingir a sustentabilidade.

Transcorrida uma década após a Rio 92, o tema do desenvolvimento sustentável foi palco de nova abordagem no ano de 2002, com a Declaração de Johanesburgo (*Johannesburg Declaration on Sustainable Development and Plan of Implementation of the World Summit on Sustainable 2002*),[193] onde foram reavaliadas as proposições da Eco 92 e fixadas novas diretrizes para conciliar o desenvolvimento econômico, ambiental e humano.

Novamente, a declaração reconheceu que o desenvolvimento sustentável abrange aspectos ambientais, sociais, econômicos e urbanísticos, propondo metas, prazos e parcerias para ampliar as necessidades básicas essenciais envolvendo o fornecimento de água potável à população, a ampliação do saneamento básico e a habitação adequada.

De forma categórica, a declaração reafirmou a necessidade de encontrar um equilíbrio entre o desenvolvimento econômico, o desenvolvimento social e a proteção ambiental como pilares interdependentes do desenvolvimento sustentável. Outrossim, a Declaração de

---

[191] SACHS, Jeffrey. *The age of sustainable development*. New York: Columbia University Press, 2015. p. 14.

[192] WEDY, Gabriel. *Desenvolvimento sustentável na era das mudanças climáticas*: um direito fundamental. São Paulo: Saraiva, 2018. p. 198-199.

[193] UNITED NATIONS. Digital Library. *Johannesburg Declaration on Sustainable Development and Plan of Implementation of the World Summit on Sustainable 2002*. New York, 2003. Disponível em: https://digitallibrary.un.org/record/499757. Acesso em 27 jun. 2023.

Johanesburgo enfatizou a necessidade de implementação de uma boa governança na gestão pública das nações para alcançar o pleno desenvolvimento sustentável.

Em suma, por meio da declaração, os países signatários assumiram o compromisso de reforçar e aperfeiçoar a governança para a efetiva implementação da Agenda 21, das Metas de Desenvolvimento do Milênio e do Plano de Implementação da Cúpula, enfatizando que o desenvolvimento sustentável requer uma perspectiva de longo prazo e participação ampla na formulação de políticas, tomada de decisões e implementação em todos os seus níveis.

2.5 Quarta fase: Rio+20, Agenda 2030 e os Objetivos de Desenvolvimento Sustentável (ODS)

Uma década após a Conferência de Johanesburgo, suas diretrizes foram reavaliadas durante a Conferência das Nações Unidas sobre Desenvolvimento Sustentável (Rio+20), resultando no relatório final denominado "O Futuro que Queremos" (*The Future We Want*) com centenas de proposições voltadas ao pleno desenvolvimento sustentável, sendo conclamada a necessidade de uma abordagem holística e integrada para o desenvolvimento sustentável "visando orientar a humanidade a viver em harmonia com a natureza e fazer esforços para restabelecer a saúde e a integridade do ecossistema da Terra".[194]

Como fruto da Rio+20, ainda no ano de 2015, a Organização das Nações Unidas aprovou a Resolução A/RES/70/1 (*UN General Assembly Resolution 70/1, 25.09.2015*), denominada "*Transformando Nosso Mundo: a Agenda 2030 para o Desenvolvimento Sustentável*", ocasião em que foram definidos os 17 Objetivos de Desenvolvimento Sustentável (ODS),[195] sendo eles: 1. Erradicação da pobreza: 2. Fome zero e agricultura sustentável; 3. Saúde e bem-estar; 4. Educação de qualidade; 5. Igualdade de gênero; 6. Água potável e saneamento; 7. Energia Limpa e acessível; 8. Trabalho decente e crescimento econômico; 9. Indústria, Inovação e

---

[194] UNITED NATIONS. *Rio+20, United Nations Conference on Sustainable Devlopment*: the future we want. Jun. 2012. Item 40, p. 7. Disponível em: http://www.rio20.gov.br/documentos/documentos-da-conferencia/o-futuro-que-queremos/at_download/the-future-we-want.pdf. Acesso em 27 jun. 2023.

[195] UNITED NATIONS. General Assembly. *Transforming our world*: the 2030 agenda for sustainable development. [S. l.], 15 oct. 2015. Disponível em: https://www.un.org/en/development/desa/population/migration/generalassembly/docs/globalcompact/A_RES_70_1_E.pdf. Acesso em 27 jun. 2023.

Infraestrutura; 10. Redução das desigualdades; 11. Cidades e comunidades sustentáveis; 12. Consumo e produção responsáveis; 13. Ação contra a mudança global do clima; 14. Vida na água; 15. Vida terrestre; 16. Paz, justiça e instituições eficazes; 17. Parcerias e meios de implementação.[196]

Nesse norte, verifica-se que os ODS constituem um *Pacto Global* visando atingir a sustentabilidade mediante cumprimento de 169 metas em diversas áreas temáticas que incluem políticas ambientais, sociais, econômicas, humanitárias e de governança. Consoante Wedy, os 17 objetivos do desenvolvimento sustentável da ONU envolvem políticas ambientais globais e de várias dimensões, as quais devem dialogar entre si, podendo ser divididos nos chamados 5 P's do desenvolvimento: *Pessoas* (erradicação da pobreza, da fome e garantia da dignidade e igualdade); *Planeta* (proteção dos recursos naturais e do clima para as futuras gerações); *Prosperidade* (garantia de vida próspera e plena, em harmoniza com a natureza); *Paz* (promoção de sociedades pacíficas, justas e inclusivas) e *Parceria* (implementação de uma parceria global sólida).[197]

Considerando suas amplas dimensões sociais, ambientais e econômicas, Jeffrey Sachs[198] destaca que a efetivação dos ODS envolve um grande desafio para toda a sociedade, sendo necessário englobar não apenas os governos, mas também empresas, cientistas, líderes da sociedade civil, ONGs e estudantes, por meio de uma *Rede de Soluções para o Desenvolvimento Sustentável* (RSDS). Nesse sentido, pontua que o mundo não precisa apenas de novos objetivos, motivação e vontade política, mas também de solução aos outros desafios de desenvolvimento sustentável que incluem a saúde, a educação, a agricultura sustentável, cidades sustentáveis, sistemas energéticos sustentáveis e a conservação da biodiversidade.

Importante destacar que o ODS 11 está diretamente relacionado ao direito urbanístico, pois envolve as "cidades e comunidades sustentáveis", evidenciando-se a estreita correlação entre meio ambiente, planejamento urbano e desenvolvimento sustentável, cujo tema será tratado mais adiante em tópico específico.

---

[196] Sobre os reflexos da pandemia na implementação dos ODS vide: FERRI, Giovani. O estado de direito ambiental e os impactos da Covid-19 no cumprimento dos Objetivos de Desenvolvimento Sustentável. In: WEDY, Gabriel; FERRI, Giovani (Org.). *O Estado de Direito Contemporâneo e seus Desafios*. Blumenau: Dom Modesto, 2021. p. 106-134.

[197] WEDY, Gabriel. *Desenvolvimento sustentável na era das mudanças climáticas*: um direito fundamental. São Paulo: Saraiva, 2018. p. 154.

[198] SACHS, Jeffrey. *The age of sustainable development*. New York: Columbia University Press, 2015. p. 515.

Um importante marco voltado a fortalecer a Agenda 2030 e os Objetivos de Desenvolvimento Sustentável (ODS) foi aprovado durante a 3ª Conferência Internacional sobre Financiamento para o Desenvolvimento em Adis Abeba, Etiópia (13-16 de julho de 2015) e posteriormente ratificado pela Assembleia Geral da ONU (Resolução nº 69/313, de 27 de julho de 2015), resultando no documento denominado "Agenda de Ação de Adis Abeba" (*Addis Ababa Action Agenda of the Third International Conference on Financing for Development*).

A Agenda de Ação estabeleceu diretrizes para apoiar e fixar novos marcos globais para o financiamento de medidas, projetos e ações voltados ao desenvolvimento sustentável nos campos econômico, social e ambiental. Referido documento, aprovado poucos meses antes da Agenda 2030, indica mais de 100 medidas concretas baseadas em fontes de finanças, tecnologia, inovação, comércio e dados hoje utilizados para alcançar os Objetivos de Desenvolvimento Sustentável (ODS). A Agenda ressalta a ambiciosa missão de auxiliar na promoção do desenvolvimento sustentável pós-2015, incluindo os Objetivos de Desenvolvimento Sustentável por intermédio de uma abordagem abrangente, holística e transformadora, combinando diferentes meios de implementação e integrando as dimensões econômica, social e ambiental do desenvolvimento sustentável por meio de instituições eficazes, responsáveis e inclusivas, políticas sólidas e boa governança em todos os níveis.[199]

No tocante ao Brasil, frise-se que o País aderiu expressamente à Agenda 2030 para o Desenvolvimento Sustentável,[200] juntamente com 193 Estados-Membros da ONU. Embora os ODS possam ser considerados *códigos de conduta* ou *soft law*,[201] suas diretrizes vêm sendo encampadas pelos Países-membros da ONU e incorporadas em suas legislações, bem

---

[199] UNITED NATIONS. *Addis Ababa Action Agenda of the Third International Conference on Financing for Development.* 2015. Disponível em: https://sustainabledevelopment.un.org/content/documents/2051AAAA_Outcome.pdf. Acesso em 30 set. 2022.

[200] BRASIL. Ministério das Relações Exteriores. *Objetivos de Desenvolvimento Sustentável.* Brasília, DF: Ministério das Relações Exteriores, 2015. Disponível em: https://www.gov.br/mre/pt-br/assuntos/desenvolvimento-sustentavel-e-meio-ambiente/desenvolvimento-sustentavel/objetivos-de-desenvolvimento-sustentavel-ods. Acesso em 27 jun. 2023.

[201] Sobre a eficácia das *soft law*, Solange Teles da Silva pontua que elas constituem instrumento precursor das regras jurídicas, pois "estabelecem princípios diretores da ordem jurídica internacional que adquirem com o tempo a força de costume internacional, ou ainda propugnam pela adoção de princípios diretores no ordenamento jurídico dos estados". (SILVA, Solange Teles da. Princípio da precaução: uma nova postura em face dos riscos e incertezas científicas. *In*: PLATIAU, Ana Flávia Barros; VARELLA, Marcelo Dias (Org.). *Princípio da precaução.* Belo Horizonte: Del Rey, 2004. p. 75-92).

como adotadas pelo sistema judicial, podendo ser compreendidas como verdadeiras fontes normativas de direito internacional, ou no dizer de Vasco Pereira da Silva, um modelo de *constitucionalismo multinível* ou de um *direito sem fronteiras:*

> À semelhança do que sucedeu no Direito Constitucional, em que a existência de vários níveis de proteção jurídica obriga a falar em 'constitucionalismo multi-nível' (Ingolf Pernice), também nós aqui devemos falar em 'princípio da legalidade multi-nível'. [...] Tudo isto significa uma transformação na teoria das fontes do Direito Público e, em particular, do Direito Administrativo, que passa de uma simples dimensão legalista e nacional, dos primórdios, para uma nova dimensão Sem Fronteiras, mediante a integração de normas, princípios e 'standards' de decisões globais, internacionais, europeus, constitucionais, planificadores e regulamentares, contratuais e individuais, no procedimento complexo e dotado de múltiplos níveis de criação e de manifestação do Direito.[202]

Seguintes essas diretrizes, necessário registrar que em 2019 o Conselho Nacional do Ministério Público (CNMP), o Conselho Nacional de Justiça (CNJ) e a Organização das Nações Unidas (ONU) formalizaram o *Pacto pela implementação dos Objetivos de Desenvolvimento Sustentável da Agenda 2030 no Poder Judiciário e Ministério Público,* definindo estratégias operacionais, cooperação técnica, compartilhamento de conhecimentos e informações para alcançar os ODS.[203] Referido pacto reconhece que o CNJ, o CNMP e a ONU devem promover o desenvolvimento sustentável nas dimensões social, econômica, ambiental e institucional, unindo esforços para a implementação dos Objetivos do Desenvolvimento Sustentável, além de reafirmar a necessidade de alinhar os instrumentos de planejamento e gestão voltados ao aprimoramento e integração de metas do Poder Judiciário e do Ministério Público para alcançar os ODS.

Aliás, em decisão relatada pela Ministra Rosa Weber, o Supremo Tribunal Federal reconheceu o caráter supralegal de marcos normativos

---

[202] SILVA, Vasco Pereira da. *Direito constitucional e administrativo sem fronteiras.* Coimbra: Almedina: 2019. p. 30-32.
[203] CONSELHO NACIONAL DO MINISTÉRIO PÚBLICO (CNMP). *Pacto pela implementação dos Objetivos de Desenvolvimento Sustentável da Agenda 2030 no Poder Judiciário e Ministério Público.* Brasília, DF: Conselho Nacional do Ministério Público, 2019. Disponível em: https://www.cnmp.mp.br/portal/images/Termosdecooperacao/pactoODS2030.pdf. Acesso em 2 jul. 2023.

internacionais aderidos pelo Brasil em matéria ambiental. Nesse sentido, por ocasião do julgamento da Medida Cautelar na ADPF 747/DF, que envolveu a revogação de resoluções do CONAMA, frisou a eminente Ministra:

> A Resolução nº 500, de 28 de setembro de 2020, do Conselho Nacional do Meio Ambiente (CONAMA), ao revogar as Resoluções nº 284/2001, 302/2002 e 303/2002, vulnera princípios basilares da Constituição, sonega proteção adequada e suficiente ao direito fundamental ao meio ambiente equilibrado nela assegurado e promove desalinho em relação a compromissos internacionais de caráter supralegal assumidos pelo Brasil e que moldam o conteúdo desses direitos [...] O princípio do desenvolvimento sustentável, além de impregnado de caráter eminentemente constitucional, encontra suporte legitimador em compromissos internacionais assumidos pelo Estado brasileiro e representa fator de obtenção do justo equilíbrio entre as exigências da economia e as da ecologia.[204]

O mesmo entendimento foi sufragado pelo Ministro Luís Roberto Barroso, durante o julgamento da ADPF 708, em que se questionava a omissão governamental no Fundo Clima, ao asseverar que:

> A União e os representantes eleitos têm dever constitucional, supralegal e legal de proteger o meio ambiente e de combater as mudanças climáticas. Ademais, os tratados sobre direito ambiental desfrutam de *status* supranacional, pois constituem espécie do gênero tratados de direitos humanos.[205]

Em complemento, visando dar cumprimento à Agenda 2030, o Brasil editou o Decreto nº 8.892/2016, criando a Comissão Nacional para os Objetivos de Desenvolvimento Sustentável (CNODS), a qual publicou o *Plano de Ação 2017-2019*, definindo estratégias, ações e propostas de readequar as metas dos ODS aos índices nacionais.[206] Todavia, num

---

[204] BRASIL. Supremo Tribunal Federal. ADPF 747/DF. Tribunal Pleno, Relatora: Min. Rosa Weber. Julgamento: 28 out. 2020.

[205] BRASIL. Supremo Tribunal Federal. Informativo STF nº 1061/2022. *ADPF 708/DF*. Fundo Clima: funcionamento, destinação de recursos e contingenciamento de verbas. Disponível em: https://www.stf.jus.br/arquivo/informativo/documento/informativo.htm. Acesso em 11 jul. 2023.

[206] COMISSÃO NACIONAL PARA OS OBJETIVOS DE DESENVOLVIMENTO SUSTENTÁVEL (CNODS). *Plano de ação 2017-2019 da Comissão Nacional ODS Brasil*. Brasília, DF, 2017. Disponível em: http://www4.planalto.gov.br/ods/publicacoes/plano-de-acao-da-cnods-2017-2019. Acesso em 27 jun. 2023.

verdadeiro retrocesso, a CNODS foi extinta pelo Decreto nº 10.179/2019, com a transferência e gestão das metas dos ODS à Secretaria de Governo da Presidência da República (SEGOV-PR) pelo Decreto nº 9.980/2019 (artigo 15, VI).

Em resumo, apesar dos avanços trazidos pela Agenda 2030 e pelos 17 Objetivos do Desenvolvimento Sustentável, a implementação de suas metas ainda demanda ações eficazes e políticas públicas adequadas, pois embora os ODS tenham permitido significativo progresso em diversas áreas sensíveis, ainda ressentem de um maior protagonismo estatal para plena efetivação da sustentabilidade em suas diversas dimensões.

2.6 Juridicidade do desenvolvimento sustentável no Brasil: da Política Nacional do Meio Ambiente à Constituição Federal de 1988

Acompanhando a evolução do tema desenvolvimento sustentável, ainda no início da década de 1980, o Brasil incorporou em seu ordenamento jurídico diversos princípios da Declaração de Estocolmo, ao criar a Política Nacional do Meio Ambiente (Lei nº 6.938/1981). A edição da PNMA representou um marco na proteção do meio ambiente, pois até então o Brasil não dispunha de uma legislação específica para disciplinar temas ambientais complexos, como também não existia uma política de âmbito nacional para tratar de questões ambientais.[207]

Além disso, por sua envergadura e amplitude, a PNMA propiciou o surgimento de outras políticas ambientais conexas no Brasil, a partir da década de 1990, tais como a Política Nacional de Recursos Hídricos (Lei nº 9.433/1997), a Política Nacional de Educação Ambiental (Lei nº 9.795/1999), a Política Nacional de Biossegurança (Lei nº 11.105/2005), a Política Nacional de Saneamento Básico (Lei nº 11.445/2007), a Política Nacional sobre Mudança do Clima (Lei nº 12.187/2009), a Política Nacional de Resíduos Sólidos (Lei nº 12.305/2010)[208] e a Política Nacional de Proteção e Defesa Civil (Lei nº 12.608/2012).

---

[207] LEUZINGER, Márcia Dieguez et al. *Os 40 anos da Política Nacional de Meio Ambiente*. Brasília, DF: ICPD – Centro Universitário de Brasília, 2021. p. 7.

[208] Sobre o tema do desenvolvimento sustentável na PNRS vide: FERRI, Giovani. O princípio do desenvolvimento sustentável e a logística reversa na Política Nacional de Resíduos Sólidos (Lei nº 12.305/2010). *Revista dos Tribunais*, v. 912, p. 95-115, out. 2011.

De forma ampla, o artigo 3º, inciso I, da Lei nº 6.938/81 (PNMA) conceituou o meio ambiente como um conjunto de condições, leis, influências e interações de ordem física, química e biológica que permite, abriga e rege a vida em todas as suas formas. A partir dessa definição técnica, verifica-se que o legislador brasileiro, seguindo as diretrizes internacionais, igualmente elasteceu o conceito de meio ambiente, classificando-o nas dimensões natural, artificial, cultural e do trabalho.

O *meio ambiente natural* engloba a fauna, a flora, a atmosfera, o solo e os recursos naturais, estando tutelado expressamente pelo artigo 225 §1º, incisos I, III e VII da CF/1988. O *meio ambiente artificial* se relaciona a todo o espaço urbano construído, tais como equipamentos urbanos, edificações, praças, parques, museus e bibliotecas, sendo regulados pelas normas de ordenamento urbano previstas no artigo 182 da CF/1988 e no Estatuto da Cidade (Lei nº 10.257/2001). O *meio ambiente cultural* se refere aos bens materiais ou imateriais, com valores paisagísticos, históricos, artísticos, arqueológicos, ecológicos e científicos, tendo proteção específica no artigo 216 da CF/1988. Por fim, o *meio ambiente laboral ou do trabalho* se relaciona diretamente à proteção do trabalhador no âmbito de sua atividade laboral, levando em consideração as normas de saúde pública e de segurança, tendo previsão expressa no artigo 7º, XXIII e artigo 200, VIII, da CF/1988.

Desta forma, verifica-se que a PNMA, acompanhando as diretrizes da Declaração de Estocolmo e atenta ao caráter difuso do meio ambiente, preocupou-se com a sustentabilidade natural, artificial, cultural e do trabalho, solidificando o enquadramento holístico dos bens e interesses ambientais. Outrossim, o artigo 4º, inciso I, da PNMA, inseriu em seu âmago o Princípio do Desenvolvimento Sustentável, ao prever que a política nacional ambiental visará "a compatibilização do desenvolvimento econômico-social com a preservação da qualidade do meio ambiente e do equilíbrio ecológico". Sobre o alcance deste conceito, pontua Milaré:

> Compatibilizar meio ambiente e desenvolvimento significa considerar os problemas ambientais dentro de um processo contínuo de planejamento, atendendo-se adequadamente às exigências de ambos e observando-se as suas inter-relações particulares a cada contexto sociocultural, político, econômico e ecológico, dentro de uma dimensão tempo/espaço Em outras palavras, isto implica dizer que a política ambiental não deve se erigir em obstáculo ao desenvolvimento, mas sim em um de seus

instrumentos, ao propiciar a gestão racional dos recursos naturais, os quais constituem a sua base material.[209]

Nesse sentido, importante registrar que a criação da Política Nacional do Meio Ambiente, em 1980, colocou o Brasil na vanguarda da proteção ambiental, pois permitiu significativos avanços nas respectivas políticas públicas, notadamente com a criação do *Sistema Nacional do Meio Ambiente* (SISNAMA), composto pela União, Estados, Distrito Federal e Municípios, atribuindo-lhes maior responsabilidade na execução de normas protetivas ambientais, inclusive no âmbito da sustentabilidade, ao inserir o tema do desenvolvimento econômico e social em programas, projetos e atividades públicas e privadas.

De fato, pode-se afirmar que a PNMA antecipou as dimensões do desenvolvimento sustentável no Brasil, ensejando significativo progresso na proteção dos bens ambientais, além de propiciar uma melhor qualidade de vida à população, ao definir instrumentos e mecanismos destinados à manutenção do equilíbrio ecológico. A seu turno, a PNMA reconheceu expressamente o meio ambiente como um *patrimônio público* a ser necessariamente assegurado e protegido (artigo 2º, I), norma que inspirou a atual redação do artigo 225 da CF/1988, que constitucionalizou diversos temas tratados na Lei nº 6.938/1981.

Além desses expressivos avanços na temática do desenvolvimento sustentável, a PNMA promoveu a criação do CONAMA (Conselho Nacional do Meio Ambiente), fixando sua competência para o estabelecimento de normas e critérios para o licenciamento ambiental e a fixação de padrões de controle da poluição ambiental. A implantação do CONAMA a nível nacional permitiu a posterior criação de centenas de Conselhos Estaduais e Municipais de Meio Ambiente, até então inexistentes, consistindo num significativo avanço para a participação popular e efetivação de políticas ambientais no País.

Esse progresso normativo inclusive permitiu maior atuação dos órgãos colegiados na seara do desenvolvimento urbano, pois cada vez mais os Conselhos de Meio Ambiente vêm sendo chamados a debater as políticas de ordenamento urbano e seus conflitos socioambientais nos processos de loteamentos, zoneamento, elaboração e revisão de Planos Diretores Municipais, visando atingir a sustentabilidade urbano-ambiental.

---

[209] MILARÉ, Edis. *Direito do Ambiente*: a gestão ambiental em foco. 6. ed. rev., atual. e ampl. São Paulo: Revista dos Tribunais, 2009. p. 65.

Na seara do desenvolvimento urbano, a Lei nº 6.938/1981 também estabeleceu princípios norteadores comuns à sustentabilidade ambiental, prevendo em seu artigo 2º, I e II, que a Política Nacional do Meio Ambiente tem dentre seus objetivos, a preservação, melhoria e recuperação da qualidade ambiental propícia à vida, visando assegurar condições ao desenvolvimento socioeconômico. Para tanto, estabeleceu os princípios da racionalização do uso do solo, do subsolo, da água, do ar e da manutenção do equilíbrio ecológico como diretrizes da ação governamental.

Na mesma diretriz, a PNMA também avançou na seara urbano-ambiental, ao criar o instrumento do "zoneamento ambiental" (artigo 9º, II), posteriormente regulamentado pelo Decreto nº 4.297/2002, prevendo a elaboração de diagnóstico socioambiental para averiguar incompatibilidades entre a preservação ambiental e as tendências de ocupação de áreas protegidas, fluxo populacional, condições de vida da população, saneamento básico e definição de áreas institucionais, tendo como uma de suas diretrizes a adoção de "medidas de controle e de ajustamento de planos de zoneamento de atividades econômicas e sociais resultantes da iniciativa dos municípios", visando "compatibilizar, no interesse da proteção ambiental, usos conflitantes em espaços municipais contíguos e a integrar iniciativas regionais amplas e não restritas às cidades" (artigo 14, VI).

Nesse contexto, verifica-se que a PNMA trouxe em seu bojo uma latente preocupação com o ordenamento urbano e suas repercussões ambientais, correlacionando as duas matérias e abrindo espaço para a futura normatização dos temas no âmbito do Estatuto da Cidade, o que viria a acontecer somente duas décadas depois.

Posteriormente, na esteira do artigo 4º, inciso I, da PNMA, a Constituição Federal de 1988 consagrou o *desenvolvimento* como um dos objetivos da República (artigo 3º, inciso II) ao lado da erradicação da pobreza, da marginalização e da redução das desigualdades sociais e regionais como diretrizes balizadoras do desenvolvimento sustentável. Nessa concepção, Wedy registra que o conceito de desenvolvimento sustentável insculpido na CF/1998 está intrinsicamente ligado ao princípio da dignidade da pessoa humana, pressupondo que o direito ao desenvolvimento também está relacionado não apenas à sustentabilidade ecológica, mas também à justiça social.[210]

---

[210] WEDY, Gabriel. *Desenvolvimento sustentável na era das mudanças climáticas*: um direito fundamental. São Paulo: Saraiva, 2018. p. 198.

2.7 Compatibilização entre o Desenvolvimento Sustentável e a Ordem Econômica

A Constituição Federal de 1988 reconheceu expressamente a proteção ao meio ambiente como um dos Princípios da Ordem Econômica (artigo 170, VI), evidenciando que o legislador constitucional consagrou a necessidade de harmonizar o desenvolvimento econômico e a proteção do meio ambiente como diretriz essencial para alcançar a sustentabilidade. Portanto, a CF/1998 procurou estabelecer um ponto de equilíbrio para proteger o meio ambiente e ao mesmo tempo garantir a ordem econômica, fundada na valorização do trabalho humano e na livre iniciativa.

Nesse sentido, Fiorillo pontua que o legislador constitucional buscou "a coexistência de ambos sem que a ordem econômica inviabilize um meio ambiente ecologicamente equilibrado e sem que esse obste o desenvolvimento econômico",[211] evidenciando que a CF/1988 estabeleceu um verdadeiro sistema de freios e contrapesos para manter o equilíbrio entre o meio ambiente e as atividades econômicas.

Essa perspectiva é endossada por Bosselmann, ao asseverar que "não pode haver prosperidade sem justiça social e não pode haver justiça social sem prosperidade econômica; e ambas devem estar dentro dos limites da sustentabilidade ecológica",[212] demonstrando a conexão indissociável entre os respectivos princípios que norteiam a vida em sociedade.

Sem dúvidas, uma economia sólida é a mola propulsora da riqueza de um País e a fonte primordial de recursos orçamentários para alcançar os objetivos fundamentais da república e construir uma sociedade justa e solidária, com a erradicação da pobreza, da marginalização e das desigualdades sociais. Contudo, a preservação ambiental é condição *sine qua non* da atividade econômica, pois conforme Nalini, a ecologia é a responsável por dar suporte e permitir o desenvolvimento da economia, de modo que "a exaustão da primeira reverterá em desaparecimento da segunda: seria matar a galinha dos ovos de ouro".[213]

No mesmo vértice, indo além de conceitos jurídicos, Jeffrey Sachs enfatiza que o desenvolvimento sustentável, enquanto estrutura

---

[211] FIORILLO, Celso Antonio Pacheco. *Curso de direito ambiental brasileiro*. 13. ed. São Paulo: Saraiva, 2012. p. 95.
[212] BOSSELMANN, Klaus. *The principle of sustainability*: transforming law and governance. Farnham: Ashgate, 2008. p. 53.
[213] NALINI, José Renato. *Ética ambiental*. 3. ed. Campinas: Millenium, 2010. p. 129.

ético-normativa, recomenda um enquadramento holístico, com objetivos econômicos, sociais e ambientais, pois deve propiciar um crescimento econômico socialmente inclusivo e ao mesmo tempo ambientalmente sustentável,[214] mesma diretriz adotada no Princípio 4 da Declaração Rio 92, ao enunciar que "para alcançar o desenvolvimento sustentável, a proteção ambiental constituirá parte integrante do processo de desenvolvimento e não pode ser considerada isoladamente deste".[215]

Portanto, ao incluir a proteção do meio ambiente como um dos princípios da ordem econômica, a Constituição Federal de 1988 não almejou impor qualquer obstáculo ao livre exercício de atividade econômica, mas sim buscou compatibilizar e equilibrar ambos os direitos fundamentais, conforme ressalta Derani:

> A aceitação de que a qualidade de vida corresponde tanto a um objetivo do processo econômico como a uma preocupação da política ambiental afasta a visão parcial de que as normas de proteção do meio ambiente seriam servas da obstrução de processos econômicos e tecnológicos. A partir deste enfoque, tais normas buscam uma compatibilidade desses processos com as novas e sempre crescentes exigências do meio ambiente [...] não se trata de um relacionamento em sua origem conflitante, mas apenas dois aspectos da relação entre homem-natureza, frente a imanente necessidade de expansão produtiva da atividade econômica, que se torna apropriativa, onde a natureza passa a ser exclusivamente recurso.[216]

Essa compatibilização entre desenvolvimento econômico e proteção ambiental foi amplamente debatida durante o julgamento da ADPF nº 101/DF, que declarou a inconstitucionalidade da importação de pneumáticos usados pelo Brasil. Na ocasião, o Supremo Tribunal Federal enfrentou a matéria, reconhecendo que os preceitos fundamentais do direito à saúde e do direito ao meio ambiente ecologicamente equilibrado (artigos 196 e 225 da CF/1988) devem voltar-se à busca de desenvolvimento econômico sustentável, pois a livre iniciativa e a liberdade de comércio devem ser interpretadas e aplicadas

---

[214] SACHS, Jeffrey. *The age of sustainable development*. New York: Columbia University Press, 2015. p. 14.

[215] UNITED NATIONS. *United Nations Conference on Environment and Development (UNCED), Earth Summit*. Rio de Janeiro, 1992. Disponível em: https://sustainabledevelopment.un.org/milestones/unced. Acesso em 27 jun. 2023.

[216] DERANI, Cristiane. *Direito ambiental econômico*. São Paulo: Max Limonad, 2001. p. 82-83 e 191.

em harmonia com o desenvolvimento social saudável.[217] No mesmo norte, oportunas as considerações do Ministro Celso de Mello sobre a necessidade de harmonizar as atividades econômicas com a proteção ao meio ambiente:

> A incolumidade do meio ambiente não pode ser comprometida por interesses empresariais nem ficar dependente de motivações de índole meramente econômica, ainda mais se tiver presente que a atividade econômica, considerada a disciplina constitucional que a rege, está subordinada, dentre outros princípios gerais, àquele que privilegia a "defesa do meio ambiente" (CF, art. 170, VI), que traduz conceito amplo e abrangente das noções de meio ambiente natural, de meio ambiente cultural, de meio ambiente artificial (espaço urbano) e de meio ambiente laboral.[218]

Portanto, esse vínculo inseparável entre proteção ambiental e desenvolvimento econômico sufragado pela Constituição Federal prima por um objetivo maior e intransponível, representado pelo exercício responsável das atividades econômicas com foco na sustentabilidade ecológica.

Em resumo, constata-se que tanto a Política Nacional do Meio Ambiente quanto a Constituição Federal de 1988 promoveram significativos avanços na temática do desenvolvimento sustentável, conferindo força jurídica aos princípios de direito internacional com o objetivo de alcançar a sustentabilidade nas dimensões social, ambiental e econômica, inclusive abarcando a sustentabilidade urbana.

---

[217] "Princípios constitucionais (art. 225) a) do desenvolvimento sustentável e b) da equidade e responsabilidade intergeracional. Meio ambiente ecologicamente equilibrado: preservação para a geração atual e para as gerações futuras. Desenvolvimento sustentável: crescimento econômico com garantia paralela e superiormente respeitada da saúde da população, cujos direitos devem ser observados em face das necessidades atuais e daquelas previsíveis e a serem prevenidas para garantia e respeito às gerações futuras. Atendimento ao princípio da precaução, acolhido constitucionalmente, harmonizado com os demais princípios da ordem social e econômica". (BRASIL. Supremo Tribunal Federal. *ADPF 101/DF*. Relator: Min. Carmem Lúcia, Tribunal Pleno. 24 jun. 2009. Disponível em: https://redir.stf.jus.br/paginadorpub/paginador.jsp?docTP=AC&docID=629955. Acesso em 30 jun. 2023).

[218] BRASIL. Supremo Tribunal Federal. *ADI 3.540-MC/DF*. Relator. Min. Celso de Mello, DJ de 3.2.2006. Disponível em: https://redir.stf.jus.br/paginadorpub/paginador.jsp?docTP=AC&docID=387260. Acesso em 30 jun. 2023.

CAPÍTULO 3

A EVOLUÇÃO DO DIREITO URBANÍSTICO E SUA INTERFACE COM O DIREITO AMBIENTAL

O surgimento e a consolidação do direito urbanístico encontram suas raízes na insuficiência do direito administrativo para disciplinar o ordenamento e o planejamento urbano e assim prevenir a deterioração dos espaços públicos. De igual forma, o avanço do direito urbanístico também se deve à impossibilidade do direito ambiental regular de forma sistematizada o meio urbano e suas interações.

Outrossim, a complexidade da vida urbana exigiu o aprimoramento do direito urbanístico, pois a expansão urbana passou a apresentar desafios multidimensionais, levando o direito urbanístico a aproximar-se gradativamente do direito ambiental em busca de soluções articuladas para a garantia do pleno desenvolvimento sustentável.

Esta íntima conexão revela uma indissociável interface entre as duas disciplinas, pois "a questão ambiental e a questão urbana apresentam-se intrincadas de modo forte e o ordenamento dos espaços urbanos aparece, sem dúvida, como instrumento da política ambiental",[219] fator que realça uma verdadeira simbiose a entrelaçar o direito ambiental e o direito urbanístico.

Nesse contexto, as duas matérias se unem, na atualidade, por um feixe de interesses comuns, estando ligadas por uma miríade de elementos concatenados, notadamente pela acelerada expansão urbana nas últimas décadas e suas repercussões ambientais. Portanto, para fazer

---
[219] ALMEIDA, Fernando Dias Menezes de; MEDAUAR, Odete. *Estatuto da cidade*: comentários a Lei nº 10.257 de 10.07.2001. São Paulo: Revista dos Tribunais, 2012. p. 16.

frente aos múltiplos desafios que envolvem o planejamento urbano e os inúmeros problemas que circundam o crescimento das cidades é que as duas disciplinas se conectam de forma inseparável, com o objetivo de alcançar a sustentabilidade urbano-ambiental.

3.1 O surgimento das cidades e o fenômeno da urbanização

As cidades se desenvolvem de forma complexa e dinâmica, podendo ser equiparadas a um organismo vivo. Suas origens são remotas e seu futuro uma incógnita diante das novas formas de aglomerações urbanas. Mumford, ao tratar da história da cidade, sintetiza a complexidade de sua evolução:

> Que é a cidade? Como foi que começou a existir? Que processos promove? Que funções desempenha? Que finalidade preenche? Não há definição que se aplique sozinha a todas as suas manifestações nem descrição isolada que cubra todas as suas transformações, desde o núcleo social embrionário até as complexas formas de sua maturidade e a desintegração corporal de sua velhice. As origens da cidade são obscuras, enterrada ou irrecuperavelmente apagada uma grande parte de seu passado, e são difíceis de pesar suas perspectivas futuras. Desaparecerá a cidade ou – o que seria outro modo de desaparecimento – transformar-se-á todo o planeta numa enorme colmeia urbana?[220]

O processo de surgimento das cidades se confunde com o próprio desenvolvimento da sociedade e organização dos espaços públicos, aspiração que remonta períodos longínquos, quando o homem passou a formar pequenas aglomerações com o objetivo de melhorar suas condições de vida. Conforme Benevolo, no período paleolítico, o ambiente construído não passava de uma modificação superficial do ambiente natural e hostil, pois "o abrigo era uma cavidade natural ou um refúgio de peles sobre uma estrutura simples de madeira".[221]

Outrossim, Costa ressalta que desde esse remoto período da civilização, o homem instintivamente sinalizou o desejo de sair das cavernas e obter uma moradia destinada ao repouso, proteção, estoque alimentar,

---

[220] MUMFORD, Lewis. *A cidade na história*: suas origens, transformações e perspectivas. 4. ed. São Paulo: Martins Fontes, 2004. p. 5.
[221] BENEVOLO, Leonardo. *História da cidade*. (Trad. Silvia Mazza). 7. ed. São Paulo: Perspectiva, 2019. p. 15.

acasalamento, convívio e refúgio. Para o autor, o próximo passo foi a reunião de pequenos grupos em acampamentos nômades, ligados à caça e à coleta de alimentos, com a posterior formação de aldeias, há cerca de 10 a 15 mil anos, quando teve início a domesticação dos animais e a exploração da agricultura rudimentar.[222]

Essas aldeias formaram uma espécie de colônia, composta pela associação de famílias e vizinhos, quando passaram a dominar a água mediante processos de irrigação e introduziram o arado na agricultura, formando pequenos núcleos habitacionais, podendo ser considerados os sistemas primórdios da expansão urbana, conforme Mumford:

> Por toda parte, a aldeia é um pequeno agrupamento de famílias, variando talvez entre meia dúzia e três vintenas, cada qual com seu próprio lar, seu próprio Deus doméstico, seu próprio cemitério [...] a arcaica cultura da aldeia cedeu lugar à civilização urbana [...] os antigos componentes da aldeia foram transportados ao novo plano e incorporados na nova unidade urbana [...] essa nova mistura urbana resultou numa enorme expansão das capacidades humanas em todas as direções.[223]

Necessário destacar que a aliança entre as tribos, as famílias e as fratrias, foi decisiva para consolidar o surgimento das cidades, pois consoante Fustel de Coulanges, a sociedade humana "[...] não se expandiu à maneira de um círculo que se alastrasse paulatinamente, de um lugar a outro, mas, ao contrário, pela junção de pequenos grupos, já constituídos há muito tempo". E conclui afirmando que "muitas famílias formaram a fratria, muitas fratrias a tribo, e muitas tribos a cidade. Família, fratria, tribo e cidade são, portanto, sociedades perfeitamente análogas e nascidas umas das outras por uma série de federações".[224]

Investigações arqueológicas demonstram que os primeiros aglomerados humanos que deram origem às cidades surgiram na Mesopotâmia (3.500 a.C.), no Egito (3.000 a.C.), além de China e Índia (3.000-2.500 a.C.), final do período neolítico, "momento em que as técnicas e as condições sociais e naturais do trabalho permitiram aos agricultores produzir mais do que tinham necessidade para subsistir".[225]

---

[222] COSTA, Carlos Magno Miqueri da. *Direito urbanístico comparado*: planejamento urbano das constituições aos Tribunais Luso-Brasileiros. Curitiba: Juruá, 2009. p. 22-23.
[223] MUMFORD, Lewis. *A cidade na história*: suas origens, transformações e perspectivas. 4. ed. São Paulo: Martins Fontes, 2004. p. 19-25 e 34-38.
[224] COULANGES, Fustel de. *A cidade antiga*. (Trad. Fernando Aguiar). São Paulo: Martins Fontes, 1998. p. 134-135.
[225] CASTELLS, Manuel. *A questão urbana*. (Trad. Arlete Caetano). 7. ed. Rio de Janeiro: Paz & Terra, 2020. p. 39.

A evolução das cidades teve significativo avanço na civilização oriental, principalmente na fértil região da Mesopotâmia, banhada pelos Rios Tigre e Eufrates, onde houve rápida transformação social e econômica com o avanço do comércio, o domínio da agricultura e o aumento da produção agrícola, fase em que o excedente de alimentos produzidos nos campos passou a ser armazenado nas cidades,[226] provocando a expansão do território urbano e a necessidade de organizar seus espaços.

Nesse período sobreveio a preocupação com a segurança das cidades em decorrência de invasões de territórios, conflitos e guerras, as quais passaram a ser fortemente muradas e protegidas. Segundo Mumford,[227] por volta de 3.000 a. C., as cidades sumerianas, dentre elas a cidade de Ur, com milhares de habitantes, era circundada por fossos e muralhas para sua defesa e proteção dos habitantes, o mesmo ocorrendo com a Babilônia, capital de Hamurabi, planejada por volta de 2000 a.C., sendo totalmente cercada por muralhas em toda a sua extensão.

Nos séculos posteriores, a morfologia das cidades se modifica substancialmente, passando a ser reorganizadas por técnicas de planejamento e engenharia, a exemplo das cidades gregas de Atenas, Corinto e Mileto, que passam a formar *pólis* grega, constituída por um templo central, circundado pela *Ágora* (praça) e pelos edifícios públicos.[228] Oliveira registra que a expressão *polis*, que deu origem à palavra "política", designava ao mesmo tempo a cidade, seu território, seu poder político e o próprio Estado. Nesse norte, afirma o autor que na língua grega, o termo *polis* engloba uma expressão geográfica e uma expressão política, representada pela Cidade-Estado.[229]

Outrossim, durante o Império Romano, as cidades passaram a ser planejadas e orientadas por dois eixos principais, sendo "um em sentido leste-oeste (*decumanus maximus*) e outro em sentido norte-sul (*cardus*), que se encontravam no centro da área construída, cruzando-se em

---

[226] MUMFORD, Lewis. *A cidade na história*: suas origens, transformações e perspectivas. 4. ed. São Paulo: Martins Fontes, 2004. p. 31.

[227] MUMFORD, Lewis. *A cidade na história*: suas origens, transformações e perspectivas. 4. ed. São Paulo: Martins Fontes, 2004. p. 32-37.

[228] COSTA, Carlos Magno Miqueri da. *Direito urbanístico comparado*: planejamento urbano das constituições aos Tribunais Luso-Brasileiros. Curitiba: Juruá, 2009. p. 26.

[229] OLIVEIRA, Márcio Piñon de. Para compreender o 'Leviatã Urbano' – a cidadania como nexo político-territorial. *In*: CARLOS, Ana Fani Alessandri; SOUZA, Marcelo Lopes de; SPOSITO, Maria Encarnação Beltrão (Org.). *A produção do espaço urbano*. 1. ed. São Paulo: Contexto, 2019. p. 184.

ângulos retos",[230] medidas estas que passaram a facilitar as construções e a melhorar a infraestrutura urbana por meio de pavimentação e calçamento de vias urbanas, construção de longos aquedutos e esgoto subterrâneo.

Nesse período despontaram as primeiras preocupações urbanísticas com a organização das cidades, com o saneamento e a saúde pública da população, além da necessidade de fixação de diretrizes mínimas para permitir o desenvolvimento adequado das aglomerações urbanas.

Com o fim do império romano, surgem as invasões bárbaras e as disputas por extensos territórios no período medieval, período em que as cidades passam a ser não apenas um ambiente de poder econômico-social, mas também de domínio político, pois submetidas ao controle do monarca. A esse respeito, destaca Mumford:

> A construção de cidades era um meio de consolidar o poder político num único centro nacional, posto diretamente sob o olhar do rei e impedindo que tal desafio à autoridade central se levantasse noutra parte, em centros dispersos, mais difíceis de controlar. A época das cidades livres, com sua cultura amplamente difusa e seus modos relativamente democráticos de associação, cedeu lugar à era das cidades absolutas.[231]

Contudo, nesse período do medievo, a urbanização precária das grandes cidades e a ausência de estrutura sanitária possibilitou o surgimento de inúmeras doenças urbanas, como a Peste Negra de 1347, que atingiu a Ásia Central e grande parte da Europa durante o século XIV, matando 75 milhões de pessoas pela peste bubônica, originária de roedores contaminados.[232] Nesta fase, a precariedade das cidades e as aglomerações urbanas sem uma preocupação latente com questões sanitárias e de saúde pública consistiam em vetores para a proliferação de doenças urbanas contagiosas. Outrossim, Le goff destaca que o desenvolvimento das grandes cidades medievais europeias foi pautado por enorme desigualdade social, onde uma elite dominante burguesa

---

[230] COSTA, Carlos Magno Miqueri da. *Direito urbanístico comparado*: planejamento urbano das constituições aos Tribunais Luso-Brasileiros. Curitiba: Juruá, 2009. p. 30-32.
[231] MUMFORD, Lewis. *A cidade na história*: suas origens, transformações e perspectivas. 4. ed. São Paulo: Martins Fontes, 2004. p. 387.
[232] UNIVERSIDADE DE LISBOA. Faculdade de Medicina. As epidemias e as pandemias na história da humanidade. *News Fmul*, Lisboa, n. 99, mar. 2020. Disponível em: https://www.medicina.ulisboa.pt/newsfmul-artigo/99/epidemias-e-pandemias-na-historia-da-humanidade. Acesso em 6 jul. 2023.

esmagava uma massa crescente de pobres e miseráveis, florescendo uma Europa da "miséria urbana".[233]

No final do século XV e início do século XVI, a expansão mundial da civilização europeia para o além-mar influencia novos programas de colonização e urbanização nas terras conquistadas, onde os europeus encontram um enorme espaço vazio,[234] o que inclui o novo mundo representado pela conquista das Américas. Harari ressalta que antes do século XVI nenhum ser humano havia circum-navegado a Terra, destacando que em 1500 poucas cidades do planeta tinham mais de 100 mil habitantes e a maior parte dos edifícios era construído de barro e madeira, época em que uma construção de três andares era considerada um arranha-céu, as ruas das cidades eram caminhos de terra esburacados e os ruídos urbanos mais comuns eram "as vozes de humanos e de animais, além de um martelo ou serrote".[235]

Com o início da colonização europeia sobre as Américas, o processo de expansão demográfica foi sendo paulatinamente ampliado sobre a vasta imensidão de seus territórios. Em relação ao Brasil, seu território de dimensões continentais exigiu que o reinado de Portugal adotasse até mesmo medidas extremas para dominar as terras até então inexploradas nos confins do Brasil.

Nesse sentido, o português Augusto de Carvalho, em histórica obra escrita em 1876, registra que durante o Regime do Império, visando colonizar o interior do Brasil, o Rei inclusive se comprometeu a perdoar os criminosos já condenados por crimes graves que se dispusessem a povoar as capitanias:

> Veiu assim o Brazil a ser repartido em grandes capitanias por doze donatários, ficando estes, como acima vimos, com a obrigação de povoar e cultivar o tracto que lhes tocasse em similhante partilha [...] E para que em maior escala accudissem os colonos a estes novos estabelecimentos, mandou-se declarar isentos de penalidade a certos delinqüentes, que quizessem transportar-se para aquellas terras. O documento reza assim: Attendendo El-rei a que muitos vassallos, por delictos que commettem, andam foragidos, e se ausentam para reinos estrangeiros, sendo aliás de grande conveniência que fiquem antes no reino e senhorios, e sobretudo

---

[233] LE GOFF, Jacques. *As raízes medievais da Europa*. (Trad. Jaime A. Clasen). Petrópolis: Vozes, 2007. p. 159-160.
[234] BENEVOLO, Leonardo. *História da cidade*. (Trad. Silvia Mazza). 7. ed. São Paulo: Perspectiva, 2019. p. 557.
[235] HARARI, Yuval Noah. *Sapiens*: uma breve história da humanidade. (Trad. Jorio Dauster). São Paulo: Companhia das Letras, 2020. p. 266.

que passem para as capitanias do Brazil, que se vão de novo povoar, ha por bem declarálas couto e homisio para todos os criminosos que n'ellas quizerem ir morar, ainda que já condemnados por sentença até em pena de morte, exceptuados somente os crimes de heresia, traição, sodomia e moeda falsa. Por outros quaesquer crimes não serão de modo algum inquietados; etc.[236] (grafia original).

Já no período renascentista, entre os séculos XV e XVII, as cidades passaram a ser influenciadas pela tendência geométrica do urbanismo europeu, surgindo o traçado retilíneo e a construção de grandes praças, largos e monumentos. Avançando para o período barroco do século XVIII, a política urbana dos monarcas assumiu um viés estético, surgindo a preocupação com o embelezamento das cidades.[237]

Nessa fase, a disciplina urbanística e o ordenamento das cidades não consistia numa política que interessava aos monarcas e à burguesia, pois as condições sanitárias e estruturais das cidades ainda continuavam precárias, dando ensejo ao surgimento de inúmeras doenças associadas à ausência mínima de infraestrutura urbana.

3.2 Fase da industrialização e do surgimento das grandes metrópoles

Adentrando no século XIX, o processo de urbanização passa a ser marcado pela forte expansão demográfica oriunda da industrialização, surgindo a "cidade industrial", fase em que as diretrizes capitalistas provocam a concentração urbana em proporções jamais vistas e as funções públicas, privadas e atividades comerciais reclamam mais espaço e acessibilidade.[238]

Nessa fase preliminar da Revolução Industrial surgem os primeiros problemas estruturais das grandes cidades, as quais não estavam preparadas para receber as indústrias e a massiva classe trabalhadora que passou a migrar das zonas rurais para os centros urbanos, provocando o crescimento desordenado dos núcleos urbanos. Outrossim, a

---

[236] CARVALHO, Augusto de. *O Brazil, colonisação e emigração*: esboço histórico. 2. ed. Porto: Imprensa Portugueza, 1876. p. 27. Disponível em: https://www.literaturabrasileira.ufsc.br/documentos/?action=download&id=42822. Acesso em 30 jun. 2023.

[237] COSTA, Carlos Magno Miqueri da. *Direito urbanístico comparado*: planejamento urbano das constituições aos Tribunais Luso-Brasileiros. Curitiba: Juruá, 2009. p. 36-38.

[238] COSTA, Carlos Magno Miqueri da. *Direito urbanístico comparado*: planejamento urbano das constituições aos Tribunais Luso-Brasileiros. Curitiba: Juruá, 2009. p. 40.

ausência de instrumentos de planejamento urbano nessa fase dificulta o crescimento ordenado das cidades e propicia o surgimento de aglomerações urbanas conflitantes com as atividades industriais, pois ainda não havia uma preocupação espacial com o zoneamento urbano.

Segundo Castells,[239] nesse período, o processo de urbanização se relaciona diretamente com a primeira Revolução Industrial, pois se insere no modelo de produção capitalista, repousando sobre dois fatores essenciais: a decomposição das estruturas sociais agrárias e a emigração da população para os centros urbanos, fornecendo força de trabalho à indústria; a passagem da economia doméstica para a economia de manufatura e, depois, para a economia de fábrica, gerando a concentração de mão de obra, a criação de um mercado de trabalho e a constituição do meio industrial.

Nesse prisma, Peter Hall assevera que nas décadas seguintes esse modelo de urbanização transformou as cidades em máquinas de produzir riquezas, onde "o planejador ficou cada vez mais identificado com seu tradicional adversário, o empreendedor; o guarda-florestal transformava-se em caçador furtivo".[240]

Em decorrência, surgem os primeiros conflitos de zoneamento provocados pela industrialização desordenada, as quais passam a ser instaladas em regiões altamente povoadas e locais inapropriados. Com idêntica compreensão, Lefebvre sustenta que o processo de industrialização seria o ponto de partida da problemática urbana ou o motor das transformações da sociedade moderna:

> Temos à nossa frente um duplo processo ou, preferencialmente, um processo com dois aspectos: industrialização e urbanização, crescimento e desenvolvimento, produção econômica e vida social. Os dois 'aspectos' deste processo, inseparáveis, têm uma unidade e, no entanto, o processo é conflitante.[241]

A partir do início do século XX, a rápida transformação das cidades passa a exigir novos mecanismos de ordenamento e planejamento,

---

[239] CASTELLS, Manuel. *A questão urbana*. (Trad. Arlete Caetano). 7. ed. Rio de Janeiro: Paz & Terra, 2020. p. 43.
[240] HALL, Peter. *Cidades do amanhã*: uma história intelectual do planejamento e do projeto urbano no século XX. (Trad. Pérola de Carvalho). 4. ed. São Paulo: Perspectiva, 2016. p. 499.
[241] LEFEBVRE, Henry. *O direito à cidade*. (Trad. Rubens Eduardo Frias). 5. ed. São Paulo: Centauro, 2015. p. 11-16.

sobretudo para compatibilizar a vida urbana e o desenvolvimento econômico, catapultado pela migração populacional para as zonas urbanas. Nesse período surgem os primeiros elementos conformadores do planejamento urbano e do direito urbanístico, "para compilar, qualificar e orientar as intervenções necessárias para o uso e a gestão do espaço".[242]

Ainda que de forma incipiente, nessa fase do urbanismo nascem as primeiras preocupações com o meio ambiente urbano e a qualidade de vida da população, sendo aprimorados os conceitos de planejamento e ordenamento territorial.

Contudo, Santos destaca que nesse período o processo de urbanização se acentuou de forma mais profunda com o deslocamento em massa da população rural para as cidades, notadamente nos países subdesenvolvidos, onde o rápido crescimento urbano teve origem nas elevadas taxas de fecundidade e natalidade, muito mais altas do que no meio rural, fenômeno inverso nos países desenvolvidos, gerando um *fervilhamento urbano*.[243] Tal fator propiciou a descontrolada ocupação e crescimento das cidades, notadamente nas capitais e grandes metrópoles, as quais não dispunham de estrutura e serviços suficientes para fazer frente ao acelerado ritmo de aumento populacional.

O processo de industrialização oriundo da Revolução Industrial também gerou intensas consequências para o campo e não apenas para o meio urbano. Nesse prisma, Rotondano destaca que a introdução de máquinas de produção na agricultura, que antes era dependente da mão de obra do camponês, foi acelerada pela mecanização e expansão da produção rural, gerando maior oferta no mercado, limitando a atuação do pequeno agricultor, cuja produção se dava de forma manual e em pequena escala. O autor ressalta que a alta competitividade e a mecanização agrícola inviabilizou a pequena propriedade e a mão de obra dos camponeses, reduzindo as perspectivas de sobrevivência digna da população rural, impulsionando-a a migrar para os centros urbanos:

> Não é por acaso que o referido período histórico registra uma intensa migração dos indivíduos do campo para as cidades, resultando em um processo de urbanização sem precedentes. Não seria exagero dizer que

---

[242] COSTA, Carlos Magno Miqueri da. *Direito urbanístico comparado*: planejamento urbano das constituições aos Tribunais Luso-Brasileiros. Curitiba: Juruá, 2009. p. 41.

[243] SANTOS, Milton. *A urbanização desigual*: a especificidade do fenômeno urbano em países subdesenvolvidos. 3. ed. São Paulo: Editora da Universidade de São Paulo, 2010. p. 56 e 114.

"o século XIX foi uma gigantesca máquina de levar homens do campo" (HOBASBAWM, 1982, p. 205); a introdução do maquinário agrário – substituindo a força de trabalho humana no campo – e a promessa de melhores condições de vida nas cidades forçaram o campesino a se aventurar nas grandes metrópoles.[244]

Adentrando na segunda metade do século XX, a acelerada urbanização e a exponencial ocupação dos espaços urbanos ocasionou o crescimento desordenado de inúmeras cidades e o surgimento de novas formas urbanas, particularmente das grandes metrópoles e das regiões metropolitanas. Tais fatores contribuíram de forma significativa para a degradação das cidades,[245] exigindo novos instrumentos de ordenamento territorial para melhor organizar os aglomerados urbanos.

A partir da década de 1960 começaram a florescer as grandes metrópoles, cujo gigantismo, segundo Mumford, não resultou do progresso tecnológico, mas sim de "um notável exemplo de um singular atraso cultural, [...] pois a forma da metrópole é sua disformidade, assim mesmo como seu alvo é sua própria expansão sem alvo".[246] Nesse período moderno, os problemas urbanos das grandes cidades se proliferaram de forma acelerada, notadamente pela falta de infraestrutura adequada para suportar o rápido crescimento populacional.

Como consequência, a expansão desordenada das grandes cidades deu surgimento ao fenômeno denominado *metropolização*, causando uma gama de problemas de ordem socioambiental, situação que ainda persiste no cenário contemporâneo, pois a concentração de milhares de pessoas em uma única cidade produziu um ambiente em grande parte degradado nas grandes metrópoles, ensejando sérios problemas urbanísticos.

As primeiras regiões metropolitanas brasileiras foram instituídas na década de 1970 por intermédio da Lei Complementar nº 14/1973, com o objetivo de buscar soluções aos problemas urbanos que extrapolavam

---

[244] ROTONDANO, Ricardo Oliveira. Da revolução industrial à globalização: capitalismo e reconfiguração histórica do espaço urbano. *Revista de Direito da Cidade*, Rio de Janeiro, v. 13, n. 2, p. 1154-1155, 2021. p. 1154-1155.

[245] Thomas Hobbes, ao discorrer sobre 'as coisas que enfraquecem ou levam à dissolução de um Estado', já afirmava, no século XVII, que "outra enfermidade do Estado é a grandeza imoderada de uma cidade". (HOBBES, Thomas. *Leviatã ou matéria, forma e poder de um estado eclesiástico e civil*. (Trad. João Paulo Monteiro e Maria Beatriz Nizza da Silva). São Paulo: Martins Fontes, 2003. p. 110).

[246] MUMFORD, Lewis. *A cidade na história*: suas origens, transformações e perspectivas. 4. ed. São Paulo: Martins Fontes, 2004. p. 587.

a esfera individual dos municípios. Nesse período foram criadas as oito primeiras regiões metropolitanas do Brasil, sendo elas: São Paulo, Belo Horizonte, Porto Alegre, Recife, Salvador, Curitiba, Belém e Fortaleza.[247]

Entretanto, Correia e Farias ressaltam que as regiões metropolitanas foram criadas sem o devido planejamento e infraestrutura necessária para atender a desenfreada expansão, acrescentando que por estarem atrelados ao Estado Militar, o modelo de gestão metropolitana centralizada entrou em declínio, pois a criação verticalizada e compulsória das Regiões Metropolitanas não foi pautado pelo necessário diálogo com os Estados e Municípios, gerando "um distanciamento entre os entes federativos e as políticas metropolitanas, o que se refletiu na qualidade dos serviços prestados".[248]

Atualmente, o tema é regulado de forma específica no Brasil pelo *Estatuto da Metrópole* (Lei nº 13.089/2015), considerando que a proliferação de problemas urbanísticos nas grandes metrópoles exigiu normatização própria, sendo estabelecidas diretrizes gerais para o planejamento, a gestão e a execução de funções públicas de interesse comum em regiões metropolitanas e em aglomerações urbanas, surgindo a noção de *governança interfederativa* como novo instrumento legal voltado ao ordenamento adequado das grandes cidades.

As repercussões ambientais e urbanísticas provocadas pelas grandes metrópoles reconfiguraram o território urbano e rural, pois segundo Harari, os arranha-céus deram lugar às florestas e transformaram radicalmente a superfície do planeta:

> Os humanos derrubaram florestas, drenaram pântanos, represaram rios, inundaram vales, construíram dezenas de milhares de quilômetros de estradas de ferro e ergueram metrópoles repletas de arranha-céus. À medida que o mundo ia sendo moldado para servir às necessidades do *Homo sapiens*, habitats foram destruídos e espécies extintas. Nosso planeta, outrora verde e azul, está se transformando num shopping center de plástico e concreto.[249]

---

[247] MELCHIORS, Lucia Camargos; CAMPOS, Heleniza Ávila. *Revista Política e Planejamento Regional*, Rio de Janeiro, v. 3, n. 2, p. 181-203, jul./dez. 2016.

[248] CORREIA, Arícia Fernandes; FARIAS, Talden. Governança metropolitana: desafio para a gestão pública fluminense. *Revista de Direito Ambiental*, São Paulo, v. 78, p. 456-458, abr./jun. 2015.

[249] HARARI, Yuval Noah. *Sapiens*: uma breve história da humanidade. (Trad. Jorio Dauster). São Paulo: Companhia das Letras, 2020. p. 370.

Nesse contexto, o fenômeno da metropolização provocou uma mudança substancial na vida cotidiana das grandes cidades, ensejando não apenas problemas urbanísticos, mas sobretudo implicações ambientais decorrentes do uso inadequado dos espaços urbanos, a proliferação de ocupações humanas em áreas de risco e o avanço das cidades sobre as áreas de preservação ambiental.

De igual forma, Soares ressalta que a metropolização é muito mais do que um mero fenômeno de grandes aglomerações urbanas, sendo considerado "um processo que implica também mudanças significativas no funcionamento cotidiano das aglomerações e o engendramento de novos tipos de morfologias urbanas [...]".[250]

Por sua vez, Freitag ainda destaca que o fenômeno da urbanização moderna provocou o surgimento das *megalópolis* ou *megacidades*, citando como exemplos as cidades latino-americanos de São Paulo, Cidade do México, Buenos Aires e Rio de Janeiro.[251] A autora também frisa que, atraídas pelas megacidades e por seu poderio econômico, houve o surgimento das cidades-periféricas, que se tornaram secundárias em relação às metrópoles, além das cidades-dormitório ou cidades-satélites, que acabaram sendo absorvidas pelas grandes cidades para fornecer serviços, empregos e moradia, gerando uma nova dinâmica no fenômeno da urbanização.[252]

Segundo a autora, o fenômeno da *megalopolização* produziu um padrão específico de urbanização com a transformação das metrópoles em megalópoles, ensejando diversos problemas estruturais, tais como a desorganização social, o crescimento descontrolado da população urbana, o desequilíbrio ecológico, a poluição do ar, da água, dos mananciais e dos lençóis freáticos, além de provocar inúmeros problemas de ordem social, como a expansão da violência urbana, do tráfico de drogas e armas, dentre outros fatores negativos:

> Dificilmente as megalópoles de hoje terão condições de regredir e voltar atrás, reconstituindo os padrões urbanos que haviam alcançado na fase de industrialização, como metrópoles [...] Uma das sugestões que vem ganhando peso entre teóricos, políticos, urbanistas e ecólogos preocupados com a transformação urbana é a transformação da

---

[250] SOARES, Paulo R. Rodrigues. Metropolização, aglomerações urbano-industriais e desenvolvimento regional no sul do Brasil. *Cad. Metrop*, São Paulo, v. 20, n. 41, p. 19, jan./abr. 2018.
[251] FREITAG, Bárbara. *Teorias da cidade*. Campinas: Papirus, 2006. p. 153.
[252] FREITAG, Bárbara. *Teorias da cidade*. Campinas: Papirus, 2006. p. 119.

megalópole em *cidade policêntrica*. A exemplo da divisão de células-tronco em novas células, a cidade policêntrica cria centros urbanos menores e cada vez mais autônomos, capazes de recuperar os valores das cidades e metrópoles (ainda sustentáveis), em que novas formas de exercício de cidadania e solidariedade ganham espaço.[253]

Já no período contemporâneo e notadamente a partir de década de 1980, Costa destaca que o processo de urbanização passou a refletir a atuação do Estado de Direito Social, pois a Administração Pública deixou de exercer um "urbanismo de salvaguarda" e assumiu "papel ativo e operacional", surgindo o urbanismo de concertação, com a interação entre o Poder Público e particulares.

Segundo o autor, nessa fase, a propriedade perdeu seu caráter de direito absoluto, sendo criados instrumentos antiespeculativos de solo e leis gerais em matéria urbanística, período em que "o urbanismo quantitativo cede espaço ao qualitativo" surgindo a preocupação com a qualidade de vida da população, a preservação do meio ambiente, a proteção do patrimônio histórico, arqueológico, artístico, natural, paisagístico e valorização das operações de reestruturação e renovação urbana.[254]

A partir da *Nova Carta de Atenas de 2003*,[255] que trata das cidades do século XXI, o moderno planejamento urbano passou a focar na implementação da *Cidade Coerente*, mediante conjugação de elementos destinados a atender a coerência social, econômica e ambiental, com o objetivo primordial de alcançar a sustentabilidade urbana em todas as suas dimensões, conforme se demonstrará em tópico específico.

Em resumo, verifica-se que nos séculos passados as cidades se desenvolveram à margem do planejamento urbano, ensejando diversos problemas de ordem urbanística, ambiental e social. A partir do século XX, com a acelerada urbanização e o crescimento desordenado das cidades, as novas formas de aglomerações urbanas passaram a exigir avançados mecanismos de planejamento e ordenamento territorial.

Desta forma, para alcançar a sustentabilidade urbana, o moderno direito urbanístico surgiu como instrumento indutor do adequado

---

[253] FREITAG, Bárbara. *Teorias da cidade*. Campinas: Papirus, 2006. p. 153 e 178-179.
[254] COSTA, Carlos Magno Miqueri da. *Direito urbanístico comparado*: planejamento urbano das constituições aos Tribunais Luso-Brasileiros. Curitiba: Juruá, 2009. p. 50-51.
[255] EUROPEAN COUNCIL OF TOWN PLANNERS. Conseil Européen des Urbanistes. *La nouvelle Charte d'Athènes 2003*. La vision du Conseil Européen des Urbanistes sur Les Villes du 21ième siècle. Lisbonne, 20 nov. 2003.

planejamento urbano, considerando que a estrita observância de suas normas se tornou decisiva para consolidar as cidades sustentáveis em sua tripla coerência.

3.3 Expansão urbana no Brasil contemporâneo

Conforme mapeamento produzido pelo Instituto Brasileiro de Geografia e Estatística (IBGE),[256] em 2019, o Brasil atingiu 45.945 km² de áreas urbanizadas, retratando a distribuição e a expansão das manchas urbanas do país. Seis Estados brasileiros concentram o maior percentual de urbanização do País, sendo eles: São Paulo (18,39%), Minas Gerais (10,53%), Rio Grande do Sul (7,65%), Paraná (7,10%), Bahia (6,26%) e Rio de Janeiro (6,98%).

Por seu turno, as capitais dominam o ranking das áreas urbanizadas, apresentando grandes concentrações urbanas com elevada densidade populacional. As capitais mais urbanizadas do País são: São Paulo/SP (2.133,81km²), Rio de Janeiro/RJ (1.693,81km²), Belo Horizonte/MG (915,57km²), Porto Alegre/RS (846,19km²), Brasília/DF (831,59km²), Curitiba/PR (766,26km²), Goiânia/GO (604,99km²), Recife/PE (514,04km²), Fortaleza/CE (486,31km²) e Salvador/BA (436,17km²).

Em complemento, o IBGE destaca que a distribuição geral das áreas urbanizadas do Brasil aponta uma marcante concentração no litoral, seguindo o padrão histórico de povoamento desde o período da colonização. Nesse sentido, os 443 municípios Costeiros do Brasil, que ocupam aproximadamente 5% da área do território nacional, possuem uma extensão de 9.166,79km² de áreas urbanizadas.

Outrossim, o estudo aponta uma acelerada urbanização no País, destacando que entre 2015 e 2019 houve uma adição de 3.929,56km2 de áreas urbanizadas no Brasil, representando um incremento aproximado de 19%, fator que revela o crescente fenômeno da urbanização no país nos últimos anos. Dado interessante do relatório aponta que todas as áreas urbanizadas do país caberiam no Estado do Espírito Santo, mas em relação a outros países menores, o somatório de áreas urbanizadas do Brasil é maior do que territórios de países inteiros, como Dinamarca e Países Baixos.

---

[256] INSTITUTO BRASILEIRO DE GEOGRAFIA E ESTATÍSTICA (IBGE). *Áreas urbanizadas do Brasil 2019*: Coordenação de Meio Ambiente. Rio de Janeiro, 2022. Disponível em: https://biblioteca.ibge.gov.br/visualizacao/livros/liv101973_informativo.pdf. Acesso em 23 nov. 2022.

Esse complexo fenômeno das aglomerações urbanas no Brasil assumiu maior ênfase nas décadas de 1960 e 1970, quando houve maciço êxodo rural, ocasionando a intensa migração da população para as áreas urbanas em busca de novas oportunidades, gerando conflitos na seara urbano-ambiental. É o que explica Gonçalves:

> A eliminação progressiva da pequena propriedade na estrutura fundiária brasileira, verificada especialmente a partir dos anos 1960, contribuiu para a formação dos grandes centros urbanos por meio do que se convencionou chamar de êxodo rural. [...] Esse processo de concentração populacional tem suas raízes nos anos de 1960 e 1970: de acordo com os censos do IBGE, na década de 1930, cerca de 13 milhões de pessoas trocaram o campo pela cidade; nos dez anos seguintes, esse número se elevou para 15,5 milhões. Tudo indica que desde 1970, quando a população rural passou a ser minoritária, até os dias de hoje, mais de 40 milhões de brasileiros migraram do campo para a zona urbana.[257]

É nesse contexto, segundo Negri,[258] que a condensação urbana teve rápida aceleração no início na década de 1960, a partir do chamado "milagre econômico", período em que o Brasil passou a crescer numa taxa de 10% ao ano, alavancado pela exponencial industrialização. Para o autor, esse rápido processo migratório resultou num padrão de urbanização totalmente desorganizado, principalmente nas Regiões Norte e Nordeste do Brasil, pois muitos migrantes sem-teto passaram a ocupar as margens das cidades, periferias e morros, em condições precárias, inclusive na capital Brasília, onde bolsões se formaram após a expulsão dos candangos para as cidades-satélites.

Impulsionados pelo projeto de desenvolvimento que se iniciava na era de Juscelino Kubitschek (1956-1961), com o bordão "cinquenta anos em cinco", as cidades passaram a atrair milhares de famílias de camponeses, que viam nos centros urbanos novas oportunidades de trabalho, estudo dos filhos e expectativa de melhoria de vida.

Contudo, a velocidade da onda migratória nesse período ocasionou uma rápida expansão das cidades brasileiras, multiplicando os problemas de ordem social e urbanístico, notadamente com ocupações

---

[257] GONÇALVES, Alfredo José. Migrações internas: evoluções e desafios. *Estudos Avançados*, São Paulo, v. 15, n. 43, p. 174, set./dez. 2001. Disponível em: https://www.revistas.usp.br/eav/article/view/9830. Acesso em 30 jun. 2023.
[258] NEGRI, André Del. *A divisão do espaço urbano*. Belo Horizonte: Fórum, 2012. p. 52.

em locais sem infraestrutura e no entorno de indústrias poluentes. Aliado a tais fatores, a ausência de normas efetivas de planejamento urbano, a exemplo dos Planos Diretores Municipais, dificultou o crescimento ordenado das cidades brasileiras, principalmente nas grandes metrópoles.

De fato, nesse período o Brasil ainda padecia de um desenvolvimento urbano adequado e suas cidades não estavam estruturadas o suficiente para abrigar elevado número de migrantes, produzindo verdadeiros "bolsões" e aglomerações humanas desordenadas nas grandes cidades, além de ensejar inúmeros problemas urbanísticos, sociais e ambientais relacionados à ausência de projetos eficazes de expansão urbana.

De igual forma, na década de 1960, a grande maioria das cidades brasileiras não dispunha de infraestrutura adequada para fornecer direitos básicos à população, tais como escolas, moradias, transportes e atendimento na área da saúde. A somatória desses fatores contribuiu para o crescimento desordenado das grandes cidades e principalmente das capitais brasileiras, que ainda hoje apresentam inúmeras e graves adversidades interligadas com a falta de planejamento urbano.

Tais preocupações com o planejamento urbano somente surgiriam mais tarde no Brasil a partir do advento do Estatuto da Cidade, moderno diploma urbanístico que trouxe um novo arcabouço para o desenvolvimento urbano adequado das cidades brasileiras. Entretanto, conforme se verá em capítulo específico, o atraso do Brasil em normatizar de forma eficaz o ordenamento urbano gerou consequências deletérias que ainda permeiam a grande maioria das cidades do País.

3.4 Autonomia e interdisciplinaridade do direito urbanístico

A evolução do direito urbanístico nas últimas décadas está diretamente relacionada ao rápido crescimento das cidades e à complexidade da vida em sociedade, exigindo que a ciência do direito e seus ramos multidisciplinares desenvolvam novos modelos sustentáveis de urbanização.[259] Para Henry Lefebvre, "durante longos séculos, a Terra foi o grande laboratório do homem: só há pouco tempo é que a cidade

---

[259] CASTANHEIRO, Ivan Carneiro. *Direito urbanístico e direito à moradia*. Salvador: JusPodivm, 2018. p. 642.

assumiu esse papel",[260] sendo imprescindível a necessidade de planejar os espaços habitáveis da sociedade por intermédio do "processo de urbanificação". A urbanificação, por sua vez, consiste na intervenção do Poder Público, objetivando a transformação do meio urbano através de um constante processo de renovação e correção de inconformidades (reurbanização),[261] providência que demanda estrita observância das diretrizes urbanísticas.

A consolidação do direito urbanístico como disciplina jurídica específica sofreu um longo percurso histórico, tendo suas origens na evolução da própria ciência do urbanismo, com o objetivo primordial de regular o ordenamento urbano e propiciar o adequado planejamento das cidades para melhorar a vida em sociedade.

Villaça destaca que a palavra *urbanismo* possui origem francesa, estando vinculada ao planejamento urbano. Contudo, salienta que no Brasil o urbanismo inicialmente foi associado ao embelezamento, à arquitetura e às artes urbanas, razão pela qual o ensino do urbanismo no Brasil nasceu em conjunto com o ensino da arquitetura.[262]

Nesse viés, a moderna concepção de urbanismo não implica apenas no embelezamento da cidade, como ditavam os clássicos, mas também na necessidade de propiciar o pleno desenvolvimento de suas funções para garantir o bem-estar dos cidadãos, devendo ser pautado pela *ciência, técnica* e *arte*.[263] Todavia, Benevolo pontua que essa nova concepção da ciência do urbanismo também passou por etapas graduais relacionadas ao desenvolvimento das cidades e suas transformações:

> O urbanismo moderno não nasce ao mesmo tempo que os processos técnicos e econômicos que dão origem à cidade industrial e a transformam, mas se forma em um período posterior, quando os efeitos quantitativos das transformações em curso se tornam evidentes e quando esses efeitos entram em conflito entre si, tornando inevitável uma intervenção reparadora.[264]

---

[260] LEFEBVRE, Henry. *O direito à cidade*. (Trad. Rubens Eduardo Frias). 5. ed. São Paulo: Centauro, 2015. p. 7.
[261] SILVA, José Afonso da. *Direito urbanístico brasileiro*. 3. ed. rev. e atual. São Paulo: Malheiros, 2001. p. 27.
[262] VILLAÇA, Flávio. Uma contribuição para a história do planejamento urbano no Brasil. *In*: DEÁK, Csaba; SCHIFFER, Sueli Ramos (Org.). *O processo de urbanização no Brasil*. São Paulo: Editora da Universidade de São Paulo, 1999. p. 205.
[263] CARVALHO FILHO, José dos Santos. *Comentários ao estatuto da cidade*. 5. ed. rev. ampl. e atual. São Paulo: Atlas, 2013. p. 5-9.
[264] No original: "El urbanismo moderno no nace al mismo tiempo que los procesos técnicos y económicos que hacen surgir la ciudad industrial y la transforman, sino que si forma em

Portanto, pode-se afirmar que a ciência do urbanismo, enquanto "ramo multidisciplinar que se propõe a abranger a relação entre o homem e os espaços públicos",[265] foi a precursora do nascimento do direito urbanístico como resposta ao crescimento desordenado das cidades e às transformações oriundas das aglomerações urbanas.

Contudo, embora o *urbanismo* preceda ao surgimento do *direito urbanístico*, a complexidade da questão urbana conecta ambas as ciências com o objetivo de organizar e disciplinar os espaços habitáveis, visando o bem-estar coletivo.

Trata-se, desta forma, de uma junção de normas técnicas de planejamento e normas jurídicas de conduta social impostas pelo ordenamento legal vigente.[266] Além disso, do mesmo modo que a ciência do urbanismo não está voltada apenas para as questões viárias e higiênicas, o direito urbanístico não se limita às restrições construtivas, pois abrange inúmeras exigências globais da comunidade,[267] notadamente no cenário contemporâneo, em que o processo de urbanização passou a primar pela sustentabilidade em suas múltiplas dimensões.

Nessa vertente, a evolução do direito urbanístico permitiu sua consolidação como ramo autônomo da ciência jurídica, tendo como principal objetivo a missão do Poder Público de organizar e disciplinar os espaços urbanos para o adequado desenvolvimento das cidades e garantia do bem-estar coletivo. A partir desta concepção, as exigências urbanísticas se desenvolveram a ponto de exigir soluções jurídicas das nações civilizadas voltadas à formulação de princípios e normas para regular os espaços habitáveis no seu conjunto cidade-campo, surgindo então o direito urbanístico como ramo do Direito Público.[268]

Justamente nessa ótica é que o direito urbanístico floresceu, com o objetivo de harmonizar o meio ambiente urbano e assim propiciar uma

---

un período posterior, cuando los efectos cuantitativos de las transformaciones em curso se han hecho evidentes y cuando dichos efectos entran em conflito entre si, haciendo inevitable uma intervencion reparadora". (BENEVOLO, Leonardo. *Origines del urbansimo moderno*. Madrid: H. Blume, 1979. p. 7).

[265] PIRES, Lilian Regina Gabriel Moreira. Fontes do direito urbanístico e critérios de validade da norma. *In*: LIBÓRIO, Daniela Campos (Coord.). *Direito urbanístico*: fontes do direito urbanístico e direito à cidade. Belo Horizonte: Fórum, 2020. p. 116-118.

[266] SANT'ANNA, Mariana Senna. Planejamento urbano e qualidade de vida: da Constituição Federal ao plano diretor. *In*: DALLARI, Adilson Abreu; DI SARNO, Daniela Campos Libório (Coord.). *Direito urbanístico e ambiental*. 2. ed. Belo Horizonte: Fórum, 2011. p. 119.

[267] COSTA, Carlos Magno Miqueri da. *Direito urbanístico comparado*: planejamento urbano das constituições aos Tribunais Luso-Brasileiros. Curitiba: Juruá, 2009. p. 52.

[268] MEIRELLES, Hely Lopes. *Direito municipal brasileiro*. 10. ed. São Paulo: Malheiros, 1998. p. 391-392.

melhor qualidade de vida na sociedade, além de evitar conflitos na seara urbano-ambiental. A partir desse ponto de vista, pode-se afirmar que a consolidação do direito urbanístico decorreu das limitações de direito administrativo e igualmente da insuficiência do direito ambiental para disciplinar o ordenamento territorial e promover o adequado planejamento urbano, notadamente pelo caráter dinâmico e complexo das cidades.

Disso resulta o caráter fragmentário e específico do direito urbanístico, para solucionar de forma eficaz determinadas atividades que o direito ambiental, por si só, não consegue abarcar. Nesta senda, Medauar[269] ressalta que antes de seu desenvolvimento e sistematização, a matéria urbanística era tratada como um ramo do direito administrativo.

Contudo, frisa a autora que a acelerada urbanização e os problemas dela decorrentes passaram a exigir instrumentos próprios, elevando o direito urbanístico a uma disciplina jurídica autônoma, de natureza pública e de caráter interdisciplinar, "[...] dotado de sistematização própria e de um campo próprio sobre o qual incidem suas normas e institutos [...] não mais podendo ser visto como capítulo ou parte de outra disciplina jurídica".

Ademais, por força de sua autonomia, a doutrina especializada aponta que o direito urbanístico desenvolveu princípios específicos para fundamentar o planejamento urbano, os quais foram inseridos de forma expressa ou implícita no Estatuto da Cidade (artigo 2º, da Lei nº 10.257/2001) e na Constituição Federal de 1988.

Nesse contexto, Di Sarno aponta seis princípios de Direito Urbanístico que consolidam o ordenamento territorial pátrio:[270] I. *Da função social da cidade*; II. *Da função social da propriedade,* objetivando o equilíbrio entre o interesse público e o privado; III. *Da coesão dinâmica,* que envolve a dinâmica das ações urbanísticas, exigindo constantes mecanismos de revisão e atualização periódica dos planos, para atender as transformações urbanas, incluindo diagnósticos e reavaliação da eficácia dos instrumentos em vigor; IV. *Da Subsidiariedade da participação popular* nas decisões de caráter urbanístico; V. *Da Repartição de ônus e*

---

[269] MEDAUAR, Odete. Panorama e Evolução do direito Urbanístico. *In*: MEDAUAR, Odete et al. (Coord.). *Direito urbanístico*: estudos fundamentais. Belo Horizonte: Fórum, 2019. p. 21-23.
[270] DI SARNO, Daniela C. Libório. *Elementos de direito urbanístico.* São Paulo: Manole, 2004. p. 45-55.

distribuição de benefícios, conferindo tratamento isonômico às atividades urbanísticas; VI. *Do planejamento*, como instrumento necessário ao adequado ordenamento das cidades.

Em complemento, Costa[271] acrescenta outros princípios de direito urbanístico extraídos da CF/1998 e conjugados com o Estatuto da Cidade, sendo eles:

I. *Da preservação ao meio ambiente* (artigo 225, CF/1988), ante o cunho urbano-ambiental das normas de ordenamento, incluindo o direito às cidades sustentáveis e a relação entre o ambiente natural e construído;

II. *Da função social da propriedade*, para adequado aproveitamento do solo urbano (artigo 182 da CF/1988) em consonância com o direito à propriedade privada enquanto direito subjetivo fundamental, desde que respeitado o meio ambiente e o equilíbrio ecológico (artigo 1.228, §1º, Código Civil);

III. *Do direito à habitação*, como decorrência do direito constitucional à moradia, previsto no artigo 6º da CF/1988;

IV. *Da publicidade*, juntamente com os princípios da *legalidade*, da *impessoalidade*, da *moralidade e da eficiência*, previstos no artigo 37, CF/1988, conjugados com o *dever de transparência* previsto no artigo 40, §4º do Estatuto da Cidade;

V. *Da proporcionalidade e da razoabilidade*, respaldados no devido processo legal (artigo 5º, LIV, CF/1988), para assegurar o direito às cidades sustentáveis e ao mesmo tempo respeitar o direito à propriedade privada;

VI. *Da integração/cooperação* entre os entes da federação (artigo 23, parágrafo único, CF/1988) em consonância com o Estatuto da Cidade (artigo 3º);

VII. *Da harmonização entre as normas de planificação*, com vistas a solucionar conflitos normativos, conforme competências fixadas constitucionalmente;

VIII. *Da participação dos interessados ou da gestão democrática*, onde se permite a gestão orçamentária participativa, a atuação de órgãos colegiados e a participação direta da população em todas as fases do planejamento urbano;

IX. *Princípio da igualdade* (artigo 5º, CF/1988) em consonância com o artigo 2º, IX, do Estatuto da Cidade, que assegura

---

[271] COSTA, Carlos Magno Miqueri da. *Direito urbanístico comparado*: planejamento urbano das constituições aos Tribunais Luso-Brasileiros. Curitiba: Juruá, 2009. p. 150-167.

a justa distribuição dos benefícios e ônus decorrentes do processo de urbanização, visando reduzir as desigualdades sociais oriundas do planejamento urbano.

Apesar desta gama de princípios normativos e da evolução e autonomia do direito urbanístico para disciplinar o ordenamento territorial, o fenômeno das aglomerações urbanas assumiu um caráter hiper complexo, produzindo não apenas transformações físicas no cenário urbano, mas também alterações sociais e ambientais, tornando-se um grande desafio aos gestores públicos. Para Dallari,[272] essa nova realidade passou a exigir outros instrumentos de intervenção do Poder Público no cenário urbano, pois os mecanismos tradicionais se revelaram impotentes para evitar o caos instaurado no processo de urbanização.

Fatores multidimensionais relacionados ao planejamento urbano e ao crescimento das cidades levaram o direito urbanístico a se aproximar gradualmente do direito ambiental em busca de soluções conjuntas, visando o adequado ordenamento urbano e, sobretudo, o desenvolvimento sustentável das formações urbanas. Justamente nessa tônica é que o direito ambiental e o direito urbanístico se entrelaçaram em busca de objetivos comuns: a sustentabilidade urbana e a melhoria da qualidade de vida da população.

Aliás, essa interface entre o direito ambiental e ciências afins é denominada por Michel Prieur como um *direito de interações* ante o caráter horizontal do direito ao ambiente, que tende a penetrar em diferentes ramos jurídicos, tais como o direito civil, o direito penal, o direito administrativo e o direito internacional.[273]

Esta imbricação entre o direito ambiental e o direito urbanístico é realçada pela noção de sustentabilidade que conecta políticas públicas comuns, as quais dialogam entre si, com o escopo de compatibilizar o artigo 182 e o artigo 225 da CF/1988, considerando que a Política Urbana deve ter como diretriz essencial a preservação da sadia qualidade de vida e o equilíbrio do meio ambiente.

Apesar da distinção de objeto imediato das normas de Direito Urbanístico e de Direito Ambiental, "[...] verifica-se perfeita comunhão quanto à finalidade mediata de ambas as disciplinas, consistente na

---

[272] DALLARI, Adilson de Abreu. Solo criado – constitucionalidade da outorga onerosa de potencial construtivo. In: DALLARI, Adilson Abreu; DI SARNO, Daniela Campos Libório (Org.). *Direito urbanístico e ambiental*. 2. ed. Belo Horizonte: Fórum, 2011. p. 21.
[273] PRIEUR, Michel. *Droit de l'environnement*. 5. ed. Paris: Dalloz, 2004. p. 295.

melhoria da qualidade de vida do ser humano",[274] pois as duas matérias floresceram e se desenvolveram de forma interconectada, inclusive apresentando interesses comuns em diversas políticas públicas.

3.5 A sustentabilidade urbano-ambiental

Nas últimas décadas, o legislador pátrio vem ampliando o conceito de sustentabilidade ambiental, introduzindo a temática em diversas políticas públicas que se correlacionam direta ou indiretamente com o planejamento urbano. Acerca do tema, o Ministro Herman Benjamin, do Superior Tribunal de Justiça, destaca a interface entre as políticas de expansão urbana e a proteção ambiental:

> As restrições urbanístico-ambientais convencionais, historicamente de pouco uso ou respeito no caos das cidades brasileiras, estão em ascensão, entre nós e no Direito Comparado, como veículo de estímulo a um novo consensualismo solidarista, coletivo e intergeracional, tendo por objetivo primário garantir às gerações presentes e futuras espaços de convivência urbana marcados pela qualidade de vida, valor estético, áreas verdes e proteção contra desastres naturais.[275]

A sustentabilidade urbano-ambiental está explicitada na *Política Nacional de Habitação de Interesse Social* (Lei nº 11.124/2005), que prevê dentre seus princípios a compatibilidade e integração das políticas habitacionais e setoriais de desenvolvimento urbano, ambientais e de inclusão social (artigo 4º, I).

Por seu turno, a conexão entre as políticas habitacionais e ambientais é inquestionável, considerando que o direito urbanístico possui a capacidade de fornecer instrumentos para a ordenação dos espaços urbanos, incluindo a proteção ambiental e a busca de soluções para os graves problemas sociais que circundam o direito à moradia e ao saneamento, os quais afetam as camadas mais carentes da população.[276]

Na mesma diretriz, a *Política Nacional de Saneamento Básico* (Lei nº 11.445/2007) dispõe que esse serviço público essencial deve se articular

---

[274] SALAZAR JR, João Roberto. O direito urbanístico e a tutela do meio ambiente urbano. *In*: DALLARI, Adilson Abreu; DI SARNO, Daniela Campos Libório (Coord.). *Direito urbanístico e ambiental*. 2. ed. Belo Horizonte: Fórum, 2011. p. 138.
[275] BRASIL. Superior Tribunal de Justiça. *REsp. 302.906/SP (2001/0014094-7)*. 2ª turma. Relator: Min. Herman Benjamin. Julgamento: 26 ago. 2010.
[276] SILVA, José Afonso da. *Direito urbanístico brasileiro*. 5. ed. São Paulo: Malheiros, 2008. p. 69.

com as políticas de desenvolvimento urbano e de interesse social, como a habitação, o combate à pobreza, a proteção do meio ambiente, da saúde e dos recursos hídricos, para a melhoria da qualidade de vida (artigo 2º, VI), inclusive prevendo que o desenvolvimento sustentável constitui uma de suas diretrizes (artigo 48, II).

Já a *Política Nacional de Resíduos Sólidos* (Lei nº 12.305/2010) inclui em seu bojo a premissa do desenvolvimento sustentável para a gestão integrada de resíduos sólidos, na qual devem ser consideradas as dimensões política, econômica, ambiental, cultural e social (artigo 3º, XI).

Similar previsão está contida na *Política Nacional de Recursos Hídricos* (Lei nº 9.433/1997), que estabelece o conceito de Bacia Hidrográfica com esteio na unidade territorial, definindo que os respectivos Planos de Recursos Hídricos devem ser compatíveis com os Planos Diretores Municipais.

Nesse espeque, sobre a proteção dos recursos hídricos na área urbana, a *Agenda 21* destaca que "[...] o crescimento rápido da população urbana e da industrialização está submetendo a graves pressões os recursos hídricos e a capacidade de proteção ambiental de muitas cidades", concluindo que as aglomerações urbanas ao entorno de estuários e zonas costeiras, aliadas à poluição pela descarga de resíduos municipais e industriais, constituem uma ameaça aos recursos hídricos disponíveis, ao meio ambiente marinho e ao abastecimento de água doce.[277]

Nesse mesmo sentido, Castanheiro[278] registra que historicamente os rios serviram como uma mola propulsora para que os povos desbravassem novos horizontes, conhecessem novas culturas e tecnologias, além de formar comunidades e cidades. Contudo, ressalta que a ocupação irregular das margens dos rios, notadamente na zona urbana, agravou a problemática urbanística, causou escassez hídrica, além de dificultar o tratamento adequado de efluentes domésticos e industriais.

Nesse contexto, a proteção dos cursos hídricos urbanos está diretamente relacionada à sustentabilidade das cidades e, sobretudo, à qualidade das águas destinadas ao uso e consumo da população,

---

[277] BRASIL. Ministério do Meio Ambiente. *Agenda 21 Global, item 18.56.* Brasília, DF: Ministério do Meio Ambiente, 1992. p. 245. Disponível em: https://www.ecologiaintegral.org.br/Agenda21.pdf. Acesso em 27 jun. 2023.

[278] CASTANHEIRO, Ivan Carneiro. Direito Urbanístico e Direito à Moradia. *In*: VITORELLI, Edilson (Org.). *Manual de Direitos Difusos.* 2. ed. Salvador: JusPodivm, 2019. p. 1211-1213.

lembrando-se que o acesso à água potável e ao saneamento são reconhecidos pela Assembleia Geral das Nações Unidas como direitos humanos essenciais, fundamentais e universais, sendo considerados indispensáveis para o pleno gozo da vida e dos demais direitos humanos (Resolução 64/A/RES/64/292, 28.07.2010, *The human right to water and sanitation, United Natdions*).

Outrossim, a sustentabilidade urbana deve ser compatibilizada com as diretrizes fixadas na Lei nº 12.608/2012, que instituiu a *Política Nacional de Proteção e Defesa Civil* (PNPDEC), a qual deve integrar-se às políticas de ordenamento territorial, desenvolvimento urbano, meio ambiente, mudanças climáticas, gestão de recursos hídricos, infraestrutura, dentre outras, visando à promoção do desenvolvimento sustentável (artigo 3º, parágrafo único).

No mesmo sentido, o planejamento urbano deve ser compatível com as diretrizes da *Política Nacional sobre Mudança do Clima* (Lei nº 12.187/2009), notadamente com as medidas de adaptação voltadas a reduzir a vulnerabilidade dos sistemas naturais e humanos frente aos efeitos atuais e futuros da mudança do clima e aos impactos dela decorrentes (art. 2º, I e VI).

Por seu turno, a sustentabilidade ambiental também está inserida na *Lei da Mobilidade Urbana* (Lei nº 12.587/2012), que objetiva planejar e melhorar os meios de transportes,[279] a mobilidade urbana e a acessibilidade,[280] instrumentos estes que devem ser fomentados pelo desenvolvimento sustentável das cidades nas dimensões socioeconômicas e ambientais (art. 5º, II, da PNMU).

Similar previsão está expressa na *Lei de Regularização Fundiária Rural e Urbana* (Lei nº 13.465/2017), a qual adota os princípios de sustentabilidade econômica, social e ambiental, visando ocupar o solo de maneira eficiente (art. 9º, §1º), no *Estatuto das Metrópoles* (Lei nº 13.089/2015), buscando o desenvolvimento sustentável como princípio norteador da governança interfederativa (art. 6º, VII).

---

[279] Aliás, Mumford critica a substituição do transporte público eficaz pelo automóvel particular, asseverando que a deterioração do transporte em massa e a construção de garagens de estacionamento dentro das cidades estimulou a máxima utilização do automóvel privado, destruindo o tecido vivo da cidade. (MUMFORD, Lewis. *A cidade na história*: suas origens, transformações e perspectivas. 4. ed. São Paulo: Martins Fontes, 2004. p. 550-551).

[280] Peter Hall registra que ainda na década de 1920, em virtude da revolução do automóvel e produção em massa pela Ford, que era responsável por construir 85% dos automóveis do mundo, diversas cidades americanas já apresentaram congestionamento de tráfego, surgindo os primeiros debates sobre a restrição de acesso de veículos às ruas centrais. (HALL, Peter. *Cidades do amanhã*: uma história intelectual do planejamento e do projeto urbano no século XX. (Trad. Pérola de Carvalho). 4. ed. São Paulo: Perspectiva, 2016. p. 305).

A mesma orientação está contida no *Programa Casa Verde e Amarela*, estabelecida pela Lei nº 14.118/2021, com a finalidade de promover o direito à moradia às famílias de menor renda, tendo como uma de suas diretrizes a "[...] transversalidade com as políticas públicas de meio ambiente e de desenvolvimento econômico e social, com vistas ao desenvolvimento urbano sustentável" (artigo 2º, IV).

Outrossim, o próprio *Estatuto da Cidade* (Lei nº 10.257/2001) insere dentre suas diretrizes o direito às cidades sustentáveis e a adoção de padrões de consumo, produção e expansão urbana compatíveis com os limites da sustentabilidade ambiental (artigo 2º, I e VIII), evidenciando que o Princípio do Desenvolvimento Sustentável representa um dos eixos centrais desse relevante diploma urbanístico.

Por seu turno, num contexto mais amplo, a Lei nº 13.186/2015, que instituiu a *Política Nacional de Educação para o Consumo Sustentável*, visa estimular práticas de consumo e uso de técnicas de produção ecologicamente sustentáveis, dentre elas, a redução do consumo de água, energia e de outros recursos naturais, renováveis e não renováveis, no âmbito residencial, e das atividades de produção, de comércio e de serviços (artigo 2º, I), além da redução do acúmulo de resíduos sólidos, pelo retorno pós-consumo de embalagens, pilhas, baterias, pneus, lâmpadas e outros produtos considerados perigosos ou de difícil decomposição (artigo 2º, II), demonstrando que referida política nacional também se insere no contexto do desenvolvimento urbano sustentável.

Portanto, a simbiose entre o direito ambiental e o direito urbanístico demonstra que ambos assumem uma interface indissociável, não podendo um distanciar-se do outro, pois as duas disciplinas têm o princípio da sustentabilidade como fundamento,[281] sendo inconteste que a consolidação das cidades sustentáveis exige a operacionalização eficaz e conjunta de ambos os ramos jurídicos, para atingir o equilíbrio urbano-ambiental.

3.6 A Política Nacional de Desenvolvimento Urbano da década de 1960 à Constituição Federal de 1988

O Brasil se atrasou no enfrentamento dos problemas urbanísticos, pois desde a década de 1980, a Europa já vinha avançando na área de

---

[281] RECH, Adir Ubaldo. *In*: RECH, Adir Ubaldo Rech; CAINELLI, Juliana de Almeida; RAVANELLO, Tamires (Org.). *Direito urbanístico-ambiental*: uma visão epistêmica. Caxias do Sul: Educs, 2019. p. 7.

planejamento urbano, a exemplo da *Carta de Torremolinos de 1983*,[282] quando o Conselho da Europa aprovou a Carta Europeia de Ordenação do Território, disciplinando os conceitos de planejamento territorial por intermédio de métodos científicos com enfoque interdisciplinar.

Ainda nas décadas de 1980 e 1990, quando o Brasil sequer possuía uma legislação específica sobre planejamento urbano, várias medidas de cunho internacional já vinham sendo delineadas para atingir a sustentabilidade urbana, a exemplo da Carta de Washington de 1987, para a salvaguarda das cidades históricas,[283] a Declaração de Barcelona (1990), que instituiu a Carta das Cidades Educadoras;[284] a Carta de Aalborg/Dinamarca de 1994, que aprovou a Carta das Cidades Europeias para a sustentabilidade;[285] o Programa de Ação de Lille de 2000 sobre desenvolvimento territorial estratégico;[286] a Carta Mundial pelo Direito à Cidade[287] e as Conferências ONU Habitat I (Vancouver, 1976) e ONU Habitat II (Istambul, 1996),[288] que fixaram diretrizes para as Cidades Mais Seguras, os Assentamentos Humanos e a Sustentabilidade Urbana.

Embora a Constituição Federal de 1998 tenha estabelecido a Política de Desenvolvimento Urbano em seus artigos 182 e 183, prevendo a fixação de diretrizes com o objetivo de ordenar o pleno desenvolvimento

---

[282] CONSEIL DE L'EUROPA. *6ª Conference Europeene des Ministres Responsables d l'Amenagement du Territoire*. Torremolinos, 19-20 may. 1983. Disponível em: https://rm.coe.int/090000168091135. Acesso em 30 jun. 2023.

[283] INSTITUTO DO PATRIMÔNIO HISTÓRICO E ARTÍSTICO NACIONAL (IPHAN). *Carta de Washington para a salvaguarda das cidades históricas*. Brasília, DF: Instituto do Patrimônio Histórico e Artístico Nacional, 1987. Disponível em: http://portal.iphan.gov.br/uploads/ckfinder/arquivos/Carta%20de%20Washington%201987.pdf. Acesso em 30 jun. 2023.

[284] O Princípio nº 1 da Declaração de Barcelona previu que "[t]odos os habitantes de uma cidade terão o direito de usufruir, em condições de liberdade e igualdade, dos meios e oportunidades de formação, desenvolvimento pessoal e entretenimento que a cidade oferece. Para que isso seja possível, devem ter-se em conta todas as categorias, cada uma delas com as suas necessidades particulares". (INTERNATIONAL ASSOCIATION OF EDUCATING CITIES (IAEC). *Charter of educating cities*. Barcelona, 1990. Disponível em: https://www.edcities.org/wp-content/uploads/2020/11/ENG_Carta.pdf. Acesso em 30 jun. 2023).

[285] EUROPEAN CONFERENCE ON SUSTAINABLE CITIES & TOWNS. *Charter of European Cities & Towns Towards Sustainability*. Aalborg, Denmark 27 may. 1994. Disponível em: https://sustainablecities.eu/fileadmin/repository/Aalborg_Charter/Aalborg_Charter_English.pdf. Acesso 02 jul. 2023.

[286] FÓRUM DAS CIDADES. *Programa de ação de Lille*. Lisboa, 2020. Disponível em: https://www.forumdascidades.pt/content/programa-de-acao-de-lille. Acesso em 30 jun. 2023.

[287] FÓRUM SOCIAL MUNDIAL. *Carta mundial pelo direito à cidade*. V Fórum Social Mundial. Porto Alegre, 2005. Disponível em: https://polis.org.br/wp-content/uploads/2021/09/Carta-Mundial-pelo-Direito-a-Cidade.pdf. Acesso em 30 jun. 2023.

[288] UNITED NATIONS. United Nations Conference on Human Settlements (Habitat II). *Report of the United Nations conference on human settlements (habitat II)*. Istanbul, Turkey, 1996. Disponível em: https://undocs.org/en/A/CONF.165/14. Acesso em 30 jun. 2023.

das funções sociais da cidade e garantir o bem-estar de seus habitantes, somente no ano de 2001, após longa discussão legislativa, o Brasil aprovou o Estatuto da Cidade (Lei nº 10.257/2001).

Todavia, Saule Júnior e Uzzo registram que a trajetória pela reforma urbana no Brasil teve início na década de 1960, época em que os segmentos progressistas da sociedade brasileira demandavam reformas estruturais na questão fundiária. Destacam que a proposta de uma reforma urbana nas cidades brasileiras foi inicialmente formulada no Congresso de 1963, promovido pelo Instituto dos Arquitetos do Brasil, mas restou inviabilizada após a intervenção militar de 1964, ressurgindo de forma gradual nas décadas de 1970 e 1980, quando os movimentos sociais passaram a ganhar maior visibilidade e relevância política.

Ainda no período do regime militar e sob a vigência da Constituição Federal de 1967, alterada pela Emenda Constitucional nº 01/1969, no ano de 1983 houve uma nova tentativa legislativa de regrar o planejamento urbano no Brasil por intermédio do Projeto de Lei nº 775/1983, oriundo do antigo Conselho Nacional de Desenvolvimento Urbano, à época presidido por Mário David Andreazza.

Referido projeto tramitou sem sucesso até o ano de 1995, quando acabou sendo retirado e arquivado, sem nunca ter sido votado.[289] Bassul registra a ousadia do projeto, cujo objetivo era dar um novo norte à urbanização brasileira, mas encontrou resistência de segmentos conservadores. Nesse prisma, ressalta que à época vigia a Constituição de 1967/69, de perfil autoritário, que ignorava a natureza já predominantemente urbana do Brasil, pois a palavra "urbana" aparecia no texto constitucional uma única vez, tão somente para referir-se ao Imposto sobre a Propriedade Predial e Territorial Urbana (IPTU).[290]

Importante ressaltar que o PL nº 775/1983 pode ser considerado um avançado documento jurídico-urbanístico, pois foi instruído com exímios Pareceres dos juristas Hely Lopes Meireles e Miguel Reale.[291] Com muita propriedade, já naquela época Reale ressaltava os

---

[289] BRASIL. Câmara dos Deputados. *Projeto de Lei nº 775, de 4 de maio de 1983*. Dispõe sobre os objetivos e a promoção do desenvolvimento urbano e dá outras providências. Disponível em: https://www.camara.leg.br/proposicoesWeb/fichadetramitacao?idProposicao=182231&fichaAmigavel=nao. Acesso em 25 abr. 2023.

[290] BASSUL, José Roberto. O Estatuto da Cidade dez anos depois. In: *Estatuto da Cidade 10 anos*: avançar no planejamento e na gestão urbana. Brasília: Senado Federal, gabinete do Sen. Inácio Arruda, 2011. p. 10.

[291] BRASIL. República Federativa do Brasil. *Diário Oficial do Congresso Nacional*, Capital Federal, a. XXXVIII, n. 041, 06 mai. 1983. p. 2831-2848. Disponível em: http://imagem.camara.gov.br/Imagem/d/pdf/DCD06MAI1983.pdf#page=39. Acesso em 24 abr. 2023.

problemas urbanísticos enfrentados pelo País e suscitava a necessidade de estabelecer critérios para o exercício da função social da propriedade:

> Os dados estatísticos do Brasil mostram que dois terços da população em 1980 vivem nas cidades. Os problemas urbanos, tradicionalmente cobrados aos municípios, tomaram tal dimensão e extensão que apresentam hoje facetas que fogem às possibilidades de ação desta esfera de poder [...] A idéia da cidade como um bem cultural e não apenas como informe aglomerado de pessoas, em consonância com o princípio constitucional da função social da propriedade, teve como conseqüência a elaboração de institutos e figuras jurídicas, cuja finalidade é adequar a propriedade individual à nova imagem da realidade urbana, o que, naturalmente. não pode deixar de suscitar reações por parte dos que se apegam a superadas prerrogativas individualistas.[292]

Com similar envergadura, Hely Lopes Meirelles também perfilhou os inúmeros problemas urbanísticos que o Brasil já apresentava à época, suscitando a necessidade de avançar na fixação de diretrizes de planejamento urbano, inclusive com a aprovação da uma Lei Nacional sobre o tema:

> Os dados estatísticos do Brasil, hoje, mostram que dois terços da população vivem nas cidades. Em conseqüência, os problemas urbanos, tradicionalmente cuidados pelos Municípios, tomaram tal dimensão e extensão que apresentam múltiplas facetas que escapam à capacidade de atuação dessa esfera de poder. Torna-se, assim, imprescindível a edição de legislação federal que oriente o desenvolvimento urbano e disponha sobre os instrumentos básicos indispensáveis à atuação dos Estados e Municípios [...] Com o desenvolvimento industrial e o conseqüente crescimento urbano, a intensificação do comércio e o paralelo aumento das comunicações interurbanas, a crescente migração das populações rurais para as cidades, todos esses fatores, ligados que estão ao desenvolvimento econômico do país, fizeram da urbanização um dos fenômenos mais característicos de nosso tempo [...] Sem dúvida, é nas cidades que se manifestam as maiores tensões da vida moderna, causada, sobretudo, pela falta de moradias, com a conseqüente invasão de terrenos vazios; por habitações subnormais (favelas, cortiços); pelas dificuldades de transporte coletivo; pela proliferação dos loteamentos clandestinos; pela ausência de equipamentos básicos; enfim, por uma série de dificuldades bastante conhecidas [...] A necessidade

---

[292] BRASIL.. República Federativa do Brasil. *Diário Oficial do Congresso Nacional*, Capital Federal, a. XXXVIII, n. 041, 06 mai. 1983. p. 2835-2841. Disponível em: http://imagem.camara.gov.br/Imagem/d/pdf/DCD06MAI1983.pdf#page=39. Acesso em 24 abr. 2023.

de uma lei nacional de desenvolvimento urbano já havia sido por nós enfatizada em estudo anterior, reproduzido em nosso já citado Direito Municipal Brasileiro (pp. 424 e segs.), no qual chegamos a fazer referência a anteprojeto por nós redigido, juntamente com o Prof. Eurico de Andrade Azevedo e o Arq. Jorge Guilherme Franciscone, então Secretário Executivo da antiga Comissão Nacional de Política Urbana e Regiões Metropolitanas. Sentimo-nos, pois, à vontade, para reiterar a importância do atual trabalho submetido à apreciação do Conselho Nacional de Desenvolvimento Urbano. É indispensável ao País uma legislação federal orgânica sistemática, que procure abranger, em uma lei geral, os principais aspectos urbanísticos, como o fazem os países mais adiantados no assunto.[293]

Todavia, apesar dos exímios pareceres técnico-jurídicas de Reale e Meirelles, embasados em sérios problemas de desenvolvimento e planejamento urbano que o Brasil já apresentava naquele período, o Projeto de Lei nº 775/1983 foi contestado pelo setor empresarial conservador, que vislumbrava nele uma iniciativa equivocada de acabar com o direito de propriedade no Brasil, forçando o arquivamento da proposta.[294]

Diante desse cenário estanque, Saule Junior e Uzzo ressaltam que em 1985, como fruto da aspiração popular, surgiu o Movimento Nacional pela Reforma Urbana (MNRU), formado por um grupo heterogêneo de organizações da sociedade civil, movimentos sociais, entidades profissionais, organizações não governamentais e sindicatos, cuja luta inicial era a reivindicação por moradia, posteriormente agregando a ideia da *cidade de todos*, abrangendo também o direito à infraestrutura urbana com asfalto, serviços públicos essenciais e o direito a uma vida social plena.

Segundo os autores, essa nova ética social politizou a discussão sobre o direito à cidade, tornando-se uma plataforma política dos movimentos sociais urbanos, de forma que o acesso à cidade passou a ser visto como um direito de todos os seus moradores e não com uma garantia restrita aos mais ricos. Nesse norte, ressaltam que o marco da reforma urbana brasileira veio à tona em 1988, durante a Assembleia

---

[293] BRASIL. República Federativa do Brasil. *Diário Oficial do Congresso Nacional*, Capital Federal, a. XXXVIII, n. 041, 06 mai. 1983. p. 2841-2845. Disponível em: http://imagem.camara.gov.br/Imagem/d/pdf/DCD06MAI1983.pdf#page=39. Acesso em 24 abr. 2023.

[294] BASSUL, José Roberto. O Estatuto da Cidade dez anos depois. In: *Estatuto da Cidade 10 anos*: avançar no planejamento e na gestão urbana. Brasília: Senado Federal, gabinete do Sen. Inácio Arruda, 2011. p. 10-12.

Nacional Constituinte, quando grande parte das conquistas inseridas na CF/1988 foram articuladas pelo Movimento Nacional pela Reforma Urbana (MNRU), o qual envolveu diversos atores sociais, gerando um embate com poderosos *lobbies* de forças conservadoras.

Na ocasião, as entidades integrantes do MNRU assumiram a tarefa de elaborar uma proposta de lei a ser incorporada na Constituição Federal para modificar o perfil excludente das cidades brasileiras, marcadas pela precariedade das políticas públicas de saneamento, habitação, transporte e ocupação do solo urbano, assim configuradas pela omissão e descaso dos poderes públicos.

A principal bandeira da reforma urbana consistia no direito à cidade mediante gestão democrática e participativa, no cumprimento da função social da cidade, na garantia da justiça social e de condições dignas a todos os habitantes das cidades, além da subordinação da propriedade à função social. Após a Constituinte, os autores destacam que houve a formação do Fórum Nacional de Reforma Urbana (FNRU), com o objetivo imediato de pressionar o Congresso Nacional a regulamentar o capítulo da política urbana previsto na Constituição Federal de 1988.[295]

Nesse norte, somente em 1989 foi apresentado ao Senado o Projeto de Lei nº 181, autodenominado "Estatuto da Cidade" (PLS 181/89), de autoria do senador Pompeu de Souza, posteriormente renumerado na Câmara dos Deputados como Projeto de Lei nº 5.788/1990. Após doze árduos anos de tramitação, o projeto foi aprovado, resultando no advento da Lei Federal nº 10.257, de 10 de julho de 2001, nascendo o tão aguardado Estatuto da Cidade, moderno mecanismo de planejamento urbano que trouxe um novo olhar sistêmico ao ordenamento das cidades brasileiras.

Referido histórico demonstra que o Brasil se atrasou de forma significativa na regulamentação da Política Urbana nacional, procrastinando a aprovação do Estatuto da Cidade por mais de uma década, agindo na contramão dos países mais desenvolvidos, que já dispunham de instrumentos normativos eficazes de planejamento urbano. Esta desídia estatal contribuiu de forma decisiva para o caos urbanístico que

---

[295] SAULE JÚNIOR, Nelson; UZZO, Karine. A trajetória da luta pela reforma urbana no Brasil / Le parcours de la lutte pour la réforme urbaine au Brésil. *In*: SAULE JÚNIOR, Nelson *et al*. (Org.). *Retratos sobre a atuação da sociedade civil pelo direito à cidade*: diálogo entre Brasil e França / Panorama de l'action de la société civilr pour lê droit à la Ville: dialogue entre le Brésil el la France. São Paulo: Instituto Polis, Paris: Aitec, 2006. p. 13-18.

se instalou em centenas de cidades brasileiras, notadamente nas grandes metrópoles.

Apesar dos atrasos na área de planejamento urbano e do crescimento desordenado no período que antecedeu o Estatuto da Cidade, a Constituição Federal procurou compatibilizar o artigo 182 com o artigo 225, definindo que o objetivo primordial da Política Urbana é ordenar o pleno desenvolvimento das funções sociais da cidade e garantir o bem-estar de seus habitantes com foco no desenvolvimento sustentável. Nesse prisma, destaca Sotto:

> A conjugação entre esses dois dispositivos constitucionais permite afirmar que o modelo de desenvolvimento a ser promovido pela política urbana brasileira é o do desenvolvimento urbano sustentável, pautado pelo equilíbrio entre desenvolvimento econômico, inclusão social e proteção do meio ambiente, para as presentes e futuras gerações.[296]

Portanto, a Constituição Federal prevê uma *interação holística* entre o ambiente natural e construído, exigindo regramentos específicos do direito urbanístico para a proteção do meio ambiente artificial, considerando que "as construções do homem compõem o seu ambiente peculiar, não sem interferir sensivelmente no entorno e causar alterações nas características essenciais do meio e na preservação ou conservação dos recursos naturais".[297]

Aliás, ao tratar das funções sociais da cidade, o artigo 182 da CF/1988 deve ser lido em conjunto com o artigo 3º da Constituição Federal, onde se prevê que um dos objetivos da República Federativa do Brasil é a construção de uma sociedade livre, justa e solidária, voltada à erradicação da pobreza, da marginalização, da redução das desigualdades sociais e regionais, bem como a promoção do bem comum sem quaisquer preconceitos ou formas de discriminação, objetivos estes que se aplicam ao desenvolvimento urbano.

A esse respeito, Rech frisa não ser possível resguardar a cidadania e a dignidade da pessoa humana com o atual caos urbano das

---

[296] SOTTO, Débora. A participação popular e a aderência ao plano diretor como condição de validade das normas urbanísticas municipais: breves reflexões sobre a teoria das fontes do direito aplicada ao direito urbanístico. *In*: LIBÓRIO, Daniela Campos (Coord.). *Direito urbanístico*: fontes do direito urbanístico e direito à cidade. Belo Horizonte: Fórum, 2020. p. 23.

[297] MILARÉ, Edis. *Direito do Ambiente*: a gestão ambiental em foco. 6. ed. rev., atual. e ampl. São Paulo: Revista dos Tribunais, 2009. p. 283.

grandes cidades, tomadas por ocupações irregulares sem sustentabilidade ambiental, física, social e econômica, concluindo que "é preciso equilibrar saneamento ambiental com moradia, com trabalho, com infraestrutura urbana, com lazer, com qualidade de vida para as presentes e futuras gerações".[298]

Outrossim, além de ordenar o pleno desenvolvimento das funções sociais da cidade, a política de desenvolvimento urbano também visa garantir o bem-estar de seus habitantes (artigo 182, *caput*, CF/1988), evidenciando que tais premissas se relacionam diretamente com a concretização dos direitos sociais previstos no artigo 6º da CF/1988, principalmente com o direito à moradia, ao transporte, ao lazer e à segurança.

Registre-se que a previsão contida no artigo 182 da CF/1988 resultou num enorme avanço na seara do planejamento urbano, pois conforme destaca Greco-Santos, as diversas constituições anteriores, de 1824, 1891, 1934, 1937, 1946, 1967 e 1969, não continham disposições específicas em matéria de direito urbanístico, embora protegessem o direito à propriedade. O autor ressalva que apenas a Constituição de 1967 inovou ao dispor sobre a função social da propriedade, mas apesar disso não abordou a natureza urbana das questões fundiárias, provavelmente por envolver tema ainda incipiente no Brasil naquele período.[299]

Almejando atingir os objetivos previstos na Constituição Federal de 1988 é que o ordenamento urbano foi elevado à condição de política pública obrigatória, principalmente pela consolidação de vários princípios consagrados na Declaração de Estocolmo e na Declaração Rio 92.

Nessa diretriz, a CF/1988 reafirmou que o direito ao meio ambiente equilibrado – também aplicável ao direito urbanístico – não constitui mera diretriz principiológica, mas sim condição essencial à preservação da qualidade da vida humana, inclusive no que tange às transformações do meio ambiente natural e artificial.[300] Nesse norte, o

---

[298] RECH, Adir Ubaldo; RECH, Adivandro. *Cidade sustentável, direito urbanístico e ambiental*: instrumentos de planejamento. Porto Alegre: Educs, 2018. p. 43.
[299] GRECO-SANTOS, Bruno. *In*: MEDAUAR, Odete *et al.* (Coord.). *Direito urbanístico*: estudos fundamentais. Belo Horizonte: Fórum, 2019. p. 61.
[300] Silva diferencia *espaço urbano fechado* e *espaço urbano aberto*, definindo o meio ambiente artificial como aquele "constituído pelo espaço urbano construído, consubstanciado no conjunto de edificações (espaço urbano fechado) e dos equipamentos públicos: ruas, praças, áreas verdes, espaços livres em geral (espaço urbano aberto)". (SILVA, José Afonso da. *Direito ambiental constitucional*. 7. ed. São Paulo: Malheiros, 2009. p. 21).

objetivo primordial da Política Urbana visou prevenir a deterioração das cidades, sendo tais diretrizes encampadas pelo advento do Estatuto de Cidade, cuja normatização representou um divisor de águas para o planejamento urbano no Brasil.

3.7 O advento do Estatuto da Cidade como instrumento de ordenamento urbano

Conforme já asseverado, o Projeto de Lei nº 181/1989, que deu origem ao Estatuto da Cidade, tramitou por mais de uma década no Congresso Nacional, dificultando a fixação de regras urbanísticas e diretrizes para um adequado planejamento urbano nas cidades brasileiras, medidas que foram sendo supridas de forma parcial e insuficiente pela vetusta *Lei Lehmann* (Lei nº 6.766/1979) que trata do parcelamento de solo urbano.

Nesse contexto, sobre o advento do Estatuto da Cidade, Mukai destaca que a lei veio "em boa hora, ainda que de certo modo tardiamente, pois o caos urbano já se acha de há muito implantado nas principais cidades do Brasil",[301] podendo concluir-se que o crescimento desordenado das cidades muito se deve à falta de normatização e planejamento adequados.

Necessário ressaltar que, a partir da acelerada fase de industrialização brasileira, entre os anos 1960 e 1990, a migração em massa dos campos para as zonas urbanas também propiciou a explosão de novas cidades, período em que a legislação urbanística ainda era incipiente e não acompanhava a acelerada evolução das cidades. Dados do IBGE apontam que em 1940 a taxa de urbanização no Brasil correspondia a 31,24 da população, saltando para 36,1 em 1960, para 67,59 em 1980 e para 81,23 no ano 2000,[302] comprovando uma exponencial migração dos campos para as cidades e o vertiginoso crescimento das taxas de natalidade.

Em decorrência da rápida expansão urbana, nesse período surgiram centenas de pequenos municípios brasileiros, muitos deles sem infraestrutura adequada, pois a Constituição Federal de 1988 não

---

[301] MUKAI, Toshio. *O estatuto da cidade*: anotações à Lei nº 10.257/01. 4. ed. São Paulo: Saraiva, 2019. p. 17.
[302] INSTITUTO BRASILEIRO DE GEOGRAFIA E ESTATÍSTICA (IBGE). *Censo demográfico 1940-2010*: taxa de urbanização. Rio de Janeiro, 2010. Disponível em: https://seriesestatisticas.ibge.gov.br/series.aspx?vcodigo=POP122. Acesso em 30 jun. 2023.

regulava de modo suficiente a matéria, o que veio a ocorrer somente com o advento da Emenda Constitucional nº 15, de 12 de setembro de 1997, que alterou a redação do §4º do artigo 18 da Constituição Federal. Referido dispositivo passou a exigir um *Estudo de Viabilidade Municipal* para a criação, a incorporação, a fusão e o desmembramento de Municípios, incluindo a consulta prévia, mediante plebiscito, às populações dos Municípios envolvidos, em conformidade com Lei Complementar Federal.

Posteriormente, visando regularizar inúmeros municípios, a Emenda Constitucional nº 57/2008 inseriu o artigo 96 no Ato das Disposições Constitucionais Transitórias, convalidando os atos de criação, fusão, incorporação e desmembramento de Municípios cuja lei tenha sido publicada até 31.12.2006, desde que atendidos os requisitos fixados na legislação de cada Estado à época de sua criação.[303]

A alteração constitucional trazida pela Emenda nº 15/1997 surgiu em boa hora com o objetivo de evitar a proliferação de novas cidades sem estudos de viabilidade e infraestrutura suficiente. Contudo, até o momento, a Lei Complementar prevista no artigo 18, §4º da CF/1988, não foi aprovada, tendo sido vetadas várias propostas submetidas ao Congresso Nacional, de modo que permanecem suspensas a incorporação, a fusão, o desmembramento e a criação de novos municípios brasileiros.

Nesse norte, visando ordenar o território urbano e prevenir inconformidades, o Estatuto da Cidade (Lei nº 10.257/2001) regulamentou o artigo 182 da Constituição Federal de 1988, fixando instrumentos para o adequado desenvolvimento das cidades, inclusive dando competência aos municípios para promover o regular ordenamento territorial, mediante planejamento, controle de uso, parcelamento e ocupação do solo urbano (artigo 30, VII). Sem dúvidas, o Estatuto da Cidade representa um dos maiores avanços na definição de normas urbanísticas no Brasil, consoante referem Medauar e Almeida:

> O Estatuto da Cidade representa, sem dúvida, um passo marcante em matéria urbanística, que estivera pouco lembrada e tratada no Brasil desde as décadas de 60 e 70 do século XX, época do florescimento de inúmeros estudos, livros, artigos, projetos e mesmo órgãos públicos

---

[303] BRASIL. Emenda Constitucional nº 57, de 18 de dezembro de 2008. Acrescenta artigo ao Ato das Disposições Constitucionais Transitórias para convalidar os atos de criação, fusão, incorporação e desmembramento de Municípios. *Diário Oficial da União*, Brasília, DF, 18 dez. 2008. Disponível em: http://www.planalto.gov.br/ccivil_03/constituicao/emendas/emc/emc57.htm. Acesso em 30 jun. 2023.

dedicados aos temas urbanos, seguindo-se um longo período de quase despreocupação, paralelo ao progressivo agravamento da realidade urbana nas cidades. Esta lei faz renascer o interesse pela questão urbana e praticamente impõe aos governantes municipais e ao setor privado muita atenção na matéria, pois, ao final no seu artigo 53, acrescenta ao rol de itens objeto da ação civil pública, a ordem urbanística.[304]

Seguindo essa orientação, o Estatuto da Cidade prima pela "ordem urbanística", enquanto "o conjunto de normas de ordem pública e de interesse social que regula o uso da propriedade urbana em prol do bem coletivo, da segurança, do equilíbrio ambiental e do bem-estar humano".[305] Pela sua envergadura, ao tratar da temática urbanística, o Estatuto da Cidade pode ser equiparado a uma *lei-quadro*, terminologia comumente utilizada pelo direito constitucional Europeu para se referir às leis que definem parâmetros jurídico-materiais estruturantes de determinado setor da vida econômica, social e cultural.[306]

O próprio Estatuto da Cidade remete o tema da ordem urbanística ao conceito geral de "ordem pública"[307] em prol do bem coletivo, da segurança e do bem-estar dos cidadãos, bem como do equilíbrio ambiental (artigo 1º, parágrafo único). Nesse contexto, Fiorillo destaca que a execução da política urbana está diretamente vinculada à proteção do meio ambiente artificial e da sadia qualidade de vida prevista no artigo 225 da CF/1988:

> Destarte, na execução da política urbana, torna-se verdadeiro afirmar que o meio ambiente artificial passa a receber uma tutela mediata (revelada pelo art. 225 da Constituição Federal em que encontramos uma proteção geral ao meio ambiente enquanto tutela da vida em todas as suas formas centrada na dignidade da pessoa humana) e uma tutela imediata (que passa a receber tratamento jurídico aprofundado em

---

[304] MEDAUAR, Odete; ALMEIDA, Fernando Dias Menezes de (Coord.). *Estatuto da cidade*: Lei nº 10.257, de 10.07.2001: comentários. São Paulo: Revista dos Tribunais, 2002. p. 214.
[305] MACHADO, Paulo A. Leme. *Direito ambiental brasileiro*. 21. ed. São Paulo: Malheiros, 2013. p. 446.
[306] CARVALHO NETO, Tarcísio V. de; PEREZ, Marcos Augusto. Delineamento do Direito Urbanístico no Brasil. In: MEDAUAR, Odete *et al.* (Coord.). *Direito urbanístico*: estudos fundamentais. Belo Horizonte: Fórum, 2019. p. 51-52.
[307] Na concepção de Vergottini, a ordem pública constitui "sinônimo de convivência ordenada, segura, pacífica e equilibrada, isto é, normal e conveniente aos princípios gerais de ordem desejados pelas opções de base que disciplinam a dinâmica de um ordenamento", sendo objeto de "regulamentação pública para fins de tutela preventiva, contextual e sucessiva ou repressiva". (VERGOTTINI, Giuseppe. Ordem pública. In: BOBBIO, Norberto; MATTEUCI, Nicola; PASQUINO, Gianfranco (Org.). *Dicionário de política*. 11. ed. Brasília, DF: Universidade de Brasília, 1998. p. 851).

decorrência da regulamentação dos arts. 182 e 183 da CF), relacionando-se diretamente às cidades, sendo, portanto, impossível desvincular da execução da política urbana o conceito de direito à sadia qualidade de vida, assim como do direito à satisfação dos valores da dignidade da pessoa humana e da própria vida.[308]

Em complemento, visando atender esse interesse público e ordenar o pleno desenvolvimento das funções sociais da cidade e da propriedade urbana, o Estatuto da Cidade estabeleceu que um dos objetivos da Política Urbana é a garantia do direito às cidades sustentáveis, no qual se inclui o direito à terra urbana, à moradia, ao saneamento ambiental, à infraestrutura urbana, ao transporte, aos serviços públicos, ao trabalho e ao lazer, para as presentes e futuras gerações (artigo 2º, I, da Lei nº 10.257/2001).

Portanto, a estrita observância das normas de Direito Urbanístico pelos entes públicos constitui mecanismo essencial para atingir a sustentabilidade urbana mediante políticas eficazes de planejamento e ordenamento territorial. Por seu turno, as normas urbanísticas também visam prevenir a deterioração das cidades e seu crescimento desordenado, de modo que o planejamento urbano e uma adequada gestão pública podem se tornar elementos decisivos de transformação social, ambiental e urbanística.

Nesse prisma, o crescente fenômeno da urbanização demanda ferramentas de planejamento adequadas e eficientes para alcançar a sustentabilidade ambiental, social e econômica, conforme prevê a *Nova Agenda Urbana*, fruto da 3ª Conferência das Nações Unidas sobre habitação e desenvolvimento sustentável urbano (ONU Habitat III, Quito):

> Nesta era sem precedentes de crescente urbanização, no contexto da Agenda 2030 para o Desenvolvimento Sustentável, o Acordo de Paris e outros acordos de desenvolvimento global, chegamos a um ponto crítico no entendimento de que as cidades podem ser a fonte de soluções dos desafios enfrentados pelo mundo atualmente, em vez de sua causa. Se bem planejada e administrada, a urbanização pode ser uma poderosa ferramenta para o desenvolvimento sustentável tanto para países desenvolvidos quanto para países em desenvolvimento.[309]

---

[308] FIORILLO, Celso Antonio Pacheco. *Estatuto da cidade comentado*: Lei nº 10.257/2001 – Lei do meio ambiente artificial. São Paulo: Revista dos Tribunais, 2002. p. 18.

[309] ORGANIZAÇÃO DAS NAÇÕES UNIDAS (ONU). *Nova agenda urbana, habitat III, 2016*. Nova Iorque: Nações Unidas, 2019. p. 8. Disponível em: https://uploads.habitat3.org/hb3/NUA-Portuguese-Brazil.pdf. Acesso 2 jul. 2023.

Em suma, infere-se que o ordenamento urbano constitui direito difuso da sociedade e dever do Estado, sendo impositiva a observância das normas e diretrizes destinadas ao desenvolvimento sustentável das cidades para garantir o bem-estar dos cidadãos e atender às quatro necessidades fundamentais elencadas na Carta de Atenas: *habitar, trabalhar, recrear e circular.*

Desta forma, evidencia-se que o Estatuto da Cidade constitui um dos mais importantes diplomas normativos do direito urbanístico, podendo ser considerado instrumento altamente eficaz para o adequado planejamento urbano brasileiro. Contudo, sua implementação concreta representa um grande desafio para o planejamento urbano no Brasil, pois a maioria das zonas urbanas do País padecem de problemas urbanísticos estruturais, exigindo políticas públicas e governança eficazes que conduzam ao pleno desenvolvimento das funções sociais da cidade.

3.8 Direito às cidades sustentáveis

O tema das cidades sustentáveis vem galgando espaço no direito urbanístico contemporâneo, estando umbilicalmente associado aos Objetivos de Desenvolvimento Sustentável (ODS) fixados pela Organização das Nações Unidas, tendo em vista que o desenvolvimento urbano possui uma vertente ambiental. Nesse contexto, conforme acentua Sachs, "o modo como a cidade planeia e se preparará para o futuro é decisivo para determinar as suas perspectivas de desenvolvimento sustentável".[310]

Deste modo, o conceito de sustentabilidade igualmente vincula o *tecido urbano*, pois este compõe um ecossistema constituído pelos ambientais natural e construído das cidades, não se limitando à sua morfologia,[311] evidenciando que o crescimento desordenado das cidades é capaz de afetar a sustentabilidade urbana e impactar diretamente a qualidade de vida da população, gerando uma gama invariável de implicações e fenômenos deteriorantes. Nesse contexto, o próprio Estatuto da Cidade estabeleceu que um dos objetivos da Política Urbana é a garantia do direito às cidades sustentáveis, no qual se inclui o direito à terra urbana, à moradia, ao saneamento ambiental, à infraestrutura

---

[310] SACHS, Jeffrey. *The age of sustainable development*. New York: Columbia University Press, 2015. p. 391.
[311] LEFEBVRE, Henry. *O direito à cidade*. (Trad. Rubens Eduardo Frias). 5. ed. São Paulo: Centauro, 2015. p. 19.

urbana, ao transporte, aos serviços públicos, ao trabalho e ao lazer, para as presentes e futuras gerações (artigo 2º, I, da Lei nº 10.257/2001).

Nesse contexto, a cidade sustentável deve operar um modelo de desenvolvimento urbano "que procure balancear, de forma eficiente, os recursos necessários ao seu funcionamento, seja nos insumos de entrada (terra urbana e recursos naturais, água, energia, alimentos etc.), seja nas fontes de saída (resíduos, esgoto, poluição etc.)".[312]

Contudo, diante do cenário de crise ambiental que assola todo o planeta, questiona-se: o direito urbanístico é capaz de alterar o grave quadro de degradação vivenciado por grande parte das cidades brasileiras? Outrossim, o direito urbanístico se mostra suficiente para combater a poluição hídrica, a poluição sonora, o trânsito caótico, os loteamentos irregulares, as ocupações em áreas de risco e construções em áreas de preservação permanente?

Da mesma forma, está o direito urbanístico suficientemente estruturado para combater as mazelas sociais que cercam as cidades, tais como a ausência de serviços públicos essenciais, a ausência de saneamento básico, a segregação socioespacial e a violação ao direito fundamental à moradia? É possível garantir o direito às cidades sustentáveis em meio à pobreza extrema e à desigualdade social oriunda da má distribuição de renda, que empurra as classes menos favorecidas para ocupações irregulares? Ademais, é possível implementar as cidades sustentáveis sem uma governança eficaz, sem recursos orçamentários necessários e sem o combate à corrupção?

Tais questionamentos revelam que as cidades contemporâneas, alavancadas pelo crescimento desordenado, apresentam inúmeras externalidades negativas, sendo premente a necessidade de torná-las sustentáveis nos aspectos social, ambiental e urbanístico. Consoante Giddens,[313] em decorrência da difusão do ambiente construído, a sociedade separou o *habitat* humano da natureza, pois [...] a cidade moderna é de longe a série mais extensiva e intensivamente artificial de cenários para a atividade dos homens que jamais existiu".

A necessidade do *direito à cidade* se enquadra na esfera de criação de novos direitos, fruto de lutas desenvolvidas a partir do movimento pela reforma urbana dos anos 1980, que antecedeu ao processo de

---

[312] LEITE, Carlos; AWAD, Juliana Di Cesare Marque. *Cidades Sustentáveis, cidades inteligentes*: desenvolvimento sustentável num planeta urbano. Porto Alegre: Bookman, 2012. p. 135.

[313] GIDDENS, Anthony. *Modernidade e identidade*. (Trad. Plinio Dentzien). Rio de Janeiro: Jorge Zahar Editor, 2002. p. 154.

redemocratização, sendo tais conquistas posteriormente consagradas na CF/1988 e no Estatuto da Cidade, quando foram criados mecanismos para impor limites à propriedade privada.[314] Na esteira de efervescência do movimento pela reforma urbana no período pré-constituinte, o Brasil tornou-se o primeiro País mundial a positivar o direito à cidade.[315]

Visando ao desenvolvimento sustentável e adequado das cidades, as restrições administrativas trazidas pela Lei nº 10.257/2001 permitiram a sistematização e a melhor regulamentação do ordenamento territorial urbano, até então delegado a diversas normas esparsas de reduzida efetividade. Para Coimbra,[316] a cidade é o centro mecânico de um ou mais ecossistemas, sendo por excelência o ambiente do homem, pois é a partir da cidade que "[...] disparamos nossas ações tecnológicas sobre a Natureza; dela partimos para criar ecossistemas artificiais que sirvam à nossa alimentação e às muitas modalidades de produção que empresariamos [...]".

Desta forma, necessário pontuar que o direito à cidade sustentável compreende a efetivação de outros direitos civis e sociais, tais como o direito aos meios de transportes amplos e inclusivos, acesso aos sistemas de educação e saúde gratuito e universal de qualidade, ao saneamento básico sustentável, à proteção do meio ambiente equilibrado, ao direito à segurança pública, à moradia e ao lazer para toda a população.[317]

Nessa conjuntura, Lefebvre[318] destaca a necessidade de uma ressignificação do conceito de direito à cidade, salientando que "este [...] não pode ser concebido como um simples direito de visita ou de retorno às cidades tradicionais. Só pode ser formulado como *direito à vida urbana*, transformada, renovada". No mesmo vértice, ressalta Morin[319] que a

---

[314] CARLOS, Ana Fani Alessandri. A privação do urbano e o 'direito à cidade' em Henri Lefebvre. *In*: CARLOS, Ana Fani Alessandri; PÁDUA, Rafael Faleiros de (Org.). *Justiça espacial e o direito à cidade*. São Paulo: Contexto, 2017. p. 53.

[315] ALFONSIN, Betânia. Repercussões da nova agenda urbana no direito público e privado Brasil e na América Latina: o papel do direito à cidade. *In*. BELLO, Enzo; KELLER, Rene José (Org.). *Curso de direito à cidade*: teoria e prática. 2. ed. Rio de Janeiro: Lúmen Juris, 2019. p. 119-120.

[316] COIMBRA, José de Ávila Aguiar. *O outro lado do meio ambiente*. Campinas: Millennium, 2002. p. 129.

[317] PINHEIRO, Gabriele Araújo; RODRIGUES, Wagner de Oliveira. Direito fundamental à cidade sustentável e os dilemas do planejamento urbano no estado democrático de direito. *Revista da Faculdade de Direito da Universidade de São Paulo*, São Paulo, v. 106-107, p. 378-379, jan./dez. 2011/2012.

[318] LEFEBVRE, Henry. *O direito à cidade*. (Trad. Rubens Eduardo Frias). 5. ed. São Paulo: Centauro, 2015. p. 117-118.

[319] MORIN, Edgar. *A via para o futuro da humanidade*. Rio de Janeiro: Bertrand Brasil, 2015. p. 250.

cidade não pode ser entendida como uma simples projeção territorial que se baseia nas relações socioeconômicas, pois também contempla componentes culturais e uma dimensão psicológica que se conecta com a ideia de *habitat*, os quais não podem ser desconsiderados. Justamente nessa órbita é que o direito às cidades sustentáveis deve ser inserido no contexto de todo o processo de planejamento urbano por intermédio de uma governança pública eficiente e pela implementação concreta dos instrumentos de gestão urbana. Nessa perspectiva, as cidades devem ser pensadas com uma visão estratégica, pois "são o *locus* de articulação, organização social e econômica", de modo que a sustentabilidade voltada ao bem-estar coletivo e à qualidade de vida exigem projetos e programas eficazes, sob pena de se tornarem mera falácia.[320]

No âmbito internacional, a temática da *sustentabilidade urbana* obteve significativos avanços nas últimas décadas, a partir da Carta de Atenas de 1933 e da Nova Carta de Atenas de 2003, bem como das Conferências ONU Habitat I (Vancouver, 1976), ONU Habitat II (Istambul, 1996) e ONU Habitat III (Quito, 2016), as quais fixaram diretrizes para as Cidades Mais Seguras, os Assentamentos Humanos e a Sustentabilidade Urbana.

A última Conferência da ONU (2016) aprovou a Nova Agenda *Urbana*,[321] elencando 175 princípios que deverão orientar a urbanização sustentável pelos próximos 20 anos, sendo adotada pelos 193 Estados-membros da Organização das Nações Unidas (ONU), onde reafirmou-se o compromisso para a promoção do desenvolvimento urbano sustentável de forma integrada e coordenada nos níveis global, regional, nacional, subnacional e local. Dentre seus propósitos, a *Nova Agenda Urbana* conferiu um inovador enfoque ao direito à cidade, com a finalidade de integrá-lo à Agenda 2030 e, principalmente, ao ODS 11, visando tornar as cidades e os assentamentos humanos inclusivos, seguros, resilientes e sustentáveis.

---

[320] GUIMARÃES, Angélica. A ordem jurídica urbana e o direito à cidade: uma leitura crítica sob o olhar da Constituição Federal de 1988. *In*: LIBÓRIO, Daniela Campos (Coord.). *Direito urbanístico*: fontes do direito urbanístico e direito à cidade. Belo Horizonte: Fórum, 2020. p. 198.
[321] UNITED NATIONS HUMAN SETTLEMENTS PROGRAMME (UN-Habitat). *The new urban agend*. Un-Habitat III. Nairobi: United Nations, 2016. Disponível em: https://unhabitat.org/sites/default/files/2020/12/nua_handbook_14dec2020_2.pdf. Acesso em 30 jun. 2023.

Registre-se que o Programa Cidades Sustentáveis (PCS)[322] desenvolvido no Brasil também envolve uma ampla agenda de sustentabilidade urbana que incorpora as dimensões social, ambiental, econômica, política e cultural no planejamento municipal. O Programa está estruturado em 12 eixos temáticos, alinhados aos Objetivos de Desenvolvimento Sustentável (ODS), oferecendo ferramentas e metodologias de apoio à gestão pública e ao planejamento urbano integrado, além de mecanismos de controle social e estímulo à participação cidadã, com o objetivo de fomentar a sustentabilidade urbana.

Os 12 eixos centrais do programa estão assim divididos: 1. Ação local para a saúde; 2. Bens naturais comuns; 3. Consumo responsável e opções de estilo de vida; 4. Cultura para a sustentabilidade; 5. Do local para o global; 6. Economia local, dinâmica, criativa e sustentável; 7. Educação para a sustentabilidade e qualidade de vida; 8. Equidade, justiça social e cultura da paz; 9. Gestão local para a sustentabilidade; 10. Governança; 11. Melhor mobilidade, menos tráfego; 12. Planejamento e desenho urbano.

A seu turno, importante ferramenta de acompanhamento dos ODS envolve o *Índice de Desenvolvimento Sustentável das Cidades – Brasil* (IDSC-BR),[323] mecanismo que tornou o Brasil o primeiro país do mundo a avaliar os avanços e os retrocessos da Agenda 2030 da ONU. A ferramenta, de caráter nacional, reúne os dados e indicadores de todos os 5.570 municípios brasileiros, oferecendo uma visão global e integrada das cidades, além de identificar as etapas de cumprimento de cada um dos 17 Objetivos do Desenvolvimento Sustentável. O mecanismo é resultado do trabalho conjunto entre o Instituto Cidades Sustentáveis (ICS) e a *UN Sustainable Development Solution Network* (SDSN), tendo a finalidade de propiciar conhecimentos técnicos e científicos no apoio a soluções em escalas locais, nacionais e globais.

Nesse prisma, verifica-se que nas últimas décadas foram elencados inúmeros instrumentos voltados a consolidar as cidades sustentáveis, incluindo diretrizes e notadamente mecanismos direcionados à implementação do Objetivo de Desenvolvimento Sustentável nº 11 da ONU. Contudo, a implementação efetiva das cidades sustentáveis

---

[322] PROGRAMA CIDADES SUSTENTÁVEIS (PCS). São Paulo, 2021. Disponível em: https://www.cidadessustentaveis.org.br/inicial/home. Acesso em 30 jun. 2023.
[323] INSTITUTO CIDADES SUSTENTÁVEIS. *Índice de Desenvolvimento Sustentável das Cidades*. Brasil, 2022. Disponível em: https://idsc.cidadessustentaveis.org.br/. Acesso em 09 jul. 2023.

passa por enormes desafios estruturantes, fator que exige uma gama de mecanismos de ordem social, ambiental e urbanística.

3.9 Sustentabilidade urbana x crescimento populacional desordenado

Um dos maiores problemas contemporâneos do desenvolvimento urbano é o crescimento populacional desordenado, capaz de ocasionar inúmeros problemas de ordem social, ambiental e urbanística, tornando as cidades insustentáveis. A Organização das Nações Unidas[324] estima que, na atualidade, 55% da população mundial vive nas cidades e demais áreas urbanas adjacentes, havendo uma expectativa de que esta proporção atinja 70% até 2050, podendo alcançar 5 bilhões de pessoas, exigindo ações concretas de planejamento urbano para tornar as cidades ambientalmente sustentáveis.

Em relação ao Brasil, as projeções do IBGE indicam uma população urbana de 76%, tendo como referência dados coletados até julho de 2019,[325] havendo uma expectativa de exponencial crescimento dos números no Censo IBGE de 2022,[326] podendo alcançar 84% de brasileiros vivendo nas zonas urbanas, fator que demonstra uma elevada densidade demográfica nas cidades, com a concentração desproporcional dos cidadãos em relação às zonas rurais.

Sobre o tema da sustentabilidade demográfica planetária, Wedy destaca que "até 2040, a população mundial estará entre 8 e 9 bilhões de pessoas; no final do século, serão 10,8 bilhões de *Homo sapiens* disputando entre si e com os demais seres vivos os recursos naturais e o espaço de que dispomos".[327] A elevada concentração demográfica nas cidades, principalmente nos grandes centros urbanos, constitui

---

[324] ORGANIZAÇÃO DAS NAÇÕES UNIDAS (ONU). *ONU prevê que cidades abriguem 70% da população mundial até 2050*. Nova Iorque, 2019. Disponível em: https://news.un.org/pt/story/2019/02/1660701. Acesso em 30 jun. 2023.

[325] INSTITUTO BRASILEIRO DE GEOGRAFIA E ESTATÍSTICA (IBGE). *Estimativas da população residente para os municípios e para as unidades da federação brasileiros com data de referência em 1º de julho de 2019*. Rio de Janeiro, 2019. Disponível em: https://biblioteca.ibge.gov.br/visualizacao/livros/liv101662.pdf. Acesso em 2 jul. 2023.

[326] INSTITUTO BRASILEIRO DE GEOGRAFIA E ESTATÍSTICA (IBGE). Censo Demográfico. *Prévia da População dos Municípios com base nos dados do Censo Demográfico 2022 coletados até 25.12.2022*. Rio de Janeiro, 2022. Disponível em: https://biblioteca.ibge.gov.br/visualizacao/livros/liv101662.pdf. Acesso em 2 abr. 2023.

[327] WEDY, Gabriel. *Desenvolvimento sustentável na era das mudanças climáticas*: um direito fundamental. São Paulo: Saraiva, 2018. p. 25.

um enorme desafio aos planejadores urbanos e, notadamente, aos gestores públicos, evidenciando a necessidade de adotar mecanismos e instrumentos avançados de planejamento e ordenamento territorial, para evitar a degradação das cidades e torná-las ambientalmente sustentáveis.

Ao descrever a *Tragédia dos Comuns*, Hardin[328] pontua que o crescimento demográfico exponencial constitui fator incompatível com a preservação da natureza, pois se a população tende a crescer geometricamente, os bens naturais também tendem a diminuir regularmente, em virtude de seu caráter finito. Nesse norte, Hardin propugna um controle de natalidade através da paternidade consciente, destacando que do contrário nenhuma outra solução técnica pode livrar o planeta da miséria e da superpopulação.

De igual forma, Amartya Sen[329] acrescenta que a população mundial pode sofrer uma escassez de alimentos em decorrência do processo de explosão populacional, frisando que "há outros problemas relacionados ao crescimento rápido da população, incluindo a superpopulação urbana e, obviamente, os desafios ambientais em âmbito regional e global".

Ademais, ao tratar do crescimento populacional e do desenvolvimento sustentável, Jeffrey Sachs assevera que a implementação eficaz deste último dependerá da dinâmica da população mundial, afirmando que quanto mais pessoas habitar o planeta, mais difícil será conciliar os objetivos econômicos e de qualidade de vida que os limites planetários impõem.

Apesar desse alerta, Sachs discorda das projeções do economista britânico Thomas Malthus na clássica obra *An Essay on the Principle of Population* (1798), quando afirmava que o crescimento geométrico ultrapassaria o crescimento aritmético, afetando a capacidade de produção de alimentos. Nesse prisma, Sachs registra que a teoria de Malthus não anteviu os avanços tecnológicos dos séculos XX e XXI, os quais propiciaram melhorias na agricultura e na produção de alimentos. Contudo, reverenciando a teoria malthusiana, Sachs destaca que no contexto de sua época, quando o planeta tinha uma população oito vezes inferior, as preocupações de Malthus eram pertinentes.[330]

---

[328] HARDIN, Garret. The Tragedy of the Commons. *Science*, Washington, v. 162, p. 1243-1248, 1968.
[329] SEN, Amartya. *Development as freedom*. New York: Random House, 1999. p. 275.
[330] SACHS, Jeffrey. *The age of sustainable development*. New York: Columbia University Press, 2015. p. 225-226.

Com efeito, em decorrência da explosão demográfica mundial nas últimas décadas, grande parte das aglomerações urbanas sofreu uma expressiva redução na qualidade de vida, notadamente pelos conflitos urbanísticos decorrentes da ocupação desordenada e da ausência de políticas públicas eficazes. Igual problemática também se acentuou no campo do direito fundamental à moradia, considerando que a demanda por habitações dignas se tornou um dilema em decorrência da explosão demográfica, conforme explicitado em tópico seguinte.

Outrossim, no aspecto econômico, é indiscutível que o crescimento populacional vertiginoso é capaz de provocar desigualdade social e econômica, dificultando a implementação de políticas públicas eficazes, pois o aumento descontrolado da população sem ações governamentais correspondentes também resulta em miséria e pobreza.

Nessa conjuntura, Benitez assevera, de forma crítica, que o crescimento desordenado da população mundial levou 2/3 dos seres humanos a viverem em condições miseráveis, pois esse processo de crescimento exponencial da população se multiplica em proporção geométrica, gerando como consequência miséria, dor e sofrimento.[331]

Sob outro contexto, Piketty, ao fazer uma digressão sobre a *Lei do Crescimento Acumulado*, segundo a qual um crescimento anual baixo, durante um período prolongado, conduz a uma expansão considerável da população, destaca que "[...] taxas de crescimento superiores a 1-1,5% por ano são impossíveis de se sustentar eternamente, uma vez que geram expansões demográficas vertiginosas". Concluindo seu raciocínio, destaca que, embora pareçam pequenas, tais taxas são capazes de provocar transformações substanciais na sociedade, pois "o crescimento demográfico não tem consequências somente para o desenvolvimento e a potência relativa das nações: tem também implicações importantes para a estrutura da desigualdade".[332]

Portanto, verifica-se que o tema da sustentabilidade urbana também está atrelado ao desenvolvimento demográfico, sendo impositivo que as políticas públicas sejam direcionadas a atingir o pleno desenvolvimento do *habitat* humano, proporcionando à população das cidades uma qualidade de vida que atenda as dimensões social, ambiental e urbanística.

---

[331] BENITEZ, Solano. Bien Decido. In: MOSTAFAVI, Mohsen *et al.* (Coord.). *Urbanismo ecológico en América Latina*. Barcelona: Harvard University Graduate School of Design, 2019. p. 120-121.

[332] PIKETTY, Thomas. *O capital no século XXI*. (Trad. Monica Baumgarter de Bolle). Rio de Janeiro: Intrínseca, 2004. p. 92-105.

3.10 As dimensões social, econômica e ambiental da *Cidade Coerente*

No que tange às funções elementares das cidades, a *Carta de Atenas de 1933*,[333] aprovada durante o Congresso Internacional de Arquitetura Moderna (CIAM), definiu que o planejamento das cidades exige o desenvolvimento harmônico e progressivo das funções urbanas elementares que envolvem habitação, trabalho, recreação e circulação. Além dessas funções, Lefebvre acrescenta que o direito à cidade abrange necessidades sociais que incluem o direito à educação, à saúde, ao lazer e à própria vida, condições estas que demandam uma *ciência da cidade* voltada a avaliar as relações e correlações da vida urbana.[334]

Atualizando a temática, a *Nova Carta de Atenas de 2003*, oriunda do Conselho Europeu de Urbanistas (CEU),[335] tratou das cidades do século XXI, reconhecendo que o planejamento estratégico do território e o urbanismo são indispensáveis para garantir um desenvolvimento sustentável das cidades. Segundo a nova Carta, a evolução das cidades deve resultar da combinação de distintas forças sociais, integradas por um conjunto variado de mecanismos de coerência e de interligação entre as diversas funções urbanas, redes de infraestruturas e a utilização de novas tecnologias de informação e comunicação.

A *Cidade Coerente* enunciada pela Nova Carta de Atenas propõe a conjugação de três elementos essenciais que envolvem a coerência social, econômica e ambiental.

A *coerência social* visa respeitar os interesses da sociedade como um todo, levando em conta as necessidades, os direitos e deveres dos diversos grupos e dos cidadãos individualmente, evitando a ruptura do tecido econômico e social. Propõe uma nova abordagem de governança com diversos atores, para resolver problemas urbanos relacionados ao desemprego, à pobreza, à exclusão social, à criminalidade e à violência,

---

[333] "Les clefs de l'urbanisme sont dans les quatre fonctions: habiter, travailler, se recréer, circuler. ces quatre fonctions qui sont les quatre clefs de l'urbanisme couvrent um domaine immense, l'urbanisme étant la conséquence d'une manière de penser, portée dans la vie publique par une técnique de l'action". (DENÈFLE, Sylvette *et al*. *Habiter Le Corbusier*: pratiques sociales et théorie architecturale. Nouvelle Édition. Rennes: Presses Universitaires, 2006. Disponível em: http://books.openedition.org/pur/12479. Acesso em 26 jun. 2023).

[334] LEFEBVRE, Henry. *O direito à cidade*. (Trad. Rubens Eduardo Frias). 5. ed. São Paulo: Centauro, 2015. p. 138-139.

[335] EUROPEAN COUNCIL OF TOWN PLANNERS. Conseil Européen des Urbanistes. *La nouvelle Charte d'Athènes 2003*. La vision du Conseil Européen des Urbanistes sur Les Villes du 21ième siècle. Lisbonne, 20 nov. 2003.

pois uma cidade coerente no plano social deverá ser capaz de fornecer maior segurança e equilíbrio social.

A *coerência econômica* é aquela capaz de permitir o adequado desenvolvimento urbano, levando em consideração a globalização e a regionalização das atividades econômicas, permitindo que a cidade produza seu próprio equilíbrio entre prosperidade econômica e qualidade de vida.

Já a *coerência ambiental* propõe a criação de cidades saudáveis mediante inserção do homem em seu ambiente natural como condição de sobrevivência e melhoria de seu bem-estar. O componente ambiental do desenvolvimento urbano sustentável inclui a preservação e a reinstalação de zonas naturais nas cidades e no seu entorno, além da utilização sensata dos recursos naturais e não renováveis disponíveis, incluindo o solo, o ar e a água, a proteção das cidades contra os excessos da poluição e degradação, o uso de tecnologias inovadoras, a minimização do consumo pela reutilização e reciclagem, a produção de energia renovável e sustentável, além da gestão eficiente de resíduos sólidos urbanos.

Contudo, Harvey afirma que, progressivamente, o direito à cidade vem privilegiando o interesse privado em detrimento do interesse público, afetando seu caráter democrático, pois hoje encontra-se "estreitamente confinado, na maior parte dos casos, nas mãos de uma pequena elite política e econômica com condições de moldar a cidade cada vez mais segundo suas necessidades particulares e seus mais profundos desejos".[336]

Nesse norte, o direito à cidade representa a expressão democrática das funções urbanas, não podendo se restringir a uma pequena elite política ou econômica capaz de moldar as cidades conforme seus próprios interesses, pois no contexto da Carta de Atenas de 1933, a democratização do direito à cidade deve proporcionar a todos os seus habitantes a oportunidade de usufruir plenamente das funções essenciais da cidade,[337] as quais incluem o direito de habitar, trabalhar, circular e se divertir.

Importante ressaltar que em 1997, durante o Encontro Internacional de Arquitetos de Machu Picchu, foi elaborada a *Carta de Machu*

---

[336] HARVEY, David. *Cidades rebeldes*: do direito à cidade à revolução urbana. (Trad. Jeferson Camargo). São Paulo: Martins Fontes, 2014. p. 63.
[337] SANTOS, Kleidson Nascimento dos. In: LIBÓRIO, Daniela Campos (Coord.). *Direito urbanístico*: fontes do direito urbanístico e direito à cidade. Belo Horizonte: Fórum, 2020. p. 175.

Picchu, que propôs uma revisão na Carta de Atenas de 1933. Referido documento reafirmou o contexto dinâmico das cidades e a importância do planejamento urbano como instrumento de interpretação e realização das necessidades da população. Em relação aos espaços urbanos, a Carta ainda destacou que "[...] a qualidade de vida e a integração com o meio ambiente natural deve ser objetivo básico na concepção dos espaços habitáveis".[338]

De igual forma, segundo a *Carta Europeia de Salvaguarda dos Direitos Humanos na Cidade* (Saint Dennis, 2000),[339] o direito à cidade deve assegurar o usufruto equitativo de suas funções, com observância dos princípios da sustentabilidade, da democracia, da equidade e da justiça social a todos os habitantes das cidades, em especial aos grupos vulneráveis e desfavorecidos, aos quais se deve conferir legitimidade de ação e organização.

Necessário, portanto, que o direito à cidade seja pautado por um amplo espaço democrático, que beneficie toda a coletividade, assegurando aos mais vulneráveis a implementação de políticas públicas comprometidas com o interesse social, evitando-se a territorialização e a segregação espacial. A esse respeito, grande parcela da sociedade ainda vive em cidades marcadas pelo processo de estratificação social decorrente do processo de urbanização. Nesse sentido, destaca Baumann:

> Em suma, a cidade socialdemocrata que se afirmou no segundo pós-guerra torna-se ameaçada em suas fundações, pois o tecido social é submetido a intensas pressões que produzem uma verticalização crescente: os ricos tendem a se tornar ainda mais ricos, desfrutando as oportunidades disponibilizadas pela ampliação dos mercados, enquanto os mais pobres afundam na miséria, destituídos de sistemas de proteção social. O efeito desse duplo movimento é evidente na vida cotidiana de quem mora na cidade contemporânea: enquanto os bairros centrais são valorizados e tornam-se objeto de grandes investimentos urbanísticos, outras áreas são corroídas pela degradação e tornam-se marginais. Quem possui recursos econômicos ou tem condições de deslocar-se

---

[338] INSTITUTO DO PATRIMÔNIO HISTÓRICO E ARTÍSTICO NACIONAL (IPHAN). *Carta de Machu Picchu*. Brasília, DF: Instituto do Patrimônio Histórico e Artístico Nacional, dez. 1977. Disponível em: http://portal.iphan.gov.br/uploads/ckfinder/arquivos/Carta%20 de%20Machu%20Picchu%201977.pdf. Acesso em 30 jun. 2023.

[339] UNITED CITIES AND LOCAL GOVERNMENTS. *European charter for the safeguarding of human rights in the city*. Saint-Denis, 2000. Disponível em: https://uclg-cisdp.org/sites/default/files/documents/files/2021-06/CISDP%20Carta%20Europea%20Sencera_baixa_3. pdf. Acesso em 2 jul. 2023.

tenta se defender criando verdadeiros enclaves, nos quais a proteção é garantida por empresas privadas de segurança, ou transferindo-se para áreas mais tranquilas e nobres. Os mais pobres (ou seja, aqueles que são obrigados a permanecer onde estão) são forçados, ao contrário, a suportar as consequências mais negativas das mudanças. Isso só pode gerar um crescente e difuso sentimento de medo.[340]

Aliás, esse é o espectro almejado pela *Carta Mundial pelo Direito à Cidade de 2006*, fruto dos Fóruns Mundiais de Quito (2004), Barcelona (2004) e Porto Alegre (2005), ao assentar os princípios da sustentabilidade, da democracia, da equidade e da justiça social no processo de urbanização:

> O Direito à Cidade é definido como o usufruto equitativo das cidades dentro dos princípios de sustentabilidade, democracia, equidade e justiça social. É um direito coletivo dos habitantes das cidades, em especial dos grupos vulneráveis e desfavorecidos, que lhes confere legitimidade de ação e organização, baseado em seus usos e costumes, com o objetivo de alcançar o pleno exercício do direito à livre autodeterminação e a um padrão de vida adequado. O Direito à Cidade é interdependente a todos os direitos humanos internacionalmente reconhecidos, concebidos integralmente, e inclui, portanto, todos os direitos civis, políticos, econômicos, sociais, culturais e ambientais que já estão regulamentados nos tratados internacionais de direitos humanos [...] A cidade é um espaço coletivo culturalmente rico e diversificado que pertence a todos os seus habitantes.[341]

Nessa perspectiva, Sachs ainda registra que a *sustentabilidade das cidades* deve ser embasada em aspectos urbanísticos, ambientais e sociais. No *aspecto urbanístico*, as cidades devem contar com infraestruturas eficazes de redes viárias, transporte público, energia, conectividade, tratamento de resíduos e sistemas adequados de água e esgoto. Quando tais estruturas são insuficientes, as cidades tendem a ser dominadas pelo congestionamento, pela poluição e por uma gama de problemas urbanos.

No *aspecto ambiental*, as cidades devem prevenir a vulnerabilidade e os riscos de danos ambientais, como a poluição do ar e da água, a

---

[340] BAUMAN, Zygmunt. *Confiança e medo na cidade*. (Trad. Eliana Aguiar). Rio de Janeiro: Zahar, 2009. p. 5.
[341] FÓRUM SOCIAL MUNDIAL. *Carta mundial pelo direito à cidade*. V Fórum Social Mundial. Porto Alegre, 2005. Disponível em: https://polis.org.br/wp-content/uploads/2021/09/Carta-Mundial-pelo-Direito-a-Cidade.pdf. Acesso em 30 jun. 2023.

degradação de seu solo, a propagação de doenças e choques climáticos, além de adotar medidas preventivas para fazer frente às secas, cheias, ciclones, erupções vulcânicas e terremotos.

No *aspecto social*, as cidades devem permitir a inclusão social por meio da integração de pessoas de diferentes raças, etnias, classe social, renda, escolaridade, sem discriminação entre ricos e pobres, pois "a estabilidade, a confiança e a harmonia sociais na cidade (incluindo a estabilidade política e o nível de violência), serão influenciadas pela dimensão da mobilidade social".[342]

Outrossim, importante destacar o *aspecto cultural* do desenvolvimento urbano, considerando que o ordenamento das cidades deve igualmente ser pautado pela preservação e valorização dos bens culturais. Nessa vertente, o próprio Estatuto da Cidade (Lei nº 10.257/2001), em seu artigo 2º, XII, prevê que a política urbana tem por objetivo ordenar o pleno desenvolvimento das funções sociais da cidade e da propriedade urbana, tendo como uma de suas diretrizes gerais a "proteção, a preservação e a recuperação do meio ambiente natural e construído, do patrimônio cultural, histórico, artístico, paisagístico e arqueológico".

Nesse prisma, Marchesan[343] destaca a visão sistêmica do Estatuto da Cidade com a preservação do patrimônio cultural e equilíbrio do meio ambiente urbano, frisando que o homem é uma soma de cultura e natureza, somente realizando suas plenas potencialidades quando há equilíbrio entre ambas as dimensões.

Aliás, esse é o espectro da *Convenção para a Salvaguarda do Patrimônio Cultural Imaterial da Unesco* (Paris, 2003),[344] ao pontuar que o patrimônio cultural imaterial se transmite de geração em geração pelas comunidades e grupos, em função de seu ambiente, de sua interação com a natureza e sua história, gerando um sentimento de identidade e contribuindo para promover o respeito à diversidade cultural e à criatividade humana.

---

[342] SACHS, Jeffrey. *The age of sustainable development*. New York: Columbia University Press, 2015. p. 391.

[343] MARCHESAN, Ana Maria Moreira. Proteção do patrimônio cultural urbano à luz do Estatuto da Cidade (Lei nº 10.257/2001). *Revista Brasileira de Direito Municipal – RBDM*, Belo Horizonte, a. 23, n. 85, p. 43-64, jul./set. 2022. p. 45-48.

[344] UNESCO. *Convention for the Safeguarding of the Intangible Cultural Heritage*. Paris, 17 oct. 2003. Disponível em: https://unesdoc.unesco.org/ark:/48223/pf0000132540. Acesso em 7 nov. 2022.

Com lastro nesses conceitos, evidencia-se que o direito à *cidade sustentável e coerente* envolve várias dimensões conexas (social, econômica, ambiental e cultural), as quais objetivam melhorar a qualidade de vida da população em todos os seus aspectos, o que abrange o direito de viver em um ambiente saudável, seguro e equilibrado.

3.11 O Objetivo de Desenvolvimento Sustentável nº 11: as cidades sustentáveis e resilientes

Pode-se afirmar, de forma categórica, que um dos maiores avanços na temática das Cidades Sustentáveis adveio dos Objetivos do Desenvolvimento Sustentável (ODS), fruto da Agenda 2030, oportunidade em que o ODS 11 procurou sintetizar todos os mecanismos anteriormente elencados, com a finalidade de alcançar a sustentabilidade das cidades, almejando "tornar as cidades e os assentamentos humanos inclusivos, seguros, resilientes e sustentáveis".[345]

Nesse norte, o ODS 11 estabeleceu mecanismos para alcançar as "cidades e comunidades sustentáveis", evidenciando-se a estreita correlação entre meio ambiente, planejamento urbano e desenvolvimento sustentável. Dentre suas várias diretrizes, o ODS 11 elenca 10 metas essenciais para atingir a sustentabilidade urbana, as quais estão estruturadas em vários subeixos programáticos, a saber:

11.1 – Até 2030, garantir o acesso de todos à habitação segura, adequada e a preço acessível, e aos serviços básicos e urbanizar as favelas;

11.2 – Até 2030, proporcionar o acesso a sistemas de transporte seguros, acessíveis, sustentáveis e a preço acessível para todos, melhorando a segurança rodoviária por meio da expansão dos transportes públicos, com especial atenção para as necessidades das pessoas em situação de vulnerabilidade, mulheres, crianças, pessoas com deficiência e idosos;

11.3 – Até 2030, aumentar a urbanização inclusiva e sustentável, e as capacidades para o planejamento e a gestão de assentamentos humanos participativos, integrados e sustentáveis, em todos os países;

---

[345] NAÇÕES UNIDAS BRASIL. *Agenda 2030 para o desenvolvimento sustentável*. Brasília, DF, ONU Brasil, 2015. Disponível em: https://brasil.un.org/pt-br/91863-agenda-2030-para-o-desenvolvimento-sustentavel. Acesso em 30 jun. 2023.

11.4 – Fortalecer esforços para proteger e salvaguardar o patrimônio cultural e natural do mundo;

11.5 – Até 2030, reduzir significativamente o número de mortes e o número de pessoas afetadas por catástrofes e substancialmente diminuir as perdas econômicas diretas causadas por elas em relação ao produto interno bruto global, incluindo os desastres relacionados à água, com o foco em proteger os pobres e as pessoas em situação de vulnerabilidade;

11.6 – Até 2030, reduzir o impacto ambiental negativo per capita das cidades, inclusive prestando especial atenção à qualidade do ar, gestão de resíduos municipais e outros;

11.7 – Até 2030, proporcionar o acesso universal a espaços públicos seguros, inclusivos, acessíveis e verdes, particularmente para as mulheres e crianças, pessoas idosas e pessoas com deficiência;

11.a – Apoiar relações econômicas, sociais e ambientais positivas entre áreas urbanas, periurbanas e rurais, reforçando o planejamento nacional e regional de desenvolvimento;

11.b – Até 2020, aumentar substancialmente o número de cidades e assentamentos humanos, adotando e implementando políticas e planos integrados para a inclusão, a eficiência dos recursos, mitigação e adaptação às mudanças climáticas, a resiliência a desastres; e desenvolver e implementar, de acordo com o Marco de Sendai para a Redução do Risco de Desastres 2015-2030, o gerenciamento holístico do risco de desastres em todos os níveis;

11.c – Apoiar os países menos desenvolvidos, inclusive por meio de assistência técnica e financeira, para construções sustentáveis e resilientes, utilizando materiais locais.

Portanto, infere-se que a implementação das metas propostas pelo ODS 11 são complexas e demandam a efetivação de diversas políticas públicas voltadas a alcançar a sustentabilidade urbana nos aspectos social, ambiental e econômico.

Necessário destacar que o ODS 11 está diretamente atrelado às diretrizes da Nova Agenda Urbana adotada durante a III Conferência das Nações Unidas sobre Habitação e Desenvolvimento Urbano Sustentável (*Habitat III*), conforme consta em seu item 9,[346] onde foram reafirmados

---

[346] ORGANIZAÇÃO DAS NAÇÕES UNIDAS (ONU). *Nova agenda urbana, habitat III, 2016.* Nova Iorque: Nações Unidas, 2019. p. 4. Disponível em: https://uploads.habitat3.org/hb3/NUA-Portuguese-Brazil.pdf. Acesso 2 jul. 2023.

os compromissos globais com a promoção do desenvolvimento urbano sustentável de maneira integrada e coordenada nos níveis global, regional, nacional, subnacional e local, para alcançar as metas dos Objetivos de Desenvolvimento Sustentável (ODS), notadamente o ODS 11, visando tornar as cidades e os assentamentos humanos inclusivos, seguros, resilientes e sustentáveis.

Por sua vez, além de traçar metas para alcançar as cidades sustentáveis, o ODS 11 também contemplou o conceito de *cidades resilientes* como elemento da sustentabilidade. As cidades resilientes são definidas pela Organização para a Cooperação e o Desenvolvimento Econômico (OCDE)[347] como sendo aquelas capazes de absorver, adaptar, transformar e se preparar para o impacto passado e futuro de choques ou tensões.

O conceito de resiliência está associado à capacidade da natureza de reagir e se adaptar às alterações e perturbações da modernidade reflexiva,[348] também se aplicando aos problemas oriundos da ausência de planejamento urbano e das tensões entre o meio ambiente natural e construído.

No campo da urbanização, as cidades igualmente precisam estar preparadas para enfrentar os choques decorrentes das alterações do ambiente natural, tanto é que o item 9 do ODS 11 aborda expressamente a necessidade de implementação do *Marco de Sendai para a Redução do Risco de Desastres*, o qual estabelece estratégias de prevenção, reconstrução, recuperação e reabilitação das comunidades afetadas por desastres ambientais.[349]

Portanto, no contexto do *direito dos desastres*, a implementação do ODS 11 é essencial para aumentar a resiliência das cidades, pois consoante Carvalho, os desastres são capazes de afetar a estabilidade sistêmica social, num processo de irradiação e retroalimentação de suas

---

[347] ORGANISATION FOR ECONOMIC COOPERATION AND DEVELOPMENT (OECD). *Resilient cities*. [S.l.]: OECD, 2016. Disponível em: https://www.oecd.org/cfe/regionaldevelopment/resilient-cities.htm#:~:text=Resilient%20cities%20are%20cities%20that,cities%20can%20increase%20their%20resilience. Acesso em 2 jul. 2023.

[348] VÊNANCIO, Maria Demaria. Estado de direito ecológico e agroecologia: repensando o direito ambiental rumo à sustentabilidade. *In*: LEITE, José Rubens Morato; DINNEBIER, Flávia França (Org.). *Estado de direito ecológico*: conceito, conteúdo e novas dimensões para a proteção da natureza. São Paulo: Instituto O Direito por um Planeta Verde, 2017. p. 215-216.

[349] UNITED NATIONS. *Sendai framework for disaster risk reduction 2015–2030*. Novo Iorque, 2015. Disponível em: https://www.preventionweb.net/files/43291_sendaiframeworkfordrren.pdf. Acesso em 2 jul. 2023.

causas e efeitos. Para o autor, a conjugação destes três elementos (causas, consequências e estabilidade) exige rápida capacidade de respostas (tomada de decisões imediatas) diante de situações de grave e iminente instabilidade institucional ou de calamidade pública.[350] Nesse norte, no âmbito do planejamento urbano, a prevenção de desastres e as medidas de resiliência visam evitar um colapso na estabilidade social, permitindo maior capacidade de respostas e retomada do estado de equilíbrio.

Importante ressaltar que, atento a essa problemática e visando conferir rápida resposta às situações de emergência, calamidades públicas e desastres ambientais, o Conselho Nacional de Justiça editou a Recomendação nº 40, de 13 de junho de 2012, recomendando aos Tribunais de Justiça dos Estados a elaboração de Planos de Ação para melhor enfrentamento de tais situações emergenciais, incluindo a instituição de um *Gabinete de Crise* integrado não apenas pelo Poder Judiciário, mas também por membros do Ministério Público, da Defensoria Pública, da Ordem dos Advogados do Brasil e da Defesa Civil.[351]

Outrossim, Sachs pontua que na Era do Antropoceno as cidades poderão ser fustigadas por choques ambientais, a exemplo dos desastres naturais e da elevação do nível do mar, de modo que precisam estar preparadas com antecedência para enfrentar tais dilemas. E conclui afirmando que o planejamento das cidades para o futuro será decisivo para determinar suas perspectivas de desenvolvimento sustentável.[352]

Sintetizando, constata-se que o ODS 11 constitui uma verdadeira diretriz destinada a implementar as cidades sustentáveis, pois contempla diversas metas estruturantes de caráter social, ambiental, econômico, político e urbanístico, com o objetivo de atingir a sustentabilidade urbana e, desta forma, melhorar a qualidade de vida da população.

Portanto, o cenário contemporâneo demonstra uma latente preocupação mundial com a sustentabilidade urbana, tendo o objetivo primordial de prevenir a deterioração das cidades e evitar a degradação ambiental. Desta forma, para atingir o desenvolvimento urbano sustentável, é preciso [...] respeitar os fundamentos constitucionais do

---

[350] CARVALHO, Délton Winter de. *Desastres ambientais e sua regulação jurídica*: deveres de prevenção, resposta e compensação. 2. ed. São Paulo: Revista dos Tribunais, 2020. p. 146-148.

[351] CONSELHO NACIONAL DE JUSTIÇA (CNJ). *Recomendação CNJ nº 40, de 13 de junho de 2012*. Brasília, DF, 2012. Disponível em: https://atos.cnj.jus.br/atos/detalhar/841. Acesso em 2 jul. 2023.

[352] SACHS, Jeffrey. *The age of sustainable development*. New York: Columbia University Press, 2015. p. 390-391.

direito ambiental, harmonizar-se e construir uma relação ética com a natureza, hierarquizando e dosando os elementos da sustentabilidade, para garantir cidades ecologicamente sustentáveis".[353]

Nesse prisma, a execução da política urbana demanda a estrita observância de normas de ocupação e ordenamento destinadas a alcançar as cidades sustentáveis em suas diversas dimensões. Todavia, conforme já destacado, o processo de urbanização é pautado pela dinamicidade e constante evolução das cidades, pois as aglomerações urbanas envolvem um fenômeno social dinâmico e complexo, variando consideravelmente no tempo e no espaço,[354] exigindo acuradas ações interventivas e, sobretudo, a boa governança dos entes públicos, para que as cidades se tornem sustentáveis e resilientes.

Aliás, a produção do espaço urbano é uma conjugação de relações sociais e de relações espaciais, de forma que a reprodução da sociedade constitui um processo pautado por relações espaço-temporais.[355] A esse respeito, as eloquentes considerações de Carvalho Filho sobre o tema resumem e contextualizam o direito às cidades sustentáveis:

> O direito a cidades sustentáveis é, de fato, o direito fundamental das populações urbanas. Daí podermos assegurar que é esse direito que deve configurar-se como alvo prevalente de toda a política urbana. Como a urbanização é um processo de transformação da cidade com vistas à melhoria das condições da ordem urbanística, exige-se que o processo não perca de vista essa garantia atribuída à coletividade. Sem conferir-se a tal direito a importância que deve ostentar, nenhuma ação de política urbana alcançará o bem-estar dos habitantes e usuários. [...] Esse equilíbrio é indispensável. Não basta o desenvolvimento urbano isoladamente considerado, pois que há providências que só aparentemente espelham evolução, mas que, na verdade, não trazem qualquer benefício à coletividade, e algumas vezes até lhe causam sérios gravames. Por outro lado, o bem-estar tem que ser geral, coletivo, não se podendo aquinhoar pequenos grupos com o benefício de sua exclusiva comodidade em detrimento do desenvolvimento da cidade. A *cidade sustentável* é exatamente a que observa o mencionado equilíbrio.[356]

---

[353] RECH, Adir Ubaldo; RECH, Adivandro. *Cidade sustentável, direito urbanístico e ambiental*: instrumentos de planejamento. Porto Alegre: Educs, 2018. p. 42 e 71.
[354] SANTOS, Milton. *A urbanização desigual*: a especificidade do fenômeno urbano em países subdesenvolvidos. 3. ed. São Paulo: Editora da Universidade de São Paulo, 2010. p. 119.
[355] CARLOS, Ana Fani Alessandri. *A condição espacial*. São Paulo: Contexto, 2011. p. 33-40.
[356] CARVALHO FILHO, José dos Santos. *Comentários ao estatuto da cidade*. 5. ed. rev. ampl. e atual. São Paulo: Atlas, 2013. p. 46-47.

Deste modo, a constante mutação e crescimento das cidades se insere no contexto do desenvolvimento sustentável, sendo necessário compreender esse dinamismo para propiciar a busca de soluções equânimes aos conflitos surgidos, fator que exige uma construção transdisciplinar entre o direito urbanístico e o direito ambiental, além da interação com outras ciências multidisciplinares.

Enfim, a conjugação de elementos científicos e a efetiva implementação do ODS 11 podem permitir a construção das chamadas "cidades sustentáveis e resilientes", e assim perfectibilizar o pleno desenvolvimento das funções sociais de cidade, garantindo o bem-estar de seus habitantes, conforme previsão insculpida no artigo 182 da CF/1988, objetivo central do direito urbanístico contemporâneo.

3.12 As cidades verdes (*green cities*) como modelos de sustentabilidade

Uma cidade sustentável também deve observar as interfaces da sustentabilidade ambiental e econômica, fatores que abrangem temas amplos e conexos, tais como as licitações verdes, as construções sustentáveis, as redes de transporte coletivo baseadas em fontes renováveis de energia, a destinação ambientalmente adequada de resíduos sólidos e líquidos, a emissão de certificados verdes e a redução da emissão urbana de gases de efeito estufa.[357]

Nesse mesmo vértice, a sustentabilidade urbana exige a consolidação de *espaços públicos verdes*, sendo de extrema importância a ampliação das áreas de preservação urbanas e a implantação de Parques Lineares para tornar as cidades ambientalmente sustentáveis.

O moderno conceito de urbanização sustentável cada vez mais estimula a implementação das *green cities* para melhorar a qualidade de vida urbana, notadamente no cenário de mudanças climáticas, de conflitos urbano-ambientais e do crescimento desordenado das grandes cidades. Nesse contexto, as áreas verdes urbanas desempenham múltiplas funções urbanísticas, ambientais e sociais, tendo a potencialidade de transformar as "cidades cinzas" em "cidades verdes".

---

[357] NALINI, José Renato; SILVA NETO, Wilson Levy B. da. Cidade inteligentes e sustentáveis: desafios conceituais e regulatórios. *In*: CORTESE, Tatiana T. Philippi; KNIESS, Cláudia Terezinha; MACCARI, Emerson Antonio (Org.). *Cidades inteligentes e sustentáveis*. 1. ed. Barueri: Manole, 2017. p. 7.

Os espaços urbanos verdes geram um efeito positivo para a biodiversidade, além de melhorar o clima, o bem-estar e a qualidade do ar. Outrossim, as cidades verdes possuem a força de reconfigurar a "cidade de concreto", emoldurada por grandes obras e edificações que alteram a paisagem urbana, permitindo a integração entre homem e natureza, com a criação de espaços urbanos saudáveis, onde árvores, lagos, parques lineares e pequenas florestas se transformam em verdadeiros "pulmões urbanos".

Nesse contexto, as chamadas "infraestruturas verdes" possibilitam a formação de um sistema interligado, capaz de contribuir não apenas com o processo de urbanização das cidades, mas também com a minimização dos efeitos das mudanças climáticas, tornando os centros urbanos mais sustentáveis.

Com efeito, as infraestruturas verdes[358] envolvem componentes capazes de assegurar o manejo adequado das águas pluviais, a redução das ilhas de calor urbanas, o aumento da biodiversidade, uma melhor qualidade do ar, da água e dos solos, inclusive auxiliando na redução da escassez de recursos hídricos, na restauração de defesas naturais contra inundações e na formação de corredores terrestres para proteger e permitir a migração de espécies animais.

Visando estimular a ampliação de áreas verdes urbanas, o Ministério do Meio Ambiente (MMA) editou a Portaria nº 504/2020, que instituiu o *Programa Cidades+Verdes* e o Cadastro Ambiental Urbano (CAU).[359] A iniciativa tem o objetivo criar, ampliar, recuperar e integrar as áreas verdes urbanas, além de aprimorar a gestão ambiental nesses espaços por meio de ferramentas de mapeamento e monitoramento. Por sua vez, o Cadastro Ambiental Urbano constitui ferramenta para a identificação, o mapeamento, a qualificação e a divulgação de áreas verdes urbanas.

Ademais, importante ressaltar o papel multifuncional das Áreas Verdes Urbanas, dos Parques Lineares Urbanos ou dos Corredores Verdes (*greenways*) como ferramentas essenciais para a sustentabilidade urbana, conforme relevante estudo encomendado pelo Banco Interamericano de Desenvolvimento (BID):

---

[358] VERA, Felipe *et al*. *Diseño ecológico*: estrategias para la ciudad vulnerable: infraestructuras verdes urbanas y espacio público en América Latina y Caribe. Banco Interamericano de Desarrollo (BID), 2022. p. 44.

[359] BRASIL. Ministério do Meio Ambiente. *Portaria 504/2020*. Brasília, DF: Ministério do Meio Ambiente. 2020. Disponível: https://www.in.gov.br/en/web/dou/-/portaria-n-504-de-21-de-setembro-de-2020-278695663. Acesso em 30 jun. 2023.

No nível ambiental, eles têm um grande potencial para preservar áreas nos vales dos rios das cidades e também contribuir para o saneamento e a limpeza das águas superficiais e subterrâneas. Ao mesmo tempo, proporcionam um mecanismo direto para preservar áreas protegidas e a biodiversidade própria do ecossistema. As áreas verdes cumprem um papel estratégico nos esforços de mitigação e adaptação à mudança climática. Nesse sentido, esses espaços também têm um potencial de reduzir as emissões. O plantio de árvores e a preservação da vegetação dessas áreas contribui para a absorção de CO2. Além disso, reduzem os impactos das enchentes, porque podem fortalecer a estrutura dos leitos fluviais. Este papel em particular faz com que os parques lineares sejam um elemento estratégico dos pacotes de políticas climáticas nas cidades que buscam complementariedades com outras políticas.[360]

A cobertura vegetal urbana propicia inúmeros benefícios à coletividade, pois exercem ao mesmo tempo funções sociais, ecológicas, educativas e paisagísticas. Além de preservar importantes espécies da fauna e da flora, as áreas verdes urbanas também produzem material genético, propiciam embelezamento, criam espaços de lazer, convivência, atividades físicas e de recreação junto à natureza, além de estimular a educação ambiental.

Para Lynch, uma paisagem admirável estabelece uma relação harmoniosa entre o homem e o mundo à sua volta, pois "a cidade é em si, o símbolo poderoso de uma sociedade complexa. Se, bem organizada em termos visuais, ela também pode ter um forte significado expressivo".[361] Nesse sentido, a cobertura verde valoriza os logradouros públicos, as praças, as avenidas e os bairros, pois melhoram o paisagismo e o aspecto visual da cidade, gerando inúmeras melhorias ambientais. Outrossim, as áreas verdes e parques urbanos estimulam o turismo e a visitação pública, fomentando a economia local.

Além disso, as áreas verdes urbanas reduzem o clima seco e as elevadas temperaturas das cidades, melhorando o microclima e a qualidade do ar pela absorção de partículas de poeira e gases, pois capturam

---

[360] MAYORGA MORA, Natalia. *Experiências de parques lineares no Brasil*: espaços multifuncionais com o potencial de oferecer alternativas a problemas de drenagem e águas urbanas. Washington, D.C.: Banco Interamericano de Desenvolvimento, 2013. p. 19. (Nota técnica IDBTN, 518). Disponível em: https://publications.iadb.org/en/publications/portuguese/document/Experi%C3%AAncias-de-parques-lineares-no-Brasil-espa%C3%A7os-multifuncionais-com-o-potencial-de-oferecer-alternativas-a-problemas-de-drenagem-e-%C3%A1guas-urbanas.pdf. Acesso em 30 jun. 2023.
[361] LYNCH, Kevin. *A imagem da cidade*. (Trad. Jefferson Camargo). São Paulo: Martins Fontes, 2018. p. 5.

o carbono da atmosfera. De igual forma, colaboram para a redução do gás CO2, minimizam a poluição sonora pelo amortecimento das ondas sonoras por barreiras verdes e pelas copas das árvores, garantem a permeabilidade do solo ao facilitarem a drenagem de água e evitam enchentes, além de proteger as várzeas e os cursos d'água situados na área urbana.[362]

No aspecto geológico, a manutenção de áreas verdes e, sobretudo, das áreas de preservação permanente (APPs) em regiões urbanas íngremes, a exemplo de encostas e morros, também age como uma barreira para a contenção de processos erosivos e prevenção de riscos potenciais, indo ao encontro dos objetivos da Política Nacional de Proteção e Defesa Civil (Lei nº 12.608/2012) ao elencar a prioridade de ações preventivas relacionadas à minimização de desastres (artigo 4º, III). Assim, a cobertura vegetal em áreas de acentuada declividade funciona como uma barreira natural, retendo a força das águas e de seu escoamento, influenciando na prevenção de deslizamentos e movimentação de solo.

Em complemento, sobressai a importância da implementação dos Planos de Arborização Urbana nas cidades, em conformidade com o artigo 4º, II, "c" e V, "e" do Estatuto das Cidades (Lei nº 10.257/2001), tendo em vista que um dos instrumentos da política urbana é o planejamento municipal através de zoneamento ambiental e da implementação de unidades de conservação urbana.

Nesse norte, impende ressaltar a iniciativa do Ministério Público do Estado do Paraná e de outros vários organismos estatais ao criarem o *Manual para elaboração do plano municipal de arborização*,[363] com o objetivo de conferir subsídios técnicos aos municípios para a implementação eficaz dos planos.

Importante destacar relevantíssimo Projeto de Lei em tramitação no Congresso Nacional Brasileiro (PL nº 4.309/2021), que visa instituir a *Política Nacional de Arborização Urbana e criar o Sistema Nacional de Informações sobre Arborização Urbana*.[364] O projeto, baseado em estudos da

---

[362] Sobre o tema, vide: PANASOLO, Alesandro; PETERS, Edson Luiz; NUNES, Melina Samma. *Áreas verdes urbanas à luz da nova legislação florestal*. Curitiba: Ambiente Juris, 2016.

[363] PARANÁ. Ministério Público do Estado. *In*: PINHEIRO, Paula Broering Gomes (Org.). *Manual para elaboração do plano municipal de arborização*. 2. ed. Curitiba: Procuradoria-Geral de Justiça, 2018.

[364] BRASIL.. Câmara dos Deputados. *Projeto de Lei nº 4.309/2021*: Institui a Política Nacional de Arborização Urbana, cria o Sistema Nacional de Informações sobre Arborização Urbana, e dá outras providências. Brasília, DF, 2021. Disponível em: https://www.camara.leg.br/

Sociedade Brasileira de Arborização Urbana, por intermédio do Grupo de Trabalho da Política Nacional de Arborização Urbana (GTPNAU), estabelece objetivos e diretrizes da nova política de arborização, reconhecendo as árvores urbanas como elementos de infraestrutura essencial.

Dentre várias novidades, o Projeto de Lei ainda prevê a criação do Sistema Nacional de Informações sobre Arborização Urbana (SISNAU), que deverá ser alimentado por intermédio dos Planos Nacional, Estadual e Municipais de Arborização Urbana. Trata-se de um sistema de gestão integrada entre os três níveis da federação, com o objetivo de melhorar a governança, estabelecer diretrizes e políticas públicas eficazes para a implantação, revisão e operacionalização da Política Nacional de Arborização Urbana.

Nesse norte, um dos objetivos do referido projeto é promover um diagnóstico da situação atual da arborização urbana nacional, estadual e municipal, para instrumentalizar políticas correlatas. Ademais, o Projeto de Lei torna obrigatória a implementação dos Planos de Arborização Urbana em todos os municípios com mais de 20.000 habitantes. Em arremate, o PL também amplia o rol de crimes ambientais relacionados à arborização urbana, acrescentando o Capítulo V à Lei nº 9.605/1998 (Lei de Crimes Ambientais), elencando uma série de novas condutas delitivas voltadas a reprimir condutas lesivas à arborização urbana (artigo 53-A ao art.53-M).

Com efeito, trata-se de relevante Projeto de Lei visando estabelecer mecanismos específicos para a implementação, proteção e preservação da arborização urbana, notadamente para fixar novas diretrizes de governança e políticas públicas adequadas em nível nacional, estadual e municipal, com vistas à conservação e expansão da arborização urbana nas cidades, regiões metropolitanas, aglomerações urbanas e microrregiões.

Portanto, as Áreas Verdes Urbanas, os Parques Lineares Urbanos e os Planos de Arborização Urbana constituem importantes instrumentos voltados à consolidação da cobertura verde urbana, sendo imprescindível que os gestores públicos adotem medidas concretas para tornar as cidades mais verdes.

---

propostas-legislativas/2310535. Acesso em 7 nov. 2022.

3.13 Construções verdes ou sustentáveis (*green building*)

O urbanismo contemporâneo assumiu novas feições sustentáveis, abrangendo projetos ambientalmente responsáveis e construções pautadas pela sustentabilidade urbana. A partir dessas diretrizes, novas tendências urbanísticas vêm propiciando o desenvolvimento de projetos destinados a reduzir os impactos ambientais urbanos para tornar as cidades e suas construções mais ecológicas.

Dentre esses novos conceitos, pode-se destacar as construções verdes ou sustentáveis, as quais se relacionam com a "aplicação da responsabilidade às atividades construtivas, sendo definida como a criação e a responsabilidade de gestão do ambiente construído, baseado nos princípios ecológicos e no uso eficiente de recursos".[365]

O ramo de construção civil consome elevados recursos naturais, além de gerar significativo volume de resíduos, podendo provocar impactos ambientais relevantes. Por esses motivos, o conceito de sustentabilidade foi introduzido no segmento da construção civil com uma abordagem sistêmica em busca de um novo paradigma ambiental, social e econômico.[366]

O tema das construções sustentáveis foi expressamente reconhecido durante a Conferência Rio 92, sendo inserido na *Agenda 21 Global*,[367] visando promover atividades sustentáveis na indústria da construção (item 7.5, g); orientar os países a adotarem normas regulamentares para o emprego de projetos, tecnologias eficientes de energia e uso de recursos naturais de modo sustentável (item 7.69, c); adotar instrumentos econômicos, como a taxação sobre produtos, para desestimular o uso de materiais de construção que criem poluição durante o seu ciclo vital (item 7.69, d), além de estimular o uso de materiais de construção e tecnologias ambientalmente saudáveis (item 7.74).

Na esteira da Rio 92, em 1994 ocorreu a 1ª Conferência Mundial sobre Construção Sustentável (*First World Conference for Sustainable*

---

[365] CORTESE, Tatiana Tucunduva *et al*. Sustentabilidade nas construções: a necessidade de discussão deste novo paradigma. *In*: CORTESE, Tatiana T. Phipippi; KNIESS, Cláudio Terezinha; MACCARI, Emerson Antonio (Org.). *Cidades inteligentes e sustentáveis*. Barueri: Manole, 2017. p. 104.

[366] CORTESE, Tatiana Tucunduva *et al*. Sustentabilidade nas construções: a necessidade de discussão deste novo paradigma. *In*: CORTESE, Tatiana T. Phipippi; KNIESS, Cláudio Terezinha; MACCARI, Emerson Antonio (Org.). *Cidades inteligentes e sustentáveis*. Barueri: Manole, 2017. p. 105.

[367] BRASIL. Ministério do Meio Ambiente. *Agenda 21 global*. Brasília, DF: Ministério do Meio Ambiente, 1992. Disponível em: https://antigo.mma.gov.br/responsabilidade-socioambiental/agenda-21/agenda-21-global/item/637.html. Acesso em 27 jun. 2023.

Construction) na cidade de Tampa, Estados Unidos, onde foram debatidos novos conceitos para tornar as construções mais ecológicas. Na ocasião definiu-se seis conceitos para atingir uma construção sustentável, conforme destaca Kibert: 1. Minimizar o consumo de recursos (conservar); 2. Maximizar a reutilização dos recursos (reutilização); 3. Utilizar recursos renováveis ou reaproveitáveis (renovar); 4. Proteger o ambiente natural (proteger a natureza); 5. Criar um ambiente saudável (não tóxico); 6. Fomentar a qualidade ao criar o ambiente construído (qualidade).[368]

Para ser classificada como sustentável, uma construção deve atender, dentre outros requisitos, as recomendações técnicas das Normas ISO 15392 e ISO 21930, que tratam respectivamente da Sustentabilidade na Construção Civil e da Declaração Ambiental de Produtos para Construção.

A ISO 15932[369] estabelece os princípios gerais para a construção de edifícios e demais obras de engenharia civil baseadas no conceito de desenvolvimento sustentável em todo o ciclo de vida das obras. Por sua vez, a ISO 21930[370] prevê que projetistas, fabricantes, usuários, proprietários e outras partes interessadas no setor de construção civil devem tomar decisões adequadas para lidar com os impactos ambientais das obras, exigindo iniciativas para uma abordagem uniforme nos meios e métodos de expressar declarações ambientais fidedignas e relevantes.

Seguindo tais diretrizes, a Lei nº 12.836/2013 alterou o Estatuto da Cidade (Lei nº 10.257/2001), incluindo nos objetivos da política urbana medidas voltadas à sustentabilidade nas edificações, parcelamentos de solo e fixação de padrões construtivos, visando reduzir os impactos ambientais e propiciar a economia de recursos naturais.[371]

---

[368] KIBERT, Charles J. *Establishing principles and a model for sustainable construction*. CIB TG 16, Sustainable Construction, Tampa, 1994. p. 5. Disponível em: https://www.irbnet.de/daten/iconda/CIB_DC24773.pdf. Acesso em 3 jul. 2023.

[369] INTERNATIONAL ORGANIZATION FOR STANDARDIZATION (ISO). *ISO 15392:2019*: sustainability in buildings and civis engineering works. General principles [S. l.], dez. 2019. Disponível em: https://www.iso.org/standard/69947.html. Acesso em 3 jul. 2023.

[370] INTERNATIONAL ORGANIZATION FOR STANDARDIZATION (ISO). *ISO 21930:2017*: sustainability in buildings and civil engineering works. Core rules for environmental product declarations of construction products and services. [S. l.], dez. 2017. Disponível em: https://www.iso.org/obp/ui/#iso:std:iso:21930:ed-2:v1:en. Acesso em 3 jul. 2023.

[371] Art. 2º A política urbana tem por objetivo ordenar o pleno desenvolvimento das funções sociais da cidade e da propriedade urbana, mediante as seguintes diretrizes gerais: [...] XVII: "estímulo à utilização, nos parcelamentos do solo e nas edificações urbanas, de sistemas operacionais, padrões construtivos e aportes tecnológicos que objetivem a redução de impactos ambientais e a economia de recursos naturais". (BRASIL. Lei nº 12.836,

De igual forma, nos últimos anos, o Brasil vem avançando no aspecto da sustentabilidade das contratações de obras e serviços públicos, implementando cada vez mais as licitações sustentáveis, que no dizer de Freitas,[372] representam um notável progresso na administração pública, pois além de promoverem a ressignificação dos contratos administrativos, permitem selecionar a proposta mais vantajosa para a administração, além de maximizar os benefícios ambientais.

Nesse sentido, a *Lei de Licitações e Contratos* (Lei nº 8.666/1993) prevê em seu artigo 12, VII, a necessidade de observar o impacto ambiental na elaboração de projetos básicos e executivos de obras e serviços. Posteriormente, o artigo 3º da referida Lei foi alterado pela Lei nº 12.349/2010, sendo inserido dentre os objetivos da licitação a promoção do desenvolvimento nacional sustentável, objeto de regulamentação pelo Decreto nº 7.746/2012.[373]

Em complemento, a Lei nº 12.462/2011 instituiu o *Regime Diferenciado de Contratações Públicas* (RDC) para a construção de estádios, aeroportos e grandes obras de infraestrutura e mobilidade urbana, necessários à realização dos Jogos Olímpicos e Paraolímpicos de 2016, Copa das Confederações de 2013 e Copa do Mundo Fifa de 2014.

Referida Lei estabeleceu a necessidade de observância do princípio do desenvolvimento sustentável nas licitações e obras públicas em seu artigo 4º, §1º, I a VI, dentre eles: a disposição final ambientalmente adequada dos resíduos sólidos gerados pelas obras contratadas; a mitigação e a compensação ambiental; o uso de produtos, equipamentos e serviços que reduzam o consumo de energia e recursos naturais; a avaliação de impactos de vizinhança; a proteção do patrimônio cultural, histórico, arqueológico e imaterial, inclusive por meio da avaliação do impacto direto ou indireto causado pelas obras contratadas; a acessibilidade por pessoas com deficiência ou com mobilidade reduzida.

Por seu turno, a nova *Lei de Licitações e Contratos Administrativos* (Lei nº 14.133/2021), que entrou em vigor em 01 de abril de 2023,

---

de 2 de julho de 2013. Altera os arts. 2º, 32 e 33 da Lei nº 10.257, de 10 de julho de 2001 – Estatuto da Cidade. *Diário Oficial da União*, Brasília, DF: Presidência da República, 03 jul. 2013. Disponível em: http://www.planalto.gov.br/ccivil_03/_ato2011-2014/2013/lei/l12836.htm. Acesso em 3 jul. 2023).

[372] FREITAS, Juarez. *Sustentabilidade*: direito ao futuro. 4. ed. Belo Horizonte: Fórum, 2019. p. 283.

[373] Sobre o tema, vide: VILLAC, Teresa. *Licitações Sustentáveis no Brasil*: um breve ensaio sobre ética ambiental e desenvolvimento. 1. ed. Belo Horizonte: Fórum, 2019; BRITO, Felipe Pires M. de. *Contratações públicas sustentáveis*: (re)leitura verde da atuação do Estado Brasileiro. Rio de Janeiro: Lumen Juris, 2020.

revogando a Lei nº 8.666/1993, igualmente prevê a observância do princípio do desenvolvimento nacional sustentável como diretriz (artigo 5º). Tal norma ainda estipula que o processo licitatório deve incentivar a sustentabilidade (artigo 11) e a contratação de obras, fornecimentos e serviços, inclusive de engenharia, que atendam critérios de sustentabilidade ambiental (artigo 144).

Importante registrar que no âmbito do Poder Judiciário, o Conselho Nacional de Justiça (CNJ) editou a Resolução nº 347/2020,[374] que dispõe sobre a *Política de Governança das Contratações Públicas no Poder Judiciário*, a qual deve observar as diretrizes da promoção do desenvolvimento nacional sustentável, conforme preveem os Objetivos do Desenvolvimento Sustentável da Agenda 2030.

Nesse sentido, as construções sustentáveis são baseadas em projetos que visam minimizar os impactos ambientais de um obra pública ou privada, residencial, comercial e industrial, tais como a redução do consumo de eletricidade através de fontes renováveis que produzam sua própria energia;[375] o uso de materiais térmicos capazes de aquecer ou resfriar os ambientes sem a necessidade de uso de ar-condicionado ou sistemas de aquecimento; a instalação de sistemas de captação e reuso de água; o uso de materiais recicláveis e de madeira certificada ou de reuso; a utilização de materiais termo acústicos e eficientes; o melhor aproveitamento de luz solar; a substituição de lâmpadas convencionais pelas de LED e a construção de jardins verticais e telhados verdes para reduzir as elevadas temperaturas.

Além desses requisitos, as construções sustentáveis também devem adotar sistemas de gerenciamento de resíduos durante o ciclo de construção, visando minimizar os impactos da obra mediante uso racional de materiais, redução de perdas e destinação final adequada de

---

[374] CONSELHO NACIONAL DE JUSTIÇA (CNJ). *Resolução nº 347, de 13 de outubro de 2020*: dispõe sobre a Política de Governança das Contratações Públicas no Poder Judiciário. Brasília, DF: Conselho Nacional de Justiça, 2010. Disponível em: https://atos.cnj.jus.br/files/original170811202010155f8881fb44760.pdf. Acesso em 3 jul. 2023.

[375] A Resolução Normativa nº 482/2012 da ANEEL criou o sistema de geração e compensação de energia, além de fixar regras para o segmento de geração distribuída, permitindo que toda pessoa física ou jurídica possa instalar um micro ou minigerador, a fim de produzir a própria energia consumida. A RN expandiu o sistema fotovoltaico no Brasil, permitindo a autossustentabilidade na geração de energia residencial e comercial, de baixo impacto ambiental, além de permitir a redução no carregamento das redes, a minimização das perdas e a diversificação da matriz energética. (AGÊNCIA NACIONAL DE ENERGIA ELÉTRICA (ANAEEL). *Resolução normativa nº 482/2012*. Brasília, DF: Agência Nacional de Energia Elétrica, 2015. Disponível em: https://www.aneel.gov.br/geracao-distribuida. Acesso em 3 jul. 2023).

materiais inservíveis, em conformidade com o artigo 20, III, da Política Nacional de Resíduos Sólidos (Lei nº 12.305/2010).

Esse conjunto de fatores é capaz de reduzir consideravelmente os impactos negativos no meio ambiente urbano, sobretudo as emissões de gases de efeito estufa relacionadas às grandes construções, sendo uma tendência crescente nos Estados Unidos e Europa. Aliás, quanto à emissão de CO_2, um dos instrumentos da Política Nacional das Mudanças do Clima visa estimular o desenvolvimento de processos e tecnologias que contribuam para a redução de emissões e remoções de gases de efeito estufa, incluindo a redução de resíduos para propiciar maior economia de energia, água e outros recursos naturais (artigo 6º, XII, da Lei nº 12.187/2009).

Nessa vertente, Cortese et al.,[376] registram que a construção civil mundial responde por 25% das emissões de CO_2, segundo estimativas do Painel Intergovernamental das Mudanças Climáticas (IPCC), sendo necessário que os *green buildings* empreguem alta tecnologia para reduzir os impactos negativos causados pela construção no ambiente urbano, oferecendo melhor qualidade de vida aos seus ocupantes, além de gerar benefícios financeiros aos empreendedores.

Outrossim, seguindo esta tendência mundial, o Brasil aprovou a Lei nº 14.546, de 4 de abril de 2023, que alterou a Lei nº 11.445, de 5 de janeiro de 2007 (Política Nacional de Saneamento Básico), estabelecendo medidas de prevenção a desperdícios, de aproveitamento das águas de chuva e de reuso de água não potável. Dentre as medidas previstas, a Lei estabelece que no âmbito da Política Federal de Saneamento Básico, a União deverá estimular o uso das águas de chuva e o reuso não potável das águas cinzas[377] em novas edificações, nas atividades paisagísticas, agrícolas, florestais e industriais.

Embora em fase incipiente no Brasil, as construções sustentáveis vêm sendo impulsionadas no país por meio de novas tecnologias, maior

---

[376] CORTESE, Tatiana Tucunduva *et al*. Sustentabilidade nas construções: a necessidade de discussão deste novo paradigma. In: CORTESE, Tatiana T. Phipippi; KNIESS, Cláudio Terezinha; MACCARI, Emerson Antonio (Org.). *Cidades inteligentes e sustentáveis*. Barueri: Manole, 2017. p. 108-110.

[377] Em contraposição à "água branca", que diz respeito à água potável, são denominadas como "águas cinzas" as águas residuais provenientes de edificações, as quais já foram utilizadas em atividades domésticas como chuveiros, lavatórios de banheiro, tanques e máquinas de lavar roupa, podendo ser reutilizadas após adequado tratamento em atividades de irrigação, lavagem de calçadas, veículos e pisos.

qualificação no ramo da construção civil e, sobretudo, pelo crescimento da responsabilidade socioambiental no setor e a maior conscientização ambiental da sociedade.

Além disso, o mercado das construções verdes vem sendo estimulado pelas certificações destinadas a incentivar boas práticas de sustentabilidade na construção civil, podendo ser citados os certificados Green Globes (*Green Building Initiative – GBI*), Leed (*Leadership in Energy and Environmental Design*), Breeam (*Building Research Establishment Environmental Assessment Method*) e Aqua/HQE (*Haute Qualité Environmentale*).

Sobre o aspecto dos resultados, a Câmara da Indústria da Construção (CIC)[378] destaca que as construções sustentáveis são capazes de proporcionar uma gama de benefícios que abarcam os três pilares da sustentabilidade:

Benefícios sociais: a sustentabilidade desenvolve a economia local com a geração de emprego e renda, gera benefícios tributários, promove a integração de ocupantes do empreendimento com sua vizinhança, além da adequação arquitetônica com seu entorno.

Benefícios ambientais: os empreendimentos sustentáveis podem ser concebidos e planejados para suprimir menores áreas de vegetação, otimizar o uso de materiais, gerar menos emissões de resíduos durante a fase de construção, utilizar menos energia e água durante a fase de operação, reaproveitar e reciclar materiais no fim de seu ciclo de vida.

Benefícios econômicos: aumentam a eficiência no uso de recursos financeiros na construção, oferecem retorno financeiro justo aos empreendedores e acionistas, bem como induzem o aumento da produtividade de trabalhadores num ambiente saudável e confortável.

Enfim, as construções sustentáveis envolvem uma visão multidisciplinar incorporada no ramo da construção civil para tornar as obras ecologicamente corretas mediante uso de novos conceitos e tecnologias que visam harmonizar os ambientes naturais e construídos, além de propiciar uma construção saudável focada na saúde, no bem-estar e na qualidade de vida de seus usuários.

---

[378] CÂMARA DA INDÚSTRIA DA CONSTRUÇÃO. *Guia de sustentabilidade na construção*. Belo Horizonte: FIEMG, 2008. p. 21. Disponível em: http://www.sinduscon-mg.org.br/site/arquivos/up/comunicacao/guia_sustentabilidade.pdf. Acesso em 3 jul. 2023.

3.14 As cidades inteligentes (smart cities): um novo paradigma tecnológico para a sustentabilidade ambiental e urbanística

As novas tecnologias vêm alterando a dinâmica das cidades, propiciando melhor qualidade de vida à população, notadamente na prestação de serviços públicos, tornando as cidades mais sustentáveis nas áreas de mobilidade urbana, transportes, iluminação pública, telefonia móvel, acesso à rede pública de internet, tecnologias de informação, dentre outras inovações. Essas significativas mudanças tecnológicas, alinhadas à revolução gerada pela indústria 4.0, vêm repercutindo no processo de urbanização, propiciando o surgimento das chamadas *Cidades Inteligentes* ou *Smart Cities*.

Conforme Documento Temático nº 21, produzido durante a Conferência ONU Habitat III, as cidades inteligentes podem ser conceituadas como "aquelas que possuem infraestrutura física, social, institucional e econômica inteligentes, garantindo, simultaneamente, centralidade dos cidadãos em um ambiente sustentável" ou de forma mais ampla, "uma cidade que oferece serviços aos cidadãos e empresas de uma maneira integrada, com uso eficiente de recursos, e permite colaborações inovadoras para melhorar a qualidade de vida dos habitantes e apoiar o crescimento da economia local e nacional",[379] devendo incluir temas como energia, transporte e edifícios inteligentes, água e resíduos inteligentes, segurança, saúde e educação inteligentes.

Para Kanter e Litow,[380] as cidades inteligentes podem ser definidas como aquelas capazes de conectar de forma inovadora as infraestruturas físicas e as tecnologias de informação e comunicação (TIC), de forma eficiente e eficaz, permitindo a convergência de aspectos organizacionais, normativos, sociais e tecnológicos, para melhorar as condições de sustentabilidade e qualidade de vida da população.

Apesar dessas definições, e por tratar-se de um tema inovador no cenário urbanístico, parte da doutrina entende que ainda existe uma

---

[379] UNITED NATIONS. *Documentos temáticos da Habitat III*: 21 – Cidades Inteligentes. Nova Iorque, 2015. p. 2-4. Disponível em: https://uploads.habitat3.org/hb3/21-Cidades-Inteligentes_final.pdf. Acesso em 3 jul. 2023.

[380] KANTER, R. M.; LITOW, S. S. Informed and interconnected: a manifesto for smarter cities. *Harvard Business School General Management Unit Working Paper*, [S. l.], v. 9, n. 141, p. 1-27, 2009. p. 2. Disponível em: http://papers.ssrn.com/sol3/papers.cfm?abstract_id=1420236. Acesso em 3 jul. 2023.

lacuna teórica acerca do conceito e das características específicas das Cidades Inteligentes e Sustentáveis.[381]

Por seu turno, Muños e Carballal[382] destacam a dimensão humana da *smart citie*, frisando que ela deve ser planejada conforme as necessidades do cidadão, enfatizando ainda que a implementação das cidades inteligentes demanda técnicas e instrumentos eficazes de gestão: "A cidade inteligente ou a cidade baseada em princípios inteligentes deve ser ordenada, planejada de acordo com as necessidades do cidadão e executada com técnicas e instrumentos de gestão que permitam atender a essas necessidades de forma eficaz".

Nesta senda, fazendo referência às inovações tecnológicas e nanotecnologias, Gabriel Ferrer[383] pontua que o triângulo que irá definir a sociedade do futuro é aquele formado pela conjugação de três elementos essenciais, quais sejam, meio ambiente, sociedade e tecnologia, mas alerta que essa relação precisa ser harmoniosa, para que as técnicas de que dispomos possam corrigir o atual curso da humanidade, evitando uma catástrofe.

Ademais, no cenário de tecnologia e inovação, avança o entendimento de que as cidades inteligentes devem se estruturar em três eixos primordiais, correspondentes ao desenvolvimento econômico, à redução da pegada ambiental e à melhoria da qualidade de vida, além de ser fundada numa estratégia de parceria *multi-stakeholder*, permitindo a multiplicação de diferentes atores e grupos de interesse com vistas a fazer frente aos desafios das novas tecnologias. Para atingir tal desiderato, a cidade inteligente deve ser pensada como um sistema ou um metabolismo capaz de aprender, compreender e raciocinar.[384]

---

[381] KOBAYASHI, A. R. K. *et al*. Cidades inteligentes e sustentáveis: estudo bibliométrico e de informações patentárias. *International Journal of Innovation*, [S. l.], v. 5, n. 1, p. 89-91, 2017. p. 91. Disponível em: https://papers.ssrn.com/sol3/papers.cfm?abstract_id=3000420. Acesso em 3 jul. 2023.

[382] No original: "La ciudad inteligente o la ciudad basada en principios inteligentes debe ordenarse, planificarse atendiendo a las necesidades del ciudadano y ejecutarse mediante técnicas e instrumentos de gestión que permitan satisfacer dichas necesidades de manera eficaz". (MUÑOS, Jaime Rodríguez-Arana; CARBALLAL, Almudena Fernández. *La buena administración del urbanismo*: principios y realidades jurídicas. Valencia: Tirant lo Blanch, 2018. p. 48).

[383] FERRER, Gabriel Real. Calidad de vida, médio ambiente, sostenibilidad y ciudadanía: construímos juntos el futuro? *Revista Novos Estudos Jurídicos*, Itajaí, v. 17, n. 3, p. 319-321, set./dez. 2012. Disponível em: https://periodicos.univali.br/index.php/nej/article/view/4202/2413. Acesso em 30 jun. 2023.

[384] SOUPIZIT, Jean François. *Cidades inteligentes*: desafios para as sociedades democráticas. (Trad. Regina Marcia Teixeira). São Paulo: Fundação Fernando Henrique Cardoso: Centro Edelstein. 2017. p. 10-11. Disponível em: http://www.plataformademocratica.org/

Na seara do planejamento urbano, estudo encomendado pelo Banco Interamericano de Desenvolvimento (BID), denominado *Caminho para as Smart Cities*,[385] enfatiza que o uso das tecnologias de informação e comunicação eficientes são ferramentas altamente eficazes para o processo de ordenação e gestão urbana, pois podem modificar a dinâmica da prestação de serviços públicos, transformando problemas em soluções criativas, além de agregar valor à infraestrutura instalada, melhorar a governança e o desempenho da atuação estatal.[386]

Interessante iniciativa do Brasil foi a edição, em 2019, da *Carta Brasileira para Cidades Inteligentes*, formatada pela Secretaria Nacional de Mobilidade e Desenvolvimento Regional e Urbano do Ministério do Desenvolvimento Regional (SMDRU/MDR), em parceria com o Ministério de Ciência, Tecnologia e Inovações (MCTI) e com o Ministério das Comunicações.

Referido documento envolve um projeto de cooperação dos governos brasileiro e alemão para apoio à Agenda Nacional de Desenvolvimento Urbano Sustentável no Brasil, com a participação da Deutsche Gesellschaft für Internationale Zusammenarbeit (GIZ) GmbH (Agência de cooperação técnica alemã), objetivando a construção de uma "estratégia nacional para cidades inteligentes".

A Carta instituiu a *Agenda Brasileira para Cidades Inteligentes* como instrumento de orientação, estando embasada em cinco princípios balizadores vinculados à *Política Nacional de Desenvolvimento Urbano* (PNDU): 1. Respeito à diversidade territorial brasileira, em seus aspectos culturais, sociais, econômicos e ambientais; 2. Visão sistêmica da cidade e da transformação digital; 3. Integração dos campos urbano e digital; 4. Conservação do meio ambiente; 5. Interesse público acima de tudo.[387]

Arquivos/Cidades_inteligentes_desafios_para_as_sociedades_democraticas.pdf. Acesso em 3 jul. 2023.

[385] BOUSKELA, Maurício; CASSEB, Marcia. *Caminho para as smart cities*: da gestão tradicional para a cidade inteligente. Washington, D.C: BID, 2016. p. 14. Disponível em: https://publications.iadb.org/publications/portuguese/document/Caminho-para-as-smart-cities-Da-gest%C3%A3o-tradicional-para-a-cidade-inteligente.pdf. Acesso em 3 jul. 2023.

[386] Sobre o tema, vide: GUIMARÃES, Patrícia Borba Vilar; XAVIER, Yanko Marcius de Alencar. Smart cities e direito: conceitos e parâmetros de investigação da governança urbana contemporânea. *Revista de Direito da Cidade*, Rio de Janeiro, v. 8, n. 4, p. 1362-1380, 2016.

[387] BRASIL. Ministério do Desenvolvimento Regional. *Carta brasileira para as cidades inteligentes*. Brasília, DF: Ministério do Desenvolvimento Regional, 2019. Disponível em: https://www.gov.br/mdr/pt-br/assuntos/desenvolvimento-regional/projeto-andus/Carta_Bras_Cidades_Inteligentes_Final.pdf. Acesso em 3 jul. 2023.

No tocante à transformação digital das cidades prevista na PNDU, registre-se que a pandemia da Covid-19 afetou drasticamente a educação escolar nas comunidades carentes e com pouca infraestrutura de redes de internet e de computação, tendo em vista que milhares de crianças ficaram privadas do ensino presencial, pois passaram a utilizar primordialmente sistemas informatizados *online* para ter acesso à educação.[388]

Visando contornar o grave quadro, o Congresso Nacional aprovou a Lei nº 14.132/2021, que dispôs sobre a garantia de acesso à internet, com fins educacionais, a alunos e a professores da educação básica pública. Entretanto, em virtude do veto presidencial à referida Lei (Veto nº 10/2021), sua aplicação somente tornou-se possível após a derrubada do veto pelo Congresso Nacional, garantindo o acesso à internet gratuita para alunos e professores carentes da rede pública.[389]

Apesar dessas diretrizes nacionais e internacionais, a temática ainda envolve temas emergentes, demonstrando que a implementação das *smart cities* exige políticas públicas estruturantes, com enfoque em decisões governamentais atentas à modernidade, sobretudo através de normas e regulamentos que permitam avançar nas áreas de tecnologia e estimular soluções criativas. Portanto, o conceito de *Smart City* evidencia que a tecnologia constitui fator indispensável para que as cidades possam acompanhar o ritmo de transformação da sociedade e assim atender às expectativas e necessidades da população.[390]

Nesse norte, o paradigma das Cidades Inteligentes perpassa pela necessidade de trazer para a urbanização contemporânea novos conceitos e tecnologias ainda pouco exploradas, sendo impositivo que os gestores públicos acompanhem as inovações do setor para propiciar uma melhor qualidade de vida e facilidades aos cidadãos, conforme prevê a *Nova Agenda Urbana*, fruto da Conferência ONU Habitat III, que tratou do tema no item 66:

---

[388] Vide reportagem da BBC Brasil. (IDOETA, Paula Adamo. Sem wi-fi, pandemia cria novo símbolo de desigualdade na educação. *BBC Brasil*, São Paulo, 3 out. 2020. Disponível em: https://www.bbc.com/portuguese/brasil-54380828. Acesso em 10 set. 2022).

[389] BRASIL. Congresso Nacional. *Veto nº 10/2021* (acesso à internet na educação básica). PL nº 3477/2020. Mensagem nº 81/2021. Brasília, DF: Congresso Nacional, 2021. Disponível em: https://www.congressonacional.leg.br/materias/vetos/-/veto/detalhe/14045. Acesso em 3 jul. 2023.

[390] BOUSKELA, Maurício; CASSEB, Marcia. *Caminho para as smart cities*: da gestão tradicional para a cidade inteligente. Washington, D.C: BID, 2016. p. 16. Disponível em: https://publications.iadb.org/publications/portuguese/document/Caminho-para-as-smart-cities-Da-gest%C3%A3o-tradicional-para-a-cidade-inteligente.pdf. Acesso em 3 jul. 2023.

> Comprometemo-nos a adotar uma abordagem de "cidade inteligente", que faça uso de oportunidades de digitalização, energia e tecnologias limpas, assim como de tecnologias de transporte inovadoras, proporcionando consequentemente alternativas para os habitantes tomarem escolhas mais amigáveis ao ambiente e impulsionarem o crescimento económico sustentável, permitindo que as cidades melhorem a prestação de serviços.[391]

Sob outro contexto, além das tecnologias de informação, energia e comunicação, a *Nova Agenda Urbana* destaca que o transporte inovador também figura como uma das diretrizes essenciais das Cidades Inteligentes, considerando que a ineficiência dos meios de transporte tem a potencialidade de precarizar o trânsito urbano, notadamente nas grandes metrópoles e aglomerações urbanas.

Sobre o tema, destaca-se que as grandes cidades brasileiras vivem "uma verdadeira crise de mobilidade" que envolve volumosos engarrafamentos associados à falta de planejamento e inúmeras formas de segregação socioespacial, as quais contribuem de forma significativa para a redução da qualidade ambiental e de vida urbana.[392]

Aliás, o Estatuto da Cidade prevê que nas cidades com população superior a 500.000 mil habitantes, é obrigatória a elaboração de um *Plano de Transporte Urbano Integrado*, o qual deve ser compatível com o Plano Diretor ou nele inserido (artigo 41, §2º).

Nesse prisma, a sustentabilidade nos transportes urbanos é capaz de propiciar maior mobilidade de tráfego, mitigar a poluição urbana e reduzir a emissão de gases de efeito estufa mediante uso de veículos elétricos e híbridos, incluindo os trens metropolitanos (metrôs) e os monotrilhos, contribuindo para uma melhor qualidade do ar e o desafogamento do trânsito nas grandes cidades, principal problema de mobilidade dos centros urbanos.[393]

---

[391] ORGANIZAÇÃO DAS NAÇÕES UNIDAS (ONU). *Nova agenda urbana, habitat III, 2016*. Nova Iorque: Nações Unidas, 2019. p. 18. Disponível em: https://uploads.habitat3.org/hb3/NUA-Portuguese-Brazil.pdf. Acesso 2 jul. 2023.

[392] QUARESMA, Cristiano *et al*. A crise de mobilidade urbana brasileira e seus antecedentes socioespaciais. *In*: CORTESE, Tatiana; KNIESS, Cláudia; MACCARI, Emerson (Org.). *Cidades inteligentes e sustentáveis*. Barueri: Manole, 2017. p. 34.

[393] Em tom crítico, pontua Jane Jacobs: "[...] os efeitos nocivos dos automóveis são menos a causa do que um sintoma de nossa incompetência no desenvolvimento urbano. Claro que os planejadores, inclusive os engenheiros de tráfego, que dispõem de fabulosas somas em dinheiro e poderes ilimitados, não conseguem compatibilizar automóveis e cidades. Eles não sabem o que fazer com os automóveis nas cidades porque não têm a mínima ideia de como projetar cidades funcionais e saudáveis – com ou sem automóveis". (JACOBS, Jane.

Importante registrar a inovadora medida adotada pelo município de São Paulo ao conceder a possibilidade de utilização dos créditos gerados em favor dos proprietários de veículos elétricos ou movidos a hidrogênio para o pagamento do IPTU. A medida está prevista na Lei Municipal nº 15.997/2014, que estabelece a política municipal de incentivo ao uso de carros elétricos ou movidos a hidrogênio, com alterações introduzidas pela Lei nº 17.563/2021.

No mesmo sentido, a Política Nacional de Mobilidade Urbana (Lei nº 12.587/2012) está fundamentada, dentre outros, nos princípios da acessibilidade universal, do desenvolvimento sustentável das cidades nas dimensões socioeconômicas e ambientais, na eficiência, eficácia e efetividade da circulação urbana (artigo 6º, I, II e IX).

Outrossim, do ponto de vista instrumental, o acesso à mobilidade urbana abrange o direito ao bem-estar físico e material das pessoas, pois engloba as dimensões da acessibilidade física, redução de custos aos usuários, tempo de deslocamento, alcance geográfico, conectividade territorial, segurança e saúde dos usuários, melhorando as oportunidades de trabalho, atividades educativas e produtivas, além de facilitar o acesso aos serviços privados e públicos.

Ademais, em sua dimensão social, os sistemas de mobilidade urbana devem ser analisados e projetados com um olhar voltado aos direitos humanos, ao bem-estar e à igualdade, pois contribuem para a fruição de direitos civis e melhoram a qualidade de vida das pessoas, fortalecendo a coesão social.[394]

Além disso, a garantia da mobilidade urbana eficiente também deve contemplar os pedestres (mobilidade ativa), que diuturnamente se locomovem pelas ruas e avenidas, muitas vezes sofrendo riscos potenciais em decorrência do trânsito caótico, de calçamentos inadequados e do desrespeito às leis de trânsito.

Sobre o tema, pertinente a previsão do *Estatuto do Pedestre* aprovado pelo município de São Paulo (Lei nº 16.673/2017), no qual se prevê que os pedestres têm o direito à qualidade da paisagem visual, ao meio ambiente seguro e saudável, ao desenvolvimento sustentável da

---

Morte e vida das grandes cidades. (Trad. Carlos Rosa). 3. ed. São Paulo: Martins Fontes, 2011. p. 6).

[394] MARTINEZ, R.; MALDONADO, C.; SCHÖNSTEINER, J. (Eds.). *Inclusión y movilidad urbana con un enfoque de derechos humanos e igualdad de género*: marco de análisis e identificación de instrumentos de política para el desarrollo de sistemas sostenibles de movilidad urbana en América Latina, Documentos de Proyectos (LC/TS.2022/74). Santiago: Comisión Económica para América Latina y el Caribe (CEPAL), 2022. p. 11-12.

cidade, ao direito de ir e vir, de circular livremente a pé, sem obstáculos de qualquer natureza, assegurando-lhes segurança, mobilidade, acessibilidade e conforto.

O caótico trânsito das grandes cidades e as grandes distâncias de locomoção chegam inclusive a superar os custos com moradia, pois conforme assinala o urbanista Jeff Spech, fazendo referência à conexão moradia-direção nas grandes cidades dos Estados Unidos, muitas famílias de classe média gastam mais pelo transporte do que por moradia. Para o autor, as famílias com recursos mais limitados moram cada vez mais afastadas dos grandes centros, onde os custos com moradia são menores e atendem às exigências de financiamento bancário.

Contudo, justamente pelas longas distâncias de locomoção e tráfego, os custos com o transporte chegam a ultrapassar as despesas com habitação, restringindo o mecanismo da *caminhabilidade*. De forma contrária, aqueles que residem nas regiões mais centralizadas – os chamados bairros caminháveis – gastam menos da metade em transporte e locomoção, pois permitem fácil acesso aos serviços públicos e privados. Nessa vertente, o autor destaca que a *caminhabilidade* nos grandes centros urbanos é, ao mesmo tempo, um meio, um fim e também uma medida, pois contribui para a vitalidade urbana.[395]

Sob outro âmbito, importante frisar a relevância das *ciclovias* como mecanismo de vital importância para melhorar a fluidez do trânsito, facilitar a mobilidade e reduzir a poluição urbana, pois a bicicleta cada vez mais se revela um meio rápido, eficaz e seguro de transporte. Seguindo essa tendência, necessário registrar que com vistas a estimular esse meio sustentável de transporte, a Lei nº 13.724/2018 instituiu o *Programa Bicicleta Brasil* (PBB), a ser implementado em todas as cidades com mais de vinte mil habitantes, para incentivar o uso da bicicleta, melhorar as condições de mobilidade e a sustentabilidade nos meios de transporte urbano.

Conforme dados do *Programa Bicicleta Brasil* do Ministério das Cidades, o uso de bicicleta como transporte alternativo gera inúmeros benefícios, com especial destaque para a economia de sua produção, comercialização, manutenção, baixo custo de aquisição, eficiência energética, reduzida perturbação ambiental, benefícios à saúde do usuário, flexibilidade, equidade, rapidez no trânsito e menor uso do espaço público.

---

[395] SPECH, Jeff. *A Cidade Caminhável*. (Trad. Anita Di Marco e Anita Natividade). São Paulo: Perspectiva. 2016. p. 37-38.

A mobilidade sustentável da bicicleta inclusive motivou a Organização das Nações Unidas (ONU) a elegê-la como o transporte mais sustentável ecologicamente do planeta.[396] Assim, é essencial que os Planos de Mobilidade Urbana contemplem investimentos na infraestrutura de ciclovias, priorizando a criação de redes conectoras com os transportes coletivos e áreas de maior fluxo de trânsito.

Nesse sentido, relevante projeto foi adotado na cidade de São Paulo, por intermédio da Lei nº 16.388/2006, que instituiu o *Programa Integra Bike*,[397] destinado à implantação e integração de um sistema de bicicletas públicas nos principais terminais rodoviários, estações de trem e de metrô, sendo a bicicleta inserida no sistema modal de transportes da cidade.

Sob essa mesma ótica, Beck ressalta que a metamorfose do trânsito gerou uma nova valorização da bicicleta, que outrora parecia obsoleta, pois a preocupação ecológica e com a saúde pública passaram a ser reavaliadas com novos meios sustentáveis de transporte. Nesse sentido, Beck destaca que as bicicletas ressurgiram como uma opção aos carros "incômodos e sujos", tratando-se de uma alternativa ecológica eficiente para o planejamento urbano sustentável, pois "pedestres e ciclistas estão no topo da nova hierarquia do transporte, ao passo que os carros estão no nível mais baixo".[398]

Outrossim, a mobilidade inteligente (*smart mobility*), as logísticas avançadas de controle de tráfego e as tecnologias de informação também têm o potencial de mitigar impactos ambientais no trânsito, inclusive com a redução de consumo dos veículos, ao evitar vias congestionadas, contribuindo para melhorar a qualidade de vida dos cidadãos.[399]

Jeffrey Sachs[400] ainda registra que melhorias na infraestrutura dos meios de transportes conduzem à menor emissão de CO2 na

---

[396] BRASIL. Ministério das Cidades. *Caderno de referência para elaboração de plano de mobilidade por bicicleta nas cidades*. Brasília, DF: Secretaria Nacional de Transporte e da Mobilidade Urbana, 2007. p. 41-60.
[397] SÃO PAULO (Cidade). Lei nº 16.388/2006. Institui o Programa Integra-Bike São Paulo, e dá outras providências. *Diário Oficial da União*, São Paulo: Prefeitura Municipal, 05 fev. 2006. Disponível em: http://legislacao.prefeitura.sp.gov.br/leis/lei-16388-de-05-de-fevereiro-de-2016. Acesso em 3 jul. 2023.
[398] BECK, Ulrich. *A metamorfose do mundo*: novos conceitos para uma nova realidade. (Trad. Maria Luiza X. de A. Borges). 1. ed. Rio de Janeiro: Zahar, 2018. p. 224-225.
[399] KOBAYASHI, A. R. K. et al. Cidades inteligentes e sustentáveis: estudo bibliométrico e de informações patentárias. *International Journal of Innovation*, [S. l.], v. 5, n. 1, p. 89-91, 2017. p. 91. Disponível em: https://papers.ssrn.com/sol3/papers.cfm?abstract_id=3000420. Acesso em 3 jul. 2023.
[400] SACHS, Jeffrey. *The age of sustainable development*. New York: Columbia University Press, 2015. p. 393.

atmosfera das cidades, tornando-as menos poluentes, e cita o exemplo de Nova York, que após melhorar seus sistemas de transporte, reduziu de forma significativa as emissões de CO2. O autor ainda destaca que as cidades precisam ter sistemas de transporte inteligentes, que facilitem o deslocamento urbano e reduzam os congestionamentos, pois a dependência do automóvel é uma receita para grandes engarrafamentos, concluindo que a implementação de tais medidas pode maximizar a economia, melhorar a qualidade de vida das pessoas, promover a saúde pública e minimizar o impacto sobre o ambiente natural.

Em outra perspectiva, Morozov e Bria frisam que as cidades inteligentes também devem abranger tecnologias na área de segurança pública, como o policiamento preditivo, mediante instalação de câmeras *smart* e *drones* que permitam monitorar áreas com dificuldade de atuação ostensiva. Aventam também a possibilidade de uso dessas novas tecnologias no sistema de coleta de resíduos urbanos, tais como sensores inteligentes instalados em lixeiras *smart*, que poderiam se comunicar com caminhões mais próximos quando cheias,[401] economizando tempo e combustível, além de maximizar o serviço público.

Além dessas iniciativas, as novas tecnologias também podem impulsionar uma melhor governança na gestão das cidades por meio de modernos programas de *software*, reduzindo custos e a burocracia estatal mediante otimização e controle digital de procedimentos internos, aquisição de insumos, controles de estoque de mercadorias, reduzindo custos e aprimorando a atuação dos gestores, além de propiciar mais transparência nos gastos públicos.[402]

O estudo *Caminho para as Smart Cities* do BID[403] reconhece que a complexidade da gestão do desenvolvimento urbano exige a busca

---

[401] MOROZOV, Evgeny; BRIA, Francesca. *A cidade inteligente*: tecnologias urbanas e democracia. (Trad. Humberto do Amaral). São Paulo: Ubu Editora, 2020. p. 28-29.

[402] A título de exemplo, no ano de 2020, o município de Rio do Sul/SC economizou aproximadamente R$500.000,00 apenas com a redução do consumo de papel e correios, ao adotar processos internos digitais. De igual forma, apenas em 2019 o município de Gravataí/RS movimentou 76.000 processos exclusivamente digitais, economizando um milhão de folhas de papel, além de conferir maior agilidade às demandas públicas. (IPM SISTEMAS. *Reduzir o uso de papel gera economia e produtividade para as gestões públicas*. Florianópolis, 18 mar. 2021. Disponível em: https://www.ipm.com.br/administracao-geral/reduzir-o-uso-de-papel-gera-economia-e-produtividade-para-as-gestoes-publicas/. Acesso em 3 jul. 2023).

[403] BOUSKELA, Maurício; CASSEB, Marcia. *Caminho para as smart cities*: da gestão tradicional para a cidade inteligente. Washington, D.C: BID, 2016. p. 7. Disponível em: https://publications.iadb.org/publications/portuguese/document/Caminho-para-as-smart-cities-Da-gest%C3%A3o-tradicional-para-a-cidade-inteligente.pdf. Acesso em 3 jul. 2023.

de novas soluções que favoreçam o desenvolvimento integrado e sustentável para tornar as cidades mais "inovadoras, competitivas, atrativas e resilientes", características que demandam um enfoque multissetorial para fazer frente às novas tecnologias, inclusive mediante governança eficiente, planejamento colaborativo e participação cidadã, devendo levar em consideração os aspectos humanos, sociais e ambientais, com a finalidade de melhorar a qualidade de vida das pessoas.

Todavia, a alocação de recursos públicos constitui um entrave para implementar as novas tecnologias que as cidades inteligentes e sustentáveis exigem, considerando que a grande dificuldade da maioria dos municípios é fazer frente aos elevados custos em investimentos e manutenção das infraestruturas das *Smart Cities*.[404]

Sob outra perspectiva, Calgaro e Hermany ressaltam que a noção de *sustentabilidade também deve buscar o equilíbrio entre o espaço urbano e rural, de forma que a mesma tecnologia utilizada na criação das smart cities, igualmente permitem a construção das smart rural communities*, "[...] a fim de implementar, no âmbito rural, cidades inteligentes, cujo viés esteja atrelado ao aspecto comunitário e cujas políticas públicas e o Direito sejam mais locais", concluindo que um planejamento estratégico estruturado e inteligente é capaz de "tornar os produtores rurais competitivos, além de garantir que suas ações estejam pautadas nos pilares econômicos, sociais e ambientais da sustentabilidade".[405]

As chamadas "fazendas inteligentes" (*smart farms*) cada vez mais se utilizam de mecanismos tecnológicos para se tornarem eficientes, reduzir custos de produção e aumentar a sustentabilidade. Para tanto, vem se tornando comum no meio agrícola o uso de avançados softwares de gestão e controle estatístico de resultados, sensores acoplados às máquinas agrícolas que avaliam as condições do solo, da temperatura e da umidade relativa do ar, para propiciar plantio adequado (telemetria), uso de GPS para produzir mapas de fertilidade e produtividade da lavoura, programar as colheitas e controlar as máquinas agrícolas (agricultura de precisão), além do uso de drones para realizar o mapeamento aéreo e o georreferenciamento da área rural.

---

[404] RECK, Janriê Rodrigues; VANIN, Fábio Scopel. O direito e as cidades inteligentes: desafios e possibilidades na construção de políticas públicas de planejamento, gestão e disciplina urbanística. *Revista de Direito da Cidade*, UERJ, Rio de Janeiro, v. 12, n. 1, p. 482-483, 2020.
[405] CALGARO, Cleide. HERMANY, Ricardo. O direito à sustentabilidade local em Ignacy Sachs: uma abordagem a partir do planejamento estratégico no âmbito das *smart rural communities*. *Veredas do Direito*, Belo Horizonte, v. 18, n. 41, p. 51-59, mai./ago. 2021.

Nesse contexto, Schwab destaca que em decorrência da Quarta Revolução Industrial, o mundo está cada vez mais conectado e as novas tecnologias devem ser utilizadas em prol da coletividade, rumo ao pleno desenvolvimento sustentável:

> O mundo está em rápida mudança, hiperconectado, cada vez mais complexo e mais fragmentado, mas nós ainda podemos moldar o nosso futuro de uma forma que beneficie a todos. A janela de oportunidade para fazer isso é agora [...] devemos iniciar a reestruturação de nossos sistemas econômicos, sociais e políticos para tirar o máximo proveito das oportunidades apresentadas [...] Esses sistemas, no entanto, já não estão equipados para cumprir as necessidades da geração atual e, particularmente, das futuras gerações no contexto da quarta revolução industrial [...] Assumamos, portanto, uma responsabilidade coletiva por um futuro em que a inovação e a tecnologia estejam focadas na humanidade e na necessidade de servir ao interesse público, e estejamos certos de empregá-las para conduzir-nos para um desenvolvimento mais sustentável.[406]

Em suma, as cidades inteligentes constituem uma nova tendência do moderno processo de urbanização, mas sua eficaz implementação exige investimentos públicos suficientes e uma adequada infraestrutura urbana, requisitos que inúmeras cidades brasileiras ainda não dispõem. Nessa diretriz, as *smart cities* podem ser consideradas o modelo das cidades de futuro, mas a transformação das cidades atuais rumo a essas novas tecnologias urbanas exigem abordagens estratégicas de planejamento, gerenciamento e, sobretudo, governança eficaz para fazer frente aos novos desafios tecnológicos que moldam as cidades do século XXI.

Conforme pontua Jan Gehl, "primeiro nós moldamos as cidades – então, elas nos moldam", complementando que "se olharmos a história das cidades, pode-se ver claramente que as estruturas urbanas e o planejamento influenciam o comportamento humano e as formas de funcionamento das cidades",[407] evidenciando-se que a sociedade deve se adaptar às constantes transformações tecnológicas e à complexa dinâmica que irão determinar os rumos das cidades do futuro.

---

[406] SCHWAB, Klaus. *A quarta revolução industrial*. São Paulo: Edipro, 2016. p. 113.
[407] GEHL, Jan. *Cidades para Pessoas*. (Trad. Anita di Marco). 2. ed. São Paulo: Perspectiva, 2013. p. 9.

3.15 Mudanças climáticas: consequências sociais, ambientais, econômicas e urbanísticas à luz dos relatórios do IPCC e metas do ODS 13, Acordo de Paris, Pacto de Glasgow e Conferência de Sharm El-Sheikh

A sustentabilidade urbano-ambiental se relaciona diretamente com o ODS 13, que trata das ações contra a mudança global do clima,[408] considerando que as alterações climáticas podem interferir no cumprimento eficaz do ODS 11, que visa tornar as cidades e os assentamentos humanos inclusivos, seguros, resilientes e sustentáveis. Nesse contexto, as principais metas do ODS 13 envolvem políticas públicas de governança, educação, conscientização, fortalecimento da resiliência, capacidade de adaptação, elaboração de planos nacionais, mecanismos de planejamento, alocação de recursos orçamentários e estratégias de enfrentamento para combater o fenômeno das mudanças climáticas.

No cenário contemporâneo, as alterações do clima e seus efeitos negativos estão embasados em fartos estudos técnicos, sendo praticamente um consenso científico que elas decorrem de fatores antropogênicos, ou seja, da intervenção humana sobre o meio ambiente, exigindo uma mudança comportamental de toda a sociedade, pois consoante Wedy, "a aceitação da realidade das mudanças climáticas e dos perigos que ela representa para a humanidade torna-se uma imposição do exercício consciente da cidadania global".[409]

Para David Boyd,[410] Relator Especial sobre Direitos Humanos e Meio Ambiente do Alto Comissariado da Organização das Nações Unidas, "o ar limpo é um direito humano", pois as alterações do clima violam o direito ao meio ambiente saudável e sustentável, afetando a vida, a saúde, a dignidade e o bem-estar humanos.

---

[408] Sobre o tema vide: FERRI, Giovani. A evolução e implementação dos ODS 13 (ações contra a mudança global do clima) e o papel do Ministério Público. In: GAIO, Alexandre (Org.). *A Política nacional de mudanças climáticas em ação* [livro eletrônico]: a atuação do Ministério Público. 1. ed. Belo Horizonte: Abrampa, 2021. p. 50-71.

[409] WEDY, Gabriel. *Desenvolvimento sustentável na era das mudanças climáticas*: um direito fundamental. São Paulo: Saraiva, 2018. p. 363.

[410] UNITED NATIONS. General Assembly. Human Rights Council Fortieth session, 2019. A/HRC/40/55. *Issue of human rights obligations relating to the enjoyment of a safe, clean, healthy and sustainable environment*. [S. l.], 2019. Disponível em: https://undocs.org/en/A/HRC/40/55. Acesso em 2 jul. 2023.

Com a mesma ênfase, na Encíclica *Laudato Si*, o Papa Francisco[411] convoca o ser humano a tomar consciência da necessidade de mudar seu estilo de vida, de produção e de consumo, para combater o aquecimento global, asseverando que "o clima é um bem comum, um bem de todos e para todos" e seu desequilíbrio pode gerar "terríveis fenômenos climáticos ou grandes desastres naturais".

Na esteira da Declaração de Estocolmo (1972) e do Relatório Brundtland (1987), a *Convenção-Quadro sobre Mudança do Clima das Nações Unidas* (1992), promulgada pelo Brasil em 1988,[412] estabeleceu três princípios correlacionados à proteção do clima, à precaução de riscos e ao desenvolvimento sustentável: I. o *Princípio da equidade intergeracional e intrageracional*: as Partes devem proteger o sistema climático em benefício das gerações presentes e futuras da humanidade; II. o *Princípio da Precaução*: as Partes devem adotar medidas de precaução para prever, evitar ou minimizar as causas da mudança do clima e mitigar seus efeitos negativos; III. o *Princípio do Desenvolvimento Sustentável*: as políticas e medidas para proteger o sistema climático contra mudanças induzidas pelo homem devem ser adequadas às condições específicas de cada Parte e devem integrar-se aos programas nacionais de desenvolvimento.

Outrossim, visando manter a estabilidade do clima, o *Acordo de Paris* (2015), aprovado durante a 21ª Conferência do Clima das Nações Unidas (COP 21),[413] estipulou novas metas para a redução das emissões de gases de efeito estufa, a fim de manter o aumento da temperatura média global abaixo de 2 ºC em relação aos níveis pré-industriais e envidar esforços para limitar o aumento da temperatura a 1,5 ºC.

Entretanto, um cenário preocupante vem sendo apontado nos últimos anos pelo *Intergovernmental Panel On Climate Change* (IPCC), demonstrando que os países não vêm adotando medidas concretas para atingir as metas estabelecidas no Acordo de Paris, sendo necessárias ações emergenciais para atingir o aquecimento global em 1,5Cº.

---

[411] FRANCISCO, Papa. *Carta Encíclica Laudato Si, do Santo Padre Francisco*: sobre o cuidado da casa comum. Vaticano, 2015. p. 23 e 25. Disponível em: http://www.vatican.va/content/francesco/pt/encyclicals/documents/papa-francesco_20150524_enciclica-laudato-si.html. Acesso em 27 jun. 2023.

[412] BRASIL. Decreto nº 2.652, de 1º de julho de 1988: Promulga a Convenção-Quadro sobre Mudança do Clima, assinada em Nova York em 9 de maio de 1992. *Diário Oficial da União*, Brasília, DF: Presidência da República, 02 jul. 1988. Disponível em: http://www.planalto.gov.br/ccivil_03/decreto/d2652.htm. Acesso em 6 jul. 2023.

[413] O Brasil promulgou o Acordo de Paris por meio do Decreto Legislativo nº 140/2016 e Decreto nº 9.073/2017.

Nesse prisma, o Relatório de 2019 do IPCC[414] revelou que as emissões globais de gases de efeito estufa (GEE) atingiram 52 GtCO2e em 2016, mas apesar das iniciativas do Acordo de Paris, as projeções indicam que as emissões de GEE atingirão entre 52 e 58 GtCO2e no ano de 2030, demonstrando que não serão atingidas as metas outrora estabelecidas, colocando em risco as futuras gerações,[415] além de ocasionar a proliferação de litígios climáticos em nível mundial.[416]

Em complemento, o Relatório *Climate Change 2021: Sixth Assessment Report* do IPCC (WG1-AR6)[417] revelou que as ações antrópicas são as maiores causas do aquecimento da atmosfera, dos oceanos e da superfície terrestre. Este outro relatório, lastreado em inúmeros estudos científicos, apontou a inquestionável correlação entre as ações humanas e as alterações do clima, potencializadas pela queima de carvão, de petróleo e de outros combustíveis fósseis, cujas emissões vêm sofrendo significativo aumento em todo o planeta.

Para o IPCC, se não houver o efetivo cumprimento das metas do Acordo de Paris, nas próximas décadas o planeta poderá sofrer nefastas consequências, sendo atingido por secas extremas, severas ondas de calor, incêndios frequentes, chuvas torrenciais e inundações catastróficas, potencializando os efeitos globais já identificados na atualidade.

As mesmas perspectivas negativas foram divulgadas no 6º Relatório do IPCC, divulgado em 2023 (*AR6 SYR, Climate Change*

---

[414] INTERGOVERNMENTAL PANEL ON CLIMATE CHANGE (IPCC). Summary for policymakers. *In: Special report*: global warming of 1,5ºC. Geneva: World Meteorology Organization, 2019. p. 1-24. Disponível em: https://www.ipcc.ch/site/assets/uploads/sites/2/2019/05/SR15_SPM_version_report_LR.pdf. Acesso em 27 jun. 2023.

[415] No caso *Neubauer et al v. Germany*, o Tribunal Constitucional da Alemanha (*Bundesverfassungsgericht*) decidiu que a estabilidade do clima constitui um direito fundamental para proteger as futuras gerações, reconhecendo existir um consenso científico de que as ações humanas estão relacionadas às alterações climáticas, determinando que até o final do ano de 2022 o governo alemão deverá apresentar metas detalhadas para reduzir as emissões de gases a partir de 2031, para cumprir o Acordo de Paris. (GERMANY. Federal Constitutional Court. *Neubauer et al v. Germany*. [S. l.], 2020. Disponível em: http://climatecasechart.com/non-us-case/neubauer-et-al-v-germany/. Acesso em 26 jun. 2023).

[416] Sobre o tema vide: WEDY, Gabriel; FERRI, Giovani. O papel do Poder Judiciário e do Ministério Público nos litígios climáticos. *Revista Magister de Direito Ambiental e Urbanístico*, Porto Alegre, a. XVI, v. 96, p. 115-142, jun./jul. 2021.

[417] INTERGOVERNMENTAL PANEL ON CLIMATE CHANGE (IPCC). Summary for policymakers. *In: Climate change 2021*: the physical science basis. Contribution of working group I to the Sixth Assessment Report of the Intergovernmental Panel on Climate Change. Edity by Valérie Masson-Delmotte *et al.* Cambridge: Cambridge University Press, 2021. Disponível em: https://www.ipcc.ch/report/ar6/wg1/downloads/report/IPCC_AR6_WGI_SPM.pdf. Acesso em 27 jun. 2023.

2023),[418] no qual se enfatiza que as atividades humanas, principalmente aquelas relacionadas à emissão de gases de efeito estufa (GEE), têm causado inequivocamente o aquecimento global e promovido a desestabilização do clima.

O Relatório enfatiza que a temperatura da superfície global atingiu 1,1ºC acima da média em comparação aos períodos de 1850-1900 e de 2011-2020. Nesta última década, o estudo aponta que as emissões de gases de efeito estufa (GEE) continuaram a aumentar, com contribuições históricas e contínuas, alavancadas pelo uso insustentável de energia e da terra, bem como por estilos de vida envolvendo padrões de consumo e produção inadequados.

Dentre as diversas medidas apontadas para a reversão do quadro de crise climática, o Relatório *Climate Change 2023* do IPCC destaca que é fundamental uma ação acelerada e equitativa para a mitigação e adaptação aos impactos das mudanças climáticas, as quais exigem a efetiva implementação sinérgica dos Objetivos de Desenvolvimento Sustentável, notadamente as metas estabelecidas no ODS 13.

Importante registrar que muito antes dos relatórios de monitoramento do IPCC, outro estudo da *National Oceanic Atmospheric Administration* (NOAA) já havia comprovado que o ano de 2014 foi o mais quente desde 1880.[419] Noutro estudo, o relatório *Sustainable Development Goals Report 2020* da ONU igualmente indicou que o ano de 2019 foi o segundo mais quente já registrado na última década (2010 a 2019), ressaltando um reduzido avanço nas metas estabelecidas na Agenda 2030 no que tange aos efeitos climáticos. O relatório apontou que as mudanças do clima vêm exercendo inquestionável influência em eventos extremos, causando incêndios florestais, furacões, secas, inundações e outros desastres climáticos em todo o planeta.[420]

Tais projeções indicam elevados riscos de desastres naturais ou perturbações provocadas por fatores antropogênicos nas próximas décadas, podendo causar efeitos catastróficos em diversas regiões de

---

[418] INTERGOVERNMENTAL PANEL ON CLIMATE CHANGE (IPCC). *Synthesis Report 2 of the IPCC sixth assessment report (AR6)*. Summary for Policymakers, 2023. p. 4. Disponível em: https://report.ipcc.ch/ar6syr/pdf/IPCC_AR6_SYR_SPM.pdf. Acesso em 21 mar. 2023.

[419] NATIONAL OCEANIC ATMOSPHERIC ADMINISTRATION (NOAA). *Global Climate Report 2015*. [S. l.], 2015. Disponível em: https://www.ncdc.noaa.gov/sotc/global/201506. Acesso em 26 out. 2022.

[420] UNITED NATIONS. Department of Economic and Social Affairs – DESA. *The sustainable development goals report 2020*. New York, 2020. p. 50. Disponível em: https://unstats.un.org/sdgs/report/2020/The-Sustainable-Development-Goals-Report-2020.pdf. Acesso em 27 jun. 2023.

todos os continentes.[421] Como consequência, as cidades, as aglomerações urbanas, os povoados e demais concentrações humanas podem ser afetados direta e indiretamente pelas mudanças abruptas do clima. Dentre as várias consequências, Carvalho[422] destaca que estudo produzido em 2011 pelo *National Research Council of National Academis* dos EUA já alertava que os níveis de aquecimento global, associados às emissões de dióxido de carbono, podem provocar impactos de grande magnitude no planeta, sendo capazes de alterar os padrões de precipitação, causar ondas de calor extremo, afetar o ciclo hidrológico, promover o recuo das geleiras, causar eventos extremos como furacões e inundações, reduzir a produtividade agrícola, intensificar os incêndios e aumentar o nível dos oceanos, causando inundação de cidades costeiras e o deslocamento forçado de pessoas.

No mesmo sentido, o estudo *Special Report: Global Warming of 1.5Cº 2018* do IPCC[423] já havia confirmado que o aquecimento global pode acelerar a elevação do nível dos oceanos, expondo a risco milhares de pessoas que vivem em zonas costeiras baixas, pequenas ilhas e deltas, afetando centenas de cidades, sistemas humanos e ecológicos, incluindo o aumento da intrusão de água salgada, inundações e danos à infraestrutura urbana.[424]

Sobre o tema, Wedy ainda registra os impactos gerados pelas ondas de calor e tempestades de grandes dimensões sobre as zonas costeiras e Nações Ilha, os quais vêm aumentando em frequência e intensidade em decorrência das ações humanas, gerando um cenário de incertezas e de riscos.[425] Nesse mesmo sentido, pertinentes são as

---

[421] Para Essam El-Hinnawi, a *perturbação ambiental* pode ser natural e/ou desencadeada por pessoas mediante eventos que coloquem em risco a existência humana ou afetem seriamente sua qualidade de vida, podendo ter origem em qualquer mudança física, química e/ou biológica no ecossistema. (EL-HINNAWI, Essam. *Environmental Refugees*. Nairobi: United Nations Environment Programme-UNEP, 1985. p. 4-5. Disponível em: https://digitallibrary.un.org/record/121267. Acesso em 26 out. 2022.

[422] CARVALHO, Délton Winter de. *Desastres ambientais e sua regulação jurídica*: deveres de prevenção, resposta e compensação. 2. ed. São Paulo: Revista dos Tribunais, 2020. p. 26-29.

[423] INTERGOVERNMENTAL PANEL ON CLIMATE CHANGE (IPCC). Summary for policymakers. In: *Special report*: global warming of 1,5ºC. Geneva: World Meteorology Organization, 2019. p. 1-24. Disponível em: https://www.ipcc.ch/site/assets/uploads/sites/2/2019/05/SR15_SPM_version_report_LR.pdf. Acesso em 27 jun. 2023.

[424] Acerca do tema vide: WEDY, Gabriel; FERRI, Giovani. Mudanças climáticas e migrações ambientais no cenário contemporâneo. *RDA – Revista de Direito Ambiental*, São Paulo, v. 106, p. 255-282, 2022.

[425] WEDY, Gabriel. *Litígios climáticos*: de acordo com o direito brasileiro, norte-americano e alemão. Salvador: JusPodivm, 2019. p. 34-35.

considerações de Sarlat acerca dos efeitos do aquecimento global no tocante à elevação do nível do mar e seus potenciais riscos às cidades costeiras:

> A elevação do nível do mar constitui um risco para os setores residencial e de infra-estrutura instalados nas zonas costeiras, pelo que, do ponto de vista econômico, implica custos acrescidos de proteção e manutenção das fronteiras marítimas, aém do que o setor do turismo também é afetado, na medida em que as costas sofrem erosão e geram a perda de áreas das praias (Galindo, 2009:41). A esse respeito, deve-se notar que, em nível nacional, vários estudos têm avaliado o custo econômico da elevação do nível do mar (IPCC, 2001c). É o caso do Uruguai, onde foram avaliados os impactos potenciais de um aumento de 0,5 metros na costa de Montevidéu, cujo resultado, sem uma resposta adaptativa, estimou o custo desse aumento em 23 milhões de dólares com a retirada da linha de litoral entre 56 e 112 metros, e uma perda de 6,8 hectares de terra (Saizar, 1997:73-79). Por sua vez, na Polônia estimou-se que o custo total da perda de terras devido ao aumento do nível do mar seria de aproximadamente 30 bilhões de dólares, enquanto o custo da proteção total de 2.200 km da costa foi estimado em 6 bilhões de dólares. (IPCC, 2001c).[426]

Desta forma, as consequências do aquecimento global são manifestas em relação aos riscos de desastres, conforme aponta o relatório *Natural Disasters Report 1900-2011*, produzido pelo *Centre for Research on the Epidemiology of Disasters*, da Universidade Católica de Louvain,[427]

---

[426] No original: "La elevación del nivel del mar constituye un riesgo para los sectores residencial y de infraestructura asentados en zonas costeras, por lo que, desde el punto de vista económico, implica el aumento de los costos para proteger y mantener las fronteras marítimas, además de que el sector turístico también es afectado, al resultar erosionadas las costas y al generarse la pérdida de áreas de playas (Galindo, 2009: 41). Al respecto, cabe señalar que, en el ámbito nacional, diversos estudios han evaluado el coste económico del aumento del nivel del mar (IPCC, 2001c). Tal es el caso de Uruguay, en donde se evaluaron los impactos potenciales de un incremento de 0.5 metros en la costa de Montevideo, cuyo resultado sin respuesta adaptativa estimó el costo de dicho aumento en 23 millones de dólares, con un retiro de la línea de costa de entre 56 y 112 metros, y una pérdida de 6.8 hectáreas de tierra (Saizar, 1997: 73-79). Por su parte, en Polonia se estimó que el costo total de pérdida de tierra por la elevación del nivel del mar sería de aproximadamente 30 billones de dólares, mientras que el costo de la protección total de 2,200km de costa se evaluó en 6 billones de dólares (IPCC, 2001c)". (SARLAT, Rosália Ibarra. *Desplazados climáticos*: evolución de su reconocimiento y protección jurídicap. México: Universidad Nacional Autónoma de México, Instituto de Investigaciones Jurídicas, 2021. p. 17. (Serie Doctrina Jurídica, nº 921).

[427] THE INTERNACIONAL DISASTER DATABASE EM-DAT. Center for Research on the Epidemiology of Disasters (CRED). *Natural disasters report 1900-2011*. Louvain: Université Catholique de Louvain (UCLouvain), 2021. Disponível em: https://www.emdat.be/. Acesso em 5 jul. 2023.

ao indicar que os desastres naturais tiveram uma escalada após 1950 – justamente no período de maior ênfase da 4ª Revolução Industrial – atingindo o ápice entre 1990 e 2010, quando se intensificaram bruscamente, chegando a superar até mesmo os desastres tecnológicos.

A indissociável correlação entre mudanças climáticas e desastres naturais já vinha sendo identificada desde o ano de 2013 pelo IPCC,[428] quando a entidade alertou que as alterações do clima a partir de 1950 não encontra precedentes nos séculos passados, sendo a causa potencializadora de eventos climáticos extremos:

> O aquecimento do sistema climático é inequívoco e, desde a década de 1950, muitas das mudanças não têm precedentes ao longo de décadas a milênios. A atmosfera e o oceano aqueceu, a quantidade de neve e gelo diminuiu, o nível do mar subiu, e as concentrações de gases de efeito estufa aumentaram [...] Cada uma das últimas três décadas foi sucessivamente mais quente na superfície da Terra do que qualquer década anterior desde 1850 [...] no Hemisfério Norte, entre 1983-2012 foi provavelmente o período mais quente dos últimos 1400 anos.

O significativo avanço dos desastres naturais nas últimas décadas também foi reconhecido pelo Governo chinês, conforme dados atualizados do *Global Natural Disasters Assessment Report 2019*, produzido pelo Ministério de Gestão de Emergências e Redução Nacional de Desastres da China.[429]

Embora o país oriental seja apontado como um dos maiores poluidores mundiais, contribuindo significativamente para a emissão de Gases de Efeito Estufa (GEE), seu relatório avaliou de forma sistematizada os desastres naturais globais dos últimos 30 anos, a partir do Banco de Dados de Desastres Globais (EM-DAT), vinculado ao *Centre for Research on the Epidemiology of Disasters* (CRED) da Bélgica, reconhecendo os nefastos efeitos sociais, econômicos e ambientais em

---

[428] INTERGOVERNMENTAL PANEL ON CLIMATE CHANGE (IPCC). Climate Change 2013. *The physical science basis*. Summary for policymakers. Working group I Contribution to the Fifth Assesment Report of the Intergovernmental Panel on Climate Change. [S. l.], 2013. p. 2. Disponível em: https://www.ipcc.ch/site/assets/uploads/2018/02/WG1AR5_SPM_FINAL.pdf. Acesso em 27 jun. 2023.

[429] CHINA. *2019 Global Natural Disaster Assessment Report*. The ministry of emergency management-the ministry of management, the ministry of emergency management's National Disaster Reduction Center of China. [S. l.], 2019. Disponível em: https://reliefweb.int/sites/reliefweb.int/files/resources/ 73363_2019globalnaturaldisasterassessment.pdf. Acesso em 5 jul. 2023.

todo o planeta, incluindo um elevado número de mortes nas cidades e demais ocupações humanas:

> Um total de 11.694 pessoas morreram em todo o mundo por grandes desastres naturais em 2019, dos quais 43,41% morreram de enchentes (5.076), 24,87% morreram de eventos de temperatura extrema (2.908), 21,54% morreram de tempestades (2.519), 6,15% de deslizamentos de terra (719), 2,21% de terremotos (258) e menos de 2% de outros tipos de desastres. Os maiores desastres naturais do mundo afetaram um total de 90,638 milhões de pessoas em 2019, das quais 34,53% foram afetados por tempestades (31.294.200), 32,7% por inundações (29.634.800), 31,16% por secas (28.239.600), e menos de 2% afetados por outros tipos de desastres. Perdas econômicas diretas avaliadas em US$121,856 bilhões foram relatadas em todo o mundo em 2019, dos quais 47,53% foram causadas por tempestades ($57,914 bilhões), 29,52% foram causadas por enchentes ($35,972 bilhões), 21,28% causadas por incêndios florestais ($25,931 bilhões), 1,4% por terremotos ($1,704 bilhão), e menos de 1% foram causadas por outros tipos de desastres.[430]

Utilizando o mapeamento do Banco de Dados EM-DAT, o mesmo relatório também avaliou as características dos maiores desastres naturais do mundo entre 1989-2019, reconhecendo o aumento dos números nas últimas décadas, destacando que desde 1989 houve um total acumulado de 9.921 principais desastres em todo o mundo, uma média de 320 por ano, afetando inúmeras cidades, comunidades e povoados urbanos e rurais.

A frequência dos desastres naturais teve significativo aumento nas últimas décadas, saltando de 172 casos, em 1989, para 432, no ano de 2005. Por seu turno, entre 1989 a 2019, mais de 60% dos grandes desastres naturais anuais foram causados por inundações e tempestades, a grande maioria nas cidades e regiões ocupadas por assentamentos humanos,[431] demonstrando uma clara correlação entre tais eventos e as alterações

---

[430] CHINA. *2019 Global Natural Disaster Assessment Report*. The ministry of emergency management-the ministry of management, the ministry of emergency management's National Disaster Reduction Center of China. [S. l.], 2019. p. 10. Disponível em: https://reliefweb.int/sites/reliefweb.int/files/resources/ 73363_2019globalnaturaldisasterassessment.pdf. Acesso em 5 jul. 2023.

[431] CHINA. *2019 Global Natural Disaster Assessment Report*. The ministry of emergency management-the ministry of management, the ministry of emergency management's National Disaster Reduction Center of China. [S.l.], 2019. p. 33. Disponível em: https://reliefweb.int/sites/reliefweb.int/files/resources/ 73363_2019globalnaturaldisasterassessment.pdf. Acesso em 5 jul. 2023.

climáticas ocorridas nas últimas décadas. Referidos dados demonstram, de forma inquestionável, os impactos ambientais, sociais, econômicos e urbanísticos envolvendo as mudanças do clima.

Outrossim, por ocasião da Conferência do Clima de Glasgow (COP 26, *Glasgow Climate* Pact, 2021),[432] reconheceu-se que as mudanças do clima representam uma ameaça séria e concreta, pois vêm causando e causarão cada vez mais perdas e danos à medida que as temperaturas aumentarem, provocando eventos climáticos extremos, com consequências sociais, econômicas e ambientais.

Confirmando esse cenário, durante a COP 27 em *Sharm El-Sheikh*, no Egito (2022),[433] houve novo reconhecimento da necessidade urgente e imediata de provisão de recursos financeiros para ajudar os países em desenvolvimento a enfrentarem as mudanças do clima, notadamente para que possam minimizar as perdas e os danos econômicos e não econômicos relacionados aos efeitos adversos das alterações climáticas, incluindo os fenômenos meteorológicos extremos, mediante ações de reabilitação, recuperação e reconstrução.

Em complemento aos dados supra, tais projeções negativas foram confirmadas no 6º Relatório do IPCC (*AR6 SYR, Climate Change 2023*),[434] apontando que o desequilíbrio climático está provocando mudanças generalizadas e rápidas na atmosfera, nos oceanos, na criosfera e biosfera, provocando eventos climáticos extremos em todas as regiões do globo, incluindo impactos adversos generalizados, além de perdas e danos aos ecossistemas em geral e às pessoas.

Segundo o Relatório de 2023 do IPCC, os principais afetados pelos desastres climáticos são as comunidades vulneráveis, as quais abrangem entre 3,3 e 3,6 bilhões de pessoas que vivem em contextos altamente suscetíveis aos efeitos das mudanças do clima e, historicamente, pouco contribuem para sua configuração, sendo afetadas de forma desproporcional pelos graves fenômenos oriundos da crise climática.

---

[432] UNITED NATIONS. Climate Change. *Decision/CP.26 Glasgow Climate Pact*: The Conference of the Parties. Glasgow, 2021. Disponível em: https://unfccc.int/sites/default/files/resource/cop26_auv_2f_cover_decision.pdf. Acesso em 18 jun. 2023.

[433] UNITED NATIONS. Climate Change. *Report of the Conference of the Parties on its twenty-seventh session, held in Sharm el-Sheikh, from 6 to 20 November 2022*. Addendum. Part two: Action taken by the Conference of the Parties at its twenty-seventh session. 2022. Disponível em: https://unfccc.int/documents/626561. Acesso em 18 jun. 2023.

[434] INTERGOVERNMENTAL PANEL ON CLIMATE CHANGE (IPCC). *Synthesis Report 2 of the IPCC sixth assessment report (AR6)*. Summary for Policymakers, 2023. p. 5. Disponível em: https://report.ipcc.ch/ar6syr/pdf/IPCC_AR6_SYR_SPM.pdf. Acesso em 21 mar. 2023.

Outrossim, as mudanças climáticas são capazes de afetar diretamente as pequenas e grandes cidades costeiras, podendo ocasionar efeitos catastróficos nas próximas décadas. Num cenário adverso de mudanças climáticas, Buffon[435] ressalta que as áreas urbanas são particularmente as mais ameaçadas, onde o processo de exposição a riscos é mais intenso, principalmente nas cidades situadas no continente Africano e Asiático, cujo crescimento ocorre de forma descontrolada, a exemplo de Lagos, na Nigéria, e Kinshasa, na República Democrática do Congo, frisando que "cerca de 84% das cidades que mais crescem no mundo enfrentam riscos extremos de aumento das temperaturas e de fenômenos climáticos".

A esse respeito, estudo produzido pelo instituto *Climate Central*[436] indica que o aumento de temperatura média global entre 2ºC e 4ºC colocaria em risco grandes metrópoles, tais como Xangai, Mumbai, Sydnei, Londres, Nova Iorque, Miami, Calcutá, Rio de Janeiro, Hong Kong, Jacarta e Durban. O estudo conduzido pelo cientista Benjamin Strauss, professor de ecologia da Universidade de Princeton e autor de vários estudos científicos sobre os efeitos da elevação do nível do mar, aponta que o fenômeno, de origem climática, poderá afetar mais de 600 milhões de habitantes que residem nessas regiões costeiras.[437]

Sachs igualmente confirma esta teoria ao asseverar que na *Era do Antropoceno*, as cidades poderão ser fustigadas por choques ambientais, pois com a elevação dos níveis do mar, as megacidades situadas no litoral ficarão mais vulneráveis a tempestades intensas e inundações, podendo sofrer eventos calamitosos, e conclui que:

> A Curva de Keeling, o paleoclima, os modelos estatísticos usados por climatólogos, as medições diretas dos fluxos de energia no espaço e nos oceanos e provas irrefutáveis de alterações que já estão a ocorrer em sistemas físicos e humanos –, nos dizem que estamos numa trajetória perigosa de subida de temperaturas com possíveis consequências perigosas [...] Se os grandes mantos de gelo no ocidente da Antártida

---

[435] BUFFON, Marciano. *Tributação, desigualdade e mudanças climáticas*: como o capitalismo evitará seu colapso. Curitiba: Brazil Publishing, 2019. p. 165.
[436] Organização não governamental sediada em Princeton (EUA), integrada por dezenas de cientistas de renome internacional e presidida por Stephen W. Pacala, Professor de Ecologia e Biologia Evolutiva na Princeton University e Diretor do Princeton Environmental Institute.
[437] CLIMATE CENTRAL. *Mapping choices carbon, climate, and rising seas our global legacy*. Princeton, 2015. Disponível em: https://sealevel.climatecentral.org/uploads/research/global-mapping-choices-report.pdf. acesso em 6 jul. 2023.

e na Groenlândia se derreteram o suficiente ou mesmo parcialmente nos oceanos, o nível do mar subirá vários metros [...] em conjunto, a consequências para as zonas urbanas à beira-mar e para o abastecimento alimentar em todo o mundo serão extraordinárias.[438]

Destarte, tais projeções e estudos científicos demonstram os riscos e impactos negativos que envolvem as mudanças climáticas e o processo de urbanização em zonas costeiras, revelando a necessidade de adoção de estratégias preventivas de uso e ocupação de solo em áreas vulneráveis a desastres ambientais.

Em complemento, tratando das consequências urbanísticas oriundas das mudanças climáticas, o 6º Relatório do IPCC (*AR6 SYR, Climate Change 2023*)[439] também alerta que os sistemas urbanos poderão ser diretamente impactados caso não ocorra a redução de emissões de gases atmosféricos. O IPCC igualmente aponta que as cidades precisam se adaptar e promover medidas de resiliência para fazer frente aos futuros desafios das mudanças climáticas.

Para tanto, aponta os principais elementos de adaptação e mitigação que as cidades devem considerar em seu planejamento: I. os impactos e riscos das mudança do clima por meio de serviços climáticos, projeto de planejamento de assentamentos e infraestrutura; II. planejamento do uso do solo para obter formas urbanas compactas, que agreguem empregos e moradias; III. apoio ao transporte público e mobilidade ativa para a redução do uso de veículos, como estimulos à caminhada e ciclismo; IV. projetos eficientes de construção de novas edificações e retrofit (técnica de revitalização de construções antigas) para a redução do consumo de energia e uso de materiais sustentáveis; V. Uso de sistemas de eletrificação com fontes de baixa emissão; VI. Transições urbanas de mitigação e adaptação que ofereçam serviços ecossistêmicos para melhorar a saúde e o bem-estar humanos, além de reduzir a vulnerabiliade de comunidades de baixa renda através de um planejamento inclusivo que envolva infraestrutura física, natural e social; VII. Melhorias na infraestrutura urbana verde e azul para a absorção e armazenamento de carbono, além da redução do uso de energia, das ondas de calor e inundações urbanas.

---

[438] SACHS, Jeffrey. *The age of sustainable development*. New York: Columbia University Press, 2015. p. 390 e 433.
[439] INTERGOVERNMENTAL PANEL ON CLIMATE CHANGE (IPCC). *Synthesis Report 2 of the IPCC sixth assessment report (AR6)*. Summary for Policymakers, 2023. p. 31. Disponível em: https://report.ipcc.ch/ar6syr/pdf/IPCC_AR6_SYR_SPM.pdf. Acesso em 21 mar. 2023.

Ressalte-se que o relatório *Climate Change 2022*, do *Intergovernamental Panel On Climate Change* (IPCC), também tratou da adaptação aos riscos e impactos relacionados à água, abordando a importância da restauração de corpos hídricos e a criação de áreas não edificáveis em suas proximidades (zonas de não construção) como importantes medidas para a adaptação aos efeitos das mudanças climáticas nas cidades. O relatório ainda aponta a necessidade de combinação de medidas estruturais e não estruturais para fins adaptativos das cidades no tocante aos impactos da água, a exemplo da criação de sistemas de alerta antecipado para os casos de desastres, a construção de diques para conter inundações, a melhoria nos sistemas de retenção das águas, a restauração de áreas úmidas, rios e áreas florestais, além do melhor planejamento de uso do solo, medidas estas que podem diminuir os impactos negativos sobre as cidades e reduzir a perda de vidas.[440]

Além dos inúmeros efeitos negativos já aventados, as mudanças climáticas vêm gerando uma nova categoria de desastre humanitário, que envolve os chamados *refugiados ambientais*[441] ou *migrantes ambientais*,[442] ocasionando intenso fluxo populacional em decorrência de impactos e alterações ambientais e demonstrando que a instabilidade do clima é capaz de interferir diretamente nas ocupações urbanas, afetando a sustentabilidade das comunidades e cidades.[443]

---

[440] INTERGOVERNMENTAL PANEL ON CLIMATE CHANGE (IPCC). Summary for policymakers. In: *Climate Change 2022*: Impacts, Adaptation and Vulnerability. Cambridge: Cambridge University Press, 2022. p. 21. Disponível em: https://www.ipcc.ch/report/ar6/wg2/downloads/report/IPCC_AR6_WGII_SummaryForPolicymakers.pdf. Acesso em 27 jun. 2023.

[441] Terminologia popularizada em 1985 por Essam El-Hinnawi, Professor do *Egyptian National Research Centre* do Cairo e então membro do PNUMA, quando conceituou o termo da seguinte forma: "Refugiados ambientais são definidos como aquelas pessoas que foram forçadas a deixar seu habitat tradicional, temporária ou permanentemente, por causa de uma perturbação ambiental (natural e/ou desencadeada por pessoas) que coloca em risco sua existência ou afeta seriamente a qualidade de suas vidas". (EL-HINNAWI, Essam. *Environmental Refugees*. Nairobi: United Nations Environment Programme-UNEP, 1985. p. 4-5. Disponível em: https://digitallibrary.un.org/record/121267. Acesso em 26 out. 2022.

[442] Termo usado pela Organização Internacional para as Migrações (OIM), sediada em Genebra, que define *migrante ambiental* como "uma pessoa ou grupo(s) de pessoa(s) que, predominantemente por motivos de mudanças repentinas ou progressivas no meio ambiente e que afetam adversamente suas vidas ou condições de vida, são forçadas a deixar seus locais de residência habitual, ou optam por fazê-lo, temporária ou permanentemente, e que se deslocam dentro ou fora do seu país de origem ou residência habitual". (INTERNATIONAL ORGANIZATION FOR MIGRATION – IOM. *Environmental migrant*. Switzerland, 2021. Disponível em: https://www.iom.int/key-migration-terms#Environmental-migrant. Acesso em 26 out. 2022.)

[443] Acerca do tema, vide: BÉTAILLE, Julien. Des "réfugiés écologiques" à la protection des "déplacés environnementaux": éléments du débat juridique en France. *Hommes et*

Essa grave repercussão oriunda das mudanças climáticas vem alterando o fluxo populacional, além de provocar o aumento do ciclo de instabilidade, forçando milhares de pessoas a migrarem de suas cidades, comunidades e assentamentos, para outras regiões, afetando principalmente os mais vulneráveis, conforme destaca Gimenez: "Las migraciones climáticas y la situación del Refugio, uno de los efectos más dramáticos del cambio climático, afectan en mayor medida a los más vulnerables: la infancia, las mujeres y los pueblos amenazados".[444]

Conforme revela o *Global Report on Internal Displacement 2020*, produzido pelo *Internal Displacement Monitoring Centre* (IDMC),[445] as inundações, as tempestades tropicais e as chuvas de monções foram a maior causa de fluxos migratórios no ano de 2019, provocando o deslocamento de 24,9 milhões de pessoas em 140 países, a grande maioria na região do Leste Asiático e Sul da Ásia. O relatório aponta que esse fluxo migratório é superior às migrações provocadas por guerras, conflitos civis e violência, demonstrando as graves consequências da crise climática. Nesse norte, Weyermuller afirma que o tema dos refugiados ambientais representa um problema humanitário que tende a aumentar e talvez até mesmo substituir a principal causa de refúgio dos dias atuais, que é a guerra, pois o desequilíbrio climático é capaz de provocar grandes deslocamentos humanos em caráter global, não mais se restringindo a uma região ou sociedade.[446]

Portanto, o cenário atual das mudanças climáticas demonstra que as migrações ambientais tendem a se multiplicar nas próximas décadas, caso não haja efetivo cumprimento das metas do Acordo de Paris, afetando severamente as ocupações humanas e cidades situadas em regiões mais vulneráveis, potencializando as migrações e deslocamentos ambientais.

Na visão de Bravo e Misailidis,[447] este fenômeno humanitário poderá provocar uma *diáspora sem precedentes*, forçando milhares de

---

Migrations, [S. l.], n. 1284, 2010. Disponível em: http://hommesmigrations.revues.org/1257. Acesso em 26 out. 2022.

[444] GIMENEZ, Teresa Vicente. As relaciones entre la naturaleza y el derecho: justicia climática y derechos humanos, justicia ecológica y derechos de la naturaleza. *Revista Electrónica de Derecho Ambiental: medio ambiente & derecho*, Sevilla, n. 37, 2020. Disponível em: https://dialnet.unirioja.es/servlet/articulo?codigo=7724482. Acesso em 27 jun. 2023.

[445] INTERNAL DISPLACEMENT MONITORING CENTRE. *Global report on internal displacement 2020*. New York, 2020. p. 3. Disponível em: https://www.internal-displacement.org/global-report/grid2020/. Acesso em 25 jan. 2023.

[446] WEYERMULLER, André Rafael. *Refugiados na Alemanha*: história, direitos humanos e adaptação. 2. ed. rev. e ampl. Curitiba: Appris, 2021. p. 149-150.

[447] BRAVO, Álvaro Sanches; MISAILIDIS, Mirta Lerena. *Os direitos fundamentais dos refugiados (deslocados) ambientais e da exclusão socioeconômica*. São Paulo: Verbatim, 2013. p. 12.

pessoas a abandonarem suas terras, comunidades e cidades, buscando refúgio em outros locais não apenas por conta de violência, guerras e violações a direitos humanos, mas também pelas mudanças climáticas, gerando um novo tipo de párias, errantes e refugiados: os refugiados ambientais.[448]

Ademais, outra preocupante consequência urbanística que pode advir dos fenômenos climáticos consiste na migração desordenada de milhares de pessoas da zona rural para as cidades e assentamentos humanos. Nesse contexto, a alteração do ciclo hidrológico, as secas prolongadas, a desertificação do solo e a consequente perda de produtividade agrícola podem ensejar um efeito migratório exponencial, fomentando o ciclo de vulnerabilidade nas zonas urbanas pela ausência de estrutura adequada para acolher um elevado número de migrantes.

Portanto, nos campos ambiental, social e urbanístico, os reflexos das alterações climáticas podem afetar drasticamente a sustentabilidade das cidades, obstando a implementação eficaz do ODS 7, além de dificultar a operacionalização dos instrumentos de planejamento urbano no contexto das mudanças do clima, inviabilizando também o cumprimento das metas do ODS 13.

Importante ressaltar que algumas cidades brasileiras, preocupadas com os impactos e choques futuros relacionados às mudanças climáticas, vêm formulando *Planos Municipais de Ação Climática*, alinhando seus projetos de planejamento urbano à Agenda 2030 da ONU, aos Objetivos de Desenvolvimento Sustentável (ODS), às metas fixadas no Acordo de Paris e ao Quadro de Planejamento da Ação Climática da Rede C40 de Cidades *(C40 Cities Climate Leadership Group)*, rede global que reúne quase 100 Prefeitos das principais cidades do mundo, dispostos a adotarem ações urgentes para enfrentarem a crise climática, implementando medidas baseadas na ciência para ajudar o planeta a limitar o aquecimento global a 1,5ºC e tornar as cidades e comunidades ambientalmente saudáveis, equitativas e resilientes.

É o caso de São Paulo, com o "Plano de Ação Climática do Município de São Paulo 2020-2050" (PlanClimaSP), do Rio de Janeiro, com seu "Plano de Desenvolvimento Sustentável e Ação Climática" (PDS), de Curitiba, com o "Plano Municipal de Adaptação e Mitigação às Mudanças Climáticas" (PLANCLIMA), e do Recife, com a "Análise

---

[448] Acerca do tema, vide: WEDY, Gabriel; FERRI, Giovani. Mudanças climáticas e migrações ambientais no cenário contemporâneo. *RDA – Revista de Direito Ambiental*, São Paulo, v. 106, p. 255-282, 2022.

de Riscos e Vulnerabilidades Climáticas e Estratégia de Adaptação do Município do Recife", os quais vêm sendo implementados gradativamente para fins de adaptação e mitigação dos efeitos das mudanças climáticas.

Em suma, todas essas complexas consequências oriundas da crise climática apresentam desafios multidimensionais que exigem adequado enfrentamento. E para atingir as metas climáticas estabelecidas no Acordo de Paris, não basta a implementação isolada de políticas públicas, mas sobretudo uma completa reconfiguração do atual modelo econômico e de crescimento global, uma necessária adaptação da sociedade, além de um adequado planejamento urbano para fazer frente aos desafios das mudanças do clima.

Nesse norte, Bill Gates[449] destaca a necessidade de envolvimento de toda a comunidade internacional para a difícil missão de reduzir para zero, as 51 bilhões de toneladas de gases de efeito estufa que o mundo lança anualmente na atmosfera, para que, nas próximas décadas sejam evitadas catástrofes ambientais relacionadas ao aquecimento global. Para Gates, as nações devem unir esforços para alcançar emissões negativas de carbono até 2050, a fim de prevenir e evitar desastres climáticos, fator que exige uma remodelação da economia global, expansão das fontes de energias renováveis e, sobretudo, o desenvolvimento de novas tecnologias de captura de carbono da atmosfera.

Essas preocupações mundiais com os nefastos efeitos das mudanças climáticas foram expressamente reafirmadas durante a COP 27, em *Sharm El-Sheikh*, no Egito (2022),[450] onde se ratificou a necessidade de cumprimento das metas do Acordo de Paris e a importância da cooperação internacional de todos os países para abordar questões globais, incluindo a mudança climática no contexto do desenvolvimento sustentável, além da necessária transição para estilos de vida sustentáveis e alteração dos padrões de consumo e produção para enfrentar a mudança do clima.

As conclusões do *Plano de Implementação* adotado na COP 27 igualmente destacam o preocupante cenário global de enfrentamento das mudanças climáticas e a necessidade de considerar as obrigações

---

[449] GATTES, Bill. *How to avoid a climate disaster*: the solutions we have and the breakthroughs we need. New York: Knopf, 2021. p. 43-46.
[450] UNITED NATIONS. Climate Change. *Report of the Conference of the Parties on its twenty-seventh session, held in Sharm el-Sheikh, from 6 to 20 November 2022*. Addendum. Part two: Action taken by the Conference of the Parties at its twenty-seventh session. 2022. Disponível em: https://unfccc.int/documents/626561. Acesso em 18 jun. 2023.

mundiais envolvendo os *direitos humanos*, dentre eles o direito a um ambiente limpo, saudável e sustentável, o direito à saúde, à segurança alimentar, os direitos dos povos indígenas, das comunidades locais, dos migrantes, das crianças, pessoas com deficiência e pessoas em situação de vulnerabilidade, incluindo a igualdade de gênero e o empoderamento das mulheres.

Outrossim, no aspecto ambiental, o Plano de Implementação da COP 27 destaca a necessidade de haver a integridade de todos os ecossistemas, inclusive nas florestas, do oceano, da criosfera, a proteção da biodiversidade da *Mãe Terra*, enfatizando a importância do fortalecimento da *justiça climática*, com o objetivo de adoção de medidas concretas de enfrentamento das mudanças climáticas pelos entes responsáveis, concluindo que uma ação climática mais eficaz deve ser implementada de forma justa e inclusiva, minimizando os impactos sociais ou econômicos negativos que podem surgir da ação climática.

Quanto às *medidas de mitigação*, o Plano de Implementação da COP 27 reconhece que limitar o aquecimento global a 1,5 ºC requer uma rápida redução nas emissões globais de gases de efeito estufa (GEE) de 43% até 2030 em relação aos níveis de 2019. Também reconhece que as medidas mitigatórias exigem a adoção do melhor conhecimento científico disponível e a disseminação de tecnologias voltadas à redução dos GEE, mediante implantação de sumidouros de carbono, transição para os modelos de energia de baixo carbono, inclusive com ampliação dos sistemas de geração de energia limpa e mecanismos de eficiência energética, incluindo esforços para a redução gradual de energia movida a carvão e eliminação gradual de subsídios aos combustíveis fósseis.

Em relação às *medidas de adaptação*, o Plano de Implementação da COP 27 demonstra sua enorme preocupação com a lacuna existente entre os níveis atuais de adaptação e níveis necessários para responder aos efeitos adversos das mudanças climáticas, de acordo com as conclusões do Grupo de Trabalho II, do 6º Relatório de Avaliação do Painel Intergovernamental de Mudanças Climáticas (IPCC). Nesse norte, exorta as partes a adotarem uma abordagem transformacional para aumentar a capacidade adaptativa, fortalecer a resiliência e reduzir a vulnerabilidade frente às mudanças climáticas, além de instar os países desenvolvidos a aumentarem significativamente suas metas de financiamento climático, transferência de tecnologia e capacitação para adaptação, de modo a auxiliar os países em desenvolvimento a formularem e implementarem seus planos nacionais de adaptação.

Uma das grandes novidades anunciadas duarante a COP 27 foi a criação da Agenda de Adaptação de Sharm-El-Sheikh (*Sharm-El-Sheikh Adaptation Agenda: the global transformations towards adaptive and resilient development*),[451] contendo propostas abrangentes de ações globais com o objetivo de promover ações transformadoras de países, regiões, cidades e, principalmente, comunidades vulneráveis para se adaptarem aos perigos climáticos agudos. A Agenda de Adaptação de Sharm-El-Sheikh prevê 30 resultados de adaptação para aumentar a resiliência para 4 bilhões de pessoas que vivem nas comunidades mais vulneráveis ao clima até o ano de 2030. A agenda apresenta soluções globais que podem ser adotadas em nível local para responder aos efeitos adversos das mudanças climáticas, notadamente aqueles relacionados ao calor extremo, secas, inundações. O plano de adaptação da Agenda é subdivido em cinco sistemas de impactos representados pela I) alimentação e agricultura, II) água e natureza, III) litoral e oceanos, IV) assentamentos humanos e V) infraestrutura, aqui incluídas soluções para planejamento e finanças.

Resumidamente, a Agenda de Adaptação de Sharm El-Sheik inclui as seguintes metas globais urgentes para 2030: I) Transição para uma agricultura sustentável e resiliente ao clima que pode aumentar os rendimentos em 17% e reduzir as emissões de gases de efeito estufa (GEE) em 21%, sem expandir as fronteiras agrícolas e, ao mesmo tempo, melhorar os meios de subsistência, inclusive de pequenos agricultores; II) Proteger e restaurar cerca de 400 milhões de hectares em áreas críticas (ecossistemas de terra e água doce), apoiando comunidades indígenas e locais com o uso de soluções baseadas na natureza (SBN), para melhorar a segurança hídrica e os meios de subsistência e transformar 2 bilhões de hectares de terra em manejo sustentável; III) Proteger 3 bilhões de pessoas com a instalação de sistemas inteligentes e de alerta precoce; IV) Investir US$4 bilhões para garantir o futuro de 15 milhões de hectares de manguezais por meio de ações coletivas para deter a perda, restaurar, dobrar a proteção e garantir financiamento sustentável para todos os manguezais existentes; V) Ampliar o acesso à cozinha limpa para 2,4 bilhões de pessoas por meio de, pelo menos, US$10 bilhões/ano em financiamento inovador; VI) Mobilizar US$140 a US$300 bilhões

---

[451] UNITED NATIONS. Climate Chage. *Sharm-El-Sheikh Adaptation Agenda*: the global transformations towards adaptive and resilient development. November, 2022. Disponível em: https://climatechampions.unfccc.int/wp-content/uploads/2022/12/SeS-Adaptation-Agenda_Complete-Report_COP27-.pdf. Acesso em 18 jun. 2023.

necessários em fontes públicas e privadas para adaptação e resiliência e estimular 2000 das maiores empresas do mundo a integrarem projetos de risco climático e desenvolverem planos de adaptação.

Em suma, o grande desafio da sociedade contemporânea consiste na adoção de medidas preventivas para conter os efeitos negativos das mudanças climáticas e, sobretudo, a implementação de medidas concretas voltadas a dar efetividade ao ODS 13 e às metas do Acordo de Paris, ao Pacto de Glasgow e, principalmente, ao Plano de Implementação da COP 27 e da Agenda de Adaptação de Sharm El-Sheikh.

CAPÍTULO 4

O PLANEJAMENTO URBANO COMO POLÍTICA PÚBLICA ESSENCIAL

O planejamento urbano no Brasil sofreu significativos atrasos, ocasionando o crescimento desordenado de inúmeras cidades, principalmente no auge da colonização e da fase de industrialização brasileira, alavancada a partir da década de 1950, quando a migração em massa dos campos para as zonas urbanas propiciou uma explosão demográfica.

O problema da urbanização brasileira foi acentuado a partir da década de 1980, quando proliferaram pelo Brasil centenas de novas cidades e aglomerações urbanas em regiões metropolitanas, muitas delas sem infraestrutura suficiente, pois nesse período não havia uma legislação federal urbanística específica para regular a matéria de planejamento territorial, fator que exigiu o aprimoramento das normas de ordenamento urbano.

4.1 Evolução das normas de planejamento urbano

No âmbito do direito comparado, o planejamento urbano vem sendo aperfeiçoado há décadas, pois consoante Carvalho Pinto, grande parte dos países desenvolvidos sistematizou a legislação urbanística a partir da década de 1940, constituindo verdadeiros "Códigos de Urbanismo", que serviram de inspiração para outras nações, citando como exemplos: a Inglaterra, com a *Town and Country Planning Act* (1947), a Espanha, com a *Lei de Regimen del Suelo y Ordenación Urbana* (1956), a Itália, por intermédio da *Legge Urbanistica* (1942), a França, por meio do *Code de l'Urbanisme et de l'Habitation* (1954) e a Alemanha, com a *Bundesbaugesetz* (Lei Federal de Ordenação Urbanística, 1960).

Acrescenta, ainda, que os Código de Urbanismo não são iniciativas apenas do continente europeu, pois muitos países latino-americanos adotaram seus códigos muito antes do Brasil, a exemplo da Venezuela, com a *Ley Organica de Ordenación Urbanística* (1987), do Chile, com a *Ley general de Urbanismo e Construcciones* (1976), da Colômbia, com a *Ley de Reforma Urbana* (1989), da Argentina, com a *Ley sobre Ordenación Territorial y Uso del Suelo* (1977) e do México, com a *Ley General de Assentamientos Humanos* (1976).[452]

Todavia, ao contrário do cenário internacional, que já vinha avançando na sistematização do direito urbanístico há várias décadas, o Brasil não se preocupou com a elaboração de diploma similar. Em decorrência dessa omissão, quando o Estatuto da Cidade veio à lume no Brasil, em 2001, inúmeras cidades do país já apresentavam problemas urbanísticos estruturais, pois se desenvolveram sem planejamento adequado, a maioria delas sem contar com qualquer espécie de plano de ordenação.

Outrossim, mesmo após o advento do Estatuto da Cidade e a criação de diversos instrumentos urbanísticos, inúmeras cidades brasileiras ainda não se adequaram e não cumprem as normas de planejamento e ordenamento territorial impostas pelo Estatuto da Cidade, apresentando diversos problemas de ordem estrutural que englobam dimensões sociais, ambientais e urbanísticas.

Embora sob diferentes graus e peculiaridades, a maioria das cidades brasileiras enfrenta problemas urbanísticos, mas quanto maior a cidade, mais visíveis são suas mazelas,[453] quadro atualmente evidenciado nas grandes metrópoles, onde a falta de planejamento urbano e suas consequências negativas são mais acentuadas.

Por seu turno, Corbusier[454] destaca os exponenciais conflitos entre meio ambiente artificial e natural em decorrência do crescimento das cidades, pois quanto mais a cidade cresce, menos as condições naturais são respeitadas, tendo em vista que sua expansão descontrolada afeta elementos indispensáveis aos seres vivos, tais como o sol, a vegetação e o espaço. Como consequência, o ambiente construído ou artificial cada

---

[452] PINTO, Victor Carvalho. *Direito urbanístico*: plano diretor e direito de propriedade. 3. ed. rev. e atual. São Paulo: Revista dos Tribunais, 2011. p. 77-78.
[453] SANTOS, Milton. *A urbanização brasileira*. 5. ed. São Paulo: Editora da Universidade de São Paulo, 2008. p. 105.
[454] CORBUSIER, Le. *A carta de Atenas*. (Trad. Rebeca Scherer). São Paulo: Editora da Universidade de São Paulo, 1993. p. 27.

vez mais se alastra e altera de forma substancial a terra, tornando o ambiente artificializado.[455] Nessa perspectiva, o planejamento urbano deve ser objeto de uma pauta permanente, visando evitar não somente a criação de cidades sem estudos de viabilidade, mas também prevenir o crescimento desordenado e a deterioração das aglomerações urbanas, garantindo assim o desenvolvimento sustentável das cidades.

Ademais, o planejamento urbano constitui mecanismo essencial para a construção do bem-estar e da sadia qualidade de vida da população, pois a comunidade é o núcleo sensitivo dos problemas urbanos[456] e a principal interessada na melhoria de suas condições de vida e do ambiente das cidades, sendo impositivo que o planejamento urbano seja uma pauta permanente dos gestores públicos.

Para Sundfeld,[457] as diretrizes gerais impostas pelo Estatuto da Cidade buscam o equilíbrio necessário entre as várias funções da cidade, que envolvem a moradia, o trabalho, o lazer e a circulação, apontando três objetivos primordiais da ordem urbanística: 1. possibilitar a sanção jurídica da inércia do Poder Público, como a omissão em ordenar o emprego do solo e proteger o patrimônio coletivo; 2. fornecer parâmetros normativos para controle das orientações seguidas pela política urbana, com isso viabilizando a invalidação das normas e atos a ele contrários; 3. permitir o bloqueio dos comportamentos privados que agridam o equilíbrio urbano.

Convém sublinhar que o planejamento urbano não constitui um processo discricionário, dependente do crivo do administrador público, tratando-se de uma imposição constitucional (artigo 182, da CF/1988). Acerca do tema, Carvalho Filho destaca o caráter técnico e jurídico do planejamento urbano, o qual envolve um dever e não mera faculdade do gestor público, pois visa "[...] implementar uma política de transformação das cidades com a finalidade de alcançar o desenvolvimento urbano e a melhoria das condições de qualquer tipo de ocupação dos espaços urbanos". E conclui afirmando que referido

---

[455] MILARÉ, Edis. *Direito do Ambiente*: a gestão ambiental em foco. 6. ed. rev., atual. e ampl. São Paulo: Revista dos Tribunais, 2009. p. 285.
[456] SANT'ANNA, Mariana Senna. Planejamento urbano e qualidade de vida: da Constituição Federal ao plano diretor. *In*: DALLARI, Adilson Abreu; DI SARNO, Daniela Campos Libório (Coord.). *Direito urbanístico e ambiental*. 2. ed. Belo Horizonte: Fórum, 2011. p. 134.
[457] SUNDFELD, Carlos Ari. O estatuto da cidade e suas diretrizes gerais. *In*: DALLARI, Adilson Abreu; FERRAZ, Sérgio (Org.). *Estatuto da cidade (comentários à Lei Federal nº 10.257/2001)*. 4. ed. São Paulo: Malheiros, 2014. p. 54-57.

instrumento não constitui um processo de natureza meramente técnica, mas também de planejamento jurídico, fruto do direito positivo, pois "[...] espelha uma obrigação de fazer para as autoridades públicas, e não apenas uma ação dependente de sua boa vontade".[458]

Com efeito, as cidades precisam ser pensadas e organizadas com uma visão estratégica para que possam se desenvolver de forma ordenada e sustentável, sobretudo para prevenir incompatibilidades associadas ao seu crescimento. Para tal mister, torna-se imprescindível aos gestores públicos a estrita observância dos instrumentos legais postos à sua disposição, sobretudo o Plano Diretor, enquanto mecanismo imprescindível para regular o ordenamento das cidades, propiciando a sustentabilidade dos espaços urbanos nos aspectos social, ambiental e urbanístico. A partir dessas premissas se constata as múltiplas dimensões das funções sociais da cidade, realçando a importância do planejamento urbano enquanto política pública essencial.

Outrossim, a plataforma do planejamento urbano deve amparar-se nos primados da ética e da solidariedade, visando modificar a realidade de segregação, discriminação e desigualdade que caracterizam as cidades brasileiras,[459] pois os projetos de urbanização ainda não contemplam, em sua totalidade, os cidadãos menos favorecidos e as camadas mais vulneráveis da sociedade. Nesse norte, a *Nova Agenda Urbana* (ONU Habitat III, 2016) enfatiza a concepção da "cidade para todos", ou seja, aquela que assegure a igualdade e a inclusão entre os habitantes presentes e futuros, sem discriminações de qualquer ordem, para que possam "[...] habitar e produzir cidades e assentamentos humanos justos, seguros, saudáveis, acessíveis, resilientes e sustentáveis, e assim fomentar a prosperidade e a qualidade de vida para todos.[460]

Esta nova concepção da *cidade para todos* enfatizada pela Nova Agenda Urbana amplia o conceito de cidade para além de seus aspectos material e funcional, priorizando elementos socioespaciais voltados a consolidar um novo paradigma urbanístico que torne a cidade um

---

[458] CARVALHO FILHO, José dos Santos. *Comentários ao estatuto da cidade*. 5. ed. rev. ampl. e atual. São Paulo: Atlas, 2013. p. 34.

[459] GUIMARÃES, Angélica. A ordem jurídica urbana e o direito à cidade: uma leitura crítica sob o olhar da Constituição Federal de 1988. *In*: LIBÓRIO, Daniela Campos (Coord.). *Direito urbanístico*: fontes do direito urbanístico e direito à cidade. Belo Horizonte: Fórum, 2020. p. 222.

[460] ORGANIZAÇÃO DAS NAÇÕES UNIDAS (ONU). *Nova agenda urbana, habitat III, 2016*. Nova Iorque: Nações Unidas, 2019. Item 11, p. 5. Disponível em: https://uploads.habitat3.org/hb3/NUA-Portuguese-Brazil.pdf. Acesso 2 jul. 2023.

bem comum inclusivo, sustentável, equilibrado e igualitário. Portanto, essa *visão partilhada* concebida pela Nova Agenda Urbana almeja construir cidades e aglomerados urbanos para que todas as pessoas, indistintamente, possam desfrutar de iguais direitos e oportunidades.

Em suma, essa nova vertente do planejamento urbano visa alcançar uma expressão de interesse coletivo voltada a promover não apenas o ordenamento territorial, mas também propiciar a inclusão social e fortalecer os princípios da igualdade e da dignidade da pessoa humana, pois consoante Aristóteles, a cidade é a associação de seres iguais, que aspiram em comum obter uma existência compartilhada e feliz:

> A sociedade que se formou da reunião de várias aldeias constitui a Cidade, que tem a faculdade de se bastar a si mesma, sendo organizada não apenas para conservar a existência, mas também para buscar o bem-estar [...] É, portanto, evidente que toda Cidade está na natureza e que o homem é naturalmente feito para a sociedade política [...] As sociedades domésticas e os indivíduos não são senão as partes integrantes da Cidade, todas subordinadas ao corpo inteiro, todas distintas por seus poderes e suas funções, e todas inúteis quando desarticuladas, semelhantes às mãos e aos pés que, uma vez separados do corpo, só conservam o nome e a aparência, sem a realidade, como uma mão de pedra. O mesmo ocorre com os membros da Cidade: nenhum pode bastar-se a si mesmo. Aquele que não precisa dos outros homens, ou não pode resolver-se a ficar com eles, ou é um deus, ou um bruto.[461]

Como bem observa Mumford, a cidade deve ser concebida não como um mero local de negócios ou de governo, mas como uma expressão e atualização da nova personalidade humana, pois "a antiga divisão entre homem e natureza, entre citadino e rústico, entre grego e bárbaro, entre cidadão e forasteiro, já não pode ser mais mantida", concluindo que "[...] o planeta inteiro está se transformando numa aldeia; e em consequência, até a menor vizinhança ou distrito há de ser planejado como um modelo funcional do mundo maior".[462]

Em suma, o planejamento urbano deve consistir num processo permanente, pautado por critérios técnicos e jurídicos, visando evitar o crescimento desordenado das cidades, além de permitir a

---

[461] ARISTÓTELES. *A política*. São Paulo: Martins Fontes, 1991. p. 3-5.
[462] MUMFORD, Lewis. *A cidade na história*: suas origens, transformações e perspectivas. 4. ed. São Paulo: Martins Fontes, 2004. p. 618.

sustentabilidade urbana nas dimensões humana, econômica, política e ambiental, notadamente para consolidar um dos principais objetivos da Política Urbana, que é a garantia do direito às cidades sustentáveis para as presentes e futuras gerações.

4.2 A boa governança como elemento essencial ao desenvolvimento sustentável e ao planejamento urbano

A governança eficaz, transparente e responsável, constitui pressuposto essencial para o adequado planejamento urbano e implementação das cidades sustentáveis. Nesse norte, a *Nova Agenda Urbana* estabelecida na Conferência ONU Habitat III (Quito, 2016) reconheceu a necessidade de fortalecimento da "governança urbana, com instituições e mecanismos sólidos que empoderem e incluam atores urbanos, assim como freios e contrapesos apropriados, conferindo previsibilidade e coerência aos planos de desenvolvimento urbano",[463] tendo como objetivo permitir a inclusão social, o crescimento econômico sustentável e inclusivo, além da proteção do meio ambiente.

Assim, verifica-se que a Nova Agenda Urbana da Organização das Nações Unidas dá especial destaque ao triângulo do desenvolvimento urbano mediante conjugação de três elementos essenciais que envolvem o planejamento, o financiamento e a governança, os quais se entrelaçam como requisitos imprescindíveis para atingir o pleno ordenamento das cidades.

Nesse contexto, o fortalecimento da governança urbana exige instituições e mecanismos sólidos que possam não apenas almejar uma eficaz gestão urbana, mas também empoderar os demais atores sociais, bem como estabelecer mecanismos de controle eficientes para a implementação concreta dos planos e projetos de desenvolvimento urbano. Justamente nessa órbita a governança envolve um *conceito polissêmico* por abranger múltiplos e distintos atores no processo de tomada de decisões de interesse coletivo, tais como ONGs, multinacionais, agentes

---

[463] UNITED NATIONS HUMAN SETTLEMENTS PROGRAMME (UN-Habitat). *The new urban agend*. Un-Habitat III. Nairobi: United Nations, 2016. Item 15, c. II, p. 8. Disponível em: https://unhabitat.org/sites/default/files/2020/12/nua_handbook_14dec2020_2.pdf. Acesso em 30 jun. 2023.

sociais e econômicos.[464] Esse entendimento é igualmente compartilhado por Zurbriggen:

> A governança surge como um novo estilo de governo, diferente do modelo hierárquico e de controle de mercado, caracterizado por um maior grau de cooperação entre governos e administrações públicas e atores não governamentais na formulação de políticas públicas. Espera-se que por meio desse processo de formulação de políticas, baseado na colaboração, no consenso e na participação de diferentes atores, os resultados e os rendimentos das políticas sejam aprimorados e, em última instância, a governança do sistema político seja garantida (tradução nossa).[465]

O termo governança encontra sua gênese no documento *Governance and Development*, produzido na década de 1990 pelo *The World Bank*, visando traçar as diretrizes para definir a eficiência estatal na gestão dos recursos econômicos e sociais para o adequado desenvolvimento de um país. Trata-se não apenas de um conceito amplo de boa gestão, mas também de um conjunto de diretrizes a serem adotadas pelo administrador público para atingir uma eficaz governança.

Por consequência, um bom governo (*good governance*) corresponde a uma sólida e eficiente gestão de desenvolvimento, abrangendo estrutura política previsível e transparente, eficiência de mercados e governo, além da observância do desenvolvimento sustentável.[466] No âmbito do Programa das Nações Unidas para o Desenvolvimento (PNUD), a governança é atrelada ao conceito de desenvolvimento sustentável, sendo definida como:

---

[464] CARRERAS, Roser Roca. Una nueva gobernanza: empoderamiento de la colectividad. In: CARRERAS, Roser Roca et al. (Org.). *Hacia un nuevo modelo económico social, sostenible y estacionario*: iniciatives per al decreixement. Barcelona: El Viejo Topo, 2014. p. 117.

[465] No original: "La gobernanza surge como un nuevo estilo de gobierno, distinto del modelo de control jerárquico y de mercado, caracterizado por un mayor grado de cooperación entre los gobiernos y administraciones públicas y actores no gubernamentales en la hechura de las políticas públicas. Se espera que, a través de este proceso de elaboración de las políticas, fundamentado en la colaboración, el consenso y la participación de distintos actores, se mejoren los resultados y rendimientos de las políticas y, en definitiva, se garantice la gobernabilidad del sistema político". (ZURBRIGGEN, Cristina. Gobernanza: una mirada desde América Latina. *Perfiles Latinoamericanos*, México, v. 19, n. 38, p. 40, 2011. Disponível em: http://www.scielo.org.mx/pdf/perlat/v19n38/v19n38a2.pdf. Acesso em 3 jul. 2023).

[466] THE WORLD BANK. The International Bank for Reconstruction and Development. *Governance and development*. Washington D.C., 1992. Disponível em: https://documents1.worldbank.org/curated/en/604951468739447676/pdf/multi-page.pdf. Acesso em 3 jul. 2023.

O exercício da autoridade política, econômica e administrativa na gestão dos assuntos de uma nação. São os complexos mecanismos, processos, relações e instituições nas quais os cidadãos e os grupos articulam seus interesses, exercem seus direitos e obrigações e medeiam suas diferenças.[467]

Por seu turno, o *Livro Branco sobre a Governança Europeia* designa o termo governança como "o conjunto de regras, processos e práticas que dizem respeito à qualidade do exercício do poder a nível europeu, essencialmente no que se refere à responsabilidade, transparência, coerência, eficiência e eficácia". Sua meta é propiciar uma consciência democrática acerca da noção de responsabilidade e de proporcionalidade no exercício dos poderes conferidos às instituições europeias, visando fortalecer a governança pela cultura do diálogo, da participação, da transparência, da eficácia, da coerência e da responsabilização.[468]

Aliás, nessa mesma linha de raciocínio, Bosselmann[469] acrescenta que a consciência ecológica pode auxiliar na governança do planeta Terra, mas para tanto é preciso pensar globalmente, pois o local torna-se global (e vice-versa) e o presente está ligado para o futuro (e vice-versa). O autor acrescenta que a necessidade de uma governança planetária contém um realismo ecológico moral e coloca democracias liberais e opositores em um mesmo nível de abordagem, exigindo medidas políticas mais ambiciosas na busca de soluções.

Na esfera ambiental, a boa governança constitui um dos pilares do desenvolvimento sustentável, tendo sido realçado no *Princípio nº 30 da Declaração de Johanesburgo (2002),*[470] ao destacar a necessidade de fortalecimento da governança em todos os níveis para a efetiva

---

[467] UNITED NATIONS. *Development programme*. Reconceptualizing governance. New York, 1997. p. 9. Disponível em: https://digitallibrary.un.org/record/268781?ln=en. Acesso em 3 jul. 2023.

[468] COMISSÃO DAS COMUNIDADES EUROPEIAS. White Paper on governance. *Jornal Oficial*, Bruxelas, n. 287, p. 01-29, 12 Oct. 2001. Disponível em: https://eur-lex.europa.eu/legal-content/PT/TXT/?uri=celex%3A52001DC0428. Acesso em 3 jul. 2023.

[469] BOSSELMANN, Klaus. Earth governance: trusteeship of the global commons. In: BOSSELMANN, Klaus. *New horizons in environmental and energy law*. Cheltenham, UK: Edward Elgar Publishing, 2015. p. 35.

[470] Princípio 30: "Assumimos o compromisso de reforçar e aperfeiçoar a governança em todos os níveis, para a efetiva implementação da Agenda 21, das Metas de Desenvolvimento do Milênio e do Plano de Implementação da Cúpula". (UNITED NATIONS. Digital Library. *Johannesburg Declaration on Sustainable Development and Plan of Implementation of the World Summit on Sustainable 2002*. New York, 2003. Disponível em: https://digitallibrary.un.org/record/499725. Acesso em 27 jun. 2023).

implementação da Agenda 21 e, notadamente, para evitar a corrupção, reduzir os gastos públicos e gerar resultados positivos em políticas ambientais.

A seu turno, na concepção de Corralo,[471] pode-se afirmar que existe um direito fundamental à boa governança e à administração pública eficiente, conforme reconhecido na *Carta dos Direitos Fundamentais da União Europeia (Tratado de Nice, 2000)*, norma que o autor entende estar implícita na Constituição Federal brasileira. Com efeito, dispõe o art. 41 da Carta que todas as pessoas têm "direito a uma boa administração", devendo os órgãos e instituições do poder público tratar seus assuntos de forma imparcial, equitativa e num prazo razoável, sendo dever da administração fundamentar suas decisões. Ademais, reza a Carta que toda pessoa tem o direito de ser ouvida e ter acesso aos processos que lhe digam respeito.[472]

Nessa mesma vertente, Jeffrey Sachs, diretor do *Center for Sustainable Development da Columbia University (Earth Institute)*, inclui o elemento da *boa governança* nos quatro pilares da sustentabilidade, enfatizando que, além dos três elementos norteadores do desenvolvimento sustentável (desenvolvimento econômico, desenvolvimento humano e proteção do meio ambiente) a boa governança é imprescindível para que a sociedade prospere nos campos ambiental, social e econômico.

Em tempos de corrupção, desvio de recursos públicos, ausência de políticas públicas nas áreas de meio ambiente, saúde pública, educação e infraestrutura urbana, Sachs[473] ainda pontua que a governança eficaz – que abrange não apenas os poderes públicos, mas também o setor empresarial e notadamente as multinacionais – deve ser o critério norteador para a efetiva implementação do desenvolvimento sustentável e construção de uma sociedade mais justa e equânime, concluindo que um governo honesto estimula a sociedade a ser mais solidária e altruísta, consolidando os valores da generosidade, da compaixão e do voluntarismo, ao invés do apego ao materialismo e ao individualismo.

---

[471] CORRALO, Giovani da Silva. Há um direito fundamental à boa governança? *Espaço Jurídico Journal of Law*, Joaçaba, v. 18, n. 1, p. 178, jan./abr. 2017. Disponível em: https://portalperiodicos.unoesc.edu.br/espacojuridico/article/view/4954/pdf. Acesso em 2 jul. 2023.

[472] UNIÃO EUROPEIA. Carta dos Direitos Fundamentais da União Europeia. *Jornal Oficial das Comunidades Europeias*, [S. l.], 18 dez. 2000. Disponível em: https://www.europarl.europa.eu/charter/pdf/text_pt.pdf. Acesso em 30 jun. 2023.

[473] SACHS, Jeffrey. *The age of sustainable development*. New York: Columbia University Press, 2015. p. 14.

Com efeito, um dos maiores problemas atrelados ao Princípio da Boa Governança é a corrupção que ainda se encontra enraizada nas administrações públicas, pois consoante Amartya Sen, a prevalência da corrupção pode ser considerada uma das maiores barreiras para o progresso econômico, tornando ineficazes as políticas públicas, inclusive afastando investimentos pelos setores produtivos, além de propiciar o enraizamento de organizações ilícitas e violentas, tais como a Máfia.[474] E conclui afirmando que o desafio da corrupção exige uma mudança comportamental da sociedade, sob pena de sua difusão, pois "a presença do comportamento corrupto encoraja outros comportamentos corruptos".[475]

Não obstante a atuação preventiva e repressiva dos entes fiscalizatórios na seara urbanística, Milaré[476] pontua que desmandos e abusos ainda cerceiam o pleno desenvolvimento das cidades, inclusive mediante casos de corrupção e conluio entre loteadores e autoridades municipais, notadamente pela especulação imobiliária, considerada "um dos piores inimigos do meio ambiente urbano, se não for o pior deles".

Tais comportamentos ilícitos são geralmente originários do tráfico de influência no âmbito da administração pública, identificado por Freitas como um *vício da política insustentável*, comumente lastreado em vantagens indevidas oriundas da intimidade com o poder, do tráfico político mediante venda de facilidades, do favorecimento ímprobo e do comércio da vantagens, concluindo que, "o exercício da política sustentável é, antes de tudo, o adimplemento do dever de evitar males e de universalizar benefícios sistêmicos".[477]

Essa íntima relação de promiscuidade entre alguns gestores públicos, o poder político e alguns segmentos da iniciativa privada, ainda permeia setores da administração pública, problema de natureza crônica que está entrelaçado à corrupção, ao tráfico de influência, às atividades lobistas e à obtenção de vantagens ilícitas em detrimento do interesse público.

Em acurada obra sobre o tema da *Corrupção Urbanística*, Buzelato Prestes ressalta que no Brasil vigora uma espécie de banalização da

---

[474] SEN, Amartya. *Development as freedom*. New York: Random House, 1999. p. 350.
[475] SEN, Amartya. *Development as freedom*. New York: Random House, 1999. p. 354.
[476] MILARÉ, Edis. *Direito do Ambiente*: a gestão ambiental em foco. 6. ed. rev., atual. e ampl. São Paulo: Revista dos Tribunais, 2009. p. 548.
[477] FREITAS, Juarez. *Sustentabilidade*: direito ao futuro. 4. ed. Belo Horizonte: Fórum, 2019. p. 206-208.

questão, a qual infelizmente se arraigou à cultura popular, tais como a prática do suborno para agilizar processos de aprovação de projetos, obtenção de despachos de interesse particular e agilização de procedimentos de cunho urbanístico. Citando caso concreto ocorrido na Secretaria de Planejamento de Porto Alegre, a autora destaca investigação que resultou na demissão de oito servidores do setor e responsabilização por improbidade administrativa em decorrência da prática de suborno em processos de aprovação de projetos irregulares, onde se identificou uma relação de promiscuidade entre servidores públicos, arquitetos e consultores, mediante pagamento de propina.[478]

Tal prática, segundo a autora, não é incomum no setor de aprovação de projetos urbanísticos, ressaltando que existe um nicho de mercado que gira entre profissionais ligados aos processos de aprovação, os quais conhecem "atalhos de percurso", situação que resulta na falta de transparência, inobservância de procedimentos e excesso de discricionariedade, favorecendo os atos de corrupção na seara urbanística, principalmente nos processos de aprovação edilícia, de ordenamento de solo urbano, de modificação do uso do solo, na reconstrução do patrimônio histórico e nos projetos de grandes obras.[479]

Entretanto, conclui, com muita propriedade, que cinco fatores favorecem a corrupção urbanística, sendo eles: a desregulamentação das contratações urbanísticas, a discricionariedade do administrador, a lentidão do processo administrativo, a falta de estruturas compatíveis com a necessidade de gestão e a quantidade de normas urbanísticas a serem atendidas.[480]

Por seu turno, Gabriel Wedy compartilha da mesma preocupação ao salientar que a corrupção é uma das mazelas que conspira contra o desenvolvimento sustentável, afetando diretamente a dimensão da governança, com nefastos efeitos econômicos e sociais, pois "[..] quanto maior o índice de corrupção em um país, fatalmente menor será o seu índice de desenvolvimento econômico, de inclusão social e de educação ambiental de sua população".[481]

---

[478] PRESTES, Vanêsca Buzelato. *Corrupção urbanística*: da ausência de diferenciação entre direito e política no Brasil. Belo Horizonte: Fórum, 2018. p. 184.
[479] PRESTES, Vanêsca Buzelato. *Corrupção urbanística*: da ausência de diferenciação entre direito e política no Brasil. Belo Horizonte: Fórum, 2018. p. 185.
[480] PRESTES, Vanêsca Buzelato. *Corrupção urbanística*: da ausência de diferenciação entre direito e política no Brasil. Belo Horizonte: Fórum, 2018. p. 227-232.
[481] WEDY, Gabriel. *Desenvolvimento sustentável na era das mudanças climáticas*: um direito fundamental. São Paulo: Saraiva, 2018. p. 64.

Para fazer frente a este desafio, referido autor destaca que a ONU deveria ter incluído dentre os 17 Objetivos de Desenvolvimento Sustentável (ODS) o "combate à corrupção", atrelado à boa governança, pois muitos programas financiados por organismos internacionais, pela iniciativa privada e por governos locais para a tutela ambiental são alvo de desvios de recursos, dificultando a efetiva implementação de políticas sustentáveis.[482]

Deveras, a corrupção solapa o desenvolvimento, sendo seu efeito mais pernicioso o retardo da taxa de crescimento dos Países, pois onde a corrupção prevalece, o crescimento é desequilibrado e afeta principalmente os mais pobres, que acabam recebendo menos serviços sociais e menores investimentos em projetos de infraestrutura,[483] fator que demonstra uma clara correlação entre a boa governança, o desenvolvimento econômico e a inclusão social.

Estudo conduzido pelo Programa das Nações Unidas para o Desenvolvimento (PNUD), denominado *Corruption and Good Governance*,[484] destaca que a redução da corrupção é capaz de melhorar as perspectivas do desenvolvimento humano sustentável, fator que exige uma revisão das raízes econômicas que incentivam os atos corruptos, além da análise dos custos da corrupção sistêmica para o crescimento e redução da pobreza dos países, concluindo que estratégias anticorrupção e melhorias nos programas de governança podem desempenhar um papel crucial para reduzir os índices de corrupção.

Sob outra perspectiva, a boa governança também exige decisões equilibradas e positivas, devendo ser estimuladas as escolhas mais adequadas do gestor público, a exemplo dos *nudges*, instrumentos que possuem o objetivo de atingir a eficiência e a segurança no processo de tomada de decisões, pois escolhas pessoais e governamentais precipitadas têm a grande probabilidade de produzir resultados negativos.[485]

---

[482] WEDY, Gabriel. *Desenvolvimento sustentável na era das mudanças climáticas*: um direito fundamental. São Paulo: Saraiva, 2018. p. 155.

[483] THOMAS, Vinod *et al*. *A qualidade do crescimento*. (Trad. Élcio Fernandes). São Paulo: Editora UNESP, 2002. p. 150-152.

[484] UNITED NATIONS. United Nations Development Programme. *Corruption and good governance*. New York, 1997. p. 13. Disponível em: https://digitallibrary.un.org/record/1491472?ln=en. Acesso em 3 jul. 2023.

[485] Sobre o tema, vide: THALER, Richard H.; SUNSTEIN, Cass R. *Nudge*: como tomar melhores decisões sobe saúde, dinheiro e felicidade. (Trad. Ângelo Lessa). 1. ed. Rio de Janeiro: Objetiva, 2019.

Aliás, em relação às percepções comportamentais, Sunstein aborda as questões éticas que cercam os *nudges*, ou seja, decisões embasadas em comportamentos que influenciam as escolhas e tomada de decisões dos governos em temas ambientais, econômicos e sociais, as quais podem interferir no bem-estar, no autogoverno e nas responsabilidades estatais.[486] Neste contexto, a boa governança também envolve as melhores escolhas e a tomada de decisões mais adequadas e seguras para uma eficiente gestão pública. Se bem planejadas e amparadas por processos técnicos, a tomada de decisões adequadas pode evitar vieses e, sobretudo, decisões governamentais equivocadas.

Outrossim, no contexto da *Teoria da Tríplice Hélice* desenvolvida por Henry Etzkowitz, a difusão de conhecimentos e informações entre universidade-indústria-governo também pode propiciar as melhores decisões em prol dos interesses coletivos, agregando conhecimento e saber às decisões políticas do gestor público, tendo a potencialidade de melhorar a governança pública. Nesse norte, destacam Etzkowitz e Zhou[487] que a Hélice Tríplice se destina a prover uma metodologia capaz de examinar pontos fortes e fracos locais e assim preencher lacunas nas relações entre universidades, indústrias e governos, com o objetivo de desenvolver estratégias de inovação bem-sucedidas, além de identificar a fonte generativa do desenvolvimento socioeconômico com base no conhecimento, aprimorando as relações e interações entre universidade-indústria-governo.

Indiscutivelmente, esta tríplice relação é capaz de propiciar uma melhor gestão urbanística-ambiental no seio da administração pública, pois promove a interação e a difusão de conhecimentos entre o gestor político, a iniciativa privada e a universidade, produzindo um leque de elementos voltados à tomada de decisões mais coerentes e técnicas pelo administrador público, fator que pode contribuir para uma eficaz governança.

Sob esse influxo, é inquestionável que uma gestão pública eficiente em todos os segmentos – inclusive no campo urbanístico – exige

---

[486] SUNSTEIN, Cass. *The ethics of influence*: government in the age of behavioral science. New York: Cambridge University Press, 2016. p. 10-16.
[487] ETZKOWITZ, Henry; ZHOU, Chunyan. Hélice Tríplice: inovação e empreendedorismo universidade-indústria-governo. *Estudos Avançados*, São Paulo, v. 31, n. 90, p. 23-24, 2017. Disponível em: https://www.revistas.usp.br/eav/article/view/137883. Acesso em 3 jul. 2023.

uma *governança multinível*[488] que envolva não apenas a atuação direta do gestor público, mas também o setor privado, as entidades civis e, sobretudo, os entes fiscalizatórios, como o Ministério Público, as Câmaras de Vereadores e os Tribunais de Contas dos Estados e da União.

Aliás, incumbe ao Ministério Público a tutela desse interesse difuso por intermédio da Ação Civil Pública para a defesa da ordem urbanística (artigo 1º, VI, da Lei nº 7.347/1985) caso ocorram desvios, malversação de recursos públicos ou omissões na gestão pública afeta ao planejamento urbano e ao desenvolvimento sustentável das cidades.

Noutro vértice, a boa governança está intimamente atrelada ao *Princípio da Eficiência* insculpido no artigo 37, *caput*, da CF/1988,[489] pois é exigível do gestor público que atue de forma apropriada e eficaz, desempenhando sua missão com presteza para alcançar uma boa administração e assim obter resultados positivos em favor da coletividade.

Para o Tribunal de Contas da União (TCU), no âmbito da administração pública a governança assume um *caráter organizacional*, pois envolve uma gama concatenada de atividades voltadas a avaliar, direcionar, monitorar, planejar, executar e controlar o desempenho do gestor público, fator que exige o cumprimento dos seguintes princípios: 1. Capacidade de resposta; 2. Integridade; 3. Transparência; 4. Equidade e participação; 5. Accountability; 6. Confiabilidade; 7. Melhoria regulatória.[490]

Impende destacar que a grande maioria dos municípios brasileiros padecem de sérios problemas de governança em diversos setores, incluindo a seara urbanística, fator que dificulta a implementação de diretrizes eficazes de planejamento urbano. A esse respeito:

[...] o atual panorama das cidades, em particular nos países em desenvolvimento como o Brasil, sinaliza grandes desafios nos processos, devido a sérios problemas de governança, como tem se tornado em clara evidência mais recentemente, e uma inadequada infraestrutura

---

[488] Sobre o tema, vide: CARNEIRO, José Mário Brasiliense; FREY, Klaus (Org.). *Governança multinível e desenvolvimento regional sustentável*: experiências do Brasil e da Alemanha. 1. ed. São Paulo: Centro Alemão de Ciência e Inovação, 2018.

[489] Acerca da conexão entre eficiência e boa administração vide: CUNHA, Bruno Santos. O princípio da eficiência e o direito fundamental à boa administração. *In*: MARRARA, Thiago (Org.). *Princípios de direito administrativo*. São Paulo: Atlas, 2012. p. 382-404.

[490] BRASIL. Tribunal de Contas da União. *Dez passos para a boa governança*. Tribunal de Contas da União. 2. ed. Brasília, DF: TCU, Secretaria de Controle Externo da Administração do Estado, 2021. Disponível em: https://portal.tcu.gov.br/data/files/D5/F2/B0/6B/478F771072 725D77E18818A8/10_passos_para_boa_governanca_v4.pdf. Acesso em 3 jul. 2023.

que apresenta externalidades negativas de alto impacto nos processos relacionados a aspectos socioeconômicos e ambientais.[491]

Além disso, por força dos deveres estatais de proteção ambiental, os Poderes Executivo, Legislativo e Judiciário também estão constitucionalmente obrigados a atuar de forma ativa para obter a maior eficácia possível dos direitos e deveres fundamentais ambientais, pois a efetividade do direito ao meio ambiente equilibrado demanda uma "governança judicial ecológica".[492]

Aliás, referido tema é tratado no *Manifesto de Oslo para Legislação Ecológica e Governança* (2016),[493] no qual se destaca que o direito ambiental contemporâneo está numa encruzilhada, pois embora destinado a proteger o meio ambiente e os sistemas ecológicos, nos últimos cinquenta anos de sua história a legislação ambiental vem falhando em deter a contínua e acelerada degradação ecológica, fator que exige novos mecanismos eficazes de governança.

O Manifesto de Oslo destaca, com propriedade, que a transformação do direito ambiental para o direito ecológico não ocorrerá sem pessoas comprometidas com a mudança, fator que realça não apenas o dever da sociedade de atingir a plena sustentabilidade, mas sobretudo dos gestores públicos. Nesse norte, propõe o estabelecimento de uma *Aliança Ecológica de Direito e Governança* (ELGA), concebida como uma plataforma unificadora e inclusiva para promover esforços coordenados e formular alternativas ecológicas alinhadas à adequada governança, incluindo a criação de grupos de trabalho para o desenvolvimento de novos projetos de pesquisa entre instituições globais.

Nessa perspectiva, Damacena[494] ressalta que as funções tradicionalmente realizadas por entidades públicas hoje abrem espaço para

---

[491] GUEVARA, Arnoldo J. de Hoyos; SILVA, Luciano Ferreira da. O panorama do desenvolvimento local sustentável nas cidades brasileiras. *In*: CONTI, Diego de Meio; VIEIRA, Vinícius Lopes Ramos (Org.). *O futuro das cidades*: sustentabilidade, inteligência urbana e modelos de viabilidade utilizando PPPs e concessões. São Paulo: Casa de Soluções, 2020. p. 14.

[492] SARLET, Ingo Wolfgang; FENSTERSEIFER, Tiago. O direito constitucional-ambiental brasileiro e a governança judicial ecológica: estudo à luz da jurisprudência do Superior Tribunal de Justiça e do Supremo Tribunal Federal. *Revista da Academia Brasileira de Direito Constitucional*, Curitiba, v. 11, n. 20, p. 9-10, jan./jul. 2019.

[493] ECOLOGICAL LAW AND GOVERNANCE ASSOCIATION. *Oslo manifesto for ecological law and governance*. [S. l.], jun. 2016. Disponível em: https://elgaworld.org/oslo-manifesto. Acesso em 3 jul. 2023.

[494] DAMACENA, Fernanda Dalla Libera. A governança dos desastres ambientais e no direito comparado norte-americano e europeu. Brasília, Senado Federal. *Revista de informação legislativa*, v. 52, n. 208, p. 303-319, out./dez. 2015.

um conjunto de diversos atores do setor privado e da sociedade civil, fortalecendo a boa governança por intermédio de redes de colaboração para lidar com problemas sociais complexos associados ao meio ambiente, aos desastres e a mudanças climáticas.

Portanto, a sustentabilidade exige uma *governança global* por intermédio de um centro democrático de decisões, capaz de enfrentar os problemas globais e garantir a sustentabilidade do *Sistema Terra e do Sistema Vida*,[495] não podendo a governança se limitar ao administrador público, mas também se estender às organizações não governamentais, movimentos sociais e corporações multinacionais.

A governança por múltiplos atores permite o fortalecimento do Estado e amplia o espectro fiscalizatório, pois nem sempre a atuação governamental isolada é suficiente para implementar uma adequada política estatal, evidenciando que a atuação da sociedade civil constitui elemento relevante para descentralizar e democratizar a tomada de decisões, inclusive mediante interlocução entre organismos multilaterais.

Nessa perspectiva, Kotzé e Marauhn[496] ressaltam que no cenário atual o tema da governança exige um novo paradigma transnacional de intervenção, pois a interconexão das questões ambientais cada vez mais assume um caráter global, principalmente no que tange à proteção da biodiversidade e dos ecossistemas, fator que exige uma governança transfronteiriça entre as nações.

No tocante à governança urbanística, a *Carta de Leipzig sobre Cidades Europeias Sustentáveis* (2007) prevê um conjunto de medidas e instrumentos para alcançar as cidades sustentáveis mediante desenvolvimento urbano integrado e estruturas de governança adequadas para a implementação de políticas públicas, programas e projetos atrelados ao desenvolvimento urbano. Para atingir tais objetivos e sobretudo alcançar uma governança eficaz no desenvolvimento urbano, a Carta de Leipzig prevê a coordenação e a integração de diversos setores situados, além da esfera político-administrativa, como entes da sociedade civil, agentes econômicos e os cidadãos.[497]

---

[495] BOFF, Leonardo. *Sustentabilidade*: o que é – o que não é. 5. ed. Petrópolis: Vozes, 2018. p. 113-114.

[496] KOTZÉ, Louis J.; MARAUHN. Thilo. A New Paradigm for Biodiversity Governance in a Transnational World. *In*: KOTZÉ, Louis J.; MARAUHN. Thilo (Ed.). *Transboundary governance of biodiversity*: Legal aspects of sustainable development. Leiden/Boston: Brill Nijhoff, 2014. p. 5-6.

[497] EUROPEAN COMISSION. *Leipzig charter on sustainable European cities*. [S. l.], 2007. Disponível em: https://ec.europa.eu/regional_policy/archive/themes/urban/leipzig_charter.pdf. Acesso em 3 jul. 2023.

Em complemento, o quadro de referência para as cidades sustentáveis Europeias (*European Reference Framework for Sustainable Cities, RFSC, 2015*)[498] adota as dimensões territorial, social, econômica, ambiental e da governança para uma eficiente gestão pública. Na dimensão da governança, o documento destaca ser necessário adotar uma estratégia territorial integrada em rede para atingir uma governança eficaz em diversas áreas ligadas ao desenvolvimento sustentável das cidades, a exemplo das políticas de planejamento urbano que envolvam aterros de resíduos, estações de tratamento de água e esgoto, energia renovável e ampliação de áreas urbanas de lazer. O RFSC conclui que uma administração sustentável e uma gestão financeira responsável, transparente, ética e com participação dos cidadãos pode produzir externalidades positivas ao meio ambiente urbano, fortalecendo a governança.

No mesmo contexto, Sachs pontua que a boa governança deve estar lastreada em três princípios elementares: responsabilidade, transparência e participação. Quanto à *responsabilidade*, os governos e as empresas devem responder por seus atos e prestar contas à sociedade, comprovando a realização de seus planos, projetos e medidas para atingir os objetivos de interesse público, pois a boa governança envolve a responsabilidade e o compromisso para com o desenvolvimento sustentável.

O autor acrescenta ao critério da responsabilidade o princípio do poluidor-pagador, pois aquele que lucra com a degradação ambiental deve suportar os custos sociais de suas ações. Quanto à *transparência*, as ações governamentais e empresariais devem ser claras para que a sociedade tenha conhecimento de seus atos e eventualmente possa provocar sua responsabilização, devendo os cidadãos resistir aos atos secretos, pois a "institucionalização do segredo" permite às pessoas esconder dinheiro e maus comportamentos. Por fim, frisa que o princípio da *participação* é fundamental para a boa governança, pois dá poder aos cidadãos de participarem da tomada de decisões, deliberações públicas e regulamentações de interesse coletivo.[499]

---

[498] THE EUROPEAN URBAN KNOWLEDGE NETWORK (EUKN). *The reference framework for sustainable cities (RFSC, 2015)*. [S. l.], 2015. Disponível em: http://rfsc.eu/wp-content/uploads/2016/03/30-objectives-1.pdf. Acesso em 3 jul. 2023.

[499] SACHS, Jeffrey. *The age of sustainable development*. New York: Columbia University Press, 2015. p. 536-537.

Sob outra vertente, para alcançar tais objetivos, a prevalência do interesse público sobre o privado deve ser a diretriz do gestor público, pois além da governança eficaz, democrática e transparente, suas ações devem primar pelos princípios da legalidade, da moralidade e da impessoalidade no trato para com a *res publica*, afastando a configuração de atos ímprobos, de corrupção urbanística e tomada de decisões enviesadas.

Outrossim, apesar de consistir num instrumento de caráter técnico, o processo de planejamento urbano deve conferir espaço democrático para a integração e participação social, com o objetivo de garantir a urbanização sustentável, pois consoante Bosselmann,[500] "sem a participação efetiva da sociedade civil e a transparência da governança, o desenvolvimento sustentável continuará a ser uma promessa não cumprida".

Por seu turno, a consolidação das cidades sustentáveis, seguras, inclusivas e resilientes exigem uma *governança multiescalar*, conforme aponta o *Relatório Cidades de Amanhã*: desafios, visões e perspectivas da União Europeia:

> As cidades devem adotar uma governança multiescalar socialmente inovadora, inclusiva e integrada, que seja capaz de transformar tensões em oportunidades: tensões entre objetivos concorrentes ou contraditórios; entre interesses setoriais; entre diferentes grupos de interesse ou comunidades; entre diferentes níveis de governança; entre diferentes territórios concorrentes, e entre visões a curto, médio e longo prazo.[501]

Enfim, a eficácia das políticas públicas de ordenamento e planejamento urbano voltadas a tornar as cidades sustentáveis demanda uma gestão transparente e idônea, por meio de uma sólida governança que envolva a participação de múltiplos atores, sendo impositivo que os planos e projetos urbanísticos sejam eficazmente implementados. No mesmo prisma, os recursos orçamentários destinados aos projetos de urbanização devem ter adequada destinação e aplicação, sendo imprescindível que o tema da governança seja uma pauta permanente voltada a aprimorar e a tornar eficaz a gestão pública em todos os segmentos.

---

[500] BOSSELMANN, Klaus. *O princípio da sustentabilidade*: transformando direito e governança. (Trad. Phillip Gil França). São Paulo: Revista dos Tribunais, 2015. p. 87.

[501] UNIÃO EUROPEIA. *Cidades de amanhã*: desafios, visões e perspectivas. Bruxelas, 2011. p. 89. Disponível em: https://ec.europa.eu/regional_policy/sources/docgener/studies/pdf/citiesoftomorrow/citiesoftomorrow_final_pt.pdf. Acesso em 5 jul. 2023.

4.3 Mecanismos de democracia participativa na gestão ambiental e urbanística

A participação pública na tomada de decisões constitui instrumento essencial para a implementação de políticas públicas ambientais e gestão democrática das cidades, permitindo que o cidadão, *per se* ou mediante órgãos colegiados, seja partícipe nas discussões que cercam o planejamento urbano e o desenvolvimento sustentável. No contexto do ordenamento urbano, a gestão democrática das cidades envolve um compartilhamento na tomada de decisões do gestor público por meio da participação da sociedade civil, objetivando a execução de políticas públicas transparentes e eficazes.

Embora seja pautada pelo caráter consultivo, não vinculando necessariamente o poder público, a participação pública auxilia o gestor na tomada de decisões e consolida a democracia participativa através da pluralidade de ideias. Nesse prisma, a gestão democrática nos processos decisórios em matéria ambiental e urbanística fortalece a cidadania e o próprio exercício da soberania popular, pois abre espaço para a intervenção dos cidadãos nas decisões do poder público e nos destinos da nação. Aliás, a *democracia participativa* é apontada como alternativa de intervenção social por Paulo Bonavides:

> Disse Lincoln que democracia é o governo do povo, para o povo, pelo povo. Dessa máxima lapidar, infere-se que o povo é o sujeito ativo e passivo de todo esse processo, mediante o qual se governam as sociedades livres. [...] Não há democracia sem participação. De sorte que a participação aponta para as forças sociais que vitalizam a democracia e lhe assinam o grau de eficácia e legitimidade no quadro social das relações de poder.[502]

Justamente nessa ótica é que a democracia não pode ser considerada apenas como um processo formal de escolha dos governantes, mas também como uma escolha de como a sociedade quer ser governada,[503] evidenciando que, por força da Constituição Federal de 1988, os interesses públicos devem ser debatidos no contexto dos interesses

---
[502] BONAVIDES, Paulo. *Teoria constitucional da democracia participativa*. São Paulo: Malheiros, 2001. p. 51.
[503] MOREIRA NETO, Diogo de Figueiredo. *Mutações do direito administrativo*. 3. ed. Rio de Janeiro: Renovar, 2007. p. 343-345.

da coletividade, não podendo ficar restritos aos comandos do Poder Estatal. Justamente nessa tônica observa a *Encíclica Rerum Novaraum*: "o Governo é para os governados e não vice-versa".[504]

Nessa órbita de ideias é que o princípio da participação popular se correlaciona com os fundamentos do Estado Democrático de Direito, ao permitir que a sociedade seja partícipe do processo de tomada de decisões de caráter ambiental, mesmo entendimento sopesado por Goffredo Telles ao aduzir que a legitimidade da democracia "depende da introdução da vontade dos governados nas decisões e nos atos dos governantes".[505]

Sob outra vertente, a democratização participativa abre caminho para a emancipação social das minorias perante as camadas hegemônicas da sociedade,[506] permitindo que todas as classes sociais recebam tratamento igualitário na formulação de políticas públicas. Com efeito, o comprometimento da sociedade civil no processo participativo pode ser decisivo na tomada de decisões transparentes e eficazes do gestor público, pois conforme Thomas, a atuação popular "[...] pode fazer a diferença entre um Estado bem governado e outro mal governado, entre uma sociedade estagnada e uma próspera".[507]

Por seu turno, pertinente avaliar a questão da legitimidade sob a perspectiva do Estado constitucional democrático, pois a democracia não se desenvolve apenas no contexto da delegação de responsabilidade formal do povo aos seus governantes, por intermédio das eleições. Nesse contexto, Häberle ressalta que, numa sociedade aberta, há outros meios refinados de mediação do processo público e pluralista da política, especialmente para a realização dos Direitos Fundamentais (*Grundreschtsverwirklichung*), concluindo que:

> Povo não é apenas um referencial quantitativo que se manifesta no dia da eleição e que, enquanto tal, confere legitimidade democrática ao processo de decisão. Povo é também um elemento pluralista para

---

[504] LEÃO XIII, Papa. *Carta Encíclica Rerum Novarum*: sobre a condição dos operários. Vaticano, 1891. Item 19. Disponível em: https://www.vatican.va/content/leo-xiii/pt/encyclicals/documents/hf_l-xiii_enc_15051891_rerum-novarum.html. Acesso em 5 jul. 2023.
[505] TELLES, Goffredo. *O povo e o poder*. São Paulo: Malheiros, 2003. p. 70.
[506] SANTOS, Boaventura de Souza; AVRITZER, Leonardo. Para ampliar o cânone democrático. In: SANTOS, Boaventura de Souza (Org.). *Democratizar a democracia*: os caminhos da democracia participativa. Rio de Janeiro: Civilização Brasileira, 2002. p. 50.
[507] THOMAS, Vinod *et al*. *A qualidade do crescimento*. (Trad. Élcio Fernandes). São Paulo: Editora UNESP, 2002. p. 22.

a interpretação que se faz presente de forma legitimadora no processo constitucional: como partido político, como opinião científica, como grupo de interesse, como cidadão.[508]

Em complemento, Häberle destaca que as audiências públicas e o mecanismo de intervenção processual por meio dos *amici curiae* representam legítima forma de atuação de uma sociedade pluralista, contribuindo para o processo de interpretação constitucional. Assevera que essa "ampliação do círculo dos intérpretes" vai além da esfera pública (Öffentlichkeit), pois também abrange setores da vida privada, não podendo o Estado tratar as forças sociais como meros objetos, mas sim integrá-las ativamente enquanto sujeitos.[509]

Ademais, é preciso registrar a importância da atuação dos movimentos sociais organizados e demais entidades não governamentais como fonte de produção normativa, pois conforme Wolkmer,[510] a abertura de espaço para tais entidades cria canais diversos dos modelos clássicos representados pelo processo legislativo tradicional. Para tanto, observa que num espaço público descentralizado, onde prevalece a pluralidade de interesses, a juridicidade surge por meio de diversas formas do agir comunitário, resultantes de "processos sociais autorreguláveis advindos de grupos voluntários, comunidades locais, associações profissionais, corpos intermediários e organizações sociais".

Na mesma concepção, Teubner, ao tratar das *constituições capilares*, afirma que a permanente estatização dos sistemas não se mostra uma alternativa plausível após a experiência com os totalitarismos políticos do último século, propondo um modelo de *constitucionalização híbrida* por meio da atuação de forças sociais distintas ao poder estatal:

> [...] Requer-se, aqui, uma 'constitucionalização híbrida'; que forças sociais externas, ou seja, normatizações jurídicas e contrapoder da 'sociedade civil' que se constituem paralelamente aos meios de poder

---

[508] HÄBERLE, Peter. *Hermenêutica Constitucional – a sociedade aberta dos intérpretes da Constituição*: contribuição para a interpretação pluralista e "procedimental" da Constituição. (Trad. Gilmar Ferreira Mendes). Porto Alegre: Sergio Antonio Fabris Editor, 2022. p. 36-37.

[509] HÄBERLE, Peter. *Hermenêutica Constitucional – a sociedade aberta dos intérpretes da Constituição*: contribuição para a interpretação pluralista e "procedimental" da Constituição. (Trad. Gilmar Ferreira Mendes). Porto Alegre: Sergio Antonio Fabris Editor, 2022. p. 30-33.

[510] WOLKMER, Antônio Carlos. *Pluralismo jurídico*: fundamentos de uma nova cultura no direito. 3. ed. São Paulo: Alfa Ômega, 2001. p. 119-120.

estatal e advêm de outros contextos – dos meios de comunicação em massa, das discussões públicas, dos protestos espontâneos, dos intelectuais, movimentos sociais, ONGS, sindicatos, profissões e suas organizações –, gerem uma pressão tão massiva sobre os sistemas funcionais expansionistas, que são criadas autolimitações internas que realmente funcionam.[511]

Justamente nessa diretriz é que a democracia participativa implica na estruturação de processos que permitam aos cidadãos a ampla possibilidade de participar da tomada de decisões políticas, contribuindo para a melhor gestão dos bens e interesses públicos, pois como bem observa Canotilho, tal prática permite "exercer controle crítico na divergência de opiniões [e] produzir *inputs* políticos democráticos".[512]

Em suma, a participação pública no processo decisório governamental avulta o pleno exercício da cidadania ao permitir que as políticas públicas sejam palco de um amplo debate democrático voltado a concretizar garantias fundamentais previstas na CF/1988, inclusive no que tange aos rumos do planejamento urbano. Nesse norte, destaca Nelson Saule Júnior:

> A política urbana e as normas de direito urbanístico devem ter como finalidade atender os fundamentos e os princípios constitucionais, visando tornar efetivo o direito à cidade. A efetivação desse direito significa tornar pleno o exercício da cidadania e garantir a dignidade da pessoa humana, que são fundamentos de um Estado Democrático de Direito nos termos do artigo 1º da Constituição. Para o direito à cidade se concretizar a política urbana e as normas de direito urbanístico devem ter como premissa viabilizar um dos objetivos fundamentais do Estado brasileiro estabelecido no artigo 3º, inciso III, da Constituição, de erradicar a pobreza e a marginalização e reduzir as desigualdades sociais.[513]

Com efeito, o princípio da participação democrática permite ao cidadão debater a elaboração das leis e demais atos governamentais no que tange às políticas ambientais e ao ordenamento urbano, a exemplo

---

[511] TEUBNER, Gunther. *Fragmentos constitucionais*: constitucionalismo social na globalização. São Paulo: Saraiva, 2016. p. 159-161.
[512] CANOTILHO, José Joaquim Gomes. *Direito constitucional e teoria da Constituição*. 7. ed. Coimbra: Almedina, 2003. p. 288.
[513] SAULE JÚNIOR, Nelson. *Novas perspectivas do direito urbanístico brasileiro. Ordenamento constitucional da política urbana. Aplicação e eficácia do plano diretor*. Porto Alegre: Sergio Antonio Fabris Editora, 1997. p. 44.

das audiências públicas que devem ser obrigatoriamente realizadas durante a elaboração do Plano Diretor, sob pena de caracterização de vício da respectiva lei.

Desta forma, a descentralização da tomada de decisões permite ao cidadão participar ativamente da construção de políticas ambientais e do processo de planejamento urbano, podendo opinar, questionar e apresentar propostas para a melhoria do ordenamento urbano e alcance do desenvolvimento sustentável em todas as suas dimensões.

Conforme pontua Leff, a democracia participativa na seara ambiental almeja uma convergência de interesses e objetivos comuns de diferentes grupos e classes sociais em torno do desenvolvimento sustentável e da apropriação da natureza.[514] Para tanto, afirma que a participação ativa da sociedade na formulação e proposição de políticas públicas ambientais gera o empoderamento do cidadão, pois estabelece um diálogo entre a sociedade organizada e o poder público.[515]

Resumidamente, a moderna concepção de democracia participativa implica na assunção de novos espaços de participação da sociedade na tomada de decisões, fortalecendo a educação e a integração dos saberes, além de permitir que tais atores sociais atuem na construção de uma nova racionalidade ambiental.

4.4 O Princípio da Participação Popular na Declaração de Estocolmo, Declaração Rio 92, Convenção de Aarhus, Acordo de Escazú e Opinião Consultiva nº 23/17 da CIDH

O Princípio da Participação em matéria ambiental – também aplicável por simetria ao direito urbanístico – encontra suas raízes na *Declaração de Estocolmo de 1972*, através da Recomendação nº 97,[516] que

---

[514] LEFF, Enrique. *Saber ambiental*: sustentabilidade, racionalidade, complexidade, poder. Petrópolis: Vozes, 2002. p. 62-63.
[515] LEFF, Enrique. *Saber ambiental*: sustentabilidade, racionalidade, complexidade, poder. Petrópolis: Vozes, 2002. p. 232-235.
[516] Recomendação 97: 1. Recomenda-se que o Secretário-Geral adote as disposições necessárias para: a) Estabelecer um programa de informação voltado a despertar o interesse de indivíduos por meio dos direitos humanos e alcançar a participação pública em sua gestão e controle. Esse programa deve recorrer aos meios de informação pública tradicional e contemporânea, tendo em conta as peculiaridades nacionais. Ademais, deve fornecer meios de estimular a participação ativa dos cidadãos e despertar interesse e alcançar a contribuição de organizações não governamentais na proteção e melhoria do meio ambiente" (tradução nossa). (UNITED NATIONS. *Report of the United Nations Conference*

estimula a participação popular para a tomada de decisões governamentais. A mesma diretriz está prevista no *Princípio 10 da Declaração Rio 92*,[517] sendo também reiterada na *Agenda 21* ao reconhecer que "um dos pré-requisitos fundamentais para atingir o desenvolvimento sustentável é a ampla participação pública na tomada de decisões".[518]

Nesse contexto, a participação da sociedade civil nas questões ambientais busca incorporar a visão dos cidadãos na tomada de decisões, dando-lhes legitimidade para agirem sobre determinados assuntos de interesse público.[519] Justamente nesse sentido é que Telles da Silva aponta a necessidade de implementar uma *cidadania planetária ambiental*, que conduza a um amplo sistema de direitos, deveres e abertura de espaços de participação da sociedade civil na concretização do direito ao meio ambiente sadio e do direito à cidade sustentável.[520]

Aliás, o direito ao meio ambiente equilibrado implica não apenas numa obrigação estatal, mas também no dever da coletividade em defendê-lo e preservá-lo para as presentes e futuras gerações, conforme enuncia o artigo 225, *caput*, da CF/88, solidificando o Princípio da Participação Popular, conforme enfatiza Antunes:

---

on the human Enviroment. Stockholm, 5-16 jun. 1972. p. 28. Disponível em: https://www.un.org/ga/search/view_doc.asp?symbol=A/CONF.48/14/%20REV.1. Acesso em 30 jun. 2023).

[517] Princípio 10: "A melhor maneira de tratar as questões ambientais é assegurar a participação, no nível apropriado, de todos os cidadãos interessados. No nível nacional, cada indivíduo terá acesso adequado às informações relativas ao meio ambiente de que disponham as autoridades públicas, inclusive informações acerca de materiais e atividades perigosas em suas comunidades, bem como a oportunidade de participar dos processos decisórios. Os Estados irão facilitar e estimular a conscientização e a participação popular, colocando as informações à disposição de todos. Será proporcionado o acesso efetivo a mecanismos judiciais e administrativos, inclusive no que se refere à compensação e reparação de danos" (tradução nossa). (UNITED NATIONS. *United Nations Conference on Environment and Development (UNCED), Earth Summit*. Rio de Janeiro, 1992. Disponível em: https://sustainabledevelopment.un.org/milestones/unced. Acesso em 27 jun. 2023).

[518] BRASIL. Ministério do Meio Ambiente. Conferência das Nações Unidas sobre o Meio Ambiente e Desenvolvimento (1992). *Agenda 21 global*. Brasília, DF: Ministério do Meio Ambiente, 2002. Cap. 23.2. Disponível em: https://antigo.mma.gov.br/responsabilidade-socioambiental/agenda-21/agenda-21-global/item/704. Acesso em 27 jun. 2023.

[519] CORDELLA, Ezio Costa. Participación ciudadana ambiental en latinoamérica: una estructura en construcción. *In*: PENA CHACON, Mario (Org.). *Derecho ambiental del siglo XXI*. San Jose da Costa Rica: Isolma, 2019. p. 357.

[520] SILVA, Solange Telles da. A emergência de uma cidadania planetária ambiental. *In*: MARQUES, Cláudia Lima; MEDAUAR, Odete; SILVA, Solange Telles da (Coord.). *O novo direito administrativo, ambiental e urbanístico*: estudos em homenagem à Jacqueline Morand-Deviller. São Paulo: Revista dos Tribunais, 2010. p. 379.

O princípio democrático é aquele que assegura aos cidadãos o direito pleno de participar na elaboração das políticas públicas ambientais. No sistema constitucional brasileiro, tal participação faz-se de várias maneiras diferentes. A primeira delas consubstancia-se no dever jurídico de proteger e preservar o meio-ambiente; a segunda, no direito de opinar sobre as políticas públicas, através da participação em audiências públicas, integrando órgãos colegiados etc. Há, ainda, a participação que ocorre através da utilização de mecanismos judiciais e administrativos de controle dos diferentes atos praticados pelo Executivo, tais como as ações populares, as representações e outros. Não se pode olvidar, também, as iniciativas legislativas que podem ser patrocinadas pelos cidadãos. A materialização do princípio democrático faz-se através de diversos instrumentos processuais e procedimentais.[521]

Registre-se que o Brasil obteve significativo avanço no tema ao aprovar a Lei nº 10.650/2003, que dispõe sobre o acesso público aos dados e informações ambientais existentes nos órgãos e entidades integrantes do Sistema Nacional do Meio Ambiente (Sisnama), instituído pela Lei nº 6.938/1981.

A chamada *Lei de Acesso à Informação Ambiental* impõe aos órgãos e entidades da Administração Pública, direta, indireta e fundacional, integrantes do Sisnama, a obrigação de permitir o acesso público aos documentos, expedientes e processos administrativos que tratem de matéria ambiental, notadamente nos casos relativos à qualidade do meio ambiente, políticas, planos e programas potencialmente causadores de impacto ambiental, resultados de monitoramento e auditoria nos sistemas de controle de poluição e atividades potencialmente poluidoras, planos e ações de recuperação de áreas degradadas, acidentes, situações de risco ou de emergências ambientais, emissões de efluentes líquidos e gasosos, produção de resíduos sólidos, substâncias tóxicas e perigosas, diversidade biológica e organismos geneticamente modificados (artigo 2º).

Acerca dos temas em questão, o Superior Tribunal de Justiça (STJ), ao julgar o Recurso Especial nº 1857098-MS (2020/0006402-8), oriundo do *Incidente de Assunção de Competência* (IAC – Tema nº 13),[522]

---

[521] ANTUNES, Paulo de Bessa. *Direito ambiental*. 7. ed. Rio de Janeiro: Lumen Juris, 2014. p. 32.

[522] BRASIL. Superior Tribunal de justiça. *Recurso Especial nº 1857098-MS (2020/0006402-8)*. Relator Ministro Og Fernandes. 1ª Seção. Julgamento: 11.05.2022. Disponível em: https://processo.stj.jus.br/processo/julgamento/eletronico/documento/mediado/?docu

estabeleceu quatro teses relativas ao direito de acesso à informação no direito ambiental, à possibilidade de registro das informações em cartório e à atuação do Ministério Público. O STJ destacou que, na acepção do Estado de Direito Ambiental, Estado Ecológico de Direito ou Estado Socioambiental de Direito (*Environmental Rule of Law*), o direito brasileiro contempla medidas de transparência ambiental, dentre elas: i) o dever estatal de produzir relatórios de execução de projetos ambientais, como os Planos de Manejo de APAs; ii) o dever estatal de publicar tais relatórios na internet, com periodicidade adequada; e iii) a averbação das APAs nos registros de imóveis rurais, mediante requerimento direto do Ministério Público aos ofícios.

Nesse sentido, a Corte fixou quatro teses vinculantes durante o julgamento do recurso manejado pelo Ministério Público de Mato Grosso do Sul (MPMS), que deu origem ao Incidente de Assunção de Competência (IAC – Tema nº 13): Tese A: o direito de acesso à informação no Direito Ambiental brasileiro compreende: i) o dever de publicação, na internet, dos documentos ambientais detidos pela Administração não sujeitos a sigilo (*transparência ativa*); ii) o direito de qualquer pessoa e entidade de requerer acesso a informações ambientais específicas não publicadas (*transparência passiva*); e iii) o direito a requerer a produção de informação ambiental não disponível para a Administração (*transparência reativa*); Tese B) Presume-se a obrigação do Estado em favor da transparência ambiental, sendo ônus da Administração justificar seu descumprimento, sempre sujeita a controle judicial, nos seguintes termos: i) na transparência ativa, demonstrando razões administrativas adequadas para a opção de não publicar; ii) na transparência passiva, de enquadramento da informação nas razões legais e taxativas de sigilo; e iii) na transparência ambiental reativa, da irrazoabilidade da pretensão de produção da informação inexistente; Tese C) O regime registral brasileiro admite a averbação de informações facultativas sobre o imóvel, de interesse público, inclusive as ambientais; Tese D) O Ministério Público pode requisitar diretamente ao oficial de registro competente a averbação de informações alusivas a suas funções institucionais.

Conforme se vislumbra pela decisão supra, o Superior Tribunal de Justiça reforçou o entendimento de que os mecanismos de transparência

---

mento_tipo=integra&documento_sequencial=154035543&registro_numero=2020000 64028&peticao_numero=&publicacao_data=20220524&formato=PDF. Acesso em 10 nov. 2022.

e acesso às informações ambientais constituem pressupostos do Estado Socioambiental de Direito (*Environmental Rule of Law*).

Acerca do tema, Canotilho destaca que no cenário contemporâneo, a proteção do direito fundamental ao meio ambiente encontra amparo nos chamados *direitos ambientais procedimentais*,[523] que se expressam em direitos de informação, direitos de participação e sobretudo direitos de ação judicial. Destarte, a observância de tais direitos procedimentais é capaz de permitir um maior protagonismo popular nas questões de interesse ambiental, consolidando a previsão inserida no artigo 225, *caput*, da CF 1988, ao estabelecer que tanto o Poder Público quanto a coletividade possuem o *dever* de defender e preservar o meio ambiente para as presentes e futuras gerações.

Nesse norte, essa tríade procedimental alcançou relevantes avanços com o advento da *Convenção de Aarhus* sobre acesso à informação, participação do público no processo de tomada de decisão e acesso à justiça em matéria ambiental, assinada em 25 de junho de 1998 na cidade dinamarquesa de Aarhus, a qual entrou em vigor em 30 de outubro de 2001.[524]

Em seu teor, a Convenção confere aos indivíduos e associações o direito de acesso à informação e de participação nas decisões que envolvam matéria ambiental, bem como o direito de recorrer caso esses direitos não sejam respeitados ou observados. Nesse contexto, a Convenção estabelece que o amplo acesso do público à informação, sua participação nos processos de tomada de decisões e, sobretudo, o acesso à justiça são instrumentos essenciais para garantir a conscientização do público nas questões ambientais, além de permitir uma melhor execução e aplicação da legislação ambiental, tornando mais eficazes as políticas de proteção e prevenção ambientais.[525]

Em linha gerais, a Convenção reconhece em seu preâmbulo que a proteção adequada do meio ambiente é essencial para o bem-estar humano e para o gozo dos direitos fundamentais, em particular o direito

---

[523] CANOTILHO, José Joaquim Gomes. O direito ao ambiente como direito subjetivo. *In*: CANOTILHO, José Joaquim Gomes. *Estudos sobre Direitos Fundamentais*. Coimbra: Coimbra Editora, 2004. p. 187.

[524] UNITED NATIONS ECONOMIC COMMISSION FOR EUROPE (UNECE). *Convention on Access to Information, Public Participation in Decision-making and Access to Justice in Environmental Matters*. Done at Aarhus, Denmark, on 25 June 1998. Disponível em: https://unece.org/DAM/env/pp/documents/cep43e.pdf. Acesso em 5 jul. 2023.

[525] Sobre o tema vide: DICKSTEIN, André Constant. *Participação pública na tomada de decisão ambiental*. Lisboa: AAFDL Editora, 2019. p. 165-185.

à vida, assinalando que todos têm o direito de viver em um ambiente que lhes permita garantir sua saúde e bem-estar. Em decorrência desses atributos, a Convenção assinala o dever – individual e coletivo – de toda a sociedade, em proteger e melhorar o meio ambiente no interesse das presentes e futuras gerações, medidas estas que podem ser mais eficazes se os cidadãos tiverem acesso à informação, poder para participar na tomada de decisões e ter acesso à justiça em matéria ambiental para o exercício de seus direitos.

Nesse contexto, a Convenção reconhece que, no campo do meio ambiente, um melhor acesso à informação e uma maior participação do público na tomada de decisões permitem a implementação concreta de mecanismos de proteção ambiental, além de aumentar a conscientização pública sobre questões ambientais. Em consequência, tais medidas de acesso conferem aos cidaddãos a oportunidade de expressar suas preocupações com a proteção do meio ambiente, auxiliando os poderes públicos a promover medidas de responsabilização e transparência no processo de tomada de decisões em matéria ambiental.

Em complemento, a Convenção de Aarhus reconhece que os cidadãos, as organizações não governamentais e o setor privado devem obter informações precisas, detalhadas e atualizadas sobre o meio ambiente e ter livre acesso aos processos participativos de tomada de decisão em questões ambientais, para que assim possam fortalecer o seu papel no desenvolvimento sustentável e na proteção do meio ambiente. Por fim, em complemento a tais medidas de transparência e participação, a Convenção assinala que os cidadãos e as organizações devem ter pleno acesso a mecanismos judiciais eficazes para que seus legítimos interesses sejam protegidos e a lei seja respeitada.

Nessa perspectiva, a *Convenção de Aarhus* consagra a tríade dos direitos ambientais procedimentais,[526] estando estruturada em três pilares essenciais: o acesso à informação (artigos 4º e 5º), a participação na tomada de decisão (artigos 6º, 7º e 8º) e o acesso à justiça (artigo 9.º). Desta forma, além do direito de informação e participação, referida convenção fortalece o novo papel do Poder Judiciário nas relações processuais relacionadas à tutela do meio ambiente, abrindo espaço para que a sociedade possa agir de forma proativa em defesa dos interesses ambientais, consolidando e ampliando o espectro da *justiça ecológica*.

---

[526] SARLET, Ingo Wolfgang; FENSTERSEIFER, Tiago. *Direito constitucional ecológico*: constituição, direitos fundamentais e proteção da natureza. 6. ed. São Paulo: Revista dos Tribunais, 2019. p. 472.

Sobre sua aplicabilidade no direito europeu, Ryall[527] frisa que a partir de seu advento, a Convenção de Aarhus representou um "novo alvorecer para o direito ambiental" na União Europeia, consistindo num eficaz Tratado Internacional, pois comumente o Tribunal de Justiça da União Europeia vem sendo chamado a apreciar o impacto da Convenção sobre os sistemas jurídicos de seus Estados Membros, demonstrando que o forte interesse público na proteção ambiental constitui um dos temas-chave a permitir uma abordagem intervencionista do Tribunal para a aplicação da legislação ambiental na UE.

Aliás, seguindo a mesma tônica, no Brasil, o Supremo Tribunal Federal vem reconhecendo a relevância da aproximação entre o Poder Judiciário e a sociedade organizada como um dos fatores de legitimação de suas decisões:

> É louvável a aproximação entre o Poder Judiciário e a sociedade e extremamente desejado o resultado dessa interação, na medida em que ela permite a produção de uma decisão mais afinada com a realidade social, democratizando, assim, a jurisdição constitucional, reduzindo sua atuação contramajoritária e aumentando sua capacidade institucional. Desse modo, a participação dos mais diversos *amici curiae*, além de positiva, é extremamente proveitosa, e isso não apenas por funcionar, consoante já ressaltado, como fator de legitimação das decisões, mas também por permitir que sejam tecnicamente mais embasadas as decisões deste Tribunal, o qual vem, paulatinamente, reconhecendo tanto a necessidade quanto o caráter agregador dessa intervenção.[528]

Com igual ênfase, destaca Barroso[529] que também compete ao Poder Judiciário ouvir a voz das ruas, pois "a jurisdição constitucional deve funcionar como uma etapa da interlocução mais ampla com o legislador e com a esfera pública, sem suprimir ou oprimir a voz das ruas, o movimento social e os canais de expressão da sociedade", notadamente por intermédio das audiências públicas.[530]

---

[527] RYALL, Áine. Access to Justice in Environmental Matters in the Member States of the EU: the Impact of the Aarhus Convention. *Jean Monnet Working Paper Series*, New York: New York University School of Law, n. 5, p. 4-6, 2016. Disponível em: https://www.jean monnetprogram.org/wp-content/uploads/JMWP-05-Ryall.pdf. Acesso em 24 nov. 2022.

[528] BRASIL. Supremo Tribunal Federal. *AgR Recl. 22012/RS*. Relator: Min. Dias Toffoli, 2ª. Turma. Julgamento: 15 jun. 2018.

[529] BARROSO, Luís Roberto. Os três papeis desempenhados pelas Supremas Cortes nas democracias constitucionais contemporâneas. *Revista Emerj*, Rio de Janeiro, v. 21, n. 3, t. 1, p. 35, set./dez. 2019.

[530] No Recurso Extraordinário nº 1.379.751/PARÁ, o STF igualmente reconheceu a violação ao direito de consulta prévia dos povos indígenas afetados pela construção da Usina

Aliás, em relação às audiências públicas, tal instrumento vem se mostrando efetivo para a colheita de subsídios e informações técnicas para alicerçar decisões judiciais mais equânimes na área ambiental. Nesse sentido, o Supremo Tribunal Federal já convocou importantes *audiências públicas* para debater questões ambientais nos últimos anos, demonstrando a relevância desse instrumento de participação da sociedade organizada.

Em breve escorço, podem ser citadas as seguintes iniciativas do STF na temática ambiental: I. *Audiência pública nº 2* (2008), para discutir a constitucionalidade de atos normativos do Governo Federal que proibiram a importação de pneus usados (ADPF nº 101, Rel. Min. Carmem Lúcia); II. *Audiência pública nº 7* (2012), para debater a proibição do uso de produtos que contenham amianto em sua composição (ADI nº 3.937, Rel. Min. Marco Aurélio de Mello); III. *Audiência pública nº 9* (2013), voltada a discutir os efeitos da redução do campo eletromagnético em linhas de transmissão de energia (RE nº 627.189, Rel. Min. Dias Toffoli); IV. *Audiência pública nº 10* (2013), destinada a debater as queimadas da palha da cana de açúcar no Estado de São Paulo (RE nº 586.224, Rel. Min. Luiz Fux); V. *Audiência pública nº 19* (2016), designada para subsidiar decisões nas Ações Diretas de Inconstitucionalidade 4901, 4902, 4903 e 4937 (Rel. Min. Luiz Fux) contra dispositivos do Código Florestal (Lei nº 12.651/2012) que alteraram o marco regulatório da proteção da flora e da vegetação nativa no Brasil; VI. *Audiência pública nº 30* (2020), voltada a debater omissões estatais em relação ao Fundo do Clima e descumprimento de políticas ambientais pelo Brasil (ADPF nº 708, Rel. Min. Luís Roberto Barroso); VII. *Audiência pública nº 31* (2020), destinada a debater omissão estatal em relação ao Fundo Amazônia e

---

hidrelétrica de Belo Monte. Na decisão, a Corte se pronunciou sobre o direito de autodeterminação e também de consulta prévia aos povos indígenas, conforme previsto no artigo 231 da CF/88 e na Convenção 169 da Organização Internacional do Trabalho (OIT). A decisão, relatada pelo Ministro Alexandre de Moraes, negou prosseguimento aos recursos da Eletrobrás, Eletronorte, Ibama e União, que buscavam anular acórdão do Tribunal Regional Federal da 1ª Região (TRF1) a favor do Ministério Público Federal (MPF) em ação iniciada em 2006 na Justiça Federal do Pará. Ao negar prosseguimento aos recursos, enfatizou o Ministro Alexandre de Moraes: "Destaque-se, também, que o dever de se ouvir previamente as comunidades indígenas afetadas não é, segundo a finalidade essencial da Constituição Federal, uma escuta meramente simbólica. Muito pelo contrário, essa oitiva deve ser efetiva e eficiente, de modo a possibilitar que os anseios e as necessidades dessa parte da população sejam atendidos com prioridade". (BRASIL. Supremo Tribunal Federal. *Recurso Extraordinário 1.379.751/PARÁ*. Rel. Min. Alexandre de Moraes. DJE nº 175, de 01.09.2022. Disponível em: https://portal.stf.jus.br/processos/downloadPeca.asp?id=15353205600&ext=.pdf. Acesso em 8 set. 2022).

implementação das políticas públicas necessárias à tutela adequada e efetiva do bioma amazônico (ADO-59, Rel. Min. Rosa Weber).[531]

Nessa diretriz, como bem observa Alexy,[532] o Estado possui a obrigação de incluir o titular do direito fundamental ao meio ambiente nos procedimentos necessários para a tutela desse direito (direito procedimental e de participação), pois essa forma de participação cria a possibilidade fática e jurídica de influenciar a formação da vontade estatal para a proteção de direitos fundamentais.

Ainda na esfera do direito internacional, merece destaque a *Convenção de Escazú* (2018, Costa Rica), a qual disciplinou o *Acordo Regional sobre Acesso à Informação, Participação e Justiça em Matérias Ambientais na América Latina e no Caribe*, tendo por objetivo promover avanços no direito de informação e de participação popular em matérias ambientais, conforme artigo 1º:

> O objetivo do presente acordo é garantir a implementação eficaz na América Latina e no Caribe dos direitos de acesso à informação ambiental, participação do público nos processos de tomada de decisão ambiental e acesso à justiça em questões ambientais, bem como a criação e fortalecimento de capacidades e cooperação, contribuindo para a proteção do direito de cada pessoa, do presente e do futuro, de viver em um ambiente saudável e desenvolvimento sustentável.[533]

Importante registrar que a gênese do Acordo de Escazú provém do *Princípio nº 10* da *Rio 92* (Declaração da Conferência das Nações Unidas sobre o Meio Ambiente e o Desenvolvimento de 1992, Rio de Janeiro), cujo teor estabelece, em síntese, que a melhor forma de tratar as questões ambientais é assegurar a participação popular de todos os cidadãos nas questões afetas à matéria, inclusive mediante amplo acesso às informações relativas ao meio ambiente perante as autoridades públicas, além de conferir oportunidade de participação dos cidadãos

---

[531] BRASIL. Supremo Tribunal Federal. *Audiências públicas realizadas*. Brasília, DF, 2021. Disponível em: http://portal.stf.jus.br/audienciapublica/audienciaPublica.asp?tipo=realizada. Acesso em 5 jul. 2023.

[532] ALEXY, Robert. *Teoria dos direitos fundamentais*. (Trad. Virgílio Afonso da Silva). São Paulo: Malheiros, 2008. p. 483.

[533] NAÇÕES UNIDAS. Comissão Econômica para a América Latina e o Caribe. *Acordo regional sobre acesso à informação, participação pública e acesso à justiça em assuntos ambientais na América Latina e no Caribe (Acordo de Escazú, Costa Rica, 2018)*. Santiago: Nações Unidas, 2018. Disponível em: https://repositorio.cepal.org/bitstream/handle/11362/43611/S1800493_pt.pdf. Acesso em 27 jun. 2023.

nos processos decisórios em matéria ambiental, incluindo o efetivo acesso a mecanismos judiciais e administrativos.

Outrossim, a proposta de formalização de um acordo envolvendo o tema prosseguiu durante a *Rio+20* (Conferência das Nações Unidas sobre Desenvolvimento Sustentável) realizada em 2012 no Rio de Janeiro, oportunidade em que dez países latino-americanos assinaram o documento denominado *"Declaração sobre a aplicação do Princípio 10"*, formalizando o compromisso de discutir e formatar um acordo regional sobre o tema perante a Comissão Econômica para América Latina e Caribe (CEPAL), cujas tratativas resultaram na ulterior aprovação do *Acordo de Escazú* no ano de 2018.

Acerca da importância do *Acordo de Escazu*, ressaltam Prieur, Sozzo e Nápoli que a Convenção é uma grande oportunidade para a construção de uma democracia ambiental na América Latina e Caribe, pois facilita o acesso à justiça, o exercício de direitos fundamentais ambientais e a construção de um modelo de governança para o desenvolvimento sustentável:

> O Acordo de Escazú é um instrumento fundado e moldado na perspectiva dos direitos. Em última análise, estes constituem as principais ferramentas tanto para promover a defesa do meio ambiente, a melhoria da qualidade de vida, a transparência e responsabilidade, a defesa da vida e da integridade dos defensores do meio ambiente, como para proporcionar mais e melhores possibilidades de exercício de seus direitos às pessoas e grupos em situação de vulnerabiliade. Este instrumento é, portanto, uma ferramenta fundamental para o fortalecimento da democracia e o faz, principalmente, por meio dos instrumentos da democracia participativa. (tradução nossa).[534]

Nessa diretriz, pode-se afirmar que o *Acordo de Escazú* fortalece o marco normativo ecológico no contexto regional interamericano, pois confere um *diálogo multinível* entre diferentes sistemas jurídicos e estimula a pluralidade de fontes normativas por intermédio de um "diálogo de Cortes de Justiça",[535] fomentando a internalização do direito e das respectivas decisões no âmbito nacional.

---

[534] PRIEUR, Michel; SOZZO, Gonçalo; NÁPOLI, Andrés. El Acuerdo de Escazú. Una gran oportunidad para la construcción de la democracia ambiental em América Latina y el Caribe. *In*: PRIEUR, Michel; SOZZO, Gonçalo; NÁPOLI, Andrés (Ed.). *Acuerdo de Escazú*: hacia la democracia ambiental en América Latina y el Caribe. 1. ed. Santa Fé, Argentina: Universidad Nacional del Litoral, 2020. p. 327.

[535] SARLET, Ingo; CAPPELI, Sílvia; FENSTERSEIFER, Tiago. A COP 1 do Acordo de Escazú (2018) e os direitos ambientais de participação no Brasil. *Gen Jurídico*, São Paulo, 9 mai.

Registre-se que a *1ª reunião da Conferência das Partes no Acordo de Escazú* (COP 1, 2022, Santiago) aprovou uma Declaração Política[536] reafirmando que o tratado constitui um instrumento impulsionador do desenvolvimento sustentável e uma ferramenta fundamental de participação democrática e governança para a elaboração de melhores políticas públicas na América Latina e Caribe, com vistas a assegurar um meio ambiente saudável para as presentes e futuras gerações. No mesmo norte, a *2ª reunião da Conferência das Partes no Acordo de Escazú* (COP 2, 2023, Buenos Aires) aprovou uma nova declaração política (Declaração de Buenos Aires"),[537] destacando o papel dos direitos de acesso à informação, participação pública e acesso à justiça em matéria ambiental para promoção dos direitos humanos e do desenvolvimento sustentável.

Importante ressaltar que em virtude de sua amplitude, tanto a *Convenção de Aarhus* quanto o *Acordo de Escazú* envolvem uma tríade inseparável de adjetivos ambientais consistentes no I) direito à informação ambiental; II) direito à participação pública em sede ambiental; e III) direito de acesso à justiça ambiental,[538] abrindo espaço para que a sociedade seja partícipe do processo de tomada de decisões em matéria ambiental.

Nessa vertente, durante o julgamento do já mencionado Recurso Especial nº 1857098-MS, o Superior Tribunal de Justiça reconheceu o *caráter supralegal* da Convenção de Aarhus e do Acordo de Escazú, este último ainda não internalizado pelo Brasil:

[2022.] Disponível em: http://genjuridico.com.br/2022/05/09/cop-1-do-acordo-de-escazu/. Acesso em 12 jul. 2023.

[536] NACIONES UNIDAS. Comisión Económica para América Latina y el Caribe (CEPAL). *Primera Reunión de la Conferencia de las Partes del Acuerdo Regional sobre el Acceso a la Información, la Participación Pública y el Acceso a la Justicia en Asuntos Ambientales en América Latina y el Caribe*. Santiago, 20 a 22 de abril de 2022. Disponível em: https://acuerdodeescazu.cepal.org/cop1/sites/acuerdodeescazucop1/files/22-00358_cop-ez.1_declaracion_politica.pdf. Acesso em 24 abr. 2023.

[537] NACIONES UNIDAS. Comisión Económica para América Latina y el Caribe (CEPAL). *Segunda Reunión de la Conferencia de las Partes del Acuerdo Regional sobre el Acceso a la Información, la Participación Pública y el Acceso a la Justicia en Asuntos Ambientales en América Latina y el Caribe*. Buenos Aires, 19-21 abril, 2023. Disponível em: https://acuerdodeescazu.cepal.org/cop2/sites/acuerdodeescazucop2/files/23-00374_cop-ez.2_decision_ii.1.pdf. Acesso em 24 abr. 2023.

[538] SENNA, Gustavo; SAMPAIO, Nícia Regina; MINASSA, Pedro Sampaio. O acesso à justiça ambiental nas ondas de Mauro Cappelletti. *In*: PESSANHA, Jackelline Fraga; GOMES, Marcelo Sant'anna Vieira; SIQUEIRA, Júlio Homem de (Coord.). *Medio ambiente y su protección jurídica*: diálogos doctrinários y jurisprudenciales en el siglo XXI. Santiago: Ediciones Olejnik Huérfanos, 2021. p. 165.

Processual civil. Administrativo. Incidente de assunção de competência (IAC nº 13/STJ). Ambiental. Estado de direito ambiental. Direito de acesso à informação ambiental. Vício de fundamentação. Inexistência. Princípio 10 da declaração do Rio. Princípio da máxima divulgação. Princípio *favor informare*. Acordo de Escazú. Convenção de Aarhus. Legislação interna positivada. Convergência. Arts. 2º da Lei nº 10.650/2003, 8º da Lei nº 12.527/2011 (LAI) e 9º da Lei nº 6.938/1981 (Política Nacional do Meio Ambiente – PNMA). Transparência ambiental ativa. Dever estatal de informar e produzir informação ambiental. Presunção relativa. Discricionariedade administrativa. Inexistência. Necessidade de motivação adequada da negativa. Controle judicial do ato administrativo. Cabimento. Área de proteção ambiental (APA). Plano de manejo. Publicação periódica de relatórios de execução. Portal de internet. Averbação no registro de imóveis rurais. Previsão legal. [...] O direito de acesso à informação ambiental encontra-se reconhecido no direito internacional, em diversas normas que visam dar cumprimento ao Princípio 10 da Declaração do Rio. No âmbito da América Latina e Caribe, o Acordo de Escazú dispõe sobre a matéria. Embora não internalizado, pendente de ratificação, o direito nacional reflete princípios semelhantes por todo o ordenamento, desde o nível constitucional, que se espalham em variadas leis federais. 3. O direito de acesso à informação configura-se em dupla vertente: direito do particular de ter acesso a informações públicas requeridas (transparência passiva) e dever estatal de dar publicidade às informações públicas que detém (transparência ativa). Atua, ademais, em função do direito de participação social na coisa pública, inerente às democracias, embora constitua-se simultaneamente como direito autônomo. 4. No regime de transparência brasileiro, vige o Princípio da Máxima Divulgação: a publicidade é regra, e o sigilo, exceção, sem subterfúgios, anacronismos jurídicos ou meias-medidas. É dever do Estado demonstrar razões consistentes para negar a publicidade ativa e ainda mais fortes para rejeitar o atendimento ao dever de transparência passiva.[539]

Desta forma, é preciso pensar no acesso à justiça não apenas como fator de legitimação do próprio direito ao meio ambiente equilibrado, mas especialmente para permitir que tal direito seja efetivamente tutelado de forma ampla e jamais restrita.

---

[539] BRASIL.. Superior Tribunal de Justiça. *Recurso Especial nº 1857098-MS (2020/0006402-8)*. Relator Ministro Og Fernandes. 1ª Seção. Julgamento: 11.05.2022. Disponível em: https://processo.stj.jus.br/processo/julgamento/eletronico/documento/mediado/?documento_tipo=integra&documento_sequencial=154035543&registro_numero=202000064028&peticao_numero=&publicacao_data=20220524&formato=PDF. Acesso em 10 nov. 2022.

Ademais, a participação pública na tomada de decisões ambientais foi solidificada na Opinião Consultiva nº 23/17 da Corte Interamericana de Direitos Humanos, visando dar adequada interpretação ao artigo 26 da Convenção Americana de Direitos Humanos e ao artigo 11 do Protocolo de San Salvador, que tratam do direito ao meio ambiente sadio.

Ao responder à consulta da Colômbia sobre os parâmetros gerais que devem ser seguidos pelos Estados Partes para prevenir impactos ambientais na região do Grande Caribe, a CIDH reconheceu o direito de participação pública como instrumento democrático para uma melhor gestão ambiental estatal:

> A participação pública representa um dos pilares fundamentais dos direitos instrumentais ou procedimentais, pois é por meio dela que as pessoas exercem o controle democrático da gestão do Estado e assim podem questionar, indagar e considerar o cumprimento das funções públicas. Nesse sentido, a participação permite que as pessoas façam parte do processo de tomada de decisão e que suas opiniões sejam ouvidas. Em particular, a participação pública facilita que as comunidades exijam responsabilidade das autoridades públicas pela tomada de decisões e, ao mesmo tempo, melhora a eficiência e a credibilidade dos processos governamentais. Como já foi referido em ocasiões anteriores, a participação pública pressupõe a aplicação dos princípios da publicidade e da transparência e, sobretudo, deve estar amparada no acesso a informações que permitam o controle social por meio da participação eficaz e responsável (tradução livre).[540]

Ao decidir o tema, a Corte assentou que, para o efetivo cumprimento das obrigações ambientais de prevenção, precaução, mitigação do dano e cooperação ambiental, o direito internacional dos direitos

---

[540] No original: "La participación pública representa uno de los pilares fundamentales de los derechos instrumentales o de procedimiento, dado que es por medio de la participación que las personas ejercen el control democrático de las gestiones estatales y así pueden cuestionar, indagar y considerar el cumplimiento de las funciones públicas. En ese sentido, la participación permite a las personas formar parte del proceso de toma de decisiones y que sus opiniones sean escuchadas. En particular, la participación pública facilita que las comunidades exijan responsabilidades de las autoridades públicas para la adopción de decisiones y, a la vez, mejora la eficiencia y credibilidad de los procesos gubernamentales. Como ya se ha mencionado en ocasiones anteriores, la participación pública requiere la aplicación de los principios de publicidad y transparencia y, sobre todo, debe ser respaldado por el acceso a la información que permite el control social mediante una participación efectiva y responsable". (CORTE INTERAMERICANA DE DERECHOS HUMANOS (CIDH). *Opinion Consultiva OC-23/17, 15 de noviembre de 2017*: medio ambiente y derechos humanos. [S. l.], 2017. Disponível em: http://www.corteidh.or.cr/docs/opiniones/seriea_23_esp.pdf. Acesso em 30 jun. 2023).

humanos impõe determinadas normas procedimentais aos Estados-Partes, tais como o acesso à informação, a participação pública e o acesso à justiça. A CIDH ainda ressaltou que o acesso à informação e a participação pública constituem a base para o exercício de outros direitos, possuindo uma relação intrínseca com o desenvolvimento sustentável e a proteção ambiental.

Nesse contexto, destacou que o Estado deve assegurar meios para que uma comunidade tenha conhecimento dos possíveis riscos ambientais e de salubridade sobre qualquer projeto que possa afetar o seu território e assim consigam opinar dentro de um transparente processo de consulta. Desta forma, para a CIDH, exsurge o dever dos entes estatais em propiciar canais de diálogo sustentados, efetivos e confiáveis que fomentem a participação popular na tomada de decisões, assim concluindo:

> Portanto, esta Corte estima que, do direito de participação nos assuntos públicos, deriva a obrigação dos Estados de garantir a participação das pessoas sob sua jurisdição na tomada de decisões e políticas que possam afetar o meio ambiente, sem discriminação, de maneira equitativa, significativa e transparente, para o qual previamente devem ter garantido o acesso à informação relevante. No que se refere ao momento da participação pública, o Estado deve garantir oportunidades para a participação efetiva desde as primeiras etapas do processo de adoção de decisões e informar o público sobre estas oportunidades de participação. Finalmente, os mecanismos de participação pública em matéria ambiental são variados e incluem, entre outros, audiências públicas, notificação e consultas, participação em processos de formulação e aplicação de leis, bem como mecanismos de revisão judicial.[541]

Outrossim, a alvissareira decisão da Corte Interamericana consolidou o Princípio da Cooperação Internacional e o direito de acesso à informação previsto no art. 13 da Convenção Americana, pois reconheceu expressamente a obrigação dos Estados Partes em notificar os demais Estados quanto ao risco de danos transfronteiriços para que possam agir preventivamente e adotar ações políticas (parágrafo 241.e).[542]

---

[541] CORTE INTERAMERICANA DE DERECHOS HUMANOS (CIDH). *Opinion Consultiva OC-23/17, 15 de noviembre de 2017*: medio ambiente y derechos humanos. [S. l.], 2017. p. 91-95. Disponível em: http://www.corteidh.or.cr/docs/opiniones/seriea_23_esp.pdf. Acesso em 30 jun. 2023.

[542] "Com o propósito de cumprir a obrigação de cooperação, os Estados devem notificar aos demais Estados potencialmente afetados quando tenham conhecimento que uma

No mesmo norte, ao invocar os *Princípios da Publicidade, da Transparência e da Participação*, a CIDH destacou que tais medidas admitem que os cidadãos "exerçam o controle democrático dos gerenciamentos estatais", podendo questionar, indagar e avaliar se o respectivo Estado Parte está dando adequado cumprimento às suas funções e obrigações públicas (parágrafo 213 da OC-23/17).

Conforme se vislumbra pela decisão da Corte Interamericana na OC-23/17,[543] o direito internacional cada vez mais vem privilegiando o pleno acesso à informação e a participação popular na tomada de decisões de caráter ambiental, ampliando o rol de atuação da sociedade organizada, concretizando o direito de ser consultada e ouvida sobre matérias que se relacionem com a preservação ambiental e quaisquer projetos que possam afetar diretamente ou indiretamente determinada comunidade, território ou região.

4.5 Democracia participativa na Carta Mundial pelo Direito à Cidade, Nova Agenda Urbana e Estatuto da Cidade

Os mecanismos de participação nas políticas públicas de ordenamento urbano também podem ser considerados *mecanismos de controle da atuação estatal*, pois objetivam tornar as decisões políticas mais transparentes e equilibradas na seara do direito urbanístico. Nesse prisma, destaca Fernandes:

> O planejamento participativo tem como elemento obrigatório a participação popular em todas as suas fases, o que pressupõe a adoção de mecanismos de controle popular para as ações do Executivo e do Legislativo. Os mecanismos de participação popular são destinados a tornar transparente o processo de planejamento, com o intuito de romper com o modelo tradicional, que tem possibilitado diversas práticas lesivas

---

atividade planificada sob sua jurisdição poderia gerar um risco de danos significativos transfronteiriços [...]". (CORTE INTERAMERICANA DE DERECHOS HUMANOS (CIDH). *Opinion Consultiva OC-23/17, 15 de noviembre de 2017*: medio ambiente y derechos humanos. [S. l.], 2017. Disponível em: http://www.corteidh.or.cr/docs/opiniones/seriea_23_esp.pdf. Acesso em 30 jun. 2023).

[543] Sobre o tema, vide análise detalhada em: FERRI, Giovani; WEDY, Gabriel. A Opinião Consultiva 23/17 da Corte Interamericana sob um tríplice enfoque: meio ambiente, direitos humanos e desenvolvimento sustentável. *Revista Direito Ambiental e sociedade*, v. 12, n. 02, p. 284-312, mai./ago. 2022. Disponível em: http://www.ucs.br/etc/revistas/index.php/direitoambiental/article/view/9078. Acesso em 6 fev. 2023.

de corrupção, troca de favorecimentos e práticas fisiológicas no campo institucional. Cabe ressaltar que o planejamento participativo, a partir da Constituição, não é uma mera vontade dos governantes, mas sim um requisito obrigatório para todas as fases do processo dos instrumentos de planejamento como os planos urbanísticos.[544]

Outrossim, diversos mecanismos de democracia participativa na gestão urbana também conferem à sociedade civil meios legais de participação ativa no processo legislativo e decisório. Especificamente em relação ao planejamento urbano, a *Carta Mundial pelo Direito à Cidade* reconheceu de forma expressa, em seu artigo 2º, o direito à participação popular na tomada de decisões envolvendo políticas públicas urbanísticas:

> Todas as pessoas têm direito a participar através de formas diretas e representativas na elaboração, definição, implementação e fiscalização das políticas públicas e do orçamento municipal das cidades, para fortalecer a transparência, a eficácia e a autonomia das administrações públicas locais e das organizações populares.[545]

As mesmas diretrizes foram adotadas na *2ª Conferência das Nações Unidas para os Assentamentos Humanos* (ONU Habitat II, Istambul, 1996), sendo definido que a implementação das políticas públicas para habitação deve contar com a participação da sociedade e dos setores não governamentais, mediante descentralização e fortalecimento do poder local para subsidiar a melhor tomada de decisões.

Outrossim, ampliando a temática, a *Nova Agenda Urbana*, oriunda da 3ª Conferência das Nações Unidas sobre habitação e desenvolvimento sustentável urbano (ONU Habitat III, Quito, 2016),[546] fixou como diretrizes gerais a necessidade de "ampliar significativamente a transparência da ação estatal em todos os níveis e esferas, bem como instâncias de participação e de controle da sociedade civil sobre o conjunto de políticas", além de "ampliar e qualificar a participação popular

---

[544] FERNANDES, Edésio. *Direito urbanístico*. Belo Horizonte: Del Rey, 1998. p. 62.
[545] FÓRUM SOCIAL MUNDIAL. *Carta mundial pelo direito à cidade*. V Fórum Social Mundial. Porto Alegre, 2005. Disponível em: https://polis.org.br/wp-content/uploads/2021/09/Carta-Mundial-pelo-Direito-a-Cidade.pdf. Acesso em 30 jun. 2023.
[546] UNITED NATIONS HUMAN SETTLEMENTS PROGRAMME (UN-Habitat). *The new urban agend*. Un-Habitat III. Nairobi: United Nations, 2016. Disponível em: https://unhabitat.org/sites/default/files/2020/12/nua_handbook_14dec2020_2.pdf. Acesso em 30 jun. 2023.

via conselhos de desenvolvimento urbano ou conselhos das cidades em todos os níveis da Federação".[547]

Nessa vertente, o direito à participação democrática na tomada de decisões urbanísticas se confunde com o próprio direito à cidade, pois a abertura de espaço para a atuação direta da sociedade consolida a plena democracia e qualifica o debate público para definir os destinos da urbe.

Essa abertura de espaço à sociedade permite afastar do planejamento urbano uma concepção meramente burocrática ao encargo do administrador público. Entretanto, José Afonso da Silva[548] ressalta que ainda há resistência por parte de alguns gestores públicos quanto à abertura e desafios para implementação das metas de planejamento urbano, ante o receio de que este processo lhes retire a capacidade de tomada de decisões políticas.

O próprio *Estatuto da Cidade* (Lei nº 10.257/2001) prevê a gestão democrática por meio da participação da população e de associações representativas dos vários segmentos da comunidade na formulação, execução e acompanhamento de planos, programas e projetos de desenvolvimento urbano (artigo 2º, II), os debates com diversos setores da comunidade no processo de elaboração do plano diretor (artigo 40, §4º), a participação de órgãos colegiados de política urbana nos níveis nacional, estadual e municipal, as consultas públicas, as conferências sobre assuntos de interesse urbano, a promoção de audiências públicas, a iniciativa popular para projetos de lei, planos, programas e projetos de desenvolvimento urbano (artigo 43, I, II, III e IV).

Nesse prisma, o mecanismo da gestão democrática previsto no Estatuto de Cidade constitui medida extremamente positiva, pois além de permitir que os cidadãos e a sociedade organizada tenham voz nas políticas de planejamento urbano, influenciando na tomada de decisões do gestor público, a garantia da participação popular afasta a "[...] ultrapassada ideia de gestões impositivas, na qual as decisões eram tomadas dentro dos gabinetes".[549]

---

[547] INSTITUTO DE PESQUISA ECONÔMICA APLICADA. *Relatório brasileiro para a Habitat III*. Brasília, DF: 2016. p. 44. Disponível em: https://www.ipea.gov.br/portal/index.php?option=com_content&view=article&id=27266. Acesso 30 jun. 2023.
[548] SILVA, José Afonso da. *Direito urbanístico brasileiro*. 6. ed. São Paulo: Malheiros, 2010. p. 99.
[549] SANTOS, Juliana Cavalcanti dos. A função social da propriedade urbana sob o ponto de vista do Estatuto da Cidade. *In*: ARRUDA ALVIM, José Manoel de; CAMBLER, Eduardo *et al*. *Estatuto da Cidade*. São Paulo: Revista dos Tribunais, 2014.

Outros mecanismos semelhantes de participação democrática na política urbana estão previstos na *Lei de Mobilidade Urbana*, que estabelece o princípio da gestão democrática e controle social do Sistema Nacional de Mobilidade Urbana (artigo 2º, *caput* e artigo 5º, V, da Lei nº 12.578/2012). Similar previsão consta no *Estatuto de Metrópole*, que igualmente prevê meios de controle social na organização, planejamento e execução de funções públicas de interesse comum, além da governança interfederativa, mediante gestão democrática da cidade, a promoção de audiências públicas e debates com a participação de representantes da sociedade civil e da população, em todos os municípios integrantes da unidade territorial urbana (artigo 5º, IV, artigo 6º, V, artigo 8º, III e artigo 12, §2º, I, da Lei nº 13.089/2015).

Em complemento, é preciso ressaltar que a violação ao Princípio da Participação Popular no processo de revisão do Plano Diretor configura, inclusive, improbidade administrativa do gestor municipal, podendo ensejar sua responsabilidade pela Lei nº 8.429/1992, conforme explicita o artigo 52, inciso VI, do Estatuto da Cidade, que deve lido em conjunto com seu artigo 40, §4º, incisos I a III.[550]

Tais mecanismos revelam a abertura de um diálogo entre a Administração Pública e a sociedade, ampliando os canais de comunicação entre o gestor e os cidadãos para a tomada de decisões adequadas nas políticas urbanísticas. Trata-se, portanto, de verdadeiras fontes de produção normativa que contribuem para a melhor governança urbanística.

Acerca do tema, precedentes do Tribunal de Justiça de São Paulo declararam a inconstitucionalidade de Leis Municipais que alteraram a ocupação de solo em virtude da supressão da participação popular durante a discussão dos projetos de lei, reconhecendo tratar-se de vício insanável:

---

[550] Art. 52. Sem prejuízo da punição de outros agentes públicos envolvidos e da aplicação de outras sanções cabíveis, o Prefeito incorre em improbidade administrativa, nos termos da Lei nº 8.429, de 2 de junho de 1992, quando: [...] VI – impedir ou deixar de garantir os requisitos contidos nos incisos I a III do §4º do art. 40 desta Lei; Art. 40. O plano diretor, aprovado por lei municipal, é o instrumento básico da política de desenvolvimento e expansão urbana. [...] §4º No processo de elaboração do plano diretor e na fiscalização de sua implementação, os Poderes Legislativo e Executivo municipais garantirão: I – a promoção de audiências públicas e debates com a participação da população e de associações representativas dos vários segmentos da comunidade; II – a publicidade quanto aos documentos e informações produzidos; III – o acesso de qualquer interessado aos documentos e informações produzidos.

Ação Direta de Inconstitucionalidade – Lei Complementar disciplinando o uso e ocupação do solo – Processo legislativo submetido à participação popular – Votação, contudo, de projeto substitutivo que, a despeito de alterações significativas do projeto inicial, não foi levado ao conhecimento dos munícipes – Vício insanável – Inconstitucionalidade declarada. 'O projeto de lei apresentado para apreciação popular atendia aos interesses da comunidade local, que atuava ativamente a ponto de formalizar pedido exigindo o direito de participar em audiência pública. Nada obstante, a manobra política adotada subtraiu dos interessados a possibilidade de discutir assunto local que lhes era concernente, causando surpresa e indignação. Cumpre ressaltar que a participação popular na criação de leis versando sobre política urbana local não pode ser concebida como mera formalidade ritual passível de convalidação. Trata-se de instrumento democrático onde o móvel do legislador ordinário é exposto e contrastado com ideias opostas que, se não vinculam a vontade dos representantes eleitos no momento da votação, ao menos lhe expõem os interesses envolvidos e as consequências práticas advindas da aprovação ou rejeição da norma, tal como proposta (SÃO PAULO. Tribunal de Justiça de São Paulo. *ADI nº 184.449-0/2-00*. Requerente: Procurador-Geral de Justiça. Requerido: Prefeito Municipal de Sertãozinho. Relator: Des. Artur Marques. Julgamento: 5 mai. 2010).

Ação Direta de Inconstitucionalidade – Lei nº 2.786/2005 de São José do Rio Pardo – Alteração sem plano diretor prévio de área rural em urbana – Hipótese em que não foi cumprida disposição do art. 180, II, da Constituição do Estado de São Paulo que determina a participação das entidades comunitárias no estudo da alteração aprovada pela lei – Ausência ademais de plano diretor – A participação de Vereadores na votação do projeto não supre a necessidade de que as entidades comunitárias se manifestem sobre o projeto – Clara ofensa ao art. 180, II, da Constituição Estadual – Ação julgada procedente". (SÃO PAULO. Tribunal de Justiça de São Paulo. *ADI nº 169.508.0/5*. Rel. Des. Aloísio de Toledo César, Julgamento: 18 fev. 2009).

No mesmo norte, o Tribunal de Justiça de Goiás confirmou sentença condenatória por ato de improbidade administrativa de Prefeito Municipal que violou o Princípio da Participação Popular durante processo de alteração abrupta do Plano Diretor:

APELAÇÃO CÍVEL. AÇÃO CIVIL PÚBLICA. ATO DE IMPROBIDADE ADMINISTRATIVA. VIOLAÇÃO DO ESTATUTO DA CIDADE E DOS PRINCÍPIOS QUE REGEM A ADMINISTRAÇÃO PÚBLICA. PRELIMINARES. LITISCONSÓRCIO NECESSÁRIO UNITÁRIO. DESNECESSIDADE. CERCEAMENTO DE DEFESA. NÃO OCORRÊNCIA. ALTERAÇÃO DO PLANO DIRETOR DA CAPITAL. DESAFETAÇÃO

DE 70 (SETENTA) ÁREAS URBANAS SEM A PARTICIPAÇÃO CIDADÃ. INOBSERVÂNCIA DO ESTATUTO DA CIDADE. ART. 40, §4º, INCISOS I, II E III C/C ART. 52, INCISO VI, TODOS DA LEI FEDERAL Nº 10.257/2001. DOLO GENÉRICO VERIFICADO. VIOLAÇÃO DOS PRINCÍPIOS NORTEADORES DA ADMINISTRAÇÃO PÚBLICA. ART. 11, INCISO IV, DA LIA. MULTA CIVIL. PROPORCIONALIDADE E RAZOABILIDADE. REDUÇÃO DO VALOR DA SANÇÃO. (...) 3. Para tornar efetiva a gestão democrática e transparente que estabelece o Estatuto da Cidade, referida norma determina que o prefeito que impedir ou deixar de garantir quaisquer dos requisitos contidos nos incisos I a III do §4º do art. 40 do mesmo diploma legal se sujeitará a responder por improbidade administrativa, nos termos da Lei Federal nº 8.429/92 (art. 52, inciso VI). 4. O argumento do apelante de que "a mera alteração formal de um dispositivo seu" (do plano diretor) tornaria desnecessária a "convocação de audiências públicas" vez que "o projeto de Lei encaminhado à Câmara Municipal não versa sobre a elaboração de um novo Plano Diretor, não encontra respaldo na realidade fática retratada nestes autos, na medida em que mencionado dispositivo (a ser alterado) visava justamente desafetar nada mais que 70 (setenta) áreas públicas municipais, no setor denominado Parque Lozandes e imediações, perfazendo a soma de todas elas uma área de mais de 700.000m² (setecentos mil metro quadrados), incorrendo numa modificação substancial do zoneamento municipal com impactos significativos no trânsito e no meio ambiente artificial. 5. Comprovada a manifesta violação dos princípios da administração pública, bem assim o dolo genérico, concernente à vontade deliberada de praticar o ilícito, deve o agente público sujeitar-se às sanções previstas no inciso III do art. 12 da Lei Federal nº 8.429/1992 [...] (GOIÁS. Tribunal de Justiça de Goiás. *Apelação Cível nº 0029378-02.2012.8.09.0051*. 4ª Câmara Cível, Rel. Des. Maurício Porfirio Rosa, *DJGO* 27.01.2017).

Nessa perspectiva, sobressai a relevância dos instrumentos de gestão democrática previstos no Estatuto da Cidade, pois conforme Rolnik, eles permitem uma nova estratégia de gestão que incorpora a ideia de participação direta do cidadão em processos decisórios sobre o destino da cidade. Em complemento, a autora frisa que o Estatuto incorpora o que existe de mais vibrante no desenvolvimento da democracia, pois as audiências públicas, os plebiscitos, referendos e os orçamentos participativos constituem instrumentos destinados a ouvir diretamente os cidadãos na tomada de decisões que tratem da intervenção sobre o território.[551]

---

[551] ROLNIK, Raquel. Estatuto da cidade – instrumento para as cidades que sonham crescer com justiça e beleza. *In*: SAULE JUNIOR, Nelson; ROLNIK, Raquel. *Estatuto da cidade*: novos horizontes para a reforma urbana. São Paulo: Pólis, 2001. p. 5. (Cadernos Pólis, 4).

Em suma, por força do Estatuto da Cidade, não há espaço para o Administrador Público promover a urbanização impositiva ou unilateral, suprimindo os debates e a participação popular, pois a moderna disciplina das cidades contempla um processo legislativo horizontal e não verticalizado.

Consoante refere Carvalho Filho,[552] tal imposição permite abandonar o velho e antigo hábito do administrador de disciplinar a cidade por intermédio de decisões unilaterais, sujeitando as autoridades governamentais ao dever jurídico de convocar a população para debater o processo de planejamento urbano.

Enfim, constata-se que ao garantir a democracia participativa no planejamento urbano e nas políticas públicas de ordenamento territorial, o Brasil vem avançando na gestão democrática das cidades, fortalecendo os preceitos da participação popular, da cidadania e da soberania popular, rompendo o vetusto modelo de tomada de decisão unilateral por parte do Estado, permitido que a sociedade civil também participe ativamente das decisões que circundam o desenvolvimento e o planejamento urbano.

4.6 O direito fundamental à moradia como expressão da dignidade da pessoa humana e a problemática do déficit habitacional

O direito fundamental à moradia encontra suas raízes históricas na própria evolução humana, estando intimamente relacionado ao desejo do homem de buscar abrigo e refúgio seguro, tratando-se, portanto, de um *direito natural* do ser humano,[553] enquanto condição indispensável à proteção de sua vida, saúde e bem-estar. Nesse contexto, não é possível falar-se na proteção da dignidade da pessoa humana se o cidadão não possuir um local seguro e adequado para viver com saúde e privacidade, além de proteger a si e a seus familiares contra

---

[552] CARVALHO FILHO, José dos Santos. *Comentários ao estatuto da cidade*. 5. ed. rev. ampl. e atual. São Paulo: Atlas, 2013. p. 386-388.

[553] Sobre o *direito natural*, pontua Streck: "[...] é possível afirmar que toda ideia de Direito natural professa um conceito segundo o qual se compreende por Direito tudo aquilo que, no seio do convívio humano, acontece de acordo com uma ordem de coisas pressuposta (vale dizer: uma ordem de coisas natural). Ordem essa que deve(ria) espelhar a harmonia e a perfeição encontrada em uma determinada natureza. (STRECK, Lenio Luiz. O direito como um conceito interpretativo. *Pensar*, Fortaleza, v. 15, n. 2, p. 502, jul./dez. 2010).

as intempéries, pois sem uma moradia digna sequer terá assegurado o direito à existência física e ao próprio direito à vida.[554]

Portanto, o direito de habitação, à moradia, ao mínimo de abrigo ou *shelter*, como referem os anglo-saxônicos,[555] está atrelado à necessidade primária do homem, sendo requisito imprescindível para uma vida digna e plena, pois conforme Nolasco, "[...] a casa é o asilo inviolável do cidadão, a base de sua indivisibilidade e, acima de tudo, como apregoou Edward Coke, no século XVI, 'a casa de um homem é o seu castelo' [...]".[556]

Outrossim, o direito à moradia também está vinculado ao direito de liberdade para a satisfação das necessidades fundamentais do ser humano, pois a moradia confere repouso, segurança, inviolabilidade, de forma que o conceito de moradia se expande para além do aspecto material, apresentando contornos subjetivos, abrangendo direitos que se relacionam com o desenvolvimento social, moral, físico e psíquico do ser humano.

Com efeito, o direito fundamental à moradia encontra ressonância na própria dignidade da pessoa humana, considerada "norma-princípio chave do ordenamento jurídico brasileiro"[557] e elevada à categoria de princípio fundamental pela Constituição da República (artigo 1º, III), pois representa uma qualidade intrínseca e distintiva de cada ser humano, que o faz merecedor de respeito e consideração pelo Estado, implicando num complexo de direitos e deveres fundamentais que assegurem condições existenciais mínimas para uma vida digna e saudável.[558]

No mesmo sentido, De Bona[559] registra com propriedade que a moradia adequada alberga um conceito de alicerce material ao ser

---

[554] SARLET, Ingo Wolfgang. O direito fundamental à moradia aos vinte anos da Constituição Federal de 1988: notas a respeito da evolução em matéria jurisprudencial, com destaque para a atuação do Supremo Tribunal Federal. *Revista Brasileira de Estudos Constitucionais*, Belo Horizonte, v. 2, n. 8, p. 66, out./dez. 2008.

[555] LIRA, Ricardo Pereira. Direito à habitação e direito de propriedade. *Revista da Faculdade de Direito da UERJ*, Rio de Janeiro, n. 6/7, p. 81, 1998.

[556] NOLASCO, Loreci Gottschalk. *Direito fundamental à moradia*. São Paulo: Pillares, 2008. p. 87.

[557] MATTOS, Liana Portilho. *A efetividade da função social da propriedade urbana à luz do estatuto da cidade*. Rio de Janeiro: Temas & Ideias, 2003. p. 47.

[558] SARLET, Ingo Wolfgang. *A eficácia dos direitos fundamentais*: uma teoria geral dos direitos fundamentais na perspectiva constitucional. 10. ed. Porto Alegre: Livraria do Advogado, 2009. p. 20.

[559] DE BONA, Celito. *A moradia sustentável*: um direito fundamental em formação. São Paulo: Dialética, 2023. p. 210.

humano, constituindo "elemento basilar de qualquer ser humano para a produção de toda e qualquer riqueza ou produto social", de modo que "desponta como condição necessária e fator de possibilidade para a produção de bens e serviços", tratando-se de pressuposto para uma existência digna do ser humano.

Outrossim, Bonavides relembra que o princípio da dignidade da pessoa humana teve sua gênese no direito natural, sendo posteriormente convertido num direito positivo diretamente atrelado à concretização de direitos fundamentais previstos no ordenamento constitucional, dentre eles o direito humano à moradia:

> A dignidade da pessoa humana, desde muito, deixou de ser exclusiva manifestação conceitual daquele direito natural meta positivo, cuja essência se buscava ora na razão divina, ora na razão humana, consoante professavam em suas lições de teologia e filosofia os pensadores dos períodos clássicos e medievais, para se converter, de último, numa proposição autônoma do mais súbito teor axiológico, irremissivelmente presa à concretização constitucional dos direitos fundamentais.[560]

No âmbito internacional, a Declaração Universal dos Direitos Humanos de 1948 reconheceu o *direito à habitação* como um direito inerente ao indivíduo, correlacionando-o à dignidade da pessoa humana, conforme enuncia o artigo 25, item 1:

> Todo ser humano tem direito a um padrão de vida capaz de assegurar a si e à sua família saúde, bem-estar, inclusive alimentação, vestuário, habitação, cuidados médicos e os serviços sociais indispensáveis e direito à segurança em caso de desemprego, doença invalidez, viuvez, velhice ou outros casos de perda dos meios de subsistência em circunstâncias fora de seu controle.

Citado dispositivo é referendado pelo artigo 4º, II, da CF/1988, ao estabelecer que em suas relações internacionais o Brasil se regerá, dentre outros, pelo princípio da "prevalência dos direitos humanos", demonstrando a internalização desse direito fundamental. A seu turno, a evolução do Estado de Bem-estar Social (*Welfare State*)[561] permitiu que

---

[560] BONAVIDES, Paulo. *Dignidade da pessoa humana e direitos fundamentais na Constituição Federal de 1988*. 9. ed. Porto Alegre: Livraria do Advogado, 2011. p. 18.
[561] Regonini salienta que o Estado do bem-estar ou Estado assistencial (*Welfare State*) deve garantir "tipos mínimos de renda, alimentação, saúde, habitação, educação, assegurados a todo o cidadão, não como caridade, mas como direito político (H. L. Wilensky, 1975)".

políticas públicas essenciais fossem materializadas na forma de direitos sociais, a exemplo do direito à educação, à saúde pública, à segurança e à moradia.[562]

Nesse norte, o direito fundamental à *moradia adequada* foi reconhecido no artigo 11, §1º, do Pacto Internacional de Direitos Sociais, Econômicos e Culturais de 1966, diploma que reforçou a necessidade de adoção de políticas públicas apropriadas para sua concretização:

> Os Estados Partes do presente Pacto reconhecem o direito de toda pessoa a um nível de vida adequado para si próprio e sua família, inclusive à alimentação, vestimenta e *moradia adequadas*, assim como a uma melhoria contínua de suas condições de vida. Os Estados Partes tomarão medidas apropriadas para assegurar a consecução desse direito, reconhecendo, nesse sentido, a importância essencial da cooperação internacional fundada no livre consentimento.

No Brasil, o direito fundamental à moradia foi expressamente inserido no artigo 6º da CF/1988, sendo elevado à condição de direito social fundamental ao lado de outros direitos essenciais como a educação, a saúde, o trabalho, a segurança, a previdência social, a proteção à maternidade, a infância e a assistência aos desamparados. Ademais, referidos direitos fundamentais foram diretamente atrelados a um dos principais objetivos da República Federativa do Brasil, que visa reduzir as desigualdades sociais (artigo 3º, III, CF/1988).

Convêm registrar que o legislador constitucional originário não previu o direito à moradia como garantia fundamental, sendo tal lacuna suprida somente com o advento da Emenda Constitucional nº 26/2000, cujo texto promoveu a alteração do artigo 6º da CF/1988, trazendo à lume um novo paradigma para a consolidação do direito à moradia. Embora a doutrina sustente que o direito à moradia já consistiria num direito fundamental social implicitamente previsto na Constituição Federal de 1988, conforme interpretação teleológica do art. 1º, III, da CF, que

---

(REGONINI, Gloria. Estado do Bem-Estar. *In*: BOBBIO, Norberto; MATTEUCI, Nicola; PASQUINO, Gianfranco (Org). *Dicionário de Política*. 11. ed. Brasília: Universidade de Brasília, 1998. p. 416).

[562] Contudo, Maricato registra que em grande parte dos Países periféricos do mundo capitalista, o *Welfare State* não incluiu toda a sociedade no quesito do urbanismo, pois os padrões de urbanização das cidades formaram verdadeiras "ilhas de primeiro mundo", rodeadas de ocupações ilegais, favelas, cortiços e loteamentos clandestinos. (MARICATO, Ermínia. *Para entender a crise urbana*. 1. ed. São Paulo: Expressão Popular, 2015. p. 70).

trata do Princípio da Dignidade da Pessoa Humana,[563] a EC nº 26/2000 ratificou de forma expressa dita garantia fundamental, assegurando maior proteção legal aos cidadãos, principalmente aos hipossuficientes. Ademais, dentre as garantias fundamentais, o constituinte estabeleceu no artigo 5º, XI, que "a casa é o asilo inviolável do indivíduo", ninguém podendo nela penetrar sem consentimento do morador, salvo em caso de flagrante delito, desastre, para prestar socorro ou, durante o dia, por determinação judicial. Destarte, além do direito fundamental à moradia, o legislador constitucional estabeleceu a garantia da inviolabilidade do lar, elevando a moradia do cidadão a um local de proteção pessoal e familiar.

Portanto, o direito fundamental à moradia constitui garantia indissociável do Princípio da Dignidade da Pessoa Humana, estando atrelado ao conceito multidimensional de sustentabilidade, pois abrange a *dimensão social* do desenvolvimento sustentável. Ademais, como bem observa Saule Júnior, o direito à moradia representa um dos valores fundamentais da cidadania e expressão maior da dignidade da pessoa humana:

> A moradia, como uma necessidade de toda pessoa humana, é um parâmetro para identificar quando as pessoas vivem com dignidade e têm um padrão de vida adequado. O direito de toda pessoa humana a um padrão de vida adequado somente será plenamente satisfeito com a satisfação do direito a uma moradia adequada.[564]

Necessário, portanto, que o direito constitucional à moradia seja protegido e concretizado eficazmente pelo Estado, tendo em vista seu dever legal de positivação dos direitos sociais previstos na Constituição Federal. Todavia, embora a eficácia e aplicabilidade desse direito fundamental pressuponha uma ação estatal positiva, pautada por instrumentos sociais e econômicos, sua implementação exige ações efetivas para impedir a regressividade do direito à moradia.

Nesse norte, o exercício desse direito fundamental exige a adoção de políticas habitacionais adequadas, além da reformulação

---

[563] SARLET, Ingo Wolfgang. *A eficácia dos direitos fundamentais*: uma teoria geral dos direitos fundamentais na perspectiva constitucional. 10. ed. Porto Alegre: Livraria do Advogado, 2009. p. 329.

[564] SAULE JÚNIOR, Nelson. Instrumentos de monitoramento do direito humano a moradia adequada. *In*: ALFONSIN, Betânia; FERNANDES, Edésio (Org.). *Direito urbanístico*: estudos brasileiros e internacionais. Belo Horizonte: Del Rey, 2006. p. 217.

da intervenção estatal para efetivar a política habitacional, tais como o aprimoramento da regulamentação do uso e acesso da propriedade urbana e rural, melhor regulamentação do mercado imobiliário, previsão de sistemas de financiamento habitacional de interesse social, promoção de programas de urbanização e regularização fundiária de assentamentos.[565]

Avançando sobre a temática, constata-se que nas últimas décadas o legislador brasileiro vem promovendo a criação de diversos mecanismos e instrumentos voltados à implementação do direito fundamental à moradia. Contudo, tais medidas não têm sido suficientes para reduzir o elevado déficit habitacional brasileiro e consolidar o direito fundamental previsto no artigo 6º da Constituição Federal.

Sobre o tema, José Afonso da Silva registra que uma das primeiras tentativas do Governo Federal em implantar uma política habitacional no país ocorreu na década de 1960, por meio da Lei nº 4.380/1964, que criou o Banco Nacional da Habitação (BNH), as Sociedades de Crédito Imobiliário e o Serviço Federal de Habitação e Urbanismo (SERFHAU).[566] Referida Lei autorizou o Ministério do Planejamento a formular a Política Nacional de Habitação e de Planejamento Territorial, com o objetivo primordial de estimular o planejamento local, melhorar a infraestrutura urbana e racionalizar o crescimento das áreas urbanas brasileiras. Posteriormente, o BNH foi extinto pelo Decreto-Lei nº 2.291/1986, sendo incorporado à Caixa Econômica Federal (CEF), ente que passou a gerir o Fundo de Assistência Habitacional e a coordenar o Plano Nacional de Habitação Popular (PLANHAP).

Todavia, apesar desses mecanismos legais, a política habitacional no Brasil não acompanhou o massivo crescimento populacional e muito menos supriu o estratosférico déficit de moradias surgido nas últimas décadas, exigindo novos instrumentos normativos capazes de fazer frente à crescente demanda por habitações.

Buscando soluções para o enfrentamento do problema habitacional no Brasil, o Estatuto da Cidade (Lei nº 10.257/2001) estabeleceu que um dos objetivos da Política Urbana é ordenar o pleno desenvolvimento das funções sociais da cidade (artigo 2º), inclusive no que tange ao

---

[565] OLIVEIRA, Patrícia Fonseca Carlos Magno de. Direito de superfície: uma análise comparada no estatuto da cidade e no novo código civil. *Revista de Direito da Cidade*, Rio de Janeiro, v. 3, n. 2, p. 6-7, 2011.

[566] SILVA, José Afonso da. *Direito urbanístico brasileiro*. 7. ed. São Paulo: Malheiros, 2012. p. 55-56.

direito à moradia (artigo 2º, I). Ademais, o Estatuto definiu que uma das exigências do Plano Diretor consiste em atender a função social da propriedade urbana, assegurando o atendimento das necessidades dos cidadãos quanto à qualidade de vida e justiça social (artigo 30), incluindo a previsão de áreas para habitação de interesse social por meio da demarcação de zonas especiais (artigo 42, "a", V).

Por seu turno, visando implementar as políticas habitacionais no Brasil e conferir efetividade ao artigo 6º da CF/1988, o Governo Federal instituiu a *Política Nacional de Habitação de Interesse Social* (Lei nº 11.124/2005), criando o Sistema Nacional de Habitação de Interesse Social (SNHIS) e o Fundo Nacional de Habitação de Interesse Social (FNHIS). Referida Lei estabeleceu como objetivo primordial "viabilizar para a população de menor renda o acesso à terra urbanizada e à habitação digna e sustentável" (artigo 2º, I) e "moradia digna como direito e vetor de inclusão social" (artigo 4º, I).

Em complemento, a Lei nº 11.124/2005 definiu que compete ao Ministério do Desenvolvimento Regional elaborar e definir, após ouvido o Conselho das Cidades, o Plano Nacional de Habitação de Interesse Social (PNHIS), em conformidade com as diretrizes de desenvolvimento urbano e em articulação com os planos estaduais, regionais e municipais de habitação (artigo 14, III).

A seu turno, visando consolidar a Política Nacional de Habitação de Interesse Social, importante registrar a aprovação da chamada ATHIS, a Lei de Assistência Técnica para Habitação de Interesse Social (Lei Federal nº 11.888/2008), que beneficia famílias de baixa renda, permitindo que recebam assistência técnica pública e gratuita, prestada por profissionais habilitados para a elaboração de projetos, acompanhamento e execução de obras necessárias para a edificação, reforma, ampliação ou regularização fundiária de suas moradias. Importante ressaltar que o direito à assistência técnica previsto na referida lei abrange todos os trabalhos de projeto, acompanhamento e execução da obra a cargo dos profissionais das áreas de arquitetura, urbanismo e engenharia necessários para a edificação, reforma, ampliação ou regularização fundiária da habitação.

Na sequência, visando beneficiar a população de menor renda, o Governo Federal aprovou a Lei nº 11.977/2009, que instituiu o *Programa Minha Casa, Minha Vida* (PMCMV) e fixou diretrizes para a regularização fundiária de assentamentos localizados em áreas urbanas, tendo como finalidade primordial a criação de mecanismos de incentivo à produção e aquisição de novas unidades habitacionais, a requalificação de imóveis urbanos, além da produção ou reforma de habitações rurais, por intermédio do Programa Nacional de Habitação Urbana (PNHU) e do Programa Nacional de Habitação Rural (PNHR).

Embora o PMCMV possa ser considerado um alento às famílias de baixa renda, propiciando o sonho da casa própria a milhares de pessoas, com investimentos totais na ordem de 100 bilhões de reais, uma avaliação realizada em 2017 pela Controladoria-Geral da União (CGU)[567] atestou que mais de 56% dos imóveis do programa apresentam sérios problemas de construção, tais como rachaduras, infiltrações, vazamentos, iluminação deficiente, falta de pavimentação, situação que evidencia a ausência de efetiva fiscalização nos contratos de gestão do Programa Minha Casa Minha Vida, cenário que retrata um histórico problema estrutural na gestão da política urbana brasileira.

Posteriormente, a Lei nº 14.118/2021 instituiu o *Programa Casa Verde e Amarela*, também destinado a promover o direito à moradia a famílias residentes em áreas urbanas e rurais, tendo como objetivo principal a ampliação do estoque de moradias para atender às necessidades habitacionais, sobretudo da população de baixa renda (artigo 3º). Contudo, diversamente do primeiro, o Programa Casa Verde e Amarela previu um limitador financeiro voltado a promover o direito à moradia, fixando uma renda mensal de até R$7.000,00 (sete mil reais) para famílias residentes nas áreas urbanas e renda anual de até R$84.000,00 (oitenta e quatro mil reais) para famílias residentes em áreas rurais. Para as hipóteses de contratação de operações de financiamento habitacional, a concessão de subvenções econômicas com recursos orçamentários da União ficou limitada ao atendimento de famílias em áreas urbanas com renda mensal de até R$4.000,00 (quatro mil reais) e de agricultores e trabalhadores rurais em áreas rurais com renda anual de até R$48.000,00 (quarenta e oito mil reais).

Na sequência, a Lei nº 14.620/2023 revigorou e reformulou o *Programa Minha Casa Minha Vida* (PMCMV) com a finalidade promover o direito à cidade e à moradia de famílias residentes em áreas urbanas e rurais, associado ao desenvolvimento urbano, econômico, social e cultural, à sustentabilidade, à redução de vulnerabilidades e à prevenção de riscos de desastres, à geração de trabalho e de renda e à

---

[567] BRASIL. Controladoria-Geral da União (CGU). Minha casa minha vida: 56,4% dos imóveis avaliados apresentam defeitos na construção. *Notícias*, Brasília, DF, 16 ago. 2017. Disponível em: https://www.gov.br/cgu/pt-br/assuntos/noticias/2017/08/minha-casa-minha-vida-56-4-dos-imoveis-avaliados-apresentam-defeitos-na-construcao. acesso em 5 jul. 2023.

elevação dos padrões de habitabilidade, de segurança socioambiental e de qualidade de vida da população. Promovendo profundas alterações na legislação anterior, um dos principais objetivos do programa consiste na ampliação da oferta de moradias para atender às necessidades habitacionais do país, sobretudo da população de baixa renda e nas regiões em que se concentram os maiores déficits habitacionais. Visando facilitar o acesso à moradia, o novo Programa Minha Casa Minha Vida ampliou a faixa de renda, passando a atender famílias residentes em áreas urbanas com renda bruta familiar de até R$8.000,00 (oito mil reais) e famílias residentes em áreas rurais com renda bruta familiar anual de até R$96.000,00 (noventa e seis mil reais), fixando faixas diferenciadas de enquadramento (art. 5º).

Nesse contexto, visando materializar a garantia fundamental prevista no artigo 6º da CF/1988, constata-se que nos últimos anos o Governo Federal vem adotando medidas para viabilizar e promover o acesso à habitação urbana e rural para a população de menor renda, implementando políticas e programas de investimentos e subsídios para a implantação de projetos habitacionais de interesse social, além de incentivar o aproveitamento das áreas não utilizadas ou subutilizadas inseridas na malha urbana.

Todavia, apesar dos instrumentos e mecanismos legais em vigor, a política habitacional brasileira ainda carece de plena positivação, em explícita violação ao direito fundamental insculpido na CF/1988, pois milhares de famílias brasileiras ainda vivem em situação de miserabilidade, sem condições de moradia e sobrevivência dignas, evidenciando-se que o direito à habitação representa um dos maiores problemas sociais do País.

Conforme dados divulgados pelo Ministério do Desenvolvimento Regional e Fundação João Pinheiro, tendo como base o ano de 2019, o déficit habitacional em todo o Brasil corresponde a 5,8 milhões de moradias, havendo uma tendência de aumento progressivo dos números para os próximos anos.[568]

Nesse norte, a projeção negativa é confirmada pelo Estudo denominado "Análise das Necessidades Habitacionais e suas Tendências para os Próximos Dez Anos", promovido pela Associação Brasileira

---

[568] BRASIL. Ministério do Desenvolvimento Regional. *Dados revisados do déficit habitacional e inadequação de moradias nortearão políticas públicas*. Brasília, DF: Ministério do Desenvolvimento Regional, 4 mar. 2021. Disponível em: https://www.gov.br/mdr/pt-br/noticias/dados-revisados-do-deficit-habitacional-e-inadequacao-de-moradias-nortearao-politicas-publicas. Acesso em 5 jul. 2023.

de Incorporadoras Imobiliárias (ABRAINC) e pela Fundação Getulio Vargas (FGV), com o apoio do Sindicato da Indústria da Construção Civil de São Paulo (SINDUSCON-SP).[569] Referido estudo aponta que "o Brasil deverá ter mais 9,049 milhões de famílias que demandarão um incremento habitacional do mesmo número de domicílios, no período 2018-2027", concluindo que, "se for mantido o atual perfil de distribuição de renda, este desafio poderá ser superado com a edificação de 11,982 milhões de moradias".

Ratificando este preocupante cenário, outro estudo recente encomendado pela Associação Brasileira de Incorporadoras Imobiliárias (ABRAINC) estima que o déficit habitacional no Brasil em 2030 pode atingir o número estratosférico de 11,4 milhões de moradias, assim distribuídas: 4,35 milhões na Região Sudeste (38,1%), 3,25 milhões na Região Nordeste (28,5%), 1,47 milhão na Região Norte (13,0%), 1,32 milhão na Região Sul (11,6%) e 990 mil na Região Centro-Oeste (8,8%). O estudo aponta que, em termos comparativos, esta demanda de 11,9 milhões seria pouco menor que o estoque atual de moradias do estado norte-americano da Califórnia (13,1 milhões) e superior ao número total de residências da Holanda (7,8 milhões).

Diante deste cenário, o relevante estudo técnico da ABRAINC destaca que o déficit habitacional segue sendo um dos passivos sociais mais relevantes no país, pois sua dimensão e concentração afetam justamente as pessoas de menor renda, justificando a atenção contínua do Poder Público e iniciativa privada, concluindo que as estimativas da demanda habitacional até o ano de 2030 revelam a necessidade de buscar soluções urgentes para o aumento do adequado estoque de habitações, notadamente para beneficiar as famílias com renda de até três salários-mínimos.[570]

Esse elevado déficit habitacional também contribui para o crescimento desordenado das cidades e a intensificação de problemas sociais, pois a ausência de políticas habitacionais eficazes resulta num *processo de segregação socioespacial*, pois grande parte das famílias de

---

[569] SINDICATO DA INDÚSTRIA DA CONSTRUÇÃO CIVIL DE SÃO PAULO (SINDUSCON/SP). *Estudo da Abrainc/FGV projeta demanda habitacional até 2027*. São Paulo, out. 2018. Disponível: https://sindusconsp.com.br/estudo-da-abraincfgv-projeta-demanda-habitacional-ate-2027/. Acesso em 5 jul. 2023.

[570] ASSOCIAÇÃO BRASILEIRA DE INCORPORADORAS IMOBILIÁRIAS (ABRAINC). *Estudo técnico dedicado à atualização das necessidades habitacionais 2004-2030*. São Paulo: Econit Consultoria Econômica, 2020. Disponível em: https://www.abrainc.org.br/wp-content/uploads/2020/12/Deficit_Habitacional_-V-8-dez-2020.pdf. Acesso em 5 jul. 2023.

menor poder aquisitivo são literalmente "empurradas" para regiões periféricas das cidades, a grande maioria delas sem infraestrutura adequada, gerando nefastos efeitos para o processo de urbanização. E o principal resultado negativo desse processo é a consolidação da *cidade ilegal*, ou seja, a cidade irregular que se forma mediante assentamentos que nascem e se desenvolvem em oposição à "cidade legal".[571]

Nesse prisma, o direito fundamental à moradia deve contemplar espaços físicos adequados, seguros e dotados de infraestrutura suficientes, pois do contrário há o risco de formação de verdadeiros "bolsões" irregulares em regiões periféricas das cidades, fomentando o ciclo de vulnerabilidade social.

Conforme ressalta o *Comitê sobre os Direitos Econômicos, Sociais e Culturais da ONU*, o direito à *moradia adequada* deve contemplar os seguintes requisitos:[572]

I. *Segurança da posse*: as pessoas devem ter um grau de segurança de posse que garanta a proteção legal contra despejos forçados, perseguições e outras ameaças;

II. *Disponibilidade de serviços, materiais, instalações e infraestrutura*: uma moradia adequada deve conter instalações essenciais para a saúde, segurança, conforto e nutrição, incluindo o direito à água potável, instalações sanitárias, energia para cozinhar e armazenar alimentos, aquecimento, iluminação e coleta de resíduos;

III. *Custo acessível*: a moradia adequada deve ser compatível com o nível de renda dos grupos desfavorecidos e marginalizados, devendo os Estados estabelecer subsídios habitacionais para aqueles que não possuem acesso à moradia digna, incluindo o fornecimento de materiais de construção;

IV. *Habitabilidade*: a habitação deve proporcionar aos habitantes um espaço adequado para garantir a segurança física de seus moradores e protegê-los do frio, de umidade, do calor, da chuva, dos ventos, de outras ameaças à saúde e dos vetores de doenças epidemiológicas, geralmente associados a maior taxa de mortalidade e comorbidades;

---

[571] MILARÉ, Edis. *Direito do Ambiente*: a gestão ambiental em foco. 6. ed. rev., atual. e ampl. São Paulo: Revista dos Tribunais, 2009. p. 546-547.

[572] UNITED NATIONS. Committee on Economical, Social and Cultural Rights. *General comment nº 4*: the right to adequate housing (Art. 11, 1) of the Covenant. Geneva, 1991. Disponível em: https://www.refworld.org/pdfid/47a7079a1.pdf. Acesso em 5 jul. 2023.

V. *Acessibilidade*: a habitação adequada deve ser acessível aos grupos menos favorecidos, como idosos, crianças, deficientes físicos, doentes terminais, soropositivos, doentes mentais, vítimas de desastres naturais e pessoas que vivem em áreas de risco propensas a desastres;

VI. *Localização*: a moradia adequada deve estar situada em local que permita o acesso a oportunidades de emprego, serviços de saúde, escolas, creches e outras instalações sociais, inclusive distantes de locais poluídos ou de fontes de poluição que possam afetar o direito à saúde dos habitantes;

VII. *Adequação cultural*: a forma como a habitação é construída deve respeitar a identidade cultural e a diversidade de seus moradores.

Sobre o direito à moradia adequada, relevante precedente judicial foi adotado pela Corte Constitucional da África do Sul no *Caso Grootboom*,[573] uma das mais famosas decisões sobre direitos sociais daquele país africano. No citado julgamento, a Corte conferiu efetividade ao direito fundamental previsto na Seção 26 (1) da Constituição Sul Africana em favor de 900 famílias que foram expulsas de uma propriedade privada e passaram a sobreviver em condições precárias no assentamento *Wallacedene*, arredores da Cidade do Cabo, onde não havia saneamento básico, água potável, serviços de limpeza pública e somente 5% dos barracos improvisados dispunham de eletricidade.

Ao decidir o caso, a Corte Constitucional Africana reconheceu que o Estado tinha o dever de adotar medidas legislativas e outras ações razoáveis para assegurar a progressiva realização do direito de acesso à habitação adequada. Comentando o caso, Strapazzon e Tramontina[574] registram que a Corte Constitucional também reconheceu que o Estado Sul Africano foi corresponsável pela situação desoladora dos assentados que se instalaram provisoriamente em Wallacedene, pois foram expulsos de forma desordenada durante um processo de despejo e de reintegração de posse, ficando totalmente desabrigados e sem

---

[573] SOUTH AFRICA. Constitutional Court of South Africa. *Case CCT 11/00*: Irene Grootboom and others. [S. l.], 4 oct. 2000. Disponível em: http://www.saflii.org/za/cases/ZACC/2000/19.pdf. Acesso em 5 jul. 2023.

[574] STRAPAZZON, Carlos Luiz; TRAMONTINA, Robison. Direitos fundamentais sociais em cortes constitucionais: o Caso Grootboom – tradução e comentários. *Espaço Jurídico Journal of Law*, [S. l.], v. 17, n. 1, p. 285-288, 2016. Disponível em: https://portalperiodicos.unoesc.edu.br/espacojuridico/article/ view/10347. Acesso em 5 jul. 2023.

condições básicas de moradia e proteção contra as intempéries, situação que incluía centenas de crianças.[575]

Ainda sobre o tema das moradias inadequadas, Peter Hall[576] registra que já no início do século XX o problema também afetava os países mais desenvolvidos, como os Estados Unidos. Ao discorrer sobre o *tumor dos cortiços verticais* de Nova York, Hall assevera que em 1900 "perto de 42.700 conjuntos de moradia coletiva de Manhattan alojavam mais de 5 milhões de pessoas, uma média de quase 34 mil por conjunto", a grande maioria sem ventilação e banheiros, sendo focos de doenças, pobreza, vício e crime. Citando estudo de Veiller, o autor destaca que os *engaiolados da cidade* viviam em condições precárias além do imaginável, pois numa única quadra foram construídos 39 prédios com 605 unidades, os quais alojavam 2.781 pessoas com apenas 264 privadas e nenhum banho, sendo que 441 quartos não tinham qualquer espécie de ventilação e outros 635 recebiam ar somente por estreitos respiradores.

Outro fator de acentuada repercussão social que envolve o direito à moradia adequada diz respeito à segurança da posse, grande dilema no cenário contemporâneo, tendo em vista que a proteção contra as remoções forçadas constitui garantia contra despejos arbitrários, reintegrações de posse sem prévia proteção estatal e realocação de pessoas em situação de vulnerabilidade social. O problema se acentua nas favelas e, notadamente, nas ocupações irregulares, onde milhares de famílias buscam refúgio e moradia, considerando que a grande maioria não consegue se beneficiar de programas habitacionais.

Reintegrações de posse em áreas de conflito possessório têm sido frequentes por determinação dos Tribunais pátrios, mas embora permitidas sob o prisma legal, descuram do aspecto social, pois comumente não há uma preocupação com destino das famílias desalojadas, as quais ficam sujeitas às intempéries e relegadas à sorte do destino.

As desocupações forçadas foram alavancadas no período da pandemia da Covid-19, diante da crise econômica que assolou todo o planeta, incluindo o Brasil, exigindo medidas equânimes para resguardar o direito fundamental à moradia e proteger a saúde pública.

---

[575] Acerca da importância da decisão, vide: SUNSTEIN, Cass. Social and economic rights? Lessons from South Africa. *John M. Olin Law & Economics Working Paper*, Chicago, n. 124, p. 16, 2001. Disponível em: https://dash.harvard.edu/bitstream/handle/1/12785996/Social%20and%20Economic%20Rights_%20Lessons%20from%20South%20Africa.pdf?sequence=1&isAllowed=y. Acesso em 5 jul. 2023.

[576] HALL, Peter. *Cidades do amanhã*: uma história intelectual do planejamento e do projeto urbano no século XX. (Trad. Pérola de Carvalho). 4. ed. São Paulo: Perspectiva, 2016. p. 62.

Nesse norte, atento à problemática, o ministro Luís Roberto Barroso, do Supremo Tribunal Federal (STF), acolheu pleito formulado na ADPF nº 828/DF e determinou a suspensão, por seis meses, das ordens de despejos, desocupações, remoções forçadas ou reintegrações de posse em imóveis de moradia ou de área produtiva de populações vulneráveis que já estavam habitadas antes da aprovação do Estado de Calamidade Pública em razão da epidemia de Covid-19, pelo Decreto Legislativo nº 6/2020. Na decisão, ponderou o Ministro Barroso:

> No contexto da pandemia da COVID-19, o direito social à moradia (art. 6º, CF) está diretamente relacionado à proteção da saúde (art. 196, CF), tendo em vista que a habitação é essencial para o isolamento social, principal mecanismo de contenção do vírus. [...] Diante dessa situação excepcional, os direitos de propriedade, possessórios e fundiários precisam ser ponderados com a proteção da vida e da saúde das populações vulneráveis, dos agentes públicos envolvidos nas remoções e também com os riscos de incremento da contaminação para a população em geral.[577]

Seguindo a mesma diretriz, a Recomendação nº 90/2021 do Conselho Nacional de Justiça (CNJ)[578] orientou todo o Poder Judiciário brasileiro a adotar cautela quando da solução de conflitos que versem sobre a desocupação coletiva de imóveis urbanos e rurais durante o período da pandemia do coronavírus (Covid-19).

Outrossim, na esteira do entendimento supra, o ministro Edson Fachin, do Supremo Tribunal Federal (STF), invocando o direito fundamental à moradia e a função social da propriedade, igualmente acolheu pleito da Defensoria Pública da União (DPU) na Reclamação nº 47.531/RJ, deferindo medida cautelar para suspender decisão do Tribunal Regional Federal da 2ª Região, impedindo a remoção de cerca de duas mil pessoas que ocuparam imóveis do Conjunto Habitacional Novo Horizonte I, II e III, na cidade de Campos de Goytacazes (RJ), provenientes do programa Minha Casa Minha Vida.[579]

---

[577] BRASIL. Supremo Tribunal Federal. Medida Cautelar na Arguição de Descumprimento de Preceito Fundamental nº 828/DF. *Diário da Justiça Eletrônico*, Brasília, DF, n. 107, 04 jun. 2021. Disponível em: http://www.stf.jus.br/arquivo/cms/noticiaNoticiaStf/anexo/ADPF828liminar.pdf. Acesso em 5 jul. 2023.

[578] CONSELHO NACIONAL DE JUSTIÇA (CNJ). *Recomendação CNJ nº 90, de 2 de março de 2021*. Brasília, DF, 2021. Disponível em: https://atos.cnj.jus.br/files/original12561020 21030560422a6ac453a.pdf. Acesso em 5 jul. 2023.

[579] BRASIL. Supremo Tribunal Federal. Reclamação nº 47.531/RJ. *Diário da Justiça Eletrônico*, Brasília, DF, n. 114, 14 jun. 2021. Disponível em: http://www.stf.jus.br/arquivo/cms/noticiaNoticiaStf/anexo/RCL47531.pdf. Acesso em 5 jul. 2023.

Referidas decisões demonstram que o direito fundamental à moradia constitui não apenas um problema de planejamento urbano e ausência de implementação de políticas habitacionais eficazes, mas sobretudo um problema social de dimensões humanitárias que vem sendo palco de constante violação de direitos constitucionais.

Diante desse cenário, correta é a afirmação de que o direito à moradia passa por um processo de desconstrução de um direito fundamental social, sendo transformado em "mercadoria e ativo financeiro", pois essa garantia constitucional tornou-se "nada mais do que um adorno dos direitos fundamentais, (mais) uma promessa não cumprida".[580] No mesmo enfoque, registra Mukay que o direito à moradia é um dos direitos mais distantes da maioria dos cidadãos brasileiros que habitam as grandes, médias e pequenas cidades:

> Uma parcela considerável da população encontra-se em sub-habitações, ou simplesmente não tem qualquer habitação. Isso se evidencia de uma forma incontestável nas grandes metrópoles, pois é nelas que se observa o maior crescimento de favelas ou dos cortiços, fruto da ausência de uma política nacional de habitação.[581]

Enfim, o Estado Democrático de Direito exige a consolidação das garantias fundamentais estatuídas na Constituição Federal, dentre elas o direito fundamental à moradia, o qual vem sendo palco de constantes violações e omissão estatal, cuja origem se assenta na governança ineficaz e descumprimento de políticas públicas essenciais.

O preocupante cenário de déficit habitacional que atinge o Brasil revela a necessidade de implementação de políticas públicas voltadas a concretizar a previsão contida no artigo 6º da CF/1988, sendo dever do Estado assegurar o direito à moradia para as camadas de menor potencial aquisitivo, sobretudo para fazer cumprir os princípios da igualdade e da dignidade da pessoa humana.

---

[580] SANTOS, Paulo J. T. dos; DE MARCO, Cristhian; MOLLER, Gabriela S. Impactos da pandemia no direito à moradia e propostas para a proteção desse direito em tempos de crise: da urgência de se repensar a moradia para além de um objeto de consumo. *Revista de Direito da Cidade*, Rio de Janeiro, v. 13, n. 2, p. 783-784, 2021.

[581] MUKAI, Sylvio Toshiro. A constitucionalidade da concessão especial para fins de moradia. *In*: MUKAY, Toshio (Org.). *Temas atuais de direito urbanístico e ambiental*. 1. ed. Belo Horizonte: Fórum, 2007. p. 66.

4.7 Os assentamentos precários e a segregação socioespacial urbana

Uma das mais graves consequências que envolve a ausência de políticas habitacionais concretas é a expansão dos assentamentos precários ou mais comumente das favelas, terminologia discriminatória que aos poucos vem sendo abandonada pelo direito urbanístico por estigmatizar as minorias. A problemática dos assentamentos urbanos irregulares acarreta não apenas consequências urbanísticas, mas também resultados negativos na esfera social, ambiental e governamental, pois afetam os quatro elementos que compõem os pilares da sustentabilidade (social, econômico, ambiental e da boa governança).

Nesse prisma, Sarlet e Fensterseifer[582] destacam que além de estar comprometido com a justiça social, o Estado de Direito contemporâneo igualmente deve primar pela construção do *Estado de Justiça Ambiental*, que implica a proibição de práticas discriminatórias, pois a injustiça ambiental se revela de diversas formas, tanto pela ótica social quanto pela ótica ecológica, notadamente por afetar os cidadãos mais vulneráveis em termos socioeconômicos, o que abrange direitos sociais básicos como acesso à água, saneamento básico, educação, saúde, alimentação etc.

Um dos fatores preponderantes para a formação de assentamentos precários e irregulares é a dificuldade encontrada pela população carente de obter meios e recursos para consolidar o sagrado direito à moradia, pois grande parte da camada populacional de menor renda não possui acesso ao solo urbano legalizado, migrando para áreas irregulares e sem estrutura adequada, não raras vezes ocupando locais passíveis de risco de desastres.

Como consequência, as cidades passam a crescer quantitativamente, mas não qualitativamente, pois grande parte da população é privada de obter adequadas condições de vida nas cidades,[583] ocasionando inúmeros conflitos de ordem social e fomentando a segregação socioespacial em relação às camadas mais pobres. Nesse sentido, destaca Fiorillo:

---

[582] SARLET, Ingo Wolfgang; FENSTERSEIFER, Tiago. *Direito constitucional ecológico*: constituição, direitos fundamentais e proteção da natureza. 6. ed. São Paulo: Revista dos Tribunais, 2019. p. 236.

[583] LIBÓRIO, Daniela Campos. Meio ambiente urbano, moradia e a mulher. *In*: SANCHES BRAVO, Álvaro; ANGELIN, Rosangela (Ed.). *Mujeres y medioambiente*: feminismo y ecologia. Sevilla: Punto Rojo, 2014. p. 185-188.

As cidades neste século, marcadas pelo crescimento rápido e sem planejamento, expõem cada vez mais seus habitantes a condições subumanas, criando uma situação de desequilíbrio, em detrimento da dignidade da pessoa humana.[584]

Portanto, a dificuldade de milhares de famílias de menor potencial aquisitivo em adquirir imóveis legalizados e dotados de infraestrutura constitui um dos vetores da ocupação descontrolada dos espaços urbanos, ocasionando instabilidade social e o agravamento de conflitos possessórios. Além disso, as ocupações irregulares também provocam o crescimento desordenado das cidades, tornando-as insustentáveis nos aspectos social, ambiental e urbanístico, contribuindo assim para a degradação das áreas urbanas.

A gravidade do quadro exposto é demonstrada por mapeamento realizado pelo Instituto Brasileiro de Geografia e Estatística (IBGE), visando ao enfrentamento da pandemia de Covid-19. O levantamento do IBGE (2020) revela que o Brasil possui mais de cinco milhões (5.127.747) de domicílios em *aglomerados subnormais*, distribuídos em 734 municípios do país. Os dados indicam que a respectiva população vive em 13.151 aglomerados subnormais, caracterizados por um padrão urbanístico irregular, comumente denominados como favelas, grotas, palafitas, mocambos, dentre outros.[585]

O mapeamento técnico ainda revela que dentre os Estados brasileiros, o Amazonas ostenta a maior proporção de domicílios em ocupações irregulares (34,59%), seguido pelo Espírito Santo (26,1%), Amapá (21,58%), Pará (19,68%), Rio de Janeiro (12,63%) e São Paulo (7,09%). O Estado brasileiro com a menor proporção de domicílios em ocupações irregulares é o Mato Grosso do Sul (0,74%). Na região sul, os números são relativamente baixos em relação aos demais Estados: Paraná (3,57%), Rio Grande do Sul (3,50%) e Santa Catarina (1,46%).[586] Contudo,

---

[584] FIORILLO, Celso Antonio Pacheco. *Estatuto da cidade comentado*: Lei nº 10.257/2001 – Lei do meio ambiente artificial. São Paulo: Revista dos Tribunais, 2002. p. 40-42.
[585] INSTITUTO BRASILEIRO DE GEOGRAFIA E ESTATÍSTICA (IBGE). Quase dois terços das favelas estão a menos de dois quilômetros de hospitais. *Agência IBGE Notícias*, Rio de Janeiro, 2020. Disponível em: https://agenciadenoticias.ibge.gov.br/agencia-noticias/2012-agencia-de-noticias/noticias/27728-quase-dois-tercos-das-favelas-estao-a-menos-de-dois-quilometros-de-hospitais. Acesso em 5 jul. 2023.
[586] INSTITUTO BRASILEIRO DE GEOGRAFIA E ESTATÍSTICA (IBGE). *Subnormais 2019*: classificação preliminar para o enfrentamento à COVID-19. Rio de Janeiro, 2020. Disponível em: https://dadosgeociencias.ibge.gov.br/portal/sharing/rest/content/items/e537f2bbd43743198f99c77dfc878bff/data. Acesso em 5 jul. 2023.

mesmo assim, tais índices revelam um contraste social em relação ao desenvolvimento da região sul do País. Esse cenário amplia o quadro de desigualdades sociais na seara urbanística, violando direitos e garantias fundamentais, sendo impositivo que o Estado construa uma *nova justiça social* para os menos favorecidos, pois consoante exorta o Papa Francisco na *Encíclica Fratelli Tutti*, "solidariedade também é lutar contra as causas estruturais da pobreza, a desigualdade, a falta de trabalho, a terra e a casa, a negação dos direitos sociais e laborais".[587]

Por seu turno, os assentamentos precários geram uma fragmentação social e urbanística, produzindo um contraste entre a *cidade formal* e a *cidade informal*,[588] com a propagação de favelas, vilas, cortiços, loteamentos irregulares e clandestinos, ocupações de áreas públicas, fomentando o surgimento de espaços de segregação e exclusão social.

Aliás, a própria *Carta Mundial pelo Direito à Cidade* reconhece o perfil desigual das cidades ao perfilhar que elas estão muito distantes de oferecerem condições equitativas e iguais oportunidades aos seus habitantes, pois "a população urbana, em sua maioria, está privada ou limitada – em virtude de suas características econômicas, sociais, culturais, étnicas, de gênero e idade – de satisfazer suas necessidades básicas".[589]

Como bem pondera Fernandes,[590] esse estigma cultural ligado às comunidades informais representa um "fardo social", pois sua população é frequentemente privada do acesso a serviços públicos, infraestruturas, espaços públicos e instalações coletivas, bem como excluídas do mercado formal de trabalho, considerando que "suas comunidades são literalmente deixadas fora dos muros das áreas adjacentes".

---

[587] FRANCISCO, Papa. *Carta Encíclica Fratelli Tutti, do Santo Padre Francisco*: sobre a fraternidade e a amizade social. Vaticano, 2020. Item 116, p. 32. Disponível em: https://www.vatican.va/content/francesco/pt/encyclicals/documents/papa-francesco_20201003_enciclica-fratelli-tutti.html. Acesso em 5 jul. 2023.

[588] FERREIRA, Antônio Rafael Marchezan. Os movimentos sociais como fontes do direito urbanístico na ordem jurídica plural contemporânea. *In*: LIBÓRIO, Daniela Campos (Coord.). *Direito urbanístico*: fontes do direito urbanístico e direito à cidade. Belo Horizonte: Fórum, 2020. p. 142.

[589] FÓRUM SOCIAL MUNDIAL. *Carta mundial pelo direito à cidade*. V Fórum Social Mundial. Porto Alegre, 2005. Disponível em: https://polis.org.br/wp-content/uploads/2021/09/Carta-Mundial-pelo-Direito-a-Cidade.pdf. Acesso em 30 jun. 2023.

[590] FERNANDES, Edésio. *Regularização de assentamentos informais na América Latina*. Cambridge: Lincoln Institute of Land Policy, 2011. p. 9. Disponível em: https://www.lincolninst.edu/sites/default/files/pubfiles/regularizacao-assentamentos-informais-full_1.pdf. Acesso em 5 jul. 2023.

Portanto, tais perspectivas reacendem o debate sobre a *apropriação do direito à cidade* por alguns segmentos da sociedade, pois a atual conjuntura demonstra que as cidades estão cada vez mais "divididas, fragmentadas, corroídas, segregatórias e sujeitas a diversos conflitos".[591]

Disso resulta a potencialização da cidade informal ou ilegal, que cresce em ritmo mais acelerado do que a cidade legal,[592] produzindo uma gama de implicações socioambientais, com especial destaque à inexistência de infraestrutura mínima para atender dignamente a respectiva comunidade, tais como a ausência de saneamento básico, de água potável, de eletricidade, de pavimentação de ruas, de coleta de lixo, de escolas, de creches, de postos de saúde, de locais de lazer, de praças públicas e de redes de transportes.

Conforme Freitag, esses problemas urbanísticos são históricos e remontam aos 400 anos de colonização do Brasil, sendo necessário repensar as cidades de forma interdisciplinar e principalmente multidisciplinar em busca de soluções conjuntas e diversificadas, pois soluções pontuais e isoladas não são capazes de contornar os graves problemas das cidades brasileiras. Para tanto, salienta que esse tipo de problema não pode ser resolvido apenas por uma "teoria das cidades" ou por meio de várias "teorias das cidades", pois "uma verdadeira solução tem que ser buscada e praticada no interior das sociedades contemporâneas, simultaneamente afetadas pela globalização e fragmentação dos processos societários no mundo".[593]

Outro fator altamente negativo nos assentamentos e ocupações irregulares é a ausência das forças de segurança pública, pois tais locais são comumente dominados pelo crime organizado e por facções que disputam territórios marcados pelo tráfico ilícito de entorpecentes, fomentando a violência urbana e aumentando a vulnerabilidade física e social dessas comunidades. Ademais, em decorrência da ausência do Estado nessas regiões, as organizações criminosas que dirigem o tráfico de drogas passaram até mesmo a disputar cargos nas associações de moradores de algumas comunidades pobres, de modo que o processo participativo das eleições passou a ser dominado pela cultura do medo.[594]

---

[591] GUIMARÃES, Angélica. A ordem jurídica urbana e o direito à cidade: uma leitura crítica sob o olhar da Constituição Federal de 1988. *In*: LIBÓRIO, Daniela Campos (Coord.). *Direito urbanístico*: fontes do direito urbanístico e direito à cidade. Belo Horizonte: Fórum, 2020. p. 210.
[592] FREITAG, Bárbara. *Teorias da cidade*. Campinas: Papirus, 2006. p. 155.
[593] FREITAG, Bárbara. *Teorias da cidade*. Campinas: Papirus, 2006. p. 149.
[594] PANDOLFI, Dulce; GRYNSZPAN, Mário. Poder Público nas favelas: uma relação delicada. *In*: OLIVEIRA, Lúcia Lippi (Org.). *Cidade*: história e desafios. Rio de Janeiro: Ed. Fundação Getúlio Vargas, 2002. p. 253.

Esta realidade ainda persiste nas favelas brasileiras e regiões periféricas das grandes metrópoles, onde impera a lei do silêncio e o domínio das facções criminosas, consolidando um verdadeiro *Estado paralelo*.[595] Referido cenário demonstra a omissão estatal em solucionar tais questões estruturais, colocando em xeque a atuação dos gestores públicos, pois "a persistente incapacidade dos governos de resolverem problemas básicos das cidades muito contribui para o crescente descrédito na democracia e na política".[596]

Sob outra vertente, Stiglitz[597] ressalta que o subinvestimento em educação e outras despesas sociais potencializa as consequências da pobreza, o qual também se manifesta noutros indicadores de mau funcionamento da sociedade, como o elevado nível de criminalidade e uma grande parcela da população nas prisões, fatores estes que contribuem para a degradação social.

Tais mazelas urbanas são fruto de um processo de urbanização ineficiente e excludente, solidificado pela ausência de políticas estatais, pois esse modelo de gestão representa a *urbanização sem urbanidade*, a expressão mais clara do aumento vertiginoso da violência urbana, destinando aos pobres uma cidade longínqua, desequipada e desqualificada como espaço.[598]

Nessa mesma perspectiva, Maricato[599] registra que o crescimento das favelas e das ocupações ilegais nas cidades é uma realidade socioambiental que reproduz desigualdades e privilégios decorrentes da ausência do Estado, destacando que na cidade ilegal não existem

---

[595] Sobre o tema, o relatório denominado "Mapa Histórico dos Grupos Armados do Rio de Janeiro", publicado em 2022, demonstra que a evolução do controle territorial por grupos criminosos na cidade cresceu quase 400% em 16 anos (2006 a 2021), estendendo-se por uma área de 256,3km2 na região metropolitana do Rio de Janeiro, onde milícias armadas e grupos criminosos dominam inúmeros bairros e favelas. (GRUPO DE ESTUDOS DOS NOVOS ILEGALISMOS-UFF e INSTITUTO FOGO CRUZADO. *Mapa Histórico dos Grupos Armados do Rio de Janeiro*. Rio de Janeiro: Universidade Federal Fluminense, 2022. (Coord. Daniel Hirata). Disponível em: https://geni.uff.br/wp-content/uploads/sites/357/2022/09/Relatorio_Mapa_Grupos_Armados_Geni_WEB.pdf. Acesso em 19 set. 2022).

[596] ABRAHÃO, Jorge. Programa ciudades sostenibles: democracia de alta intensidade y redución radical de la desigualdad. *In*: MOSTAFAVI, Mohsen *et al*. (Coord.). *Urbanismo ecológico en América Latina*. Barcelona: Harvard University Graduate School of Design, 2019. p. 140-141.

[597] STIGLITZ, Joseph E. *O preço da desigualdade*. Lisboa: Bertrand, 2013. p. 74.

[598] ROLNIK, Raquel. Brasil e o habitat. *In*: GORDILHO-SOUZA, Angela Maria (Org.). *Habitar contemporâneo*: novas questões no Brasil dos Anos 90. Salvador: Ultragraph, 1997. p. 53.

[599] MARICATO, Ermínia. *A cidade do pensamento único*: desmanchando consensos. 8. ed. Petrópolis: Vozes, 2020. p. 122.

planos e nem ordem, pois ela não é conhecida por suas dimensões e características, tratando-se apenas de "um lugar fora das ideias".

Esse caráter conflituoso que permeia o processo de urbanização brasileiro tem origens históricas na lógica da concentração da terra, pois envolve um processo de crescimento urbano segregador, com ênfase no paradigma individualista em detrimento do interesse coletivo e da emancipação da sociedade como um todo,[600] fator que solidifica o processo de segregação espacial das cidades, além de gerar uma estratificação socioeconômica da população.

Aliás, para Raworth, os níveis mais elevados de desigualdade social caminham de mãos dadas com os maiores níveis de degradação ambiental, evidenciando-se uma relação sinérgica entre fatores socioeconômicos e desenvolvimento sustentável,[601] situação que avulta os problemas socioambientais, gera desequilíbrio no processo de urbanização, impacta nas políticas de planejamento urbano e aumenta as desigualdades sociais que circundam as políticas habitacionais. Ademais, sem a redução drástica das desigualdades socioeconômicas não se vislumbra solução para a crise ambiental e climática, sendo indispensável repensar a organização do sistema econômico mundial para uma melhor distribuição de renda,[602] fator que certamente tende a beneficiar as classes menos favorecidas no processo de urbanização.

Como bem observa Sachs,[603] as cidades geralmente são lugares de desigualdades extremas, pois nelas é possível ter pobres e ricos vivendo lado a lado, mas em situações totalmente díspares, citando como exemplos as cidades do Rio de Janeiro, com seus modernos arranha-céus situados ao lado de favelas, e a rica zona do *Upper East Side* de Manhattan, situada ao lado de zonas pobres na face norte do Harlem.

Esse mecanismo de segregação espacial é uma realidade no processo de urbanização brasileiro, inclusive com frontal violação ao Estatuto da Cidade, onde se estabelece que os Planos Diretores devem prever áreas para habitação de interesse social por meio da demarcação de zonas especiais (artigo 4º, V, f, e artigo 42-A, V) objetivando reduzir o déficit habitacional e a proliferação de assentamentos urbanos

---

[600] PIRES, Maria Coeli Simões. Os rumos do direito urbanístico no Brasil: avaliação histórica. *Revista Fórum de Direito Urbano e Ambiental*, Belo Horizonte, v. 3, p. 117, 2004.
[601] RAWORTH, Kate. *Doughnut Economics*: Seven Ways to Think Like a 21st-Century Economist. London: Random House Business, 2018. p. 187.
[602] PIKETTY, Thomas. *Une brève histoire de l'egalité*. Paris: Seuil, 2021. p. 36.
[603] SACHS, Jeffrey. *The age of sustainable development*. New York: Columbia University Press, 2015. p. 386.

irregulares. Contudo, apesar desta previsão normativa cogente, é fato notório que tais "zonas especiais" geralmente são localizadas em regiões periféricas das cidades, distantes de serviços públicos essenciais, contribuindo para a segregação socioespacial das comunidades. É o que sustenta Rolnik:

> Para os mais pobres – em nosso País as maiorias – resta a ocupação das franjas, das áreas longínquas ou pouco aptas para urbanizar como as encostas de morros, as beiras de córrego, os mangues. Desta forma, uma poderosa máquina de exclusão territorial é posta em operação, monstro que transforma urbanismo em produto imobiliário, negando à maior parte dos cidadãos o direito a um grau básico de urbanidade.[604]

Portanto, torna-se essencial que o Estado promova medidas estruturais para prevenir a proliferação de assentamentos urbanos irregulares e, sobretudo, destine recursos orçamentários expressivos para reduzir o déficit de moradias, fatores que exigem políticas habitacionais eficazes que atendam principalmente a população de maior vulnerabilidade.

Por outro vértice, no tocante aos assentamentos já consolidados, é fundamental que os gestores públicos desenvolvam programas e mecanismos eficazes para promover a reurbanização dessas áreas, atendendo às necessidades e o bem-estar da população, conforme diretrizes da Lei de Regularização Fundiária Rural e Urbana (Lei nº 13.465/2017).

Segundo Locatelli,[605] além de permitir a regularização de ocupações e assentamentos irregulares, referida Lei visa consolidar o direito à moradia, bem como promover o planejamento integrado com as políticas urbanas de infraestrutura, saneamento, mobilidade e gestão territorial, conectando-se de forma transversal com as demais políticas de desenvolvimento econômico e social e contribuindo para atingir o desenvolvimento urbano sustentável.[606]

---

[604] ROLNIK, Raquel. Estatuto da cidade – instrumento para as cidades que sonham crescer com justiça e beleza. In: SAULE JUNIOR, Nelson; ROLNIK, Raquel. Estatuto da cidade: novos horizontes para a reforma urbana. São Paulo: Pólis, 2001. p. 6-7. (Cadernos Pólis, 4).

[605] LOCATELLI, Paulo Antônio. Elementos para a sustentabilidade da regularização fundiária urbana nas áreas de preservação permanente: os desafios para a proteção do meio ambiente e o desenvolvimento urbano. Rio de Janeiro: Lumen Iuris, 2021. p. 54.

[606] Pertinente destacar o marco temporal instituído pelo artigo 9º, §2º, da Lei nº 13.465/2017, onde se prevê que a Reurb promovida mediante legitimação fundiária somente poderá ser aplicada para os núcleos urbanos informais comprovadamente existentes até 22 de dezembro de 2016.

Em resumo, a segregação socioespacial que margeia as cidades brasileiras demanda a implementação concreta de políticas públicas inclusivas e igualitárias para consolidar o direito fundamental à moradia, uma das expressões máximas do princípio da dignidade da pessoa humana, fator que pode contribuir de forma decisiva para a redução da crise habitacional e social que avilta o processo de urbanização no Brasil.

4.8 Desigualdades sociais e estruturais no processo de urbanização

O mecanismo de uso e ocupação de solo é permeado por um sistema de exclusão que fomenta as desigualdades sociais, sendo em grande parte catapultado pela especulação imobiliária. Para Piketty,[607] o capital do início do século XXI não difere do capital do século XVIII, pois apenas mudou de forma: antes era fundiário e agora tornou-se imobiliário, industrial e financeiro, tornando a concentração de riqueza muito elevada. E conclui afirmando que, embora a atual concentração de capital seja menos extrema do que era nos séculos anteriores, ainda assim a metade mais pobre da população continua sem posses.

Conforme Rotondano,[608] as distorções no processo de apropriação e uso do espaço urbano da era pós-moderna ainda moldam a visão de mundo capitalista e individualista, priorizando os espaços urbanos mais bem localizados para aqueles que conseguem acumular capital, ao passo que as classes menos abastadas são deslocadas para as periferias. Nesse prisma, "a qualidade de vida urbana tornou-se uma mercadoria para os que têm dinheiro".[609]

Esse contraste que molda o zoneamento urbano é severamente criticado por Le Corbusier,[610] ao destacar que tanto a habitação rica quanto a mais modesta devem ser sagradas, pois independentemente do dinheiro, é preciso possibilitar a todos, sem qualquer distinção, qualidade de vida e bem-estar, pois tal atributo não pode ser reservado unicamente aos mais afortunados.

---

[607] PIKETTY, Thomas. *O capital no século XXI*. (Trad. Monica Baumgarter de Bolle). Rio de Janeiro: Intrínseca, 2004. p. 478.
[608] ROTONDANO, Ricardo Oliveira. Da revolução industrial à globalização: capitalismo e reconfiguração histórica do espaço urbano. *Revista de Direito da Cidade*, Rio de Janeiro, v. 13, n. 2, p. 1154-1155, 2021. p. 1147.
[609] HARVEY, David. *Cidades rebeldes*: do direito à cidade à revolução urbana. (Trad. Jeferson Camargo). São Paulo: Martins Fontes, 2014. p. 46.
[610] CORBUSIER, Le. *A carta de Atenas*. (Trad. Rebeca Scherer). São Paulo: Editora da Universidade de São Paulo, 1993. p. 56.

Uma das origens desse processo histórico de segregação decorre do *fenômeno da gentrificação* ou da "elitização" dos centros urbanos e consequente expulsão dos pobres. Conforme Alcântara,[611] o termo gentrificação é uma versão aportuguesada de *gentrification* (de *gentry* = pequena nobreza), tendo origem no conceito criado pela socióloga britânica Ruth Glass em *London: Aspects of Change* (1964), obra em que descreve as transformações observadas em inúmeros bairros de classe operária situados em Londres, cujo termo passou a ser utilizado em estudos sobre desigualdade e segregação urbana, além de outros temas correlacionados às áreas da sociologia, antropologia, geografia, arquitetura, economia, planejamento e gestão urbana.

Consistindo num fenômeno global, reflexo da financeirização da moradia e do capitalismo estético, Santos *et al*[612] destacam que estudos iniciais sobre a gentrificação restringiam o fenômeno à saída dos pobres dos centros urbanos em decorrência da chegada dos *gentrys*, mas num contexto mais amplo, o fenômeno mais se caracteriza como "um processo de aburguesamento de habitações e bairros populares".

Sob outra perspectiva, alguns especialistas afirmam que a gentrificação envolve um processo focado na dinâmica do mercado imobiliário, particularmente no poder do capital para moldar e modificar a paisagem urbana. Nesse norte, a gentrificação pode ser vista de forma ambivalente, pois abrange impactos positivos e negativos. No aspecto positivo, afirma-se que áreas degradadas são restauradas e passam a receber novos investimentos, melhorias na área de segurança, maior oferta de serviços públicos, valorização da base tributária urbana, além da criação de novos empregos. De forma contrária, sustenta-se que esse processo gera impactos sociais negativos, pois resulta na perda maciça de moradias acessíveis, situadas nas áreas centrais das cidades, forçando a realocação de pessoas de baixa renda e grupos vulneráveis, ocasionando um processo de polarização e segregação.[613]

Efetivamente, o fator econômico contribui para a expansão do processo de segregação espacial das cidades, notadamente pela alta

---

[611] ALCÂNTARA, Maurício Fernandes de. Gentrificação. In: *Enciclopédia de antropologia*. São Paulo: Universidade de São Paulo, Departamento de Antropologia, 2018. Disponível em: https://ea.fflch.usp.br/conceito/gentrificacao. Acesso em 8 jul. 2023.

[612] SANTOS, Paulo J. T. dos; DE MARCO, Cristhian; MOLLER, Gabriela S. Impactos da pandemia no direito à moradia e propostas para a proteção desse direito em tempos de crise: da urgência de se repensar a moradia para além de um objeto de consumo. *Revista de Direito da Cidade*, Rio de Janeiro, v. 13, n. 2, p. 783-784, 2021. p. 784.

[613] GREGORY, Derek *et al*. (Ed.). *The dictionary of human geography*. 5th ed. Oxford: Wiley-Blackwell, 2009. p. 273-274.

valorização dos imóveis situados em áreas centrais, inacessíveis para as camadas mais pobres da sociedade, que se veem forçadas a habitar regiões periféricas e longínquas dos centros urbanos. O mercado imobiliário torna-se então uma explícita relação de consumo que se rege não apenas pela lei da oferta e da procura, mas principalmente pelo poder aquisitivo dos interessados.

Por seu turno, em muitos casos, o processo de "revitalização" de regiões centrais ou de bairros pobres implica numa retórica meramente discursiva, pois geralmente acarretam o *displacement* forçado e compulsório de famílias para fins de "regeneração urbana", muitas vezes conduzidos por interesse do capital privado.[614] Nesse contexto, Maricato ressalta que, na maioria das grandes cidades brasileiras, a reforma urbanista expulsou a *massa sobrante* dos locais urbanos mais centralizados ou valorizados, para consolidar o mercado imobiliário.[615]

Tecendo comentários sobre o processo de estratificação social do mundo globalizado, Bauman[616] ressalta que a "capacidade de pagar" produziu uma espécie de *extraterritorialidade da nova elite*, gerando segregação social e seletividade, pois o território urbano tornou-se um campo de batalha, no qual as classes inferiores estão confinadas "fora das muralhas" das construções fortificadas. E conclui: "as elites escolheram o isolamento e pagam por ele prodigamente e de boa vontade. O resto da população se vê afastado e forçado a pagar o pesado preço cultural, psicológico e político do seu novo isolamento".

Nesse prisma, as cidades contemporâneas ostentam esse perfil segregacionista, pois excluem determinadas classes sociais das áreas mais bem localizadas e centralizadas, como também restringem o pleno direito de fruição da cidade e de seus espaços públicos.

Esse verdadeiro *apartheid social* que rege o processo de ocupação dos espaços urbanos avilta o princípio da igualdade e contribui para o distanciamento físico-espacial das classes sociais. E o resultado desse estigma histórico é a produção de uma espécie de *hegemonia territorial* das regiões centrais e mais valorizadas das cidades.[617]

---

[614] SOUZA, Marcelo Lopes de. Semântica Urbana e Segregação: disputa simbólica e embates políticos na cidade 'empresarialista'. *In*: VASCONCELOS, Pedro de Almeida; CORRÊA, Roberto Lobato; PINTAUDI, Silvana Maria (Org.). *A cidade contemporânea*: segregação espacial. 1. ed. São Paulo: Contexto, 2018. p. 134-135.
[615] MARICATO, Erminia. *Metrópole na periferia do capitalismo*: ilegalidade, desigualdade e violência. São Paulo: Hucitec, 1996. p. 18.
[616] BAUMAN, Zygmunt. *Globalização*: as consequências humanas. (Trad. Marcus Penchel). Rio de Janeiro: Jorge Zahar Editores, 1999. p. 19-26.
[617] Vide relevante estudo abordando a discriminação e exclusão social dos *catadores*, enxergados por parte da sociedade como um subproduto da riqueza da própria cidade.

Justamente por isso o planejamento e a gestão urbana devem consistir em ferramentas de promoção do desenvolvimento socioespacial voltados à melhoria da qualidade de vida e ao aumento da justiça social.[618] Nessa vertente, é impossível atingir o princípio da igualdade no processo de urbanização sem eliminar ou reduzir a segregação socioespacial que ainda permeia as políticas de planejamento urbano contemporâneas.

Em consequência, alavancado pela especulação imobiliária, esse processo de segregação territorial encarece o valor dos imóveis que possuem melhor localização e infraestrutura superior, levando a população de menor renda a buscar alternativas diversas para moradia, muitas vezes se instalando em áreas de risco e regiões periféricas das cidades, com infraestrutura precária e limitada oferta de serviços públicos, potencializando o ciclo de vulnerabilidade social. Outrossim, no aspecto do risco, a vulnerabilidade dessa população está atrelada a "condições físicas, sociais, econômicas e ambientais que podem aumentar a suscetibilidade de uma comunidade ao impacto de eventos perigosos".[619]

Por seu turno, sob a vertente econômica e social, as desigualdades que envolvem a urbanização das cidades e notadamente o direito à moradia estão intrinsicamente ligadas à má distribuição de riquezas e ao reduzido poder aquisitivo de grande parcela da sociedade, privando os menos favorecidos de uma vida digna que lhes permita habitar de forma saudável, segura e socialmente inclusiva.

Nesse contexto, ao tratar da justiça distributiva e do orçamento republicano, Scaff assevera que uma sociedade será tanto mais republicana quanto mais isonômica quando houver igualdade na arrecadação e no gasto público, pois se o gasto público for dirigido de forma prioritária aos que possuem mais riquezas, estar-se-á diante de um modelo oligárquico. Por seu turno, se o gasto público for prioritariamente direcionado aos que possuem menos riquezas, resultará na redução das desigualdades sociais e na erradicação da pobreza, fortalecendo o modelo republicano. E conclui afirmando que não basta reconhecer

---

(SOUZA, José Amilton de. A arte de dizer e de territorializar a cidade. In: ANDRADE, Alexandre Carvalho de; ANDRADE, Ana Eugenia Nunes de (Org.). *Cidades em movimento*. Jundiaí: Paco, 2013. p. 303-316).

[618] SOUZA, Marcelo Lopes de. *Mudar a cidade*: uma introdução crítica ao planejamento e à gestão urbanos. 6. ed. Rio de Janeiro: Bertrand Brasil, 2010. p. 60-61.

[619] FERREIRA, Ximena Cardoso. *Inundações urbanas*: gestão de riscos com foco na prevenção de danos. Rio de Janeiro: Lumen Juris, 2019. p. 50-51.

o princípio da igualdade de direito no papel, pois é necessário que as pessoas tenham condições socioeconômicas para o seu exercício:

> Aqui se concentra a questão da justiça distributiva, que é um problema primordialmente político, lateralmente econômico e residualmente jurídico. [...] Em uma sociedade ideal, sem grandes desigualdades econômicas, as pessoas teriam chegado a um patamar de riquezas em que a contribuição de todos poderia ser mais isonômica e o gasto público poderia ser dirigido de forma mais equânime para todos. [...] Quanto maior for a distância entre duas riquezas, menor o grau de liberdade que terão. A desigualdade socioeconômica desiguala as liberdades, havendo uma liberdade desigual.[620]

Essa disfuncionalidade se aplica ao Brasil, considerando que o país possui um acentuado quadro de desigualdade social. Conforme aponta o Relatório de Desenvolvimento Humano de 2019 do Programa das Nações Unidas para o Desenvolvimento (PNUD), o Índice de Desenvolvimento Humano (IDH) do país avançou nas últimas décadas, porém as desigualdades sociais continuam estáveis. O relatório aponta que os 10% mais ricos da população brasileira ainda concentram cerca de 40% da renda total do País, numa evidente disparidade econômico-social.

Em complemento, o PNUD também revela que entre os anos de 1990 e 2018, o IDH do Brasil teve crescimento de 24% (0,761), permitindo sua inserção no grupo de países com Alto Desenvolvimento Humano. Todavia, apesar dos números internos positivos, em âmbito internacional, o Brasil aparece na 79ª posição dentre 189 países e permanece na 4ª posição no ranking da América do Sul, tendo Índice de Desenvolvimento Humano inferior ao do Chile, Argentina e Uruguai.[621]

No mesmo sentido, fazendo referência a relatório do Programa das Nações Unidas para o Desenvolvimento, Buffon destaca que o Brasil compõe a lista das dez economias mais ricas do mundo, mas de forma concomitante está alocado entre as dez economias com as piores distribuições de renda do planeta, se equiparando a países da

---

[620] SCAFF, Fernando F. *Orçamento republicano e liberdade igual*. Belo Horizonte: Fórum, 2018. p. 267-270.
[621] UNITED NATIONS DEVELOPMENT PROGRAMME. *Human development report 2019*: Beyond income, beyond averages, beyond today. Inequalities in human development in the 21st century. [S. l.], 2019. p. 107-108. Disponível em: http://hdr.undp.org/sites/default/files/hdr_2019_pt.pdf. Acesso em 5 jul. 2023.

região africana, situação paradoxal que potencializa as desigualdades socioeconômicas do País.[622]

Referido cenário demonstra que o Brasil não vem atingindo satisfatoriamente as metas do ODS 10, que visa a redução das desigualdades, notadamente os objetivos específicos previstos nos itens 10.1 e 10.2 da Agenda 2030, onde se prevê que, até o ano de 2030, as nações devem "progressivamente alcançar e sustentar o crescimento da renda dos 40% da população mais pobre a uma taxa maior que a média nacional", além de "empoderar e promover a inclusão social, econômica e política de todos, independentemente da idade, sexo, deficiência, raça, etnia, origem, religião, condição econômica ou outra".[623]

Outrossim, os índices revelam que o Brasil ainda precisa avançar na redução das desigualdades sociais, fator que exige uma equilibrada distribuição de renda e maciços investimentos em políticas sociais. Referido cenário obviamente decorre de diretrizes econômicas equivocadas, mas também de escolhas políticas, conforme bem assevera Piketty:

> A história da distribuição da riqueza jamais deixou de ser profundamente política [...] a história da desigualdade é moldada pela forma como os atores políticos, sociais e econômicos enxergam o que é justo e o que não é, assim como pela influência relativa de cada um desses atores e pelas escolhas coletivas que disso decorrem. Ou seja, ela é fruto da combinação, do jogo de forças, de todos os atores envolvidos.[624]

Sob outro vértice, dado preocupante foi apontado no relatório *Sustainable Development Goals Report 2020* da ONU,[625] no que tange às implicações geográficas da Covid-19. Ao tratar dos avanços do

---

[622] BUFFON, Marciano. *Tributação, desigualdade e mudanças climáticas*: como o capitalismo evitará seu colapso. Curitiba: Brazil Publishing, 2019. p. 118-119.

[623] ODS 10.1: "Até 2030, progressivamente alcançar e sustentar o crescimento da renda dos 40% da população mais pobre a uma taxa maior que a média nacional". ODS 10.2: "Até 2030, empoderar e promover a inclusão social, econômica e política de todos, independentemente da idade, sexo, deficiência, raça, etnia, origem, religião, condição econômica ou outra". (UNITED NATIONS. *Transforming our world*: the 2030 Agenda for Sustainable Development. A/RES/70/1. New York, 2015. p. 24. Disponível em: https://undocs.org/en/A/RES/70/1. Acesso em 27 jun. 2023).

[624] PIKETTY, Thomas. *O capital no século XXI*. (Trad. Monica Baumgarter de Bolle). Rio de Janeiro: Intrínseca, 2004. p. 29.

[625] UNITED NATIONS. Department of Economic and Social Affairs – DESA. *The sustainable development goals report 2020*. New York, 2020. p. 46. Disponível em: https://unstats.un.org/sdgs/report/2020/The-Sustainable-Development-Goals-Report-2020.pdf. Acesso em 27 jun. 2023.

ODS 11 (cidades e comunidades sustentáveis), o relatório da ONU revela que a urbanização desordenada das cidades e as desigualdades socioeconômicas são fatores preponderantes para a proliferação da Covid-19.

O estudo indica que mais de 90% dos casos de Covid-19 estão concentrados nas áreas urbanas, afetando principalmente as populações mais vulneráveis, residentes em assentamentos informais e favelas densamente povoadas. Segundo a ONU, o crescimento desordenado das cidades tem levado milhões de pessoas em todo o planeta a residir em locais sem infraestrutura suficiente, a maioria deles sem serviços básicos essenciais, potencializando a contaminação e a propagação da Covid-19.

Sobre o tema, Daniel Farber[626] destaca que a pandemia da Covid-19 afetou de forma mais severa os vulneráveis, pois "todos estão em risco, mas alguns mais do que outros", afirmando que a disparidade racial aumentou a vulnerabilidade de determinados grupos, havendo uma conexão entre raça e doenças crônicas.

Referido cenário foi confirmado em relação ao Brasil, consoante estudo técnico realizado pela Fundação Perseu Abramo,[627] onde se concluiu que a densidade demográfica e a infraestrutura sanitária deficiente são fatores que contribuem para a disseminação da Covid-19. O Estudo formulou um Índice de Vulnerabilidade Municipal (IVM) referente à contaminação da Covid-19, embasado em cinco dimensões de vulnerabilidades: densidade demográfica, faixa etária, infraestrutura sanitária e elétrica, saúde e mercado de trabalho.

A conclusão do estudo revela que a propagação da Covid-19 é mais acentuada em regiões e cidades mais pobres e com baixos índices de políticas preventivas de saúde pública, bem como em locais de maior concentração de pessoas e com precária infraestrutura sanitária, notadamente nas favelas.

De fato, tais dados demonstram uma verdadeira estratificação social de grande parcela da sociedade que vive em favelas, ocupações subnormais e comunidades carentes, muitas delas privadas de

---

[626] FARBER, Daniel. Inequality and coronavirus. *Legal Planet*, Berkeley, 24 mar. 2020. p. 1-2. Disponível em: https://legal-planet.org/2020/03/24/inequality-and-the-coronavirus/. Acesso em 5 jul. 2023.

[627] FUNDAÇÃO PERSEU ABRAMO. Estudo ranqueia municípios mais vulneráveis ao coronavírus. *Boletim de Análise da Conjuntura*, São Paulo, a. 5, n. 45, p. 17, mar./abr. 2020. Disponível em: https://fpabramo.org.br/2020/04/16/estudo-ranqueia-municipios-mais-vulneraveis-ao-coronavirus/. Acesso em 5 jul. 2023.

moradia digna, de acesso aos serviços de saúde, educação, transporte, água potável, sistema sanitário, segurança e outros serviços públicos essenciais.

Esse contraste revela que a redução das desigualdades sociais no Brasil ainda constitui verdadeira norma programática, não efetivada a contento, em explícita violação aos objetivos do Estado Democrático de Direito. Como observa Amartya Sen,[628] o desenvolvimento humano precisa ser visto como um aliado dos pobres, e não dos ricos e abastados, pois propicia a criação de oportunidades sociais e contribui diretamente para a expansão das capacidades humanas e da qualidade de vida, devendo ser uma diretriz cogente para a redução da pobreza e das desigualdades sociais.

Importante registrar que tais temas inclusive estão elencados no ODS 1 (erradicação da pobreza) e no ODS 10 (redução das desigualdades) como metas da Agenda 2030, evidenciando o compromisso dos Estados-Partes das Nações Unidas em efetivar tais objetivos em busca da sustentabilidade social e econômica. Ademais, convém sublinhar que a erradicação da pobreza não constitui mera utopia, podendo ser contornada por meio de políticas sólidas eficientes e melhor distribuição de renda, pois "a ideia de que a humanidade pode efetivamente erradicar o antigo flagelo da pobreza extrema é animadora. Poderá parecer fantasiosa ou utópica, mas na verdade é perfeitamente exequível".[629]

Por certo, a mudança desse cenário desigual exige políticas públicas efetivas em busca de um reequilíbrio socioeconômico ou, como afirma Joseph Stiglitz,[630] ganhador do Prêmio Nobel de Economia, para atingir o capitalismo progressivo e reduzir as desigualdades é preciso travar um *novo contrato social* que conduza ao Estado de bem-estar.

A mesma diretriz se aplica ao processo de urbanização, pois as estatísticas revelam que o Brasil vem produzindo uma segregação socioespacial, com viés excludente, violando diametralmente garantias constitucionais, pois conforme já destacado, na atualidade 5,8 milhões de famílias buscam o pleno direito à moradia e grande parcela vive em

---

[628] SEN, Amartya. *Desenvolvimento como liberdade*. São Paulo: Companhia das Letras, 1999. p. 190-191.
[629] SACHS, Jeffrey. *The age of sustainable development*. New York: Columbia University Press, 2015. p. 156.
[630] STIGLITZ, Joseph E. A desigualdade trava o crescimento: entrevista com o Prêmio Nobel de Economia Joseph Stiglitz. *Revista Instituto Humanistas Unisinos*, São Leopoldo, 8 nov. 2019. Disponível em: http://www.ihu.unisinos.br/78-noticias/594207-a-desigualdade-trava-o-crescimento-entrevista-com-o-premio-nobel-joseph-stiglitz. Acesso em 5 jul. 2023.

locais vulneráveis, evidenciando-se uma inadequada distribuição de riquezas e a intensificação das desigualdades sociais e econômicas no País.

A mudança desse panorama de desigualdade demanda a reestruturação de programas habitacionais em favor das camadas de menor poder aquisitivo e das comunidades em situação de vulnerabilidade. Do contrário, a perspectiva concreta do "direito à cidade" estará restrita às classes sociais mais elevadas, acentuando a exclusão e as desigualdades que permeiam o fenômeno da urbanização.

4.9 Racismo ambiental e urbanização

Fenômeno que estigmatiza determinados grupos sociais é a nódoa do *racismo ambiental* que ainda desponta no processo de urbanização das cidades. A falta de moradia digna e o pleno acesso à cidade ainda persiste entre os cidadãos mais vulneráveis e de baixa renda, atingindo principalmente a população negra, fruto do racismo estrutural que ainda se encontra enraizado na sociedade contemporânea. Para Farber, a desigualdade racial está no cerne do movimento por justiça ambiental, frisando que o fenômemo do racismo ambiental envolve regras institucionais, regulamentos, políticas ou decisões governamentais e/ou corporativas que, de forma deliberada, atingem certas comunidades e suas terras para a aplicação negligente das leis ambientais e de zoneamento, resultando em comunidades desproporcionalmente expostas a resíduos tóxicos e perigosos com base na raça.[631]

Nessa vertente, pode-se afirmar que o racismo ambiental consiste numa explícita violação de direitos humanos pautada por ações, omissões, políticas públicas e privadas que afetam não apenas o meio ambiente, mas também a saúde e a qualidade de vida das pessoas, comunidades e grupos vulnerabilizados por sua condição social, étnica, racial e de origem.

Desta forma, o racismo ambiental está intimamente relacionado à segregação social, espacial e racial, atingindo principalmente as comunidades mais vulneráveis, relevando o surgimento de conflitos socioambientais pautados pela desigualdade e afetação de populações vulnerabilizadas e já expostas a outros riscos potenciais.

---

[631] FARBER, Daniel. Perspectives on Inequality and the environment. *Legal Planet*, Berkeley, mar. 2021. Disponível em: https://legal-planet.org/2021/03/08/perspectives-on-inequality-and-the-environment/. Acesso em 5 jul. 2023.

Vasconcelos destaca que o conceito de segregação é muito debatido nas ciências sociais, tendo origem no latim *segrego*, que traduz a ideia de cercamento. Contudo, afirma que sua terminologia histórica encontra raízes na formação do *Gueto de Veneza*, quando judeus foram isolados numa ilhota com muros e portas, tornando a palavra sinônimo de "área segregada". Em complemento, citando Marcuse, o autor destaca que mais adiante o termo *segregação* foi assimilado como um processo de formação e manutenção de guetos, notadamente como áreas utilizadas pela sociedade dominante para separar e limitar determinados grupos da população, principalmente negros, prática alavancada pela indústria imobiliária e por imposição estatal, produzindo "estigma, coerção, confinamento espacial e enclausuramento institucional".[632]

Em relação ao Brasil, a desigualdade racial possui causas históricas que remontam o período da escravidão, quando o país era dominado pelas colônias europeias, época em que o chamado *holocausto negro* perdurou por mais de três séculos, inclusive após a abolição da escravatura, pois embora declarados como homens livres e iguais em direitos, os negros passaram a integrar um grupo marginalizado de pessoas, dando origem "a grandes conglomerados desprovidos das mínimas condições de habitação".[633]

Outrossim, quanto ao aspecto econômico, ressalte-se que o regime escravocrata e o racismo no Brasil podem ser classificados como verdadeiras formas de opressão capitalista que ensejaram a acumulação de bens por parte da elite brasileira durante o império, pois conforme enfatiza o historiador Laurentino Gomes,[634] no começo de século XIX, a Alfândega do Rio de janeiro chegou a receber anualmente entre 18 mil e 20 mil homens, mulheres e crianças escravizados provenientes da África, os quais se transformavam em mercadoria para alimentar as minas de ouro e diamante, os engenhos de cana de açúcar, as lavouras de algodão, café e tabaco de vários Estados brasileiros. Ainda destaca referido autor que em meados de 1812, metade dos trinta maiores comerciantes do Rio de Janeiro era traficante de escravos, os quais faziam parte da elite

---

[632] VASCONCELOS, Pedro de Almeida. Contribuição para o debate sobre processos e formas socioespaciais nas cidades. *In*: VASCONCELOS, Pedro de Almeida; CORRÊA, Roberto Lobato; PINTAUDI, Silvana Maria (Org.). *A cidade contemporânea*: segregação espacial. 1. ed. 2. reimpr. São Paulo: Contexto, 2018. p. 23-25.

[633] BUFFON, Marciano. *Tributação, desigualdade e mudanças climáticas*: como o capitalismo evitará seu colapso. Curitiba: Brazil Publishing, 2019. p. 106-107.

[634] GOMES, Laurentino. *Escravidão*: da corrida do ouro em Minas Gerais até a chegada da corte de Dom João ao Brasil. 1. ed. São Paulo: Globo Livros, 2021. v. II, p. 458-459.

do comércio local, sendo considerados comerciantes proeminentes e reverenciados pela sociedade e pelo governo, sendo comumente recompensados com honrarias e títulos de nobreza.

Outrossim, tais políticas governamentais fomentaram as disparidades socioeconômicas em relação à população negra,[635] prática que ainda persiste em pleno século XXI, pois o racismo estrutural ainda se encontra incrustado na sociedade brasileira.

Esse processo de estratificação social também se arraigou à urbanização das cidades, pois mesmo com a evolução do direito urbanístico nas últimas décadas, a população negra não conseguiu ser plenamente integrada às áreas centrais das cidades e às demais áreas de interesse do capital. Tais práticas se deram por intermédio de remoções forçadas, pela gentrificação e ausência de fomento das atividades culturais do povo negro, alijando-os do pleno direito à cidade.[636]

Como consequência, referidas ações resultaram na alocação de grande parte da população negra em favelas, guetos, cortiços, quilombos urbanos e áreas sem infraestrutura adequada, intensificando o processo de segregação socio-racial e espacial e instituindo um verdadeiro *apartheid urbano*.

Harvey destaca que esse problema igualmente atingiu os Estados Unidos, país que possui forte raiz histórica de estratificação racial,[637] frisando que na década de 1960 houve um *processo de gentrificação* e apropriação dos centros urbanos das grandes cidades americanas, gerando uma crise que revoltou as minorias, sobretudo os afro-americanos que viviam nos guetos das cidades, aos quais se passou a negar uma nova prosperidade.[638]

---

[635] ALMEIDA, Silvio Luiz. Capitalismo e crise: o que o racismo tem a ver com isso? *In*: OLIVEIRA, Dennis de (Org.). *A luta contra o racismo no Brasil*. 1. ed. São Paulo: Fórum, 2017. v. 1, p. 187-198.

[636] GONÇALVES, Nathália Assmann; WENCESLAU, Ethiene V. de Souza. A cidade que (re)produz racismo: uma análise materialista histórica das transformações urbanas no Brasil. *In*: MOTA, Maurício; TORRES, Marcos Azevedo; MOURA, Emerson. *Desafios do planejamento urbano no século XXI*: políticas públicas, democracia, econômica e moradia. Rio de Janeiro: Lumen Iuris, 2018. p. 76.

[637] Sobre a segregação racial nos Estados Unidos, vide célebres julgamentos: *Plessy v. Ferguson, 163 US 537(1896)* – constitucionalidade do direito dos Estados da União em impor a segregação racial em locais públicos sob a doutrina "separate but equal"; *Brown v. Board of Education, 347 US 483(1954)* – segregação racial entre estudantes brancos e negros em escolas públicas nos EUA; *Loving v. Virginia, 388 US 1(1967)* – proibição de casamento inter-racial. (UNITED STATES. *US Case Law*. New York, 2021. Disponível em: https://law.justia.com/cases/. Acesso em 5 jul. 2023).

[638] HARVEY, David. *Cidades rebeldes*: do direito à cidade à revolução urbana. (Trad. Jeferson Camargo). São Paulo: Martins Fontes, 2014. p. 38.

A seu turno, no direito contemporâneo também se enquadram como casos de racismo ambiental a alocação de pessoas em condições de vulnerabilidade para locais sujeitos a riscos de desastres, áreas degradadas passíveis da contaminação tóxica, além de locais insalubres como lixões e áreas destinadas a rejeitos industriais.

Nesse sentido, o *Relatório Especial sobre formas contemporâneas de racismo, discriminação racial, xenofobia e intolerância relacionada à crise ecológica, justiça climática e justiça racial das Nações Unidas*, de 2022 (A/77/2990),[639] destaca que não pode haver mitigação ou resolução significativa da crise ecológica global sem ações específicas para enfrentar o racismo sistêmico, em particular os legados raciais históricos e contemporâneos do colonialismo e da escravidão.

O relatório sustenta que a crise ecológica global é simultaneamente uma *crise de justiça racial*, pois os efeitos devastadores da crise ecológica são suportados de forma desproporcional por grupos marginalizados racial, étnica e nacionalmente, ou seja, por aqueles que enfrentam discriminação, exclusão e condições de desigualdade sistêmica por causa de sua raça, etnia ou origem nacional. O mapeamento das Nações Unidas ainda pontua que, em todos os países, esses grupos compreendem, de forma majoritária, moradores das áreas mais atingidas pela poluição, perda de biodiversidade e mudanças climáticas, estando concentrados nas chamadas *zonas de sacrifício globais*, ou seja, em regiões que se tornaram perigosas e até inabitáveis devido à degradação ambiental.

Nessa mesma vertente, Alier[640] registra que o racismo ambiental igualmente se verifica pela distribuição de ônus e poluentes para os guetos e periferias pobres, geralmente já degradados, acentuando os problemas ambientais e sociais daquelas comunidades. Segundo o autor, outra prática de cunho racista-ambiental é exportar rejeitos tóxicos para países pobres, fomentando a injustiça ambiental em escala global.

Referida ação, denominada pela doutrina como a *quimicalização da sociedade moderna*,[641] também é uma realidade na América Latina,

---

[639] UNITED NATIONS. *Report of the Special Rapporteur on contemporary forms of racism, racial discrimination, xenophobia and related intolerance on ecological crisis climate justice and racial justice*. 25 oct. 2022. Disponível em: https://www.ohchr.org/en/documents/thematic-reports/a772990-report-special-rapporteur-contemporary-forms-racism-racial. Acesso em 10 nov. 2022.

[640] MARTÍNEZ ALIER, Joan. *El ecologismo de los pobres*: conflictos ambientales y lenguajes de valoración. 4. ed. ampl. Lima: Espiritrompa Ediciones, 2010. p. 216-236.

[641] ALBUQUERQUE, Letícia. *Poluentes orgânicos persistentes*: uma análise da Convenção de Estocolmo. Curitiba: Juruá, 2006. p. 22-30.

expondo a população carente a riscos de contaminação química, pois os lixões e as atividades mais poluentes geralmente estão situados em pontos de pobreza habitados por negros, índios e população de origem latino-americana, aumentando ainda mais a vulnerabilidade dessas comunidades. Este panorama também atinge países ricos e desenvolvidos como os Estados Unidos, conforme destaca Robert Bullard:

> Nos Estados Unidos, por exemplo, algumas comunidades são rotineiramente intoxicadas enquanto o governo finge ignorar. A legislação ambiental não tem beneficiado de maneira uniforme todos os segmentos da sociedade. As populações não-brancas (afro-americanos, latinos, asiáticos, povos das ilhas do Pacífico e povos indígenas americanos) têm sofrido, de modo desproporcional, danos causados por toxinas industriais em seus locais de trabalho ou nos bairros onde moram. Esses grupos têm de lutar contra a poluição do ar e da água – subprodutos de aterros sanitários municipais, incineradores, indústrias poluentes, e tratamento, armazenagem e vazadouro do lixo tóxico.[642]

Outrossim, Alier pontua que o movimento do racismo ambiental teve forte influência nos Estados Unidos em decorrência de seus vínculos com o movimento dos direitos civis então propagado por Martin Luther King. Cita caso emblemático ocorrido na cidade de Afton, condado de Warren, Estado da Carolina do Norte, onde residiam 16 mil habitantes, sendo a maioria composta por afro-americanos (60%), os quais viviam em condições de precariedade. Apesar de altamente degradada, no ano de 1982, a comunidade foi escolhida pelo então Governador do Estado para a construção de um depósito para receber rejeitos de policlorobifenilos (PCB), compostos químicos altamente tóxicos.[643]

Embora os violentos protestos da comunidade local tenham resultado em mais de 500 detenções, o depósito de rejeitos acabou sendo instalado no condado. Contudo, o confronto de Afton gerou um fortalecimento do movimento por justiça ambiental, forçando a *US General Accounting Office* (GAO) a realizar estudos sobre a implantação de aterros de resíduos perigosos e sua correlação com a situação racial e econômica das comunidades.

---

[642] BULLARD, Robert. D. Anatomia do racismo ambiental e o movimento por justiça ambiental. *In*: BULLARD, Robert D. (Org.). *Confronting Environmental Racism – Voices from the Grassroots*. Boston: South End Press, 1996. p. 1-3.

[643] MARTÍNEZ ALIER, Joan. *El ecologismo de los pobres*: conflictos ambientales y lenguajes de valoración. 4. ed. ampl. Lima: Espiritrompa Ediciones, 2010. p. 231.

Em consequência, os estudos demonstraram que três quartos dos aterros de resíduos comerciais perigosos de oito Estados da Região Sul dos Estados Unidos estavam situados em áreas de comunidades predominantemente afro-americanas, embora elas correspondessem a somente 20% do total da população. Vários anos após os protestos de Afton e depois de inúmeros estudos técnicos, o Estado da Carolina do Norte foi obrigado a promover a limpeza e a desintoxicação do aterro de PCB do Condado de Warren, consumindo gastos equivalentes a 25 milhões de dólares.[644]

Outra situação de racismo ambiental também ocorrida nos Estados Unidos foi o caso *Love Canal*, em Niagara Falls, onde uma comunidade foi instalada sobre um antigo depósito de lixo tóxico abandonado em 1953, utilizado pela empresa química *Hooker Chemical Corporation* e até mesmo pelo Exército norte-americano para descarte de rejeitos bélicos.

Após o abandono da área contaminada, o canal foi aterrado e reurbanizado com a construção de centenas de moradias e de uma escola sobre o aterro tóxico, resultando na contaminação dos residentes e provocando, inclusive, o nascimento de crianças com deficiências em 239 famílias. Em 1980, após estudos promovidos pela *Environmental Protection Agency* (EPA), agência ambiental norte-americana, comprovou-se de forma concreta que toda a região de *Love Canal* estava contaminada, tendo o então presidente dos Estados Unidos, Jimmy Carter, determinado a evacuação permanente de todas as famílias lá instaladas.[645]

No Brasil, caso igualmente grave envolveu a contaminação química de comunidade instalada nos arredores da empresa Acumuladores Ajax, fabricante de baterias à base de chumbo, na cidade de Bauru/SP. Em decorrência de ação civil pública movida pelo Ministério Público do Trabalho (MPT), comprovou-se que a atividade desenvolvida pela empresa foi a responsável pela contaminação de centenas de funcionários, como também de moradores do entorno da

---

[644] AGUIAR, Vinicius Gomes de; SOUZA, Lorena Francisco de. A contribuição do movimento por justiça ambiental no combate ao racismo ambiental: apontamentos teóricos. *Élisée, Revista de Geografia da Universidade Estadual de Goiás*, Goiânia, v. 8, n. 2, p. 5-8, jul./dez. 2019.

[645] HERCULANO, Selene. Justiça ambiental: de Love Canal à Cidade dos Meninos, em uma perspectiva comparada. *In*: MELLO, Marcelo Pereira de (Org.). *Justiça e sociedade*: temas e perspectivas. São Paulo: LTr, 2001. p. 221-225.

indústria química.[646] Ao julgar Embargos à Execução Fiscal referente à multa aplicada à indústria química, o Superior Tribunal de Justiça reconheceu que o episódio envolveu caso de racismo ambiental e de segregação social. Na oportunidade, destacou com propriedade o Ministro Herman Benjamin:

> O episódio de plumbemia de Bauru recebeu ampla cobertura e divulgação nos meios de comunicação local e nacional, tanto pelo tipo de contaminante, como por envolver crianças. Aqui, como é a realidade comum no mundo todo em casos de graves incidentes de poluição por resíduos tóxicos ou perigosos, em sua grande maioria as vítimas são pessoas humildes, incapazes, pela baixa instrução, de conhecer e antecipar riscos associados a metais pesados e a agentes carcinogênicos, mutagênicos, teratogênicos e ecotóxicos. Ademais, prisioneiras da indigência social que as aflige, não se encontram em condições de evitar ou mitigar a exposição à contaminação letal, mudando a localização de suas precárias residências. Infelizmente, o Brasil mostra-se pródigo em distribuição discriminatória de riscos ambientais. Como se não bastasse a miséria material de bolsões urbanos e rurais da população, fenômeno que ainda nos atormenta e envergonha como nação, após a Segunda Guerra Mundial e na esteira do processo de industrialização que ganhou fôlego a partir de então, agregamos e impingimos a essa multidão de excluídos sociais (= injustiça social) a nódoa de párias ambientais (=injustiça ambiental). Substituímos, ou sobrepusemos, à segregação racial e social – herança da discriminação das senzalas, da pobreza da enxada e das favelas – a segregação pela poluição, isto é, decorrente da geografia da contaminação industrial e mineral, do esgoto a céu aberto e da paisagem desidratada dos seus atributos de beleza. Surpreende também o fato de que, passados mais de dez anos da autuação, ainda se esteja discutindo em juízo a sua validade. Certamente aí está bem demonstrada a ineficácia e ineficiência do sistema sancionatório administrativo existente no Brasil, notadamente em relação às infrações administrativas e sanitárias, embora se saiba que o problema afeta a atuação do poder de polícia do Estado como um todo.[647]

Referidos casos demonstram que comunidades pobres e já vulnerabilizadas geralmente são escolhidas para receber atividades,

---

[646] Sobre o tema, vide: COSTA, Beatriz Souza; SILVA, Marcos Edmar R. A. da. Dano ambiental e a segregação social pela poluição: ponderações ao julgamento da Ajax Baterias e a injustiça ambiental. *Revista de Direito Ambiental*, São Paulo, v. 21, n. 83, p. 17-38, jul./set. 2016.

[647] BRASIL. Superior Tribunal de Justiça. *Recurso Especial nº 1.310.471-SP*. Relator: Min. Herman Benjamin. 18 jun. 2013. Disponível em: https://processo.stj.jus.br/processo/revista/documento/mediado/?componente=ATC&sequencial=26782620&num_registro=20110293 2952&data=20130917&tipo=51&formato=PDF. Acesso em 5 jul. 2023.

obras e empreendimentos perigosos, evidenciando que o fenômeno do racismo ambiental apresenta dupla face, pois além de promover a estratificação socioespacial de comunidades pobres e populações negras, também se utiliza dessas comunidades para fomentar externalidades ambientais negativas.

Visando coibir práticas discriminatórias em sentido amplo, a *Convenção Internacional sobre a Eliminação de todas as Formas de Discriminação Racial de 1969* destaca, em seu artigo nº 5, "e", III, que compete aos Estados proibir e eliminar a discriminação racial em todas as suas formas, bem como garantir o direito de igualdade perante a lei sem distinção de raça, cor, origem nacional ou étnica, principalmente em relação aos direitos econômicos, sociais culturais, incluindo o *direito à habitação*.

Nesse norte, constitui obrigação dos Estados adotar máximos esforços para garantir a toda a população uma qualidade de vida adequada, pois no âmbito da ONU e da Comissão Interamericana de Direitos Humanos,[648] o direito à moradia é conexo com o direito à vida, à saúde e à propriedade, devendo ser garantido às comunidades étnicas mais afetadas condições de vida dignas e proteção contra deslocamentos forçados, massacres e atos de violência.

Por seu turno, em âmbito nacional, a Constituição Federal de 1988 estabeleceu que um dos objetivos fundamentais da República Federativa do Brasil é a promoção do bem-estar de todos, sem preconceitos de origem, raça, sexo, cor, idade e quaisquer outras formas de discriminação (artigo 3º, IV). Ademais, atendendo aos ditames da CF/1988, o legislador infraconstitucional criminalizou as condutas discriminatórias resultantes de preconceito de raça ou de cor, consoante Leis Federais nº 7.716/89 e nº 9.459/97.

Em complemento, avançando sobre a temática, em 2010, o Brasil aprovou o *Estatuto da Igualdade Racial* (Lei nº 12.288/2010), com o principal objetivo de garantir à população negra a efetiva igualdade de oportunidades na sociedade brasileira, a defesa dos seus direitos individuais e coletivos, além de combater a discriminação e demais formas de intolerância. Referido Estatuto inclusive estabeleceu como prioridade estatal a inclusão da população negra nas políticas públicas

---

[648] COMISIÓN INTERAMERICANA DE DERECHOS HUMANOS (CIDH). *Derechos económicos, sociales, culturales y ambientales de las personas afrodescendientes*: Estándares interamericanos para la prevención, combate y erradicación de la discriminación racial estructural. [S. l.], 16 mar. 2021. p. 79-80. Disponível em: http://www.oas.org/es/cidh/informes/pdfs/DESCA-Afro-es.pdf. Acesso em 5 jul. 2023.

de desenvolvimento econômico e social (artigo 4º, I), além da implementação de programas de ação afirmativa destinados ao enfrentamento das desigualdades étnicas no tocante à educação, à cultura, ao esporte e lazer, à saúde, à segurança, ao trabalho, à *moradia*, a meios de comunicação de massa, a financiamentos públicos, acesso à terra, à justiça e outros (artigo 4º, VII).

Visando conferir amplo combate ao racismo em todas as suas formas, o Brasil também ratificou, por intermédio do Decreto nº 10.932/2022, a *Convenção Interamericana contra o Racismo, a Discriminação Racial e Formas Correlatas de Intolerância*, firmada pela República Federativa do Brasil, na Guatemala, em 05 de junho de 2013. Dentre as obrigações assumidas pelo Brasil e demais Estados-Partes, está previsto o compromisso de proibir o racismo, a discriminação racial e formas correlatas de intolerância, aplicável a todas as autoridades públicas e a todos os indivíduos ou pessoas físicas e jurídicas, tanto no setor público quanto no setor privado, especialmente nas áreas de emprego, participação em organizações profissionais, educação, capacitação, *moradia*, saúde, proteção social, exercício de atividade econômica e acesso a serviços públicos.

Apesar desta gama de direitos sociais fundamentais voltados à inclusão da população negra, as políticas de reconhecimento ainda são inefetivas no Brasil e demandam ações estruturais em vários segmentos para combater o histórico quadro de desigualdades sociais, inclusive no que tange ao direito à cidade.

Para Nancy Fraser, a política de redistribuição também deve englobar a política de reconhecimento das minorias étnicas, raciais e sexuais, pois nenhuma delas, de forma isolada, é capaz de combater a injustiça social, pois esta, além de produzir desigualdade, também ocasiona exploração, marginalização econômica e miséria. Segundo a autora, o remédio para a injustiça na redistribuição é a reestruturação político-econômica, o que inclui distribuição de renda, reorganização da divisão do trabalho e transformação das estruturas econômicas básicas. Para a política do reconhecimento, o remédio para a injustiça é a transformação cultural, a reavaliação de identidades desrespeitadas, a valorização da diversidade cultural e a transformação dos padrões de representação da sociedade.[649]

---

[649] FRASER, Nancy. Redistribuição, Reconhecimento e Participação: por uma concepção integral da justiça. *In*: SARMENTO, Daniel; IKAWA, Daniela; PIOVESAN, Flávia (Org.). *Igualdade, diferença e direitos humanos*. Rio de Janeiro: Lumen Juris, 2010. p. 167-170.

Nesse sentido, em julgamento histórico perante o Supremo Tribunal Federal, em que se discutiu o sistema de cotas raciais (ADC-41/DF), o Ministro Roberto Barroso, valendo-se de dados do IPEA, ponderou que cerca de 70% dos mais pobres no Brasil são negros e que a cor da pele influencia a vida de afrodescendentes em todos os seus aspectos, principalmente "nas condições de moradia e saúde, nas relações com a Polícia e com o Estado, na educação e, ainda, com especial relevância, no mercado de trabalho". Destacou também que, "nas favelas, 66% dos domicílios são chefiados por negros, no sistema carcerário, 61% dos presos são negros e 76,9% dos jovens vítimas de homicídios são negros". E concluiu dizendo: "portanto, os números demonstram a persistência do racismo estrutural a justificar a validade do tratamento desequiparado na Lei".[650]

Confirmando a persistência desse quadro de desigualdade, recente relatório publicado pela *ActionAid*, organização que integra o Grupo de Trabalho da Sociedade Civil para a Agenda 2030 de Desenvolvimento Sustentável (GT-2030),[651] promoveu um mapeamento das desigualdades de gênero e de raça no Brasil a partir da análise das metas dos ODS no tocante à renda, emprego, ensino, alimentação, moradia e outros temas socioeconômicos.

O estudo aponta que a extrema pobreza atinge 2,6 vezes mais as pessoas negras e pardas do que as pessoas brancas. Entre os 10% mais pobres, 22% são brancos e 77% negros. No quesito educação, dentre as pessoas acima de 25 anos com ensino fundamental incompleto, 32% são brancas, ao passo que 44% são negras ou pardas. No tocante ao total de trabalhadores subocupados, 32,3% são brancos e 66,4% são negros. Quanto à desigualdade nas *condições de habitabilidade*, o estudo aponta que 15% das pessoas brancas moram de maneira irregular, ao passo que este número sobe para 26,5% em relação às pessoas negras.

Referidas estatísticas revelam que o racismo estrutural advém de um processo histórico que se materializa de diversas formas, inclusive no processo de urbanização. Portanto, essa mácula precisa ser eficazmente combatida com políticas inclusivas e igualitárias, pois conforme cita o

---

[650] BRASIL. Supremo Tribunal Federal. *ADC-41/DF*. Relator: Min. Luís Roberto Barroso. 8 jun. 2017. Disponível em: https://redir.stf.jus.br/paginadorpub/paginador.jsp?docTP=TP&docID=13375729. Acesso em 5 jul. 2023.

[651] MENEZES, Francisco. *Reconhecer para erradicar*: o impacto das desigualdades de gênero e raça na manutenção de vulnerabilidades. [S. l.]: Action Aid, 2021. Disponível em: https://actionaid.org.br/wp-content/files_mf/1630936444Relat%C3%B3rio_GT2030_vers%C3%A3o_final4_compactado.pdf. Acesso em 5 jul. 2023.

Papa Francisco na *Encíclica Fratelli Tutti*,[652] o mundo existe para todos os seres humanos, que nasceram nesta Terra com a mesma dignidade, destacando que "as diferenças de cor, religião, capacidade, local de nascimento, de residência e muitas outras não podem antepor-se nem ser usadas para justificar privilégios de alguns em detrimento dos direitos de todos".

Enfim, apesar dos avanços no sistema protetivo contra a discriminação racial e social, o Brasil ainda precisa adotar medidas concretas que privilegiem a plena igualdade entre as pessoas, inclusive nas políticas de planejamento urbano. Deste modo, o enfrentamento desse quadro exige ações estruturantes para mitigar as disparidades que envolvem a população mais vulnerável no que diz respeito à ocupação de áreas de risco, à segregação socioespacial e ao direito fundamental à moradia adequada em relação aos grupos estigmatizados, conferindo-lhes pleno acesso ao direito à cidade.

4.10 As ocupações em áreas de risco, a prevenção de desastres no âmbito do direito internacional e os desafios da Política Nacional de Proteção e Defesa Civil

A ausência de planejamento urbano é capaz de ocasionar sérios problemas sociais, ambientais e de segurança em decorrência da expansão de assentamentos precários e notadamente pelas ocupações de áreas de risco, fomentando a ocorrência de desastres.

O crescimento populacional desordenado e a ausência de políticas públicas habitacionais são as principais molas propulsoras da ocupação de locais de risco, geralmente formadas por bolsões e favelas situadas em áreas de preservação permanente, encostas de morros e áreas sujeitas a alagamentos, enchentes e deslizamentos. Nesse norte, o processo de estratificação e desigualdade social impulsiona grande parcela da população de menor renda a ocupar áreas de extrema vulnerabilidade, suscetíveis a elevados riscos de desastres.

Disso resulta a necessidade de interação entre o direito dos desastres, o direito ambiental e o direito urbanístico, pois segundo

---

[652] FRANCISCO, Papa. *Carta Encíclica Fratelli Tutti, do Santo Padre Francisco*: sobre a fraternidade e a amizade social. Vaticano, 2020. Item 118, p. 32. Disponível em: https://www.vatican.va/content/francesco/pt/encyclicals/documents/papa-francesco_20201003_enciclica-fratelli-tutti.html. Acesso em 5 jul. 2023.

Carvalho,[653] os desastres ambientais, na maioria das vezes, estão "ligados umbilicalmente a falhas no processo regulatório", bem como pela ausência de fiscalização de ocupações irregulares de áreas protegidas e descumprimento de padrões de licenciamento, concluindo que as decisões que permeiam a ocupação de solo consistem num dos principais fatores de amplificação e potencialização de riscos de desastres ante sua intersecção com o direito urbanístico.

Para Beck, os riscos sempre estiveram presentes na evolução da humanidade, mas foram acentuados no período moderno, notadamente após a Revolução Industrial, com o surgimento da *Sociedade Global de Risco*.[654] No mesmo vértice, Luhmann[655] ressalta que os riscos são inerentes à vida do homem, pois não existe nenhuma conduta livre de risco ou absolutamente segura. Contudo, em matéria de urbanização irregular, os riscos são acentuados por ações e omissões humanas, muitas vezes conexas com políticas habitacionais deficientes e omissão fiscalizatória, cujos fatores geralmente resultam em desastres de grande magnitude.

Segundo o pesquisador português João Areosa, não há consenso sobre a origem da palavra *risco*, terminologia que para alguns teria surgido nas civilizações hindo-arábicas, sendo derivada da expressão italiana *risicare* (ousar ou desafiar), estando associada ao risco de uma escolha humana. Para outros, o risco não poderia ser imputável ao homem, pois estaria ligado a uma força maior (tempestades, terremotos, tornados) ou teria origem divina (castigo dos Deuses).

Contudo, as teorias mais aceitas sugerem que a palavra teria origem na expressão italiana *resecare* (cortar), usada em cartas marítimas para descrever geografias irregulares nos mares, tais como rochas submersas e bancos de areia, os quais poderiam cortar ou danificar os cascos dos navios. Portanto, historicamente, a noção de risco estaria associada aos riscos de viagens por mares desconhecidos, sendo sua primeira referência inserida num documento de Gênova, no século XIII, relacionada à navegação marítima.[656]

---

[653] CARVALHO, Délton Winter de. *Desastres ambientais e sua regulação jurídica*: deveres de prevenção, resposta e compensação. 2. ed. São Paulo: Revista dos Tribunais, 2020. p. 49.

[654] BECK, Ulrich. *La sociedad del riesgo*: hacia una nueva modernidad. (Trad. Jorge Navarro, Daniel Jiménez e Maria Rosa Borrás). Barcelona: Paidós, 1998. p. 20-21.

[655] LUHMANN, Niklas. *Sociología del riesgo*. 3. ed. México, D.F: Universidad Iberoamericana, 2006. p. 74.

[656] AREOSA, João. A globalização dos riscos sociais e os acidentes tecnológicos. *Pensamiento Americano*, Colômbia, v. 9, n. 17, p. 156, 2016.

Entretanto, numa concepção mais moderna da *teoria luhmaniana*, Weyermüller faz distinção entre *risco* e *perigo*, ressaltando que enquanto o perigo independe da vontade humana, sendo oriundo da ação da natureza e muitas vezes imprevisível, o risco geralmente está associado a uma decisão do homem (*riesgo la decisión*, segundo Luhmann). Assim, enquanto o perigo pode provocar um dano que foge do controle humano, o risco é resultante das consequências das decisões humanas,[657] podendo ter origem em fatores antropogênicos ou associados. Destarte, pode-se falar em *risco criado pelo homem* em decorrência de sua intromissão na natureza, conforme enfatiza Giddens:

> A incerteza artificial refere-se a riscos criados pelos próprios desenvolvimentos inspirados pelo Iluminismo – nossa intromissão consciente em nossa própria história e nossas intervenções na natureza. Os riscos de grandes conseqüências com os quais nos defrontamos atualmente, e muitos outros ambientes de risco de tipo menos extensivo, são de origem social. Estamos condenados a lutar por um futuro indefinido. [...] Ao fazermos isso, influenciamos os processos de mudança, mas o controle total deles foge cronicamente do nosso alcance.[658]

É o que ocorre, por exemplo, no processo irregular de ocupação urbana em áreas de encostas, onde há grande probabilidade de deslizamentos, fator que acentua a configuração do risco, a exemplo do trágico *Caso Aberfan*, ocorrido no País de Gales em 1966.[659] A *Tragédia de Aberfan* ocorreu em 21 de outubro 1966. Embora não fosse uma ocupação irregular, a Vila de Aberfan estava situada em área de risco, pois abrigava em seu entorno centenas de minas de exploração de carvão. No dia da tragédia, após intensas chuvas, referida comunidade foi parcialmente soterrada com o deslizamento de uma montanha de minério que atingiu uma escola e provocou a morte de 116 crianças e 28 adultos. Apesar dos alertas da comunidade sobre os riscos de deslizamento da montanha, as

---

[657] WEYERMÜLLER, André Rafael. *Agua e adaptação ambiental*: o pagamento pelo seu uso como instrumento econômico e jurídico de proteção. Curitiba: Juruá, 2004. p. 162.

[658] GIDDENS, Anthony. *Para além da esquerda e da direita*. São Paulo: Editora da Universidade Estadual Paulista, 1996. p. 93-94.

[659] INSTITUTION OF CIVIL ENGINEERS. *Aberfan disaster*: lessons learned. [S. l.], 2016. Disponível em: https://www.ice.org.uk/what-is-civil-engineering/what-do-civil-engineers-do/aberfan-disaster-lessons-learnt. Acesso em 5 jul. 2023. Sobre o desastre, vide também: PETLEY, David; CHERRY, Brett. The aberfan disaster. *Razard Risk Resilience*, [S. l.], v. 1, n. 1, p. 32-36, 2012. Disponível em: https://reliefweb.int/sites/reliefweb.int/files/resources/IHRRMaghighres.pdf. Acesso em 5 jul. 2023.

autoridades locais ignoraram os fatos, não adotando qualquer medida preventiva para evitar a catástrofe.

Desta forma, na seara urbanística e ambiental, a noção de risco geralmente está associada a uma atividade humana ou desastres naturais induzidos por ações do homem, sendo comumente as causas remotas ou potencializadoras de tais eventos extremos.

Por seu turno, como consequência dos riscos e perigos, surgem as catástrofes ou desastres, os quais podem ser classificados como naturais (*act of God*) ou antropogênicos (*act of man*). Para Carvalho, os desastres naturais (*natural disaster*) são aqueles que decorrem de fenômenos exteriores ao sistema social, tendo origem na força da natureza, tais como os terremotos, maremotos, *tsunamis*, vulcões etc. Já os desastres antropogênicos (*man-made disasters*) são aqueles constituídos por fatores tecnológicos e sociopolíticos que decorrem de causas humanas, citando como exemplos os desastres de Chernobyl, Three Mille Island, Fukushima, Bophal, Exxon Valdez, BP Deepwater Horizon etc.

Todavia, ressalta o autor que, na grande maioria dos desastres, há uma sinergia entre fatores naturais e antropogênicos, numa combinação de *fatores híbridos* ou *mistos*,[660] mesmo entendimento de Farber ao destacar que o termo desastre é maleável, pois sempre envolve algum elemento humano que contribui para a extensão dos danos,[661] a exemplo das mudanças climáticas, as quais vêm exercendo forte influência sobre os desastres naturais com o aumento vertiginoso de inundações, enchentes e tempestades tropicais, afetando milhares de pessoas nas zonas urbanas e rurais.

Nesse sentido, o relatório *Sustainable Development Goals Report 2020* da ONU[662] indica que as alterações do clima estão exacerbando a frequência e a gravidade dos desastres naturais, provocando mortes e perdas econômicas. O estudo aponta que o ano de 2019 foi o segundo mais quente já registrado na década (2010-2019), provocando incêndios florestais massivos, furacões, secas, inundações e outros desastres climáticos em todos os continentes.

---

[660] CARVALHO, Délton Winter de. *Desastres ambientais e sua regulação jurídica*: deveres de prevenção, resposta e compensação. 2. ed. São Paulo: Revista dos Tribunais, 2020. p. 50-52.
[661] FARBER, Daniel. Disaster law and emerging issues in Brazil. *Revista de Estudos Constitucionais, Hermenêutica e Teoria do Direito (RECHTD)*, São Leopoldo, v. 4, n. 1, p. 2-15, jan./jul. 2012. p. 4-5.
[662] UNITED NATIONS. Department of Economic and Social Affairs – DESA. *The sustainable development goals report 2020*. New York, 2020. p. 50. Disponível em: https://unstats.un.org/sdgs/report/2020/The-Sustainable-Development-Goals-Report-2020.pdf. Acesso em 27 jun. 2023.

De igual forma, o relatório *Natural Disasters Report 2019*, divulgado pela *International Disaster Database* (EM-DAT) da Universidade Católica de Louvain,[663] revela que os desastres naturais vêm se intensificando em todo o planeta, sofrendo um súbito aumento nas últimas décadas, pois apenas em 2019 foram registrados pelo EM-DAT 396 desastres naturais com 11.755 mortes, 95 milhões pessoas afetadas e $103 bilhões de dólares em perdas econômicas em todo o planeta.

Portanto, sejam os desastres oriundos de fatores naturais, antropogênicos ou híbridos, exige-se uma eficiente gestão de riscos com o objetivo de reduzir as vulnerabilidades e prevenir os riscos de catástrofes, pois o tema de prevenção de desastres vem crescendo nas últimas décadas, visando aprimorar as ações e os instrumentos de caráter preventivo.

O tema passou a receber maior destaque a partir da 1ª Conferência Mundial sobre Desastres de Yokohama (*World Conference on Natural Disastrer Prevention, 1994*),[664] a qual fixou estratégias e diretrizes para a prevenção de desastres naturais, além de medidas de preparação, mitigação e elaboração de planos de ação. A Conferência destacou a preocupação com o aumento da vulnerabilidade social no tocante aos fenômenos naturais, reconhecendo expressamente que os pobres e os menos favorecidos são os mais impactados durante a ocorrência de desastres.

Em seguida, o Marco de Ação de Hyogo, Japão (MAH 2005/2015), fruto da 2ª *Word Conference on Natural Disaster Reduction*,[665] definiu instrumentos para a redução de riscos de desastres pelos Estados Membros da ONU. Seu objetivo geral é aumentar a resiliência das nações e das comunidades frente aos desastres, tendo como foco principal a redução de perdas causadas pelos desastres no que tange às vidas humanas, bens sociais, econômicos e ambientais. O Marco de Ação de Hyogo possui cinco metas prioritárias para a tomada de decisões voltadas à prevenção e mitigação de desastres:

---

[663] CENTER FOR RESEARCH ON THRE EPIDEMIOLOGY OF DISASTERS (CRED) EM-DAT. *The internacional disaster database*. Louvain: Université Catholique de Louvain (UCLouvain). Disponível em: https://www.emdat.be/. Acesso em 5 jul. 2023.

[664] UNITED NATIONS OFFICE FOR DISASTER RISK REDUCTION. *Report of the World Conference on Natural Disaster Reduction*. Yokohama, may 1994. Disponível em: https://www.undrr.org/publication/report-world-conference-natural-disaster-reduction-yokohama-23-27-may-1994. Acesso em 27 jun. 2023.

[665] UNITED NATIONS OFFICE FOR DISASTER RISK REDUCTION. *Hyogo framework for action 2005-2015*. Hyogo, 2005. Disponível em: https://www.unisdr.org/2005/wcdr/wcdr-index.htm. Acesso em 5 jul. 2023.

1. Tratar a redução dos riscos de desastres como uma prioridade nacional e local.
2. Conhecer o risco e tomar medidas para identificar, avaliar e monitorar de perto os riscos dos desastres e assim melhorar os alertas prévios.
3. Utilizar o conhecimento, a inovação e a educação para criar uma cultura de segurança e resiliência em todos os níveis para prevenir os desastres.
4. Reduzir os fatores fundamentais de risco.
5. Estar pronto para atuar, fortalecendo a preparação e a resposta eficaz aos desastres.

Com o fim do prazo de vigência do Marco de Hyogo, foi celebrado durante a 3ª Conferência Mundial para Redução do Risco de Desastres (2015) o Marco de Sendai (*Sendai Framework for Disaster Risk Reduction 2015-2030*),[666] cujo teor estabeleceu estratégias de prevenção, reconstrução, recuperação e reabilitação das comunidades afetadas por desastres ambientais, tendo dentre seus objetivos o fortalecimento da governança na gestão do risco de desastres, maior capacidade de ação e respostas eficazes para fazer frente aos desastres. O *Marco de Sendai* está estruturado em sete metas mundiais assim delimitadas:

1. Reduzir substancialmente a mortalidade global por desastres até 2030, com o objetivo de reduzir a média de mortalidade global por 100.000 habitantes entre 2020-2030, em comparação com 2005-2015.
2. Reduzir substancialmente o número de pessoas afetadas em todo o mundo até 2030, com o objetivo de reduzir a média global por 100.000 habitantes entre 2020-2030, em comparação com 2005-2015.
3. Reduzir as perdas econômicas diretas por desastres em relação ao produto interno bruto (PIB) global até 2030.
4. Reduzir substancialmente os danos causados por desastres em infraestrutura básica e a interrupção de serviços básicos, como unidades de saúde e educação, inclusive por meio do aumento de sua resiliência até 2030.

---

[666] UNITED NATIONS. *Sendai framework for disaster risk reduction 2015–2030*. Geneva, 2015. Disponível em: https://www.preventionweb.net/files/43291_sendaiframeworkfordrren.pdf. Acesso em 2 jul. 2023.

5. Aumentar substancialmente o número de países com estratégias nacionais e locais de redução do risco de desastres até 2020.
6. Intensificar substancialmente a cooperação internacional com os países em desenvolvimento por meio de apoio adequado e sustentável para complementar suas ações nacionais com vistas à implementação deste quadro até 2030.
7. Aumentar substancialmente a disponibilidade e o acesso a sistemas de alerta precoce para vários perigos e as informações e avaliações sobre o risco de desastres para o povo até 2030.

Ratificando o teor do Marco de Hyogo, o *Objetivo de Desenvolvimento Sustentável nº 11*, que trata das *Cidades Sustentáveis e Resilientes* (ODS 11), estabelece como uma de suas metas centrais, reduzir significativamente, até 2030, o número de mortes e o número de pessoas afetadas por catástrofes, além de diminuir as perdas econômicas diretas causadas por elas em relação ao produto interno bruto global, incluindo os desastres relacionados à água, visando proteger os pobres e as pessoas em situação de vulnerabilidade (ODS 11.5).

No âmbito nacional, uma das diretrizes elencadas pelo Estatuto da Cidade (artigo 2º, VI e artigo 42, da Lei 10.257/2001) é a atuação preventiva no processo de ordenamento territorial e desenvolvimento das funções sociais da cidade para evitar ocupações irregulares e prevenir a exposição da população a risco de desastres.

Por seu turno, a *Política Nacional de Proteção e Defesa Civil* (PNPDEC, Lei nº 12.608/2012), aprovada somente uma década após o Estatuto da Cidade, também prevê que suas normas devem se integrar e se articular às políticas de ordenamento territorial, desenvolvimento urbano, saúde, meio ambiente, mudanças climáticas, gestão de recursos hídricos, geologia, infraestrutura, educação, ciência e tecnologia, visando a promoção do desenvolvimento sustentável (artigo 3º, parágrafo único) e a prevenção do risco de desastres mediante atuação articulada entre a União, os Estados, o Distrito Federal e os Municípios, para redução de desastres e apoio às comunidades atingidas (artigo 4º, I).

Para atingir os seus objetivos, a PNPDEC está ancorada em cinco pilares essenciais que envolvem ações de prevenção, mitigação, preparação, resposta e recuperação voltadas à proteção e à defesa civil (artigo 3º, *caput*).

Ademais, no âmbito urbanístico, a PNPDEC visa estimular o desenvolvimento de cidades resilientes e os processos sustentáveis de urbanização (artigo 5º, VI), além de combater a ocupação de áreas vulneráveis e de risco, promovendo a realocação da população residente nesses locais (artigo 5º, XI) e estimular iniciativas que resultem na destinação de moradia em local seguro (artigo 5º, XII). No tocante à gestão dessas políticas públicas, a PNPDEC estabelece ser dever da União, dos Estados, do Distrito Federal e dos Municípios, a adoção de medidas necessárias à redução dos riscos de desastres (artigo 2º).[667]

A PNPDEC também estabelece ser obrigação da União instituir e manter Cadastro Nacional de Municípios com áreas suscetíveis à ocorrência de deslizamentos de grande impacto, inundações bruscas ou processos geológicos ou hidrológicos correlatos (artigo 6º, VI).[668] Por seu turno, exige que os municípios adotem medidas preventivas para fiscalizar e coibir as ocupações em áreas de risco (artigo 8º, IV e V). A seu turno, ressalte-se que a PNPDEC adota expressamente os *Princípios da Prevenção e da Precaução* ao estabelecer em seu artigo 2º, §2º, que "a incerteza quanto ao risco de desastre não constituirá óbice para a adoção das medidas preventivas e mitigadoras da situação de risco".

Outrossim, complementando a PNPDEC, o Estatuto da Cidade estabelece que o Plano Diretor dos municípios incluídos no referido Cadastro Nacional deve conter o mapeamento das áreas suscetíveis à ocorrência de desastres, o planejamento de ações de intervenção preventiva e a realocação de população de áreas de risco de desastre, incluindo medidas de drenagem urbana necessárias à prevenção e mitigação de impactos de desastres (artigo 42-A, II, III e IV). Segundo o Estatuto da Cidade, a identificação e o mapeamento dessas áreas de risco devem levar em conta as cartas geotécnicas (artigo 42-A, §1º).[669]

---

[667] Sobre o tema dos desastres e a omissão estatal na implementação da PNPDEC, vide: FERRI, Giovani; BALENSIEFER, Patrícia Rangel. A violação ao princípio da prevenção no desastre de Brumadinho/MG e a omissão fiscalizatória nas atividades de mineração no Brasil. In: *Revista Jurídica do Ministério Público do Estado do Paraná*, Curitiba, a. 6, n. 11, p. 15-54, dez. 2019.

[668] Locatelli registra que a ocupação de várzeas, entorno de lagos, cursos d'água e planícies sujeitas à inundação, tem sido uma das principais causas de desastres naturais, provocando mortes e perdas econômicas de grande vulto, sendo tais eventos comumente associados à impermeabilização do espaço urbano. (LOCATELLI, Paulo Antônio. *Elementos para a sustentabilidade da regularização fundiária urbana nas áreas de preservação permanente*: os desafios para a proteção do meio ambiente e o desenvolvimento urbano. Rio de Janeiro: Lumen Iuris, 2021. p. 132).

[669] Segundo o Instituto de Pesquisas Tecnológicas, a *Carta Geotécnica* é um documento cartográfico que produz informações sobre as características do meio físico, além de problemas existentes ou esperados, tratando-se de ferramenta que pode ser utilizada para o planejamento urbano de uma determinada área, com vistas a definir se ela pode ser ocupada ou como ela deve ser ocupada. (INSTITUTO DE PESQUISAS TECNOLÓGICAS.

Contudo, apesar das previsões cogentes do Estatuto da Cidade e da PNPDEC, referido cadastro foi criado e regulamentado somente quase uma década depois, por intermédio do Decreto nº 10.692, de 3 de maio de 2021, que disciplinou o "Cadastro Nacional de Municípios com Áreas Suscetíveis à Ocorrência de Deslizamentos de Grande Impacto, Inundações Bruscas ou Processos Geológicos ou Hidrológicos Correlatos", instrumento de extrema relevância que permite o conhecimento antecipado do risco e a adoção de medidas de prevenção, mitigação e resposta pelos municípios.

O retardo na criação e regulamentação do *Cadastro Nacional de Desastres* demonstra uma clara omissão governamental, revelando que o Brasil não possui efetivo controle e informações fidedignas sobre as áreas passíveis de desastres, o que inclui as ocupações humanas em locais de risco, fragilizando as políticas de prevenção, governança e gestão de desastres, além de propiciar o aumento da insegurança e a vulnerabilidade das pessoas que vivem nesses locais perigosos.

Aliás, no contexto dos desastres, determinados grupos sociais estão mais propensos a sofrer as consequências de eventos extremos, pois comumente "a pobreza está intimamente relacionada ao grau de suscetibilidade a desastres, já que aumenta a vulnerabilidade da comunidade frente a uma ameaça".[670]

Quanto à inscrição de municípios no Cadastro Nacional, o Decreto limitou a iniciativa à solicitação do próprio município ou mediante indicação do Estado ou da União (artigo 3º, I e II). Contudo, em havendo omissão do gestor público diante de situação de risco, nada impede que o Ministério Público se utilize da ação civil pública para a defesa da ordem urbanística (artigo 1º, VI, da Lei nº 7.347/85) para a proteção do direito difuso da população exposta a riscos de desastres.

Em complemento, identificadas as áreas sujeitas a risco de desastres, os municípios devem obrigatoriamente elaborar o seu Plano de Contingência de Proteção e Defesa Civil, de acordo com os procedimentos estabelecidos pelo órgão central do Sistema Nacional de Proteção e Defesa Civil (SINPDEC), conforme estabelecem o artigo 8º, XI, da Lei nº 12.608/2012 e o artigo 3º-A, §2º, II, da Lei nº 12.340/2010.

Carta geotécnica. São Paulo, 2021. Disponível em: http://www.ipt.br/institucional/campanhas/16-voce_sabia_que_o_ipt_elaborou_a_primeira_carta_geotecnica_do_pais_.htm. Acesso em 5 jul. 2023.

[670] FERREIRA, Ximena Cardoso. *Inundações urbanas*: gestão de riscos com foco na prevenção de danos. Rio de Janeiro: Lumen Juris, 2019. p. 51.

O objetivo dos Planos de Contingência é promover um conjunto de ações de prevenção, mitigação, preparação, resposta e recuperação destinadas a evitar desastres e minimizar seus impactos sobre a população, além de promover o retorno à normalidade social, econômica ou ambiental.

Ademais, conforme prevê o artigo 3º-B da Lei nº 12.608/2012, verificada a existência de ocupações em áreas suscetíveis à ocorrência de deslizamentos de grande impacto, inundações bruscas ou processos geológicos ou hidrológicos correlatos, o município deverá adotar providências para a redução do risco, incluindo a execução do Plano de Contingência e realização de obras de segurança, podendo inclusive promover a remoção de edificações e o reassentamento dos ocupantes em local seguro.

Nesta última hipótese, visando prevenir graves consequências sociais, a Lei nº 12.608/2012 não descuida do grave e crônico problema humanitário que envolve a ocupação de áreas de risco, estabelecendo que as pessoas que tiverem suas moradias removidas deverão, quando necessário, ser abrigadas e cadastradas pelo Município em programas públicos de habitação de interesse social.

Nesta senda, espera-se que a partir do Cadastro Nacional de Municípios com Áreas Suscetíveis a Desastres, do mapeamento de áreas de risco e da elaboração de Planos de Contingência, os municípios possam prevenir eventos de grande magnitude no Brasil, além de permitir célere e eficaz atuação para minimizar os efeitos e impactos de eventuais desastres, notadamente para fins de remoção e reassentamento de famílias que ocupam áreas de risco.

Todavia, ao abordar o tema do "gerenciamento circular do risco", Carvalho[671] frisa que os desafios impostos à prevenção do risco de desastres são enormes, pois envoltos de indeterminação, desconhecimento, incerteza e precariedade de dados sobre as probabilidades e a magnitude dos riscos de catástrofes, apontando como medidas eficazes de prevenção a formatação do citado cadastro nacional de municípios sujeitos a riscos, o mapeamento das áreas passíveis de desastres por meio de cartas geotécnicas, a criação de sistemas de informação e monitoramento de desastres, a implementação de planos diretores adequados e planos de gestão de bacia hidrográfica integrados aos Planos de Proteção e Defesa Civil.

---

[671] CARVALHO, Délton Winter de. *Desastres ambientais e sua regulação jurídica*: deveres de prevenção, resposta e compensação. 2. ed. São Paulo: Revista dos Tribunais, 2020. p. 80-102.

Historicamente, parte das ocupações suburbanas das grandes cidades brasileiras estão situadas em zonas de risco passíveis de inundações, deslizamentos e outros fenômenos meteorológicos. Esse processo tem origem na gestão pública deficiente, oriunda do crescimento desordenado das cidades e da ausência de políticas públicas eficazes de ordenamento urbano. Por consequência, esse translúcido descaso do poder público acentua e perpetua a vulnerabilidade, pois os problemas enfrentados pelas comunidades vulneráveis diante de um evento extremo constituem um reflexo das desigualdades e problemas já existentes nos locais afetados.[672]

Outrossim, tais ocupações também resultam de fatores socioeconômicos que decorrem do déficit habitacional e da aglomeração de famílias de baixa renda em locais de risco e de precária infraestrutura urbana. Como consequência, se consolidam os assentamentos urbanos irregulares, os aglomerados subnormais e as ocupações em áreas de risco, principalmente nas regiões periféricas das cidades, como encostas de acentuado declive, terrenos situados às margens de rios, área de preservação permanente e outros locais já degradados e perigosos.

Nesse norte, trata-se de um problema estrutural de quádruplo aspecto: social, ambiental, urbanístico e humanitário. Justamente nessa órbita é que se consolida a relação entre pobreza, violação de direitos humanos, discriminação e degradação ambiental, sendo imprescindível ampliar a dimensão da *justiça ambiental* para conferir maior proteção às comunidades com maior grau de vulnerabilidade, incluindo o direito à vida.[673]

Sobre o tema, Ferreira[674] ressalta que a ocupação de áreas de risco, tais como locais inundáveis, às margens de rios e em zonas de preservação, geralmente consiste numa alternativa de moradia às famílias carentes e desprovidas de recursos financeiros. Contudo, destaca que o resultado dessas ocupações não tarda a chegar, pois são as primeiras áreas afetadas por desastres, principalmente durante precipitações

---

[672] DAMACENA, Fernanda Dalla Libera. A "injustiça" por trás do desastre e o papel do direito na redução da vulnerabilidade. *Atlas de Saúde Ambiental*, São Paulo, v. 5, p. 125-156, 2017. p. 150.

[673] SALLES CAVEDON, Fernanda; STANZIOLA VIEIRA, Rafael. Conexões entre desastres ecológicos, vulnerabilidade ambiental e direitos humanos: novas perspectivas. *Revista de Direito Econômico e Socioambiental*, [S. l.], v. 2, n. 1, p. 179-206, 2011. Disponível em: https://periodicos.pucpr.br/direitoeconomico/article/view/7754. Acesso em 13 nov. 2022.

[674] FERREIRA, Ximena Cardoso. *Inundações urbanas*: gestão de riscos com foco na prevenção de danos. Rio de Janeiro: Lumen Juris, 2019. p. 90.

pluviométricas excessivas. Nesse vértice, sobressai a importância da confecção de Mapas de Riscos de áreas passíveis de desastres, inclusive com observância dos Planos de Bacia Hidrográfica para identificação de riscos hidrológicos em áreas de maior vulnerabilidade.

Quanto ao tema, ressalte-se que o relatório do IPCC de 2022, cujo teor abordou os impactos das mudanças climáticas sobre áreas vulneráveis, destacou a relevância de preservação e recuperação de corpos hídricos, inclusive na área urbana, apontando a necessidade de construção de diques, sistemas de retenção natural das águas, além da criação de "áreas de não construção", para prevenir riscos hidrológicos:

> A adaptação aos riscos e impactos relacionados à água constituem a maior parte de toda a adaptação documentada (confiança alta). Para inundações interiores, combinações de medidas não estruturais como de sistemas de alerta precoce e medidas estruturais como diques, reduziram a perda de vidas (confiança média). Melhorar a retenção natural de água, como restaurar zonas áreas úmidas e rios, planejar o uso da terra por meio de zonas sem construção ou manejo florestal a montante, podem reduzir ainda mais o risco de inundação (confiança média).[675]

Portanto, em decorrência de seu maior grau de suscetibilidade e vulnerabilidade, as pessoas pobres estão mais expostas aos riscos de desastres. Ademais, ao ocuparem áreas de risco potencial, tais comunidades têm menos acesso a recursos de prevenção e resposta dos entes públicos, dificultando a resiliência e recuperação de danos oriundos de desastres.

Importante ressaltar o retrocesso na matéria em decorrência da aprovação da Lei nº 14.285/2021, cujo texto flexibilizou os parâmetros das Áreas de Preservação Permanente (APPs) no entorno de cursos d'água no perímetro urbano, incluindo a possibilidade de redução das faixas de proteção em núcleos urbanos consolidados, além de

---

[675] Redação original: "Adaptation to water-related risks and impacts make up the majority of all documented adaptation (*high confidence*). For inland flooding, combinations of non-structural measures like early warning systems and structural measures like levees have reduced loss of lives (*medium confidence*). Enhancing natural water retention such as by restoring wetlands and rivers, land use planning such as no build zones or upstream forest management, can further reduce flood risk (*medium confidence*)". (INTERGOVERNMENTAL PANEL ON CLIMATE CHANGE (IPCC). Summary for policymakers. In: *Climate Change 2022*: Impacts, Adaptation and Vulnerability. Cambridge: Cambridge University Press, 2022. p. 21. Disponível em: https://www.ipcc.ch/report/ar6/wg2/downloads/report/IPCC_AR6_WGII_SummaryForPolicymakers.pdf. Acesso em 27 jun. 2023.

atribuir aos municípios competência para regular a matéria nos planos diretores e nas leis municipais de uso do solo, uma vez ouvidos os conselhos estaduais e municipais de meio ambiente. É preciso registrar que a delimitação das APPs está prevista no Código Florestal (Lei nº 12.651/2012), sendo aplicável tanto às áreas rurais quanto às áreas urbanas (artigo 4º), com o objetivo primordial de conferir estabilidade aos solos, preservar os cursos hídricos e formar corredores ecológicos.

Além disso, as faixas de APPs urbanas têm a potencialidade de prevenir, minimizar e evitar a configuração de desastres urbanos recorrentes, como alagamentos, inundações, enchentes e deslizamentos de encostas. Nesse norte, ao permitir a flexibilização das faixas de APPs urbanas, a Lei nº 14.285/2021, atualmente questionada na Ação de Inconstitucionalidade (ADI) nº 7.146/STF, representa manifesto retrocesso, pois além de conferir menor proteção aos cursos hídricos na área urbana, também acentua os riscos de uma população já vulnerável a desastres naturais. Acerca do caráter protetivo das APPs, Locatelli[676] ressalta que as chamadas "zonas ripárias" possuem a função precípua de conter processos erosivos e evitar transformações negativas dos leitos de cursos hídricos, além de garantir o abastecimento de lençóis freáticos e servir como corredores ecológicos.

Também relevante destacar que a temática das APPs urbanas foi exaustivamente debatida pelo Superior Tribunal de Justiça no Tema 1010, fruto de recursos repetitivos, oportunidade em que o STJ decidiu sobre a extensão das faixas não edificáveis às margens de cursos d'água urbanos. Referido tema era controverso nos tribunais, tendo o Ministério Público do Estado de Santa Catarina (MPSC) levado a questão à Corte Especial, a qual fixou o seguinte tema à matéria: extensão da faixa não edificável a partir das margens de cursos d'água naturais em trechos caracterizados como área urbana consolidada: se corresponde à área de preservação permanente (APP) prevista no art. 4º, I, da Lei nº 12.651/2012 (equivalente ao art. 2º, alínea 'a', da revogada Lei nº 4.771/1965), cuja largura varia de 30 a 500 metros, ou ao recuo de 15 metros determinado no art. 4º, *caput*, III, da Lei nº 6.766/1979 (Lei de Parcelamento de Solo).

No julgamento, o STJ fixou a tese de que na vigência do novo Código Florestal (Lei nº 12.651/2012), a extensão não edificável nas

---

[676] LOCATELLI, Paulo Antônio. *Elementos para a sustentabilidade da regularização fundiária urbana nas áreas de preservação permanente*: os desafios para a proteção do meio ambiente e o desenvolvimento urbano. Rio de Janeiro: Lumen Iuris, 2021. p. 112-113.

Áreas de Preservação Permanente de qualquer curso d'água, perene ou intermitente, em trechos caracterizados como área urbana consolidada, deve respeitar o que disciplina o seu art. 4º, caput, inciso I, alíneas a, b, c, d e e, a fim de assegurar a mais ampla garantia ambiental a esses espaços territoriais especialmente protegidos e, por conseguinte, à coletividade.[677]

Destarte, não remanesce dúvida de que a aprovação da Lei nº 14.285, no apagar das luzes de 2021 (sancionada em 29/12/2021) foi uma clara resposta ao Tema 1010, decidido pelo Superior Tribunal de Justiça com o objetivo de reformular a disciplina das APPs urbanas, fator que evidencia uma explícita violação ao *Princípio da Vedação de Retrocesso em matéria ambiental* e negativa de aplicabilidade à Súmula 613 do STJ, a qual rejeita a adoção da *Teoria do Fato Consumado* no direito ambiental.

Portanto, há uma íntima conexão entre o direito à moradia, a gestão de áreas de risco, a prevenção de desastres e as políticas públicas de ordenamento urbano,[678] de modo que o enfrentamento dessa problemática demanda ações coordenadas e uma eficaz governança dos entes públicos, com o objetivo de redução de riscos, manutenção da integridade das áreas de preservação permanente, alocação das comunidades vulneráveis para áreas regularizadas e, sobretudo, ampliação de programas habitacionais para evitar a ocupação de áreas passíveis de desastres.

O Brasil já foi palco de desastres de grande magnitude em decorrência de ocupações em áreas de risco, podendo ser citados como exemplo concreto do risco de ocupações em áreas passíveis de desastres a *Tragédia da Região Serrana do Rio de Janeiro*, ocorrida entre 11 e 12 de janeiro de 2011, resultando na morte de mais de 1.000 pessoas e outros milhares de desabrigados. Estudos apontam que o referido desastre foi resultado de uma combinação de fatores: fortes chuvas, fragilidade natural das encostas da Serra do Mar, retirada de vegetação nativa, impermeabilização do solo, ocupação desordenada das encostas e das margens dos rios e o consequente estreitamento de suas calhas.[679]

---

[677] BRASIL. Superior Tribunal de Justiça. *REsp nº 1770760/SC*. Rel. Ministro Benedito Gonçalves, Primeira Seção, julgado em 28.04.2021, DJe 10.05.2021.

[678] DAMACENA, Fernanda Dalla Libera; OLIVEIRA, Francine Dearmas; DORR, Julia Marta Drebes. Direito à moradia, ocupação de áreas de risco e desastre "natural" à luz da jurisprudência do Tribunal de Justiça do Rio Grande do Sul. *Revista Culturas Jurídicas*, v. 4, n. 8, p. 270-297, mai./ago. 2017. p. 290.

[679] CAVALCANTE FILHO, Ernani *et al*. Tragédia climática e ambiental na Região Serrana/RJ 2011: diagnóstico, desafios e ações. *In: XIX Simpósio Brasileiro de Recursos Hídricos*, Maceió:

Outro caso que marcou o Brasil pela ocupação irregular de área de risco foi o *Desastre do Morro do Bumba* em Niterói/RJ, ocorrido em abril de 2010, quando chuvas torrenciais causaram o deslizamento de uma encosta, atingindo centenas de residências construídas sobre um antigo lixão desativado na década de 1980 e provocando a morte de 267 pessoas por soterramento. Ao julgar recurso sobre o caso do *Morro do Bumba*, o Superior Tribunal de Justiça reconheceu a responsabilidade do Município de Niterói pelo desastre:

> Ficou fartamente comprovado pela prova dos autos, inclusive como fato notório da imprensa jornalística, que a ocupação no terreno que foi aterro sanitário cresceu de forma desordenada, sob as vistas do Poder Público, que inclusive realizou melhorias no local, apesar de ter sido condenada a área através de estudo realizado pelo Instituto de Geociências da UFF, em 2004.[680]

Tais eventos extremos podem ser categorizados como verdadeiras "tragédias anunciadas", em consequência da omissão fiscalizatória estatal, da ocupação de áreas de risco e da inobservância de medidas de prevenção, num somatório de causas e efeitos.

Nessa perspectiva, apesar do plexo normativo já existente sobre o tema, o Brasil vem se mostrando ineficiente na gestão dos riscos de desastres, pois conforme mapeamento realizado pelo Serviço Geológico Federal,[681] vinculado ao Ministério de Minas e Energia (MME), cerca de 4 milhões de pessoas vivem em áreas de risco no Brasil, com potencial ocorrência de desastres, tais como deslizamentos de terra, inundações, enxurradas, processos erosivos e queda de rochas. O mapeamento realizado entre os anos de 2011 e 2020 abrangeu 1.605 cidades brasileiras, sendo identificadas 14.443 áreas com alto risco e 954 mil moradias

---

Abrhidro, 2011. Disponível em: https://www.abrhidro.org.br/SGCv3/publicacao.php?PUB=3&ID=81&SUMARIO=4289&ST=tragedia_climatica_e_ambiental_na_regiao_serrana_rj_2011_diagnostico_desafios_e_acoes. Acesso em 5 jul. 2023.

[680] BRASIL. Superior Tribunal de Justiça. *AgRg no Agravo em Recurso Especial nº 658.954 RJ*. Relator: Min. Assusete Magalhães. 23 out. 2015. Disponível em: https://scon.stj.jus.br/SCON/GetInteiroTeorDoAcordao?num_registro=201500202924&dt_publicacao=23/10/2015. Acesso em 5 jul. 2023.

[681] ALBUQUERQUE, Beatriz. Mais de 4 milhões de brasileiros vivem em áreas de risco, alerta CPRM: último levantamento mostra situação de risco em 17 estados. *Rádio Agência Nacional*, Brasília, DF, 2020. Disponível em: https://agenciabrasil.ebc.com.br/radioagencia-nacional/geral/audio/2021-02/mais-de-4-milhoes-de-brasileiros-vivem-em-areas-de-risco-alerta-cprm#:~:text=Junto%20com%20as%20fam%C3%ADlias%20da,mil%20moradias%20em%20locais%20perigosos. Acesso em 5 jul. 2023.

nestas condições, estando grande parte dessas áreas relacionadas à alta probabilidade de inundações (34%) e deslizamentos (49%).[682]

Corroborando tais dados, estudo promovido pelo Projeto MapBiomas, em 2022,[683] concluiu que as ocupações urbanas em áreas de risco triplicaram entre 1985 e 2021 no Brasil, saltando de 350km² em 1985, para 1.000km² em 2021. O diagnóstico aponta que a partir da década de 1990 houve uma maior aceleração do crescimento de áreas de urbanização em aglomerados subnormais, concluindo que na atualidade, de cada 100ha de aglomerados subnormais, 15ha foram construídos em áreas de risco. A maior parte urbanizada de favelas está situada nas capitais brasileiras, com especial destaque para Manaus (9.549ha), São Paulo (5.593ha), Belém (5.457ha), Rio de Janeiro (5.044ha) e Salvador (4.816ha) e São Luís (3.990ha).

Referidos diagnósticos revelam a extensão da problemática oriunda das ocupações em áreas de risco e, sobretudo, a ausência de políticas públicas efetivas para reverter esse quadro de caos urbano que se instalou no processo de urbanização no Brasil. Por seu turno, o estudo revela a saturação do ambiente urbano, o crescimento desordenado das cidades, o avanço do déficit habitacional, a violação ao direito fundamental à moradia adequada, a segregação de comunidades pobres em áreas de risco e a probabilidade concreta da ocorrência de desastres.

Sob outro âmbito, o cenário exposto demonstra a total incapacidade estatal de enfrentar o problema de forma eficiente, quiçá com a própria tolerância do poder público, ao se omitir em relação à ocupação humana em áreas de risco, contribuindo para o agravamento da questão e, de certa forma, assumindo um ônus político, social e econômico.

É preciso ressaltar que em virtude das aglomerações humanas em áreas com acentuada vulnerabilidade, os riscos de desastres geralmente são concentrados de forma espacial e geográfica, de modo que cada cidade precisa avaliar seus riscos de forma técnica, notadamente pelas características físicas distintas de cada região passível de desastre. Disso resulta a importância de adoção, pelos municípios, de *Sistemas de*

---

[682] SERVIÇO GEOLÓGICO DO BRASIL (CPRM). *Mapa on-line da CPRM permite visualizar áreas com riscos de desastres no Brasil.* Brasília, DF, 24 jan. 2020. Disponível em: https://www.cprm.gov.br/publique/noticias/mapa-on-line-da-cprm-permite-visualizar-areas-com-riscos-de-desastres-no-brasil-6146.html. Acesso em 5 jul. 2023.

[683] MAPBIOMAS. *Destaques do mapeamento anual das áreas urbanizadas no brasil entre 1985.* 2022. p. 16-25. Disponível em: https://mapbiomas-br-site.s3.amazonaws.com/MapBiomas_Area_Urbanizada_2022_03_11.pdf. Acesso em 12 nov. 2022.

Informações Geográficas (SIG) que promovam o mapeamento geoespacial de áreas de risco para prevenir e mitigar a ocorrência de desastres.

Acerca do tema, Locatelli destaca a relevância do *geodireito* e a utilização dos sistemas de informações geográficas para a construção da justiça territorial e socioecológica, afirmando que a redução do risco de desastres passa necessariamente pelo planejamento urbano-ambiental, o qual deve conciliar aspectos jurídicos e geográficos, considerando que "as ferramentas da geografia e da cartografia é que possibilitarão diagnósticos e prognósticos mais eficientes, dinâmicos e claros, apontando as características sociais, econômicas e ambientais do território".[684]

Segundo Morato Leite *et al.*, o *geodireito* é o ramo do conhecimento jurídico que envolve uma perspectiva multidisciplinar, entrelaçando a Geografia ao Direito, tendo por objetivo "[...] melhor interpretar os fenômenos decorrentes do elo que existe entre o homem e a terra, de maneira a oferecer soluções viáveis no sistema jurídico para os conflitos daí decorrentes".[685]

Outrossim, além dos sistemas de diagnósticos geográficos, sobressai a importância do *Princípio da Prevenção* como mecanismo essencial para antever os desastres e permitir a adoção de medidas de preparo, mitigação, recuperação e resiliência das comunidades afetadas por desastres. Como observa Carvalho,[686] a prevenção e a mitigação dos desastres assumem especial relevância na gestão dos riscos, pois permitem ações estratégicas e gerenciamento eficaz pelos entes responsáveis, destacando ainda que os custos com a prevenção de desastres são economicamente vantajosos, pois comumente são muito menores do que os custos com a remediação dos danos.

Nesse norte, as ações preventivas permitem ao poder público agir de forma antecipada aos desastres de caráter previsível, adotando

---

[684] LOCATELLI, Paulo Antônio. O Geodireito como instrumento para a construção da justiça territorial e socioecológica. *In*: LEITE, José Rubens Morato; CAVEDON-CAPDEVILLE, Fernanda de S.; DUTRA, Tônia A. Horbatiuk (Org.). *Geodireito, Justiça Climática e Ecológica*: perspectivas para a América Latina. 1. ed. São Paulo, SP: Instituto O direito por um Planeta Verde, 2022. p. 510.

[685] LEITE, José Rubens Morato; CODONHO, Maria L. P. C. Ferreira; PEIXOTO, Bruno Teixeira. Por uma Nova Geração de Direito Ambiental: implementação e o geodireito. *In*: LEITE, José Rubens Morato; BORATTI, Larissa Verri; CAVEDON-CAPDEVILLE, Fernanda de S. (Org.). *Direito Ambiental e Geografia*: relação entre geoinformação, marcos legais, políticas públicas e processos decisórios. Rio de Janeiro: Lumen Juris, 2020. p. 78.

[686] CARVALHO, Délton Winter de. *Desastres ambientais e sua regulação jurídica*: deveres de prevenção, resposta e compensação. 2. ed. São Paulo: Revista dos Tribunais, 2020. p. 77.

medidas estratégicas e decisões adequadas, orientando planos de ação e respostas eficientes para fazer frente aos desastres. Contudo, em matéria de desastres, a prevenção não pode ser sinônimo de retardamento ou inoperância estatal, pois consoante pondera Wedy, prevenção tardia não é prevenção.[687]

Enfim, diante do preocupante cenário apresentado, torna-se imprescindível que os gestores públicos, os órgãos fiscalizadores e o Ministério Público adotem medidas concretas visando implementar os mecanismos de prevenção dispostos na Política Nacional de Proteção e Defesa Civil (PNPDC) e, sobretudo, dar efetividade ao Cadastro Nacional de Municípios com áreas suscetíveis à ocorrência de desastres, permitindo o mapeamento das respectivas áreas e adoção de medidas de prevenção e mitigação de riscos que envolvem as ocupações humanas.

Necessário, outrossim, que o Brasil avance na implementação da Política Nacional de Habitação de Interesse Social (PNHIS), adotando ações e programas que promovam o efetivo acesso à moradia digna para a população de baixa renda, reduzindo o alarmante déficit habitacional brasileiro e a ocupação irregular de áreas de risco.

4.11 Plano diretor como instrumento de desenvolvimento urbano

O Plano Diretor constitui um dos instrumentos mais relevantes da política de desenvolvimento e de expansão urbana (artigo 182, §1º, da CF/1988), sendo parte integrante do processo de planejamento municipal (artigo 40, *caput*, da Lei nº 10.257/2001). Em decorrência de sua amplitude, pode ser considerado o principal mecanismo de conformação do direito de propriedade, pois sua eficaz implementação pelos municípios é essencial para o adequado planejamento urbano.[688]

Embora a CF/1988 tenha delegado à União, aos Estados e ao Distrito Federal a competência para legislar concorrentemente sobre direito urbanístico (artigo 24, I), permitiu aos Municípios legislar sobre assuntos de interesse local, além de suplementar a legislação federal e estadual no que couber (artigo 30, I e II), sendo facultado aos entes municipais a possibilidade de fixar critérios urbanísticos que atendam as

---

[687] WEDY, Gabriel. *O princípio constitucional da precaução como instrumento de tutela do meio ambiente e da saúde pública*. 2. ed. São Paulo: Fórum, 2017. p. 49.

[688] PINTO, Victor Carvalho. *Regime jurídico do plano diretor*: temas de direito urbanístico 2. ed. São Paulo: Ministério Público do Estado de São Paulo, 2001. p. 412.

peculiaridades locais, medidas estas que podem e devem ser definidas nos respectivos Planos Diretores. Todavia, em termos de planejamento urbano e ordenação territorial, os municípios não possuem total autonomia na elaboração do Plano Diretor, pois a liberdade de iniciativa não pode levar à anarquia e muito menos contrariar a função social da cidade.[689]

Consistindo num mecanismo técnico-jurídico, o Plano Diretor tem como diretriz primordial o planejamento das cidades, a distribuição espacial da população e das atividades econômicas do município, visando evitar e corrigir distorções do crescimento urbano, além de prevenir consequências negativas ao meio ambiente. Por sua vez, o Plano Diretor representa instrumento urbanístico essencial para tornar as cidades sustentáveis, abrangendo o direito à terra urbana, à moradia, ao saneamento ambiental, à infraestrutura urbana, ao transporte, aos serviços públicos essenciais, ao trabalho e ao lazer.

Além disso, enquanto mecanismo de planejamento urbano, o Plano Diretor deve ter como diretriz geral a ordenação territorial para evitar a poluição, a degradação ambiental, a deterioração das áreas urbanas, o uso desordenado do solo, além de permitir a preservação dos recursos naturais na área urbana e a conservação do patrimônio histórico, cultural, artístico, paisagístico e arqueológico, cujas diretrizes consolidam o chamado *Princípio da Adequação*.[690]

Ao instituir o Plano Diretor como instrumento de ordenamento urbano, o Estatuto da Cidade remete o termo "diretor" ao conceito de direção, ou seja, um plano criado para dirigir e fazer com que as outras leis e decretos municipais se ajustem às regras do Plano Diretor enquanto conjunto de normas de caráter obrigatório.[691] De igual forma, o termo *planejamento* aponta para um objetivo futuro a ser alcançado, pois o verbo planejar significa projetar, fazer plano, traçar,[692] evidenciando que o Plano Diretor, enquanto instrumento de planejamento urbano, nada mais é do que um mecanismo de fixação de diretrizes e metas para o adequado ordenamento territorial.

---

[689] MACHADO, Paulo A. Leme. *Direito ambiental brasileiro*. 21. ed. São Paulo: Malheiros, 2013. p. 447.
[690] MUKAI, Toshio. *O estatuto da cidade*: anotações à Lei nº 10.257/01. 4. ed. São Paulo: Saraiva, 2019. p. 69.
[691] MACHADO, Paulo A. Leme. *Direito ambiental brasileiro*. 21. ed. São Paulo: Malheiros, 2013. p. 447.
[692] CARVALHO FILHO, José dos Santos. *Comentários ao estatuto da cidade*. 5. ed. rev. ampl. e atual. São Paulo: Atlas, 2013. p. 334.

Ante sua importância como instrumento de planejamento urbano, o Estatuto da Cidade destinou um capítulo especial ao tema (Capítulo III), onde elencou todos os requisitos e diretrizes fundamentais para a elaboração, execução e revisão do Plano Diretor. Registre-se que o Plano Diretor não se limita à organização da cidade, pois deve englobar o território do Município como um todo, segundo dispõe o artigo 40, §2º, do Estatuto, fator que exprime sua importância como instrumento de ordenação territorial urbana e rural. Conforme ressalta Le Corbusier: "A cidade é só uma parte de um conjunto econômico, social e político que constitui uma região".[693]

Desta forma, o processo de urbanização deve ser contextualizado de modo global, pois os problemas urbanos são indissociáveis da relação cidade-campo,[694] fator que exige uma visão integrada de todo o território do município, notadamente pela confluência de interesses entre o meio urbano e o meio rural, situação que demanda a ampliação dos diagnósticos que devem orientar a formatação do Plano Diretor.

Nesse vértice, José Afonso da Silva[695] frisa que a cidade não é uma entidade com vida própria e independente do território sobre o qual se levanta, pois "[...] insere-se nele como em um tecido coerente, cuja estruturação e funcionamento resultam inseparáveis da cidade moderna", de forma que o objeto do urbanismo abrange não apenas a cidade, mas se amplia sobre todo o território, seja ele urbano ou rural.

Contudo, embora o Plano Diretor deva englobar todo o território do município, comumente os gestores públicos são omissos em se preocupar com o planejamento rural, o que se deve, em grande parte, à própria estrutura do Estatuto da Cidade, que não foi concebido para fazer a integração cidade-campo, dificultando a elaboração de um Plano Diretor integrado entre as zonas urbana e rural.[696]

Em decorrência da previsão constitucional de estabelecer uma política de desenvolvimento urbano adequada, a CF/1988 conferiu espaço para uma normatização mais rígida e específica, antiga aspiração de *experts* em políticas de planejamento urbano, que há décadas almejavam a fixação de diretrizes mais enfáticas para o adequado desenvolvimento e ordenamento urbano. Cumprindo os ditames constitucionais, o

---

[693] CORBUSIER, Le. *A carta de Atenas*. (Trad. Rebeca Scherer). São Paulo: Editora da Universidade de São Paulo, 1993. p. 19.
[694] FREITAG, Bárbara. *Teorias da cidade*. Campinas: Papirus, 2006. p. 153.
[695] SILVA, José Afonso da. *Direito urbanístico brasileiro*. 6. ed. São Paulo: Malheiros, 2010. p. 31.
[696] MACHADO, Paulo A. Leme. *Direito ambiental brasileiro*. 21. ed. São Paulo: Malheiros, 2013. p. 448.

legislador pátrio aprovou o Estatuto da Cidade, norma extremamente moderna e avançada que trouxe em seu arcabouço diversos instrumentos de planejamento territorial, dentre eles o Plano Diretor, mecanismo que até então não possuía normatização de caráter nacional.

Segundo Villaça,[697] os conceitos de planejamento urbano e de plano diretor não existiam no Brasil no século XIX e nem mesmo no início do século XX. Ressalta que o *Plano Agache*, do Rio de Janeiro, datado de 1930, seria o primeiro documento técnico a utilizar a expressão "Plano Diretor", instrumento que se difundiu no Brasil a partir da década de 1940. Nesse sentido, referido autor registra que entre as décadas de 1930 e 1940 outras capitais brasileiras começaram a formular seus Planos Diretores e Planos de Urbanização, como São Paulo (Plano de Avenidas Prestes Maia), Porto Alegre e Salvador.[698]

Todavia, o termo *Plano Diretor* teve sua nomenclatura substituída a partir de 1960 por outros vocábulos, tais como "Planejamento Local Integrado" e "Plano de Desenvolvimento Metropolitano", sendo a terminologia novamente ressuscitada pelo artigo 182, §1º, da CF/1988 e, posteriormente, definida tecnicamente pelo Estatuto da Cidade. Importante registrar que no direito internacional os planos das cidades recebem diferentes nomenclaturas, tais como *Plano Regulador Geral* (Itália), *Plano Geral de Ordenação Urbana* (Espanha), *Plano Diretor* (Portugal), *Plano Local de Urbanismo* (França) e *Plano de Uso do Solo* (Alemanha).[699]

Conforme Moreira,[700] o mencionado *Plano Agache* foi um plano de remodelação urbana para a cidade do Rio de Janeiro, elaborado entre 1928 e 1930 pelo francês Alfred Agache, podendo ser considerando o primeiro Plano Diretor brasileiro. O plano desenvolvido por Agache[701]

---

[697] VILLAÇA, Flávio. Uma contribuição para a história do planejamento urbano no Brasil. *In*: DEÁK, Csaba; SCHIFFER, Sueli Ramos (Org.). *O processo de urbanização no Brasil*. São Paulo: Editora da Universidade de São Paulo, 2010. p. 187-188.
[698] VILLAÇA, Flávio. Uma contribuição para a história do planejamento urbano no Brasil. *In*: DEÁK, Csaba; SCHIFFER, Sueli Ramos (Org.). *O processo de urbanização no Brasil*. São Paulo: Editora da Universidade de São Paulo, 2010. p. 209.
[699] PINTO, Victor Carvalho. *Direito urbanístico*: plano diretor e direito de propriedade. 3. ed. rev. e atual. São Paulo: Revista dos Tribunais, 2011. p. 79.
[700] MOREIRA, Fernando Diniz. Urbanismo e modernidade. reflexões em torno do plano agache para o Rio de Janeiro. *Revista Brasileira de Estudos Urbanos e Regionais*, Rio de Janeiro, v. 9, n. 2, p. 95-101, nov. 2007. Disponível em: https://www.redalyc.org/pdf/5139/513951696006.pdf. Acesso em 5 jul. 2023.
[701] RIO DE JANEIRO. Prefeitura do Districto Federal. *Cidade do Rio de Janeiro*: extensão, remodelação e embelezamento. Direção Geral Alfred Agache. (Trad. Francesca de Souza). Paris: Foyer Brésilien Editor, 1930. Disponível em: http://planourbano.rio.rj.gov.br/DocReadernet/docreader.aspx?bib=PlanoUrbano&pesq. Acesso em 5 jul. 2023.

representou um marco na evolução do urbanismo brasileiro, tendo por objetivo solucionar problemas urbanísticos do Rio de Janeiro, principalmente aqueles relacionados ao zoneamento e tráfego, sendo composto por três partes: 1ª: um exaustivo e amplo estudo da situação da cidade; 2ª: o plano propriamente dito; 3ª: os grandes problemas sanitários da cidade, como a questão do abastecimento de água, esgotamento sanitário e inundações. Todavia, por conta de disputas políticas e críticas fomentadas por elites profissionais, o Plano Agache não foi efetivamente implementado, embora tenha influenciado novos projetos de urbanização no Rio de Janeiro.[702]

O urbanista Alfred Agache teve grande influência no processo de urbanização do Brasil, pois em 1940 retornou ao País para desenvolver o primeiro Plano Diretor de Curitiba, concluído em 1943, apontando soluções para os principais problemas da cidade: saneamento, congestionamento e necessidade de órgãos funcionais. No Plano Diretor de Curitiba, Agache também estabeleceu as primeiras diretrizes do sistema *zoning*, a setorização do espaço urbano por meio de zonas.[703]

Com o advento do Estatuto da Cidade, em 2001, o planejamento urbano no Brasil assumiu uma nova feição com a exigência do Plano Diretor municipal, instrumento urbanístico até então facultativo para as cidades brasileiras e quase inexistente nos projetos de desenvolvimento urbano do País, fator que ensejou o crescimento desordenado das aglomerações urbanas.

Em virtude de sua importância para o planejamento urbano, o Plano Diretor tornou-se instrumento legal de caráter obrigatório nas seguintes situações elencadas no artigo 40 do Estatuto da Cidade: I. cidades com mais de vinte mil habitantes; II. cidades integrantes de regiões metropolitanas e aglomerações urbanas; III. nos casos em que o Poder Público municipal pretenda utilizar os instrumentos previstos no §4º do artigo 182 da CF/88 (parcelamento ou edificação compulsórios, IPTU progressivo no tempo e desapropriação com pagamento

---

[702] Em 1965, o Rio de Janeiro foi contemplado por outro moderno Plano Diretor conhecido como *Plano Doxiádis* ou *Plano Policromático*, concebido pelo arquiteto e urbanista grego Constantino Doxiádis, sob encomenda do então governador do Estado da Guanabara, Carlos Lacerda. Sobre o assunto, vide: SANTOS JUNIOR, Washington Ramos dos. Considerações sobre o Plano Doxiádis. *Revista Geográfica de América Central*, Costa Rica, p. 1-17, 2º semestre, 2011. Disponível em: https://www.redalyc.org/pdf/4517/451744820449.pdf. Acesso em 5 jul. 2023.

[703] MARTINS, João Cândido. Conheça a história dos planos diretores de Curitiba: parte I. *Notícias da Câmara Municipal de Curitiba*, Curitiba, 09 nov. 2015. Disponível em: https://www.curitiba.pr.leg.br/informacao/noticias/conheca-a-historia-dos-planos-diretores-de-curitiba-parte-i. Acesso em 5 jul. 2023.

mediante título da dívida pública); IV. cidades integrantes de áreas de especial interesse turístico; V. cidades inseridas na área de influência de empreendimentos ou atividades com significativo impacto ambiental regional ou nacional; VI. cidades incluídas no cadastro nacional de Municípios com áreas suscetíveis à ocorrência de deslizamentos de grande impacto, inundações bruscas ou processos geológicos ou hidrológicos correlatos.

Desta forma, a elaboração do Plano Diretor constitui um dever do administrador público nas situações elencadas no Estatuto da Cidade, não havendo margem para a discricionariedade do gestor municipal. Ademais, Carvalho[704] ressalta que embora o município tenha competência para legislar sobre temas urbanísticos locais (artigo 30, I, CF/1988), suas ações na execução da política de desenvolvimento urbano não lhe conferem autonomia absoluta, pois a ordenação territorial e a ocupação do solo devem observar as diretrizes gerais fixadas pelas Leis Federais e Estaduais (artigo 24, I, e artigo 182, CF/1988), incluindo o zoneamento ambiental (artigo 9º, IX, da Lei Complementar nº 140/2001).

Portanto, não há discricionariedade total dos municípios na seara urbanística e muito menos na elaboração do Plano Diretor, estando os municípios vinculados às normas federais e estaduais que regem a matéria por intermédio de um processo verticalizado, com o objetivo de fazer cumprir os ditames da Política Nacional de Desenvolvimento Urbano.

Deste modo, o Plano Diretor deve ser pautado por procedimentos técnicos e jurídicos, pois o planejamento urbano exige detalhados estudos, não podendo ocorrer de forma "meramente acidental", a critério do gestor público,[705] sob pena de se transformar num instrumento urbanístico ineficaz.

Na Alemanha e Reino Unido, o planejamento urbano é tratado com tamanha seriedade que os governos criaram até mesmo cursos específicos para a formação de planejadores urbanos, o *Raumplaner* na Alemanha e o *Town Planner* no Reino Unido, cujos profissionais conquistam espaço e dividem mercado com outros atores envolvidos na área de planejamento, como arquitetos e geógrafos.[706]

---

[704] CARVALHO, Délton Winter de. *Desastres ambientais e sua regulação jurídica*: deveres de prevenção, resposta e compensação. 2. ed. São Paulo: Revista dos Tribunais, 2020. p. 157-158.

[705] MUKAI, Toshio. *Temas atuais de direito urbanístico e ambiental*. Belo Horizonte: Fórum, 2004. p. 29.

[706] SOUZA, Marcelo Lopes de. *Mudar a cidade*: uma introdução crítica ao planejamento e à gestão urbanos. 6. ed. Rio de Janeiro: Bertrand Brasil, 2010. p. 101.

Sobre o tema, Carvalho Pinto pondera que o "ordenamento territorial" não constitui apenas a definição de um regime jurídico qualquer, mas sim de um regime coerente que seja capaz de manter e produzir a "ordem" e não a "desordem".[707] Nesse vértice, um enorme problema de ordenamento territorial constatado em inúmeros municípios brasileiros é a ampliação do perímetro urbano sem prévios estudos técnicos e sem planejamento do impacto da expansão urbana. Na maioria das vezes, tal prática decorre de interesses imobiliários e de uma relação promíscua entre o gestor público e o setor privado, com o intuito de valorizar áreas rurais situadas no entorno do perímetro urbano e assim permitir a implantação de loteamentos.

Referida prática vinha sendo estimulada pela própria omissão do Estatuto da Cidade em regrar a matéria de forma mais detalhada, dando azo à expansão desordenada de áreas adjacentes ao perímetro urbano sem qualquer critério técnico. Contudo, atento à problemática, o legislador sabiamente alterou o Estatuto da Cidade por intermédio da Lei nº 12.608/2012, estabelecendo no artigo 42-B, que a ampliação do perímetro urbano dos municípios, após a data de publicação do Estatuto, somente pode ocorrer mediante lei específica ou previsão no Plano Diretor, mediante projeto contendo diversos requisitos.

Dentre tais requisitos, o Estatuto passou a exigir a definição de diretrizes específicas, sistema viário, equipamentos públicos, definição de parâmetros de parcelamento, uso e ocupação de solo, previsão de áreas para habitação de interesse social, definição de critérios para a proteção ambiental e mecanismos para garantir a justa distribuição de ônus e benefícios decorrentes da valorização imobiliária resultante da ação do poder público.

Contudo, apesar do plexo normativo existente, o Brasil avança a passos lentos na implementação dos Planos Diretores, pois conforme levantamento da Confederação Nacional dos Municípios, até o ano de 2005, apenas 14,5% dos municípios brasileiros possuíam o relevante instrumento, número que cresceu para 51,5% em 2019, alcançando 2.866 municípios, segundo dados da Pesquisa de Informações Básicas Municipais do Instituto Brasileiro de Geografia e Estatística (IBGE). A entidade ressalta que 3.804 municípios brasileiros possuem população de até 20 mil habitantes, sendo 706 deles incluídos em regiões metropolitanas.[708]

---

[707] PINTO, Victor Carvalho. *Direito urbanístico*: plano diretor e direito de propriedade. 3. ed. rev. e atual. São Paulo: Revista dos Tribunais, 2011. p. 225.

[708] CONFEDERAÇÃO NACIONAL DE MUNICÍPIOS. *Estatuto da cidade completa 19 anos*: CNM reforça importância do Plano Diretor. Brasília, DF, 10 jul. 2020. Disponível em:

Desta forma, quase a metade dos municípios brasileiros ainda não dispõe de Planos Diretores, situação que dificulta o adequado planejamento urbano, propicia o crescimento desordenado das cidades e a proliferação de problemas urbanísticos.

Nesse contexto, a fixação de um limite populacional para a realização do Plano Diretor representa um entrave ao planejamento urbano, pois ao exigir a formatação do plano para cidades com população superior a 20.000 habitantes, o Estatuto não atentou às peculiaridades locais de determinados municípios, considerando que muitas vezes são justamente as pequenas cidades que demandam planejamento preventivo para evitar o crescimento desordenado.

Assim, independentemente do número populacional, a formatação do Plano Diretor deveria ser uma exigência a todos os municípios brasileiros, entendimento sopesado por Mukai,[709] ao frisar que todas as cidades deveriam ser obrigadas a implementar tão importante instrumento de planejamento urbano, pois é por meio do Plano Diretor que se disciplina a vida citadina nos aspectos econômicos, sociais e físico-territoriais.

No Estado do Paraná houve um grande avanço na temática com o advento da Lei Estadual nº 15.229/2006, que trata sobre normas de execução das diretrizes e bases do planejamento e desenvolvimento estadual, conforme artigo 141 da Constituição Paranaense.

Por previsão legal, o governo estadual somente firma convênios para financiamento de obras de infraestrutura e serviços com municípios que disponham de Planos Diretores que observem o Estatuto da Cidade. Nesses casos, independentemente do número de habitantes, os municípios somente conseguem firmar convênios de financiamento de obras de infraestrutura e serviços se tiverem Planos Diretores implementados e revisados, conforme dispõe o artigo 4º da Lei Estadual nº 15.229/2006.[710]

---

https://www.cnm.org.br/comunicacao/noticias/estatuto-da-cidade-completa-19-anos-cnm-reforca-importancia-do-plano-diretor. Acesso em 5 jul. 2023.

[709] MUKAI, Toshio. *O estatuto da cidade*: anotações à Lei nº 10.257/01. 4. ed. São Paulo: Saraiva, 2019. p. 74.

[710] Art. 4º. O município, para ser considerado elegível a firmar contrato de empréstimo para projetos e obras de infraestrutura, equipamentos e serviços, no âmbito do Sistema de Financiamento de Ações nos Municípios do Estado do Paraná (SFM), deve se enquadrar em um dos seguintes requisitos: I – Ter Plano Diretor Municipal vigente e atualizado, aprovado pela respectiva Câmara de Vereadores, nos termos do Estatuto da Cidade e desta Lei; II – ter contratado serviços de consultoria para a revisão do Plano Diretor Municipal, que deve ser atualizado e aprovado pela Câmara de Vereadores em três anos, caso a lei

Nessa perspectiva, sobressai a importância do Plano Diretor enquanto instrumento primordial de planejamento urbano para prevenir inconformidades, pois segundo Freitas,[711] a urbanização mal planejada ou mal executada constitui a fonte de uma gama de problemas sociais, ambientais e urbanísticos, tais como: a) colapso do sistema de transporte; b) congestionamento do trânsito; c) aumento de processos erosivos; d) assoreamento dos rios; e) impermeabilização de solo; f) proliferação de habitações subnormais (favelização); g) ocupação de áreas de proteção ambiental; h) precariedade do saneamento básico, incluindo o fornecimento de água potável, tratamento de esgoto, coleta e destinação adequada de resíduos sólidos, adequada prestação de serviços de limpeza pública e drenagem urbana; i) violência.

Nesse contexto, Sterling destaca que as cidades produzem crescentes tensões ambientais como consequência da pressão que exercem sobre os recursos naturais (água, solo, matérias-primas, ar ou energia) que lhes servem de sustento, sobretudo pela poluição derivada de descargas para o meio natural (solo, água, atmosfera) e de resíduos (gases, resíduos líquidos, sólidos e industriais etc.). Por tais motivos, visando propiciar o desenvolvimento sustentável das cidades, afirma que o planejamento urbano exige uma estratégia ambiental e uma gestão adequada para minimizar os impactos negativos ao homem e aos ecossistemas, fator que demanda uma transição para modos de vida urbanos mais sustentáveis sobre a tripla perspectiva ambiental, econômica e social.[712]

Portanto, a complexidade do espaço urbano exige mecanismos de planejamento adequados, sobretudo pelo modelo funcionalista de urbanização, que provoca difusão e dispersão de áreas, gerando a perda

---

municipal que o aprovou tenha mais de dez anos; III – ter nomeado e designado equipe técnica para revisão do Plano Diretor Municipal, que deve ser atualizado e aprovado pela Câmara de Vereadores em três anos, caso a lei que o aprovou tenha mais de dez anos. (PARANÁ. Lei nº 15.229, de 25 de julho de 2006. Dispõe sobre normas para execução do sistema das diretrizes e bases do planejamento e desenvolvimento estadual, nos termos do art. 141, da Constituição Estadual. *Diário Oficial da União*, 26 jul. 2006. Disponível em: https://www.legislacao.pr.gov.br/legislacao/pesquisarAto.do?action=exibir&codAto=582 3&indice=1&totalRegistros=1&dt=27.8.2021.21.53.8.608. Acesso em 5 jul. 2023).

[711] FREITAS, José Carlos de. O estatuto da cidade e o equilíbrio do espaço urbano. *In*: FREITAS, Jose Carlos de (Org.). *Temas de direito urbanístico 3*. São Paulo: Ministério Público de São Paulo, 2001. p. 441-442.

[712] STERLING, Ana Yábar. Política ambiental y ordenación del territorio urbano en la Unión Europea y España. *In*: ALISEDA, Julián Mora; CONDESSO, Fernando R.; SERRANO, José Castro (Coord.). *Nuevas tendencias en la ordenación del territorio*. Cáceres: Ed. Fundicotex, Universidad de Extremadura, 2015. p. 16.

de espaços públicos em prol de interesses individuais e setoriais.[713] Deste modo, o Plano Diretor constitui mecanismo eficiente para coibir inconformidades mediante definição criteriosa do uso, ocupação e zoneamento dos espaços urbanos, tratando-se de instrumento essencial para diagnosticar problemas urbanísticos e antever soluções que conduzam ao pleno desenvolvimento das funções sociais da cidade.

Aliás, o Estatuto da Cidade exara que a propriedade urbana cumpre sua função social somente quando atende às exigências previstas no Plano Diretor Municipal (art. 39). Nesse sentido, pontua Mukai[714] que "o uso da propriedade que não se ativer ao que dispõe o Plano Diretor será inconstitucional", de modo que a função social da propriedade passou a ter efetiva garantia de concretização.

Ressalte-se, ainda, que o desenvolvimento das funções sociais da cidade envolve uma série de programas e ações que abrangem diversos setores da comunidade, incluindo aqueles que satisfazem aos interesses coletivos e individuais, dentre eles os setores do comércio, da indústria, da prestação de serviços, assistência médica, educação, ensino, transporte, habitação, lazer, enfim, todos os subsistemas que sirvam para satisfazer as demandas coletivas e individuais.[715]

Sob esse influxo, é preciso ressaltar que o Plano Diretor constitui instrumento da política de desenvolvimento urbano com o objetivo de orientar a atuação do Poder Público e as atividades da iniciativa privada no processo de urbanização. Justamente por sua amplitude é que o Plano Diretor deve ser integrado por um feixe de mecanismos legais que se conectam de forma indissociável, dentre eles, a Lei de Perímetros das Zonas Urbanas e de Expansão Urbana, a Lei do Sistema Viário, a Lei do Parcelamento do Solo Urbano, o Código de Obras e Edificações e o Código de Posturas.

Além disso, considerando a dimensão social, ambiental e urbanística do Plano Diretor, ele deve ser compatível com a Política Nacional de Proteção e Defesa Civil (Lei nº 12.608/2012), a Política Nacional de Habitação de Interesse Social (Lei nº 11.124/2005), a Política Nacional de Saneamento Básico (Lei nº 11.445/2007), a Política Nacional de Resíduos

---

[713] PIRES, Lilian Regina Gabriel Moreira. Direito urbanístico e direito à cidade: divergências e convergências. In: LIBÓRIO, Daniela Campos (Coord.). *Direito urbanístico*: fontes do direito urbanístico e direito à cidade. Belo Horizonte: Fórum, 2020. p. 187.
[714] MUKAI, Toshio. *O estatuto da cidade*: anotações à Lei nº 10.257/01. 4. ed. São Paulo: Saraiva, 2019. p. 63.
[715] CARVALHO FILHO, José dos Santos. *Comentários ao estatuto da cidade*. 5. ed. rev. ampl. e atual. São Paulo: Atlas, 2013. p. 19.

Sólidos (Lei nº 12.305/2010), a Política Nacional de Recursos Hídricos (Lei nº 9.433/97), a Lei da Mobilidade Urbana (Lei nº 12.587/2012), a Lei de Regularização Fundiária Rural e Urbana (Lei nº 13.465/2017) e o Estatuto das Metrópoles (Lei nº 13.089/2015).

Nesse norte, enquanto instrumento de planejamento urbano, o Plano Diretor deve primar pela sustentabilidade urbano-ambiental em todas as suas dimensões. Portanto, enquanto espécie de "Lei Quadro", o Plano Diretor deve ter caráter abrangente e dialogar intimamente com as diversas políticas ambientais e de ordenamento urbano.

Especificamente em relação aos recursos hídricos e prevenção de riscos de inundações, o artigo 42-A do Estatuto da Cidade, alterado pela Lei nº 12.608/2012, prevê que o Plano Diretor deve se integrar ao *Plano de Bacia Hidrográfica*. Nesse contexto, é de fundamental importância que os Planos Diretores Urbanísticos, os Planos de Recursos Hídricos e outros Planos Setoriais sejam compatíveis, integrados e complementares,[716] notadamente para prevenir riscos, evitar o aumento da vulnerabilidade nas áreas urbanas, além de permitir o mapeamento de áreas críticas passíveis de enchentes e alagamentos.

Outrossim, no tocante à mobilidade urbana, a Lei nº 13.146/2015, que instituiu o *Estatuto da Pessoa com Deficiência*, acrescentou dispositivos ao Estatuto da Cidade (artigo 3º, III e IV, e artigo 41, §3º), prevendo que as políticas de planejamento urbano e os Planos Diretores devem garantir condições de acessibilidade aos portadores de deficiência ou com mobilidade reduzida, evidenciando o intuito de compatibilizar e integrar as duas políticas.

Por seu turno, o Plano Diretor também deve comunicar-se com *a Lei do Zoneamento, Uso e Ocupação dos Espaços Urbanos*, para evitar conflitos entre atividades e harmonizar os usos diferenciados do solo. Nesse prisma, um dos grandes problemas urbanos da atualidade é a poluição industrial, causadora de severos efeitos negativos ao ambiente urbano, sendo objeto de inúmeros mecanismos normativos nas últimas décadas, os quais devem ser compatíveis com os demais instrumentos de planejamento urbano.

Com efeito, o Plano Diretor deve interagir com a *Lei do Zoneamento Industrial* (Lei nº 6.803/1980), que dispõe sobre as diretrizes básicas para o zoneamento das indústrias, visando prevenir e controlar

---

[716] CARVALHO, Délton Winter de. *Desastres ambientais e sua regulação jurídica*: deveres de prevenção, resposta e compensação. 2. ed. São Paulo: Revista dos Tribunais, 2020. p. 167.

a poluição, além de evitar conflitos com as demais atividades urbanas para não provocar inconvenientes à saúde, ao bem-estar e à segurança das populações vizinhas.

Ademais, o Plano Diretor igualmente deve se integrar à *Política Nacional do Meio Ambiente* (Lei nº 6.938/81), que estabeleceu diretrizes para o controle e o zoneamento das atividades potencial ou efetivamente poluidoras, capazes de degradar a qualidade ambiental, prejudicando a saúde, a segurança e o bem-estar da população.

Nessa perspectiva, um Plano Diretor restritivo, que contemple apenas políticas físico-territoriais, sem a confluência com os demais diplomas normativos anteriormente elencados, se mostrará insuficiente para enfrentar a dinâmica das cidades e a problemática oriunda do desenvolvimento urbano. Nesse contexto, Souza[717] pontua que no Brasil não existe um verdadeiro sistema de planejamento unificado, de modo que "além dos planos diretores (e PEUs), outros planos são (e devem ser), às vezes, elaborados: planos setoriais (de transportes, por exemplo), planos de urbanização de favelas, planos de arborização *(greening)* etc.".

Além disso, a efetividade do planejamento urbano demanda a previsão de recursos orçamentários suficientes,[718] motivo pelo qual o Estatuto da Cidade prevê a incorporação das diretrizes do Plano Diretor no Plano Plurianual, nas Diretrizes Orçamentárias e no Orçamento Anual do município (artigo 40, §1º), vinculando esses instrumentos para o adequado planejamento urbano. Sem a alocação dos recursos necessários, a implementação de políticas urbanísticas eficazes tornar-se-á mera utopia, afetando inclusive a operacionalização do Plano Diretor municipal, fator que avulta a relevância do Poder Legislativo para deliberar sobre a adequação das leis orçamentárias.

Sintetizando, demonstra-se que o Plano Diretor constitui um dos instrumentos mais relevantes para o adequado planejamento urbano dos municípios, senão o principal mecanismo de ordenamento territorial. Nesse enfoque, a implementação do Plano Diretor constitui medida imprescindível para o adequado desenvolvimento das cidades, pois é a partir das diretrizes fixadas no Plano Diretor que o município

---

[717] SOUZA, Marcelo Lopes de. *Mudar a cidade*: uma introdução crítica ao planejamento e à gestão urbanos. 6. ed. Rio de Janeiro: Bertrand Brasil, 2010. p. 405.

[718] Nessa perspectiva, Sunstein e Holmes ressaltam que a implementação concreta de direitos depende de custos orçamentários equivalentes. (HOLMES, Stephen; SUNSTEIN, Cass. *O custo dos direitos*: porque a liberdade depende dos impostos. Martins Fontes: São Paulo, 2019. p. 12-13).

norteará suas presentes e futuras ações, com o objetivo de prevenir a degradação das cidades e alcançar a sustentabilidade urbana nos aspectos social, ambiental e urbanístico.

4.12 O processo de revisão do Plano diretor, o Princípio da Coesão Dinâmica e a responsabilidade do gestor público

Em decorrência da constante mutação e dinamismo das cidades, o processo de planejamento urbano deve ter caráter ininterrupto por meio de instrumentos multidisciplinares que apontem diretrizes para o adequado ordenamento e desenvolvimento urbano. Nesse norte, a revisão do Plano Diretor a cada dez anos[719] é obrigatória, conforme previsão expressa do artigo 40, §3º, do Estatuto da Cidade, pois referido instrumento não pode ter caráter estático, mas sim dinâmico e evolutivo.[720] A mesma obrigatoriedade se aplica aos Planos de Desenvolvimento Urbano Integrado (PDUI) das Regiões Metropolitanas ou de Aglomerações Urbana, pois o Estatuto da Metrópole (artigo 11 da Lei nº 13.089/2015) igualmente determina sua revisão periódica a cada dez anos.

O acelerado desenvolvimento das cidades, catapultado pelo crescimento populacional e, consequentemente, pela expansão territorial, pelo incremento de atividades industriais e proliferação de novos loteamentos, exige que os Planos Diretores sejam constantemente revisados, sob pena de tornar-se um instrumento defasado e incompatível com a evolução urbana. Justamente nessa diretriz é que "a revisão do plano deverá ser mais profunda quanto maior for o nível de crescimento da cidade",[721] pois são justamente nas cidades com acelerado processo de desenvolvimento que os problemas urbanísticos se materializam de modo mais acentuado.

Essa contínua necessidade de acompanhamento e atualização do Plano Diretor decorre do dinamismo no processo de urbanização, exigindo que as constantes interferências na cidade sejam coerentes com

---

[719] Souza registra que a norma britânica exige pelo menos uma revisão a cada cinco anos. (SOUZA, Marcelo Lopes de. *Mudar a cidade*: uma introdução crítica ao planejamento e à gestão urbanos. 6. ed. Rio de Janeiro: Bertrand Brasil, 2010. p. 403).

[720] MEIRELLES, Hely Lopes. *Direito de construir*. 7. ed. São Paulo: Malheiros, 1996. p. 98.

[721] CARVALHO FILHO, José dos Santos. *Comentários ao estatuto da cidade*. 5. ed. rev. ampl. e atual. São Paulo: Atlas, 2013. p. 351.

o contexto presente, fator que demanda o cumprimento do *Princípio da Coesão Dinâmica* referido por Di Sarno:

> A dinâmica do planejamento é fundamental para a eficácia desse princípio. Na medida em que certo plano seja aplicado, ele vai se desatualizando com relação ao seu objeto, justamente por transformá-lo. Assim, o plano deverá prever mecanismos de revisão e atualização de seu conteúdo. É a coesão dinâmica.[722]

Portanto, a dinamicidade do processo de urbanização exige coesão, pois se o objetivo primordial do planejamento é ordenar o desenvolvimento urbano, não pode haver distanciamento entre um plano e seu objeto, pois essa dissociação é capaz de impossibilitar os objetivos almejados pelo planejamento urbano,[723] sendo imprescindível que os municípios promovam a revisão periódica de seus Planos Diretores para adequação à realidade fática.

Outrossim, a omissão do gestor público quanto à obrigatoriedade de revisão decenal do Plano Diretor pode configurar ato de improbidade administrativa do Prefeito municipal, conforme enuncia expressamente o artigo 52, VII, do Estatuto, que deve ser lido em conjunto com o artigo 40, §3º, do EC.[724] Em se tratando de norma cogente e, sobretudo, para fazer cumprir o Princípio da Coesão Dinâmica que ampara o processo revisional do Plano Diretor, os Tribunais Pátrios vêm confirmando a responsabilidade por ato de improbidade administrativa do gestor público na hipótese de inobservância desta regra:

> Reexame necessário – ação civil pública – obrigação de fazer – Município de Viçosa – revisão do plano diretor – Estatuto da Cidade (Lei nº 10.257, de 2001) – prazo decenal – omissão do Poder Público – interesse

---

[722] DI SARNO, Daniela C. Libório. *Elementos de direito urbanístico*. São Paulo: Manole, 2004. p. 50-51.

[723] SANT'ANNA, Mariana Senna. Planejamento urbano e qualidade de vida: da Constituição Federal ao plano diretor. *In*: DALLARI, Adilson Abreu; DI SARNO, Daniela Campos Libório (Coord.). *Direito urbanístico e ambiental*. 2. ed. Belo Horizonte: Fórum, 2011. p. 121.

[724] Art. 52. Sem prejuízo da punição de outros agentes públicos envolvidos e da aplicação de outras sanções cabíveis, o Prefeito incorre em improbidade administrativa, nos termos da Lei nº 8.429, de 2 de junho de 1992, quando: [...] VII – deixar de tomar as providências necessárias para garantir a observância do disposto no §3º do art. 40 e no art. 50 desta Lei; VIII – adquirir imóvel objeto de direito de preempção, nos termos dos arts. 25 a 27 desta Lei, pelo valor da proposta apresentada, se este for, comprovadamente, superior ao de mercado; Art. 40. O plano diretor, aprovado por lei municipal, é o instrumento básico da política de desenvolvimento e expansão urbana. [...] §3º A lei que instituir o plano diretor deverá ser revista, pelo menos, a cada dez anos.

coletivo – sentença confirmada. O Estatuto da Cidade estabeleceu o poder-dever do administrador público para a revisão do plano diretor do Município no prazo máximo de dez (10) anos de sua vigência, sob pena de improbidade administrativa. (MINAS GERAIS. Tribunal de Justiça de Minas Gerais. *Remessa Necessária n° 1.0713.10.003732-2/001*. 2ª Câmara Cível, Rel. Des. Marcelo Rodrigues, j. 09.03.2016).

Ademais, Carvalho Filho[725] relembra que a omissão do gestor público quanto à obrigatoriedade do processo revisional do Plano Diretor também pode ensejar infração político-administrativa, nos moldes do artigo 1º do Decreto-Lei nº 210/1967, sujeitando o Prefeito ou o Vereador à perda do mandato.

Sob outro influxo, embora o artigo 52, VII, do Estatuto da Cidade faça referência ao Prefeito enquanto principal gestor municipal, a omissão no processo de revisão do Plano Diretor pode ocasionar responsabilidade conexa de outros agentes públicos e até mesmo de terceiros que concorram para o ato, pois *ratio legis* é aumentar a responsabilidade na gestão da coisa pública e, notadamente, do ordenamento territorial.[726]

Em outro âmbito, é preciso ressaltar que as hipóteses previstas no artigo 52 do Estatuto da Cidade ostentam caráter exemplificativo, podendo ensejar a responsabilidade do gestor público por outras condutas que violem as normas de ordenamento territorial e de planejamento urbano, conforme enfatiza Levin:

> Pode-se cogitar de ato do Prefeito que permite a construção em área de preservação permanente em troca de determinados favores; de acidente causado em razão da omissão quanto às providências para a retirada de pessoas de áreas de risco geológico, com a consequente necessidade de pagamento por parte do Município de indenização pelos danos sofridos; de alteração do plano diretor visando ao incabível aumento de coeficiente de aproveitamento, a fim de beneficiar determinadas empresas privadas, contrariando frontalmente o interesse coletivo em virtude da verticalização excessiva de área urbana; de ocupação indevida de praias – bem de uso comum do povo, nos termos do art. 10 da Lei nº 7.661/88, que institui o Plano Nacional de Gerenciamento Costeiro – por condomínios que dificultem o acesso de todos, com a anuência do

---

[725] CARVALHO FILHO, José dos Santos. *Comentários ao estatuto da cidade*. 5. ed. rev. ampl. e atual. São Paulo: Atlas, 2013. p. 352-353.
[726] GARCIA, Emerson; ALVES, Rogério Pacheco. *Improbidade Administrativa*. 9 ed. São Paulo: Saraiva, 2017. p. 588.

Chefe do Executivo local; de omissão no que se refere à exigência de apresentação de Estudo de Impacto de Vizinhança (artigos 36 a 38 da Lei nº 10.257/2001) em face da construção de empreendimento imobiliário de grande porte, em troca de benefícios ilegais pagos ao agente público; e de tantos outros.[727]

Acerca do tema, Carvalho Filho[728] ainda pontua que o Prefeito Municipal igualmente pode ser responsabilizado por ato de improbidade administrativa, caso o projeto de revisão do Plano Diretor seja genérico, ou seja, formatado sem a realização dos necessários estudos técnicos, pesquisas, ações e estratégias para a sua efetividade. Embora o processo de revisão do Plano Diretor deva observar uma série de requisitos técnicos e jurídicos, é comum, no âmbito do Ministério Público, a constatação de processos revisionais mal elaborados ou pautados por estudos técnicos deficientes, ensejando a adoção de medidas corretivas e até mesmo anulatórias, por intermédio de Ações Civis Públicas Urbanísticas.

Nesse contexto, a complexidade do Plano Diretor e de seu processo de revisão periódica exige estudos técnicos especializados, sob pena de se tornarem procedimentos sem eficácia plena. Acerca da tecnicidade desse processo, enfatiza Meirelles:

> A elaboração do plano diretor é tarefa de especialistas nos diversificados setores de sua abrangência, devendo por isso mesmo ser confiada a órgão técnico da Prefeitura ou contratada com profissionais de notória especialização na matéria, sempre sob supervisão do Prefeito, que transmitirá as aspirações dos munícipes quanto ao desenvolvimento do Município e indicará as prioridades das obras e serviços de maior urgência e utilidade para a população.[729]

Situação comum no processo de revisão do Plano Diretor envolve a ampliação do perímetro urbano sem estudos de viabilidade técnica, em explicita violação ao artigo 42-B do Estatuto da Cidade, podendo ocasionar diversas incompatibilidades de uso e ocupação de solo entre o

---

[727] LEVIN, Alexandre. Atos de Improbidade Administrativa Praticados Contra a Ordem Urbanística: Estudo Sobre o Art. 52 do Estatuto da Cidade. *Revista Brasileira de Estudos da Função Pública*, Belo Horizonte, a. 3, n. 8, p. 125-150, mai./ago. 2014. p. 137.

[728] CARVALHO FILHO, José dos Santos. *Comentários ao estatuto da cidade*. 5. ed. rev. ampl. e atual. São Paulo: Atlas, 2013. p. 351-353.

[729] MEIRELLES, Hely Lopes. *Direito municipal brasileiro*. 10. ed. São Paulo: Malheiros, 1998. p. 395.

zoneamento rural e o zoneamento urbano. Em decorrência, tal omissão pode gerar sérios conflitos entre o Estatuto da Cidade e o Estatuto da Terra (Lei nº 4.504/1964), lembrando-se, ademais, que o Plano Diretor não se limita à organização da cidade, devendo englobar todo o território do município (artigo 40, §2º, do Estatuto da Cidade).

Conforme será alinhavado em capítulo posterior, tal prática, não raras vezes, está diretamente associada a especulação imobiliária com o objetivo de inserir no perímetro urbano áreas rurais adjacentes para fins de valorização imobiliária. Justamente pelas suas repercussões urbanísticas é que tais processos de expansão urbana durante a revisão decenal do Plano Diretor exigem profundos estudos técnicos para compatibilizar o interesse público e o privado. Sobre o tema, relevantes são as observações de Mukai:

> A ocupação e o desenvolvimento dos espaços habitáveis, sejam eles no campo ou na cidade, não podem ocorrer de forma meramente acidental, sob as forças dos interesses privados e da coletividade. Ao contrário, são necessários profundos estudos acerca da natureza da ocupação, sua finalidade, avaliação da geografia local, da capacidade de comportar essa utilização sem danos para o meio ambiente, de forma a permitir boas condições de vida para as pessoas, permitindo o desenvolvimento econômico-social, harmonizando os interesses particulares e os da coletividade.[730]

Em resumo, a revisão decenal do Plano Diretor constitui medida imprescindível para acompanhamento do processo de desenvolvimento urbano, consistindo em norma cogente e de interesse público, cujo objetivo primordial é adequar os mecanismos de ordenamento e planejamento urbano à evolução dinâmica das cidades.

4.13 Parcelamento, uso e ocupação de solo no direito urbanístico

Outro relevante instrumento de ordenamento territorial urbano também está previsto no Estatuto da Cidade, qual seja, a disciplina do parcelamento, uso e ocupação do solo (artigo 4º, III, b, da Lei nº 10.257/2001). Trata-se de significativo mecanismo de ordenamento

---

[730] MUKAI, Toshio. *Temas atuais de direito urbanístico e ambiental*. Belo Horizonte: Fórum, 2004. p. 29.

territorial, considerando que o parcelamento, a ocupação e o uso irregular do solo urbano podem ensejar inúmeros problemas urbanísticos, tornando as cidades ambientalmente insustentáveis. Nesse contexto, referido instrumento, ao lado do Plano Diretor, constitui ferramenta primordial para ordenar de forma adequada o desenvolvimento das cidades.

Em decorrência do crescimento populacional e do surgimento das grandes cidades, houve a necessidade de impor restrições legais para o uso e a ocupação do solo urbano, de modo que a matéria de parcelamento de solo tornou-se uma imposição de ordem pública para conter o crescimento desordenado das cidades.

Contudo, o aprimoramento da legislação de uso e ocupação de solo no Brasil teve um longo percurso histórico, assumindo maior relevo somente no século XX, pois anteriormente não se cogitava de um conjunto de normas sistematizadas de ordenamento urbano no Brasil. Entretanto, no período do império já existiam algumas normas esparsas, ainda incipientes, que regulavam as posturas das vilas e povoados, as quais podem consideradas o nascedouro das leis de parcelamento, uso e ocupação de solo atuais.

Nesse sentido, José Afonso da Silva registra que na fase colonial, alguns atos de direito urbanístico começavam a surgir no Brasil por intermédio das Ordenações do Reino de Portugal, como a Carta Régia da Criação da Capitania de São José do Rio Negro (Amazonas), de 1755, que continha resquícios históricos de um direito voltado a organizar as vilas.

De forma sucinta, a Carta Régia traçava o plano de povoação da localidade por meio de áreas delimitadas para a instalação de praças, igrejas, Casa de Vereações e Audiências, cadeias e oficinas públicas, com previsão de espaços para a expansão urbana, caso a população aumentasse. O documento ainda estabelecia que as casas dos moradores deveriam ser construídas num padrão uniforme e delineadas por linha reta, para que as ruas ficassem largas e direitas, demonstrando uma preocupação com a estética da Vila, o alinhamento das casas, a largura das ruas e a reserva de áreas para a expansão urbana.[731]

Mais adiante, a Lei de 1.10.1828, promulgada pelo Imperador Dom Pedro I, fixou atribuições urbanísticas às Câmaras Municipais, dando aos Vereadores competência para tratar das posturas municipais

---

[731] SILVA, José Afonso da. *Direito urbanístico brasileiro*. 6. ed. São Paulo: Malheiros, 2010. p. 51-52.

de interesse coletivo, estabelecendo que as Câmaras poderiam deliberar medidas de posturas urbanas que tinham por objeto o alinhamento, a limpeza e a iluminação das ruas, cais e praças, a conservação de muralhas para a segurança dos edifícios, regras para calçadas, pontes, fontes, aquedutos, chafarizes, poços e outras construções em benefício comum dos habitantes, para decoro ou ornamento das povoações (artigo 66 §1º).

Referida Lei pode ser considerada um avanço para a época, pois ainda que de forma superficial, também fixou normas sanitárias, ambientais, de posturas e de segurança, prevendo que os matadouros e curtumes não poderiam corromper a salubridade pública, as águas e a atmosfera (artigo 66 §2º). Previu ainda que os edifícios ruinosos e as escavações deveriam conter alertas para acautelar os habitantes que por ali transitavam (artigo 66 §3º). Definiu que as normas de posturas deveriam conter "as vozerias nas ruas em horas de silêncio", evidenciando os primórdios do controle da poluição sonora urbana (artigo 66 §4º).

A mesma Lei de 1.10.1828 também estabeleceu que o gado e as rezes somente poderiam ser abatidos em matadouros públicos ou particulares, com licença das Câmaras, e as carnes vendidas em locais com patente, passíveis de fiscalização para aferir a limpeza e a salubridade dos talhos (artigo 66 §4º). Por fim, a lei deu às Câmaras Municipais poder para deliberar sobre normas gerais de posturas, com vistas a manter a tranquilidade, a segurança, a saúde e a comodidade dos habitantes, além do asseio, da segurança, da elegância e da regularidade externa dos edifícios e ruas das povoações (artigo 71).[732]

Já no período republicano, sobreveio o Decreto-Lei nº 58/1937, sancionado para dar maior segurança às relações contratuais, com foco na negociação imobiliária de lotes vendidos em prestações, fruto de parcelamento do solo. Contudo, embora tratasse dos loteamentos, o Decreto-Lei nº 58 não definiu critérios técnicos para a urbanização das cidades, pois não havia tal preocupação naquele período, sendo seu objetivo principal a regulamentação de normas para dar maior segurança à aquisição de lotes.[733]

---

[732] BRASIL. Lei de 1º de outubro de 1828. Dá nova forma às Câmaras Municipais, marca suas atribuições, e o processo para a sua eleição, e dos Juízes de Paz. *CLBR*, Brasília, DF: Presidência da República, 1828. Disponível em: http://www.planalto.gov.br/ccivil_03/leis/lim/lim-1-10-1828.htm. Acesso em 5 jul. 2023.

[733] BRASIL. Decreto-Lei nº 58, de 10 de dezembro de 1937. Dispõe sôbre o loteamento e a venda de terrenos para pagamento em prestações. *Diário Oficial da União*, Brasília, DF:

A única normatização genérica sobre os loteamentos estava contida no artigo 1º do Decreto, onde se previa que os proprietários ou coproprietários de terras rurais ou terrenos urbanos que pretendessem vendê-los divididos em lotes, deveriam depositar no cartório de registro de imóveis um memorial contendo a denominação, a área, os limites, a situação e outras características do imóvel, a relação cronológica dos títulos de domínio, o plano de loteamento, a planta do imóvel contendo as dimensões, a numeração dos lotes, as construções, benfeitorias e as vias públicas de comunicação.

Caso o imóvel fosse urbano, o Decreto estabelecia que o plano de loteamento deveria ser previamente aprovado pelo município (artigo 1º, §1º), mas não fixava qualquer critério técnico para tal fim. Contudo, o Decreto nº 3.079/1938, que regulava o Decreto nº 58/1937, estabelecia regra *sui generis* quanto à intervenção dos municípios na aprovação do plano de loteamento, prevendo que "[a] Prefeitura e as demais autoridades ouvidas disporão de 90 dias para pronunciar-se, importando o silêncio a aprovação" (artigo 1º, §2º).[734]

Nesse prisma, evidencia-se que o legislador, pouco preocupado com o ordenamento urbano e suas consequências, previu hipótese de aprovação tácita do loteamento, mesmo que fosse irregular, demonstrando uma atuação acessória e limitada do Poder Público municipal.

Posteriormente, o Decreto-Lei nº 271/1967[735] buscou aprimorar o tema, dispondo sobre o loteamento urbano, a responsabilidade do loteador e a concessão de uso. Com um enfoque voltado à ordem pública, o Decreto estabeleceu diretrizes mais técnicas para disciplinar os projetos de loteamentos, inclusive ampliando o caráter fiscalizatório e a autonomia do Poder Público, para "obrigar a sua subordinação às necessidades locais, inclusive quanto à destinação e utilização das áreas, de modo a permitir o desenvolvimento local adequado". Citado

---

Presidência da República, 13 dez. 1937. Disponível em: http://www.planalto.gov.br/ccivil_03/decreto-lei/1937-1946/del058.htm. Acesso em 5 jul. 2023.

[734] BRASIL. Decreto nº 3.079, de 15 de setembro de 1938. Regulamenta o Decreto-Lei nº 58, de 10 de dezembro de 1937, que dispõe sobre o loteamento e a venda de terrenos para pagamento em prestações. *Diário Oficial da União*, Brasília, DF: Presidência da República, 19 set. 1938. Disponível: http://www.planalto.gov.br/ccivil_03/decreto/1930-1949/d3079.htm. Acesso em 5 jul. 2023.

[735] BRASIL. Decreto-Lei nº 271, de 28 de fevereiro de 1967. Dispõe sôbre loteamento urbano, responsabilidade do loteador concessão de uso e espaço aéreo e dá outras providências. *Diário Oficial da União*, Brasília, DF: Presidência da República, 28 fev. 1967. Disponível em: http://www.planalto.gov.br/ccivil_03/decreto-lei/del0271.htm. Acesso em 5 jul. 2023.

Decreto ainda permitia ao Poder Público, de modo discricionário, até mesmo recusar a aprovação de loteamentos para evitar excessivo número de lotes e aumento de investimento subutilizado em obras de infraestrutura e custeio de serviços (artigo 2º, I e II).

Na década de 1970, com a proliferação das grandes cidades, surgiram os debates iniciais sobre a necessidade de sistematizar um conjunto de normas de planejamento, parcelamento e ocupação do solo urbano, quando o Senador Otto Cyrillo Lehman apresentou o projeto que veio a culminar com a edição da Lei nº 6.766/1979. Referido diploma legal ficou conhecido como *Lei Lehmann*, passando a disciplinar o parcelamento de solo urbano, além de fixar normas civis, penais e urbanísticas voltadas a regular, de forma técnica e preventiva, a ocupação e o uso do solo urbano.

Para Machado, os anteriores diplomas legais não dispunham de forma adequada sobre o tema, gerando tensão entre o interesse privado e o interesse público, ou seja, entre o loteador e a comunidade, notadamente pelo fato de que o fenômeno da urbanização não evoluiu de forma adequada para respeitar a qualidade de vida dos recém chegados à cidade, pois não havia exigências precisas para a criação de loteamentos, de modo que "o ordenamento urbanístico ficou ao sabor de improvisações e de pressões locais".[736]

Ainda que de forma parcial, a Lei nº 6.766/1979 representou uma ruptura com as concepções urbanísticas até então existentes no Brasil, pois suas diretrizes foram marcadas por um traço social, alinhadas com a Declaração de Vancouver sobre Assentamentos Humanos (ONU Habitat I), sendo o primeiro marco legal contemporâneo do direito urbanístico brasileiro a regular e estabelecer padrões para os loteamentos e desmembramentos de solo, exigindo do empreendedor prévia aprovação de projetos técnicos, procedimentos de licenciamento ambiental, infraestrutura mínima nos loteamentos e padrões registrais.[737]

Nesse prisma, Talden Farias[738] ressalta que a Lei nº 6.766/1979 surgiu da problemática urbanística que se acentuou a partir da década de 1970, quando a concentração populacional avançou de forma

---

[736] MACHADO, Paulo A. Leme. *Direito ambiental brasileiro*. 21. ed. São Paulo: Malheiros, 2013. p. 471.
[737] GRECO-SANTOS, Bruno. *In*: MEDAUAR, Odete *et al.* (Coord.). *Direito urbanístico*: estudos fundamentais. Belo Horizonte: Fórum, 2019. p. 59-61.
[738] FARIAS, Talden. 40 anos da lei de parcelamento do solo. *Revista Consultor Jurídico*, São Paulo, 21 dez. 2019. Disponível em: https://www.conjur.com.br/2019-dez-21/ambiente-juridico-40-anos-lei-parcelamento-solo#sdfootnote9sym. Acesso em 5 jul. 2023.

indiscriminada nas grandes cidades, causando a explosão do déficit de moradia, "[...] cenário que se mostrou um terreno fértil para a proliferação de invasões e de loteamentos clandestinos", antecipando a ideia de que o meio ambiente urbano e o meio ambiente natural eram indissociáveis.

No mesmo sentido, a revolução industrial brasileira impulsionou o processo de urbanização das grandes cidades, período em que as promessas de compra e venda se tornaram comuns nas classes obreiras, que fixaram moradia nos grandes centros industrializados, dando surgimento aos loteamentos e a consequente necessidade de se adaptar a propriedade à capacidade econômica desta classe.[739]

Posteriormente, com o advento do Estatuto da Cidade, a disciplina do parcelamento, uso e ocupação do solo passou a figurar como instrumento específico da política urbana (artigo 4º, III, b), sendo estabelecido que um de seus objetivos é ordenar e controlar o pleno desenvolvimento das funções sociais da cidade, para evitar o parcelamento de solo, a edificação, o uso excessivo e inadequado em relação à infraestrutura urbana (artigo 2º, VI, c).

Contudo, ao contrário de outros instrumentos, o Estatuto da Cidade não tratou o tema de forma mais aprofundada, de modo que a espinha dorsal do parcelamento e ocupação do solo urbano continua sendo a Lei nº 6.766/1979, cujos parâmetros comumente são complementados por leis municipais, atendendo às peculiaridades de cada município, conforme permite seu artigo 1º, parágrafo único, mas sempre em consonância com as diretrizes do Plano Diretor. Registre-se, contudo, que antes da Lei nº 6.766/1979, a quase totalidade dos municípios brasileiros não regulava a matéria de parcelamento de solo de forma específica, promovendo a aprovação de loteamentos sem os requisitos mínimos de habitabilidade, inclusive mediante conversão de glebas rurais em áreas urbanas sem critérios técnicos, provocando um desastroso desordenamento das cidades.[740]

Desta forma, a Lei nº 6.766/1979 pode ser considerada um avanço em termos urbanísticos, pois passou a regular de forma detalhada os procedimentos de parcelamento e ocupação de solo no País, delegando ao Poder Público a aprovação, o controle, a fixação de diretrizes e a

---

[739] RIZZARDO, Arnaldo. *Promessa de compra e venda e parcelamento do solo urbano*. 7. ed. rev. e atual. São Paulo: Ed. Revista dos Tribunais, 2008. p. 13.
[740] MEIRELLES, Hely Lopes. *Direito municipal brasileiro*. 10. ed. São Paulo: Malheiros, 1998. p. 422.

fiscalização de projetos de loteamentos e desmembramentos. Por seu caráter instrumental, a Lei de Parcelamento de Solo Urbano representa um mecanismo urbanístico de ordem pública extremamente moderno, pois contempla normas administrativas, civis e penais, com o objetivo de regular a ocupação do solo e permitir o adequado desenvolvimento urbano.

Para coibir a ocupação desordenada do solo urbano, a *Lei Lehmann* inclusive elencou o parcelamento ilegal de solo como conduta criminal, estabelecendo ser crime contra a administração pública iniciar ou efetuar loteamento ou desmembramento de solo sem autorização dos órgãos competentes ou em desacordo com as disposições legais (artigo 50, I) ou ainda contrariando as diretrizes do ato de licença (artigo 50, II).

No mesmo espeque, visando resguardar os consumidores, também foi tipificado como crime o ato de veicular em proposta, contrato, prospecto ou comunicação pública, afirmação falsa ou ocultação fraudulenta sobre a legalidade de loteamento ou desmembramento (artigo 50, III), sendo as penas agravadas na hipótese de venda, promessa de venda ou reserva de lote em loteamento ou desmembramento não registrado (artigo 50, parágrafo único, I). Sobre o tema, pertinente destacar que no ano de 2016 a 2ª Turma do Supremo Tribunal Federal condenou o então Deputado Federal e Prefeito da cidade de Duque de Caxias/RJ, Washington Reis de Oliveira, a 7 anos, 2 meses e 15 dias de reclusão, pela implantação de loteamento irregular em área de preservação ambiental. O STF reconheceu a prática do crime contra a ordem urbanística previsto no artigo 50 da Lei nº 6.766/79, enfatizando que "[a] prova carreada aos autos demonstra a materialidade e a autoria dos danos diretos à área circundante da Reserva Biológica do Tinguá, dos danos indiretos causados a essa unidade de conservação e da implantação do loteamento irregular, com oferta de lotes à venda e sua efetiva comercialização".[741]

Entretanto, apesar dos avanços e da especificidade da Lei Federal nº 6.766/1979 ao regular o tema com o objetivo de controlar e evitar o parcelamento inadequado do solo urbano, ainda prolifera pelo Brasil um número elevadíssimo de loteamentos irregulares e clandestinos,[742] fator

---

[741] BRASIL. Supremo Tribunal Federal. *Ação Penal nº 618*. 2ª Turma. Relator: Min. Dias Tóffoli. 13 dez. 2016. Disponível em: https://portal.stf.jus.br/processos/downloadPeca.asp?id=311935004&ext=.pdf. Acesso em 5 jul. 2023.

[742] Gasparini diferencia tecnicamente *loteamento clandestino* de *loteamento irregular*. Em linhas gerais, a clandestinidade e a irregularidade têm origem na existência ou não da

que revela a ineficiência do poder público e dos órgãos fiscalizatórios para coibir tais práticas. Nesta senda, considerando que o parcelamento de solo envolve interesse público, o Superior Tribunal de Justiça vem reconhecendo a responsabilidade dos Municípios pela omissão em não fiscalizar os loteamentos irregulares.[743]

Consoante observa Locatelli,[744] o parcelamento ilícito de solo é fruto da ganância por lucro fácil de empreendedores inescrupulosos e da tão sonhada moradia da população de baixa renda, prática que gera malefícios a toda a sociedade, pois além de violar normas urbanísticas e ambientais, a irregularidade fundiária produz consequências nefastas a todos os que habitam tais locais, pois geralmente a informalidade destes núcleos urbanos é acompanhada da ausência ou limitação de serviços públicos essenciais.

Em decorrência de seu caráter ilegal, o Superior Tribunal de Justiça também reconhece a nulidade dos contratos de compra e venda envolvendo loteamentos irregulares, com o objetivo de proteger o consumidor hipossuficiente, entendendo que tal prática envolve objeto ilícito, acarretando efeitos "ex tunc":

> Recurso especial. Civil e processual civil. Resolução de contrato de promessa de compra e venda. Imóvel loteado. Parcelamento irregular. Falta de registro. Nulidade do contrato. 1. É firme a jurisprudência do STJ no sentido de que é nulo o contrato de promessa de compra e venda de imóvel em parcelamento irregular por se tratar de objeto ilícito, nos termos da Lei nº 6.766/79 (arts. 37 e 46), diante da ausência de regularização do loteamento sem registro ou aprovação pelo Poder

---

aprovação do projeto de parcelamento de solo pelo ente público responsável: "O parcelamento, loteamento ou desmembramento é clandestino na medida em que o Poder Público competente (Município ou Distrito Federal) não tem qualquer conhecimento oficial do plano de aprovação". Por sua vez, o parcelamento é considerado irregular quando "[...] o Poder Público competente (Município ou Distrito Federal) o examina e o aprova a pedido do interessado parcelador que [...] deixa de executá-lo ou o executa em descompasso com a legislação vigente ou em desacordo com o ato de aprovação ou, após a aprovação e execução regular, não o registra". (GASPARINI, Diógenes. Alterações da lei do parcelamento do solo urbano. *Revista de Direito Imobiliário*, São Paulo, v. 22, n. 46, p. 66-70, jan./jun. 1999).

[743] "O Município tem o poder-dever de agir para fiscalizar e regularizar loteamento irregular, pois é o responsável pelo parcelamento, o uso e a ocupação do solo urbano, atividade essa que é vinculada". (BRASIL. Superior Tribunal de Justiça. *AgRg no AREsp 446.051/SP*. 2ª Turma. Relator: Ministro Herman Benjamin. 27 mar. 2014).

[744] LOCATELLI, Paulo Antônio. *Elementos para a sustentabilidade da regularização fundiária urbana nas áreas de preservação permanente*: os desafios para a proteção do meio ambiente e o desenvolvimento urbano. Rio de Janeiro: Lumen Iuris, 2021. p. 87-88.

Público. 2. 'A nulidade do contrato acarreta o retorno dos litigantes ao 'status quo ante', devendo ser reconhecida de ofício pelo juiz e gerando efeitos 'ex tunc' (REsp nº 1304370/SP, Rel. Ministro Paulo de Tarso Sanseverino, Terceira Turma, julgado em 24.04.2014, *DJe* 05.05.2014). 3. Recurso especial provido.[745]

Por seu turno, apesar da expressa vedação legal (artigo 3º, parágrafo único, da Lei nº 6.766/1979),[746] muitos loteamentos clandestinos são implantados em áreas de preservação permanente, em terrenos íngremes, em áreas sujeitas a riscos de desastres, enchentes e alagamentos, sendo caracterizados por um padrão urbanístico totalmente irregular e sem controle dos órgãos licenciadores, expondo seus moradores a uma série de riscos e probabilidade concreta de desastres.

A realidade dos loteamentos irregulares não atinge apenas Estados menos desenvolvidos, mas também regiões com elevados índices de desenvolvimento econômico, a exemplo do Paraná e Rio Grande do Sul. Nesse prisma, dados compilados no Plano Estadual de Habitação de Interesse Social do Paraná (PEHIS-PR), tendo como referência o ano de 2019, indica que existem 75.670 moradias em loteamentos irregulares no Estado.[747] O mesmo cenário envolve o Rio Grande do Sul, pois estudo produzido em 2020 pelo Departamento de Economia e Estatística, vinculado à Secretaria de Planejamento,

---

[745] BRASIL. Superior Tribunal de Justiça. *Resp nº 1451818/DF (2014/0103373-3)*. Relator: Min. Luís Felipe Salomão, 05 ago. 2020. Disponível em: https://processo.stj.jus.br/processo/pesquisa/?tipoPesquisa=tipoPesquisaNumeroRegistro&termo=201401033733&totalRegistrosPorPagina=40&aplicacao=processos.ea. Acesso em 5 jul. 2023.

[746] Art. 3º Somente será admitido o parcelamento do solo para fins urbanos em zonas urbanas, de expansão urbana ou de urbanização específica, assim definidas pelo plano diretor ou aprovadas por lei municipal. Parágrafo único. Não será permitido o parcelamento do solo: I – em terrenos alagadiços e sujeitos a inundações, antes de tomadas as providências para assegurar o escoamento das águas; II – em terrenos que tenham sido aterrados com material nocivo à saúde pública, sem que sejam previamente saneados; III – em terrenos com declividade igual ou superior a 30% (trinta por cento), salvo se atendidas exigências específicas das autoridades competentes; IV – em terrenos onde as condições geológicas não aconselham a edificação; V – em áreas de preservação ecológica ou naquelas onde a poluição impeça condições sanitárias suportáveis, até a sua correção. (BRASIL. Lei nº 6.766, de 19 de dezembro de 1989. Dispõe sobre o Parcelamento do Solo Urbano e dá outras Providências. *Diário Oficial da União*, Brasília, 20 dez. 1979. Disponível em: http://www.planalto.gov.br/ccivil_03/leis/l6766.htm. Acesso em 6 nov. 2022).

[747] COMPANHIA DE HABITAÇÃO DO ESTADO DO PARANÁ. *Plano Estadual de Habitação de Interesse Social do Paraná (PEHIS-PR)*: pesquisa de necessidades habitacionais do Paraná. Curitiba, 2019. p. 117-132. Disponível em: https://www.cohapar.pr.gov.br/sites/cohapar/arquivos_restritos/files/documento/2020-07/pehis_2019_resultados_07_2020.pdf. Acesso em 5 jul. 2023.

Governança e Gestão (DEE/SPGG), estima que 279.573 pessoas vivem em loteamentos irregulares no Estado.[748]

Para tanto, torna-se imprescindível a adoção de medidas voltadas a responsabilizar civil e criminalmente os autores do parcelamento ilegal de solo, pois na grande maioria dos casos os loteamentos clandestinos ou irregulares têm origem na especulação imobiliária do proprietário do imóvel originário ou do empreendedor que promove o parcelamento ilícito, ensejando elevado lucro privado em detrimento do interesse coletivo.

Apesar do plexo normativo existente, ainda proliferam pelo País loteamentos de áreas em total desacordo com a legislação urbanística, dificultando a operacionalização adequada dos Planos Diretores municipais enquanto instrumentos de ordenamento territorial.

Portanto, a problemática que envolve o parcelamento ilegal de solo no Brasil constitui um enorme desafio aos gestores públicos, fator que demanda maior fiscalização e punição aos responsáveis, inclusive um olhar atento do Ministério Público enquanto órgão constitucional legitimado a primar pela defesa da ordem urbanística.

4.14 A problemática do parcelamento irregular de solo rural para fins urbanos

Um enorme desafio contemporâneo na seara urbanística envolve a problemática enfrentada pela maioria dos municípios brasileiros no que tange ao parcelamento ilegal de solo rural para fins urbanos, em contrariedade ao disposto no artigo 3º da Lei nº 6.766/1979: "Somente será admitido o parcelamento do solo para fins urbanos em zonas urbanas, de expansão urbana ou de urbanização específica, assim definidas pelo plano diretor ou aprovadas por lei municipal".

O regime de parcelamento de solo previsto na Lei nº 6.766/1979 consagra o *Princípio da vinculação situacional*, pois condiciona a atividade urbanística às exigências do Plano Diretor, somente admitindo a implantação de loteamentos na zona urbana, de expansão urbana ou de urbanização específica, de modo que a mera propriedade de uma área,

---

[748] COUTINHO, André Augustin *et al*. *Loteamentos irregulares*: o desafio de estimar a população nessa situação com base nos dados do Cadastro Único: o caso de Porto Alegre. Porto Alegre: Secretaria de Planejamento, Governança e Gestão, 2020. p. 25-26. Disponível em: https://estado.rs.gov.br/upload/arquivos//loteamentos-irregulares-30-11.pdf. Acesso em 5 jul. 2023.

por si só, não gera o direito automático de parcelamento do imóvel sem prévia autorização legal.[749]

Entretanto, na atualidade, há um franco movimento de especulação imobiliária envolvendo o parcelamento de pequenas chácaras rurais situadas nas proximidades do perímetro urbano para fins residenciais, sem qualquer autorização dos órgãos competentes, motivando atuação preventiva e repressiva do Ministério Público. A transformação de uma área rural para área urbana exige critérios técnicos, somente podendo ser efetuada mediante alterações inseridas no Plano Diretor e nas Leis de Perímetros Urbanos, para evitar incompatibilidade entre o zoneamento rural e o zoneamento urbano, a exemplo de atividades potencialmente poluidoras e sujeitas a controle ambiental, tais como a suinocultura, a avicultura e lavouras que demandam o uso e a aplicação de agrotóxicos.

Além disso, o avanço do perímetro urbano para áreas rurais sem profundos estudos técnicos pode ocasionar sério risco de danos em Áreas de Reserva Legal (RL) e Áreas de Preservação Permanente (APP), incluindo nascentes e demais cursos hídricos, considerando que o avanço das cidades para o território rural permitirá a instalação de atividades urbanas, comerciais e industriais, também exigindo escorreitos estudos técnicos de zoneamento.

Ao contrário do imóvel urbano, o imóvel rural se destina à exploração extrativa agrícola, pecuária ou agroindustrial, nos termos do artigo 4º, I, da Lei nº 4.504/1964 (*Estatuto da Terra*). Portanto, essas funções rurícolas somente podem ser descaracterizadas quando a área for inserida no perímetro urbano pelo Plano Diretor ou por Lei Municipal específica, conforme prevê o artigo 11, III, a, da Instrução Normativa nº 82/2015 do INCRA, que dispõe sobre os procedimentos para atualização cadastral no Sistema Nacional de Cadastro Rural.[750] Acerca do tema, pontua José Afonso da Silva:

> O parcelamento do solo para fins urbanos só é admitido em zonas urbanas, de expansão urbana ou de urbanização específica definidas pelo Plano Diretor ou aprovadas por Lei Municipal em consonância com o Plano Diretor. O parcelamento do solo, com finalidades

---

[749] PINTO, Victor Carvalho. *Direito urbanístico*: plano diretor e direito de propriedade. 3. ed. rev. e atual. São Paulo: Revista dos Tribunais, 2011. p. 261.
[750] INSTITUTO NACIONAL DE COLONIZAÇÃO E REFORMA AGRÁRIA (INCRA). *Instrução Normativa nº 82, de 27 de março de 2015*. Dispõe sobre os procedimentos para atualização cadastral no Sistema Nacional de Cadastro Rural e dá outras providências. Brasília, DF, 2015. Disponível em: https://antigo.incra.gov.br/media/docs/legislacao/instrucao-normativa/in_82_2015.pdf. Acesso em 5 jul. 2023.

urbanas, fora do perímetro urbano, deve ter anuência prévia do INCRA e só poderá ser aprovado se a área for (i) de expansão urbana ou de urbanização específica, definidas pelo Plano Diretor ou por Leis Municipais regulamentadores deste; (ii) oficialmente declarada como zona de turismo ou caracterizada como estância hidromineral ou balneária; (iii) tenha, comprovadamente, perdido suas características produtivas, tornando antieconômico o seu aproveitamento agrícola. Esta comprovação deve ser feita através de laudo assinado por técnico habilitado apresentado pelo proprietário ou pela municipalidade, cabendo ao INCRA a averiguação de sua veracidade.[751]

Outrossim, o artigo 65 do Estatuto da Terra não admite o parcelamento de área rural em tamanho inferior ao módulo rural, estabelecendo que "o imóvel rural não é divisível em áreas de dimensão inferior à constitutiva do módulo de propriedade rural", fixando assim uma fração limite de parcelamento para a subdivisão das áreas rurais. De igual forma, a Lei nº 5.868/1972, que dispõe sobre o *Sistema Nacional de Cadastro Rural*, veda qualquer divisão ou desmembramento de imóvel rural em tamanho inferior à Fração Mínima de Parcelamento (FMP) fixada pelo INCRA, inclusive prevendo a nulidade do ato (art. 8º).[752]

Em complemento, a Fração Mínima de Parcelamento (FMP) disciplinada pela Instrução Especial nº 5, de 29 de julho de 2022 do INCRA,[753] corresponde a menor área, em hectares, em que um imóvel rural pode ser desmembrado ou dividido para constituição de novo imóvel rural, sendo fixada para cada município e região, conforme parâmetros que possibilitam caracterizar e classificar o imóvel rural de acordo com a sua dimensão e disposição regional.

Visando coibir tal prática irregular, no Estado do Paraná, o artigo 649 do Código de Normas do Foro Extrajudicial do Tribunal de Justiça (Provimento nº 249/2013)[754] inclusive veda aos notários, sob pena de

---

[751] SILVA, Jose Afonso da. *Direito urbanístico brasileiro*. 6. ed. São Paulo: Malheiros, 2010. p. 326.
[752] BRASIL. Lei nº 5.868 de 12 de dezembro de 1972. Cria o Sistema Nacional de Cadastro Rural, e dá outras providências. *Diário Oficial da União*, Brasília, DF: Presidência da República, 14 dez. 1972. Disponível em: http://www.planalto.gov.br/ccivil_03/leis/l5868.htm. Acesso em 5 jul. 2023.
[753] INSTITUTO NACIONAL DE COLONIZAÇÃO E REFORMA AGRÁRIA (INCRA). *Instrução Especial nº 5, de 29 de julho de 2022 do INCRA*: dispõe sobre os índices básicos cadastrais e os parâmetros para o cálculo do módulo rural. Disponível em: https://www.in.gov.br/en/web/dou/-/instrucao-especial-n-5-de-29-de-julho-de-2022-418996404. Acesso em 28 dez. 2022.
[754] Art. 689. Sob pena de responsabilidade, o notário não poderá lavrar, no caso de desmembramento, escrituras de parte de imóvel rural se a área desmembrada e a remanescente

responsabilidade funcional, a lavratura de escritura pública de imóvel rural desmembrado em fração inferior àquela prevista no cadastro rural.

Ademais, ainda que travestidas sob o formato de "chácaras de lazer", Mukai destaca que a legislação pátria não permite a desnaturalização do imóvel rural. Fazendo referência ao entendimento do INCRA e do Conselho Superior da Magistratura do Estado de São Paulo, o autor frisa que a chácara de recreio não se destina à exploração extrativa vegetal, agrícola, pecuária ou agroindustrial, de modo que não se enquadra no conceito de imóvel rural.

Além disso, conclui que as chácaras de lazer ou recreio envolvem atividades tipicamente urbanas,[755] entendimento firmado na Nota Técnica INCRA/DF/DFC nº 02/2016,[756] que veda o parcelamento, para fins urbanos, de imóvel localizado fora da zona urbana, de expansão urbana, de urbanização específica ou zona especial de interesse social, incluindo os empreendimentos destinados à formação de núcleos urbanos e sítios de recreio.

Portanto, em qualquer das hipóteses, o parcelamento de solo inferior ao módulo rural fixado pelo Estatuto da Terra descaracteriza a função rurícola do imóvel, podendo gerar incompatibilidade de uso entre os fins rurais e urbanos, além de estimular o crescimento desordenado do entorno das cidades e fulminar a política de planejamento urbano, conforme já assentou o Ministro Herman Benjamin, do Superior Tribunal de Justiça:

> [...] Finalmente destaco que, ocupação na zona rural por loteamento ou condomínio irregular, aptos a formar núcleo urbano – com claras indicações de uso diverso da atividade rural: agrícola, pecuário, agroindustrial ou extrativista, mesmo que para lazer –, desvirtua usos lícitos do imóvel e caracteriza embrião para, no futuro, terceiros

---

não forem iguais ou superiores à fração mínima de parcelamento impressa no certificado de cadastro correspondente. (PARANÁ. Tribunal de Justiça. *Provimento nº 249, de 30 de setembro de 2013*. Código de Normas do Foro Extrajudicial do Tribunal de Justiça do Paraná. 2021. Disponível em: https://www.tjpr.jus.br/documents/13302/29328945/C%C3%B3digo+de+Normas+do+Foro+Extrajudicial+-+atualizado+at%C3%A9+o+provimento+312.2022.pdf/8a23ca93-1b3b-8f9a-93a0-5015472415ee. Acesso em 5 jul. 2023).

[755] MUKAI, Toshio. Aspectos polêmicos da lei de parcelamento urbano: controversial aspects of the urban installment law. *Revista de Direito Administrativo e Infraestrutura – RDAI*, São Paulo, v. 4, n. 15, p. 349-353, 2020. Disponível em: https://rdai.com.br/index.php/rdai/article/view/223. Acesso em 25 out. 2022.

[756] INSTITUTO NACIONAL DE COLONIZAÇÃO E REFORMA AGRÁRIA (INCRA). *Nota Técnica INCRA/DF/DFC nº 02/2016*. Brasília, DF: Instituto Nacional de Colonização e Reforma Agrária, 2016. Disponível em: https://urbanismo.mppr.mp.br/arquivos/File/Nota_Tecnica_02_2016_IN_82_INCRA.pdf. Acesso 5 jul. 2023.

seguirem, no entorno, o (péssimo) exemplo, pondo abaixo qualquer pretensão de planejamento municipal.[757]

Referidos exemplos demonstram que, apesar dos mecanismos legais existentes e das sanções civis e criminais, o parcelamento ilegal de solo continua sendo uma prática comum nas zonas rurais dos municípios brasileiros, consistindo numa grave violação às normas de planejamento urbano.

Além dessas medidas, é necessário promover ações concretas para sanear os loteamentos irregulares e clandestinos, conforme diretrizes da Lei de Regularização Fundiária Urbana (REURB), instituída pela Lei nº 13.465/2017, pois a informalidade desses núcleos urbanos é catalizadora de inúmeros problemas sociais, ambientais e urbanísticos. Disso sobressai o relevante papel dos órgãos legitimados de requerer a REURB, notadamente a União, Estados, Distrito Federal, Municípios, Associações de Moradores, a Defensoria Pública e o Ministério Público (art. 14). Contudo, Tartuce[758] lembra que a Lei nº 13.465/2017 poderá estar fadada ao insucesso, se o seu grande protagonista – o Poder Público Municipal – não promover políticas públicas concretas para superar o problema da regularização fundiária urbana no Brasil e, desta forma, atingir os objetivos e fins sociais da norma.

Enfim, a problemática do parcelamento de solo rural exige medidas preventivas e repressivas do poder público, notadamente ações enérgicas do Ministério Público, considerando que tal prática, além de ocasionar conflitos entre o zoneamento urbano e o rural, possui a potencialidade de obstar a implementação dos Planos Diretores e o adequado planejamento territorial dos municípios.

---

[757] BRASIL. Superior Tribunal de Justiça. *Recurso Especial nº 1317547/RS*. 2ª Turma. Relator: Ministro Herman Benjamin, 26 set. 2017. Disponível em: https://processo.stj.jus.br/processo/revista/documento/mediado/?componente=ATC&sequencial=71927507&num_registro=201200679167&data=20200831&tipo=51&formato=PDF. Acesso em 5 jul. 2023.

[758] TARTUCE, Flávio. A lei da regularização fundiária (Lei nº 13.465/2017): análise inicial de suas principais repercussões para o direito de propriedade. *Pensar Revista de Ciências Jurídicas*, Fortaleza, v. 23, n. 3, p. 22, jul./set. 2018.

CAPÍTULO 5

O MINISTÉRIO PÚBLICO E SUA ATUAÇÃO EM DEFESA DO MEIO AMBIENTE E DA ORDEM URBANÍSTICA

A Constituição Federal elevou o Ministério Público à condição de órgão essencial à função jurisdicional do Estado, atribuindo-lhe, como poder-dever, a defesa da ordem jurídica, do regime democrático e dos interesses sociais e individuais indisponíveis (art. 127). Como consectário, conferiu-se legitimidade processual ao *Parquet*, para promover o Inquérito Civil e a Ação Civil Pública para a proteção dos interesses individuais homogêneos, difusos e coletivos (art. 129, III, CF/1988).

Em complemento, com substrato na Lei da Ação Civil Pública (Lei nº 7.347/1985), o legislador ampliou o escopo de abrangência da atuação do Ministério Público, dando-lhe legitimidade processual para interpor ações de responsabilidade em defesa do meio ambiente, dos interesses difusos ou coletivos, bem como da ordem urbanística (art. 1º, I, IV e VI).

Nessa moldura jurídica, o Ministério Público surge como um autêntico representante da nação, com suas funções incrustadas na Constituição Federal, assumindo uma missão institucional em defesa dos interesses mais proeminentes da sociedade,[759] dentre eles a tutela do meio ambiente e do ordenamento urbano, com vistas à efetivação do direito fundamental às cidades sustentáveis.

---

[759] BURLE FILHO, Emanuel. Ação civil pública: instrumento de educação democrática. *In*: MILARÉ, Edis. *Ação civil pública*: Lei nº 7.347/1985, 15 anos. São Paulo: Revista dos Tribunais, 2011. p. 362-363.

Por força de suas funções essenciais, compete ao Ministério Público adotar todas as medidas ao seu alcance, para consolidar os instrumentos da política de desenvolvimento urbano, prevenindo a degradação das cidades e contribuindo para a melhoria da qualidade de vida da população.[760] Para tal mister, atuando na defesa da ordem urbanística, impõe-se ao Ministério Público a utilização de mecanismos concretos para a solução e a correção de inconformidades envolvendo o planejamento urbano, dentre elas a Ação Civil Pública, a Recomendação Administrativa e o Termo de Ajustamento de Conduta.[761]

Outrossim, para que o Ministério Público possa desempenhar suas atividades de forma efetiva e desincumbir-se de seus elevados encargos constitucionais, com independência e autonomia funcional, Mazzili[762] frisa que o órgão não pode estar subordinado hierarquicamente a qualquer dos Poderes do Estado, inclusive porque lhe compete fiscalizá-los de forma indistinta.

Aliás, a independência funcional permite que os membros do Ministério Público atuem com destemor, sem qualquer subordinação para o exercício de suas funções, o que lhes confere ampla autonomia, pois no dizer de Pinto Ferreira,[763] tais prerrogativas permitem afirmar que os integrantes do *Parquet* somente devem obediência às normas legais e às suas convicções, para que possam atuar em defesa do interesse público.

Nesse prisma, a autonomia e a independência do Ministério Público são prerrogativas institucionais que permitem uma atuação incisiva em defesa dos interesses difusos e coletivos, inclusive contra o Poder Público nas hipóteses de omissão, permitindo-se ao Poder Judiciário, quando provocado pelo *Parquet*, intervir no cumprimento

---

[760] Importante registrar que a 1ª Turma do Superior Tribunal de Justiça, por maioria, reconheceu ser imprescritível o direito à reparação civil em decorrência de agressões urbanístico-ambientais contra a coletividade. Fruto de Ação Civil Pública movida pelo MP/RJ, o tema envolveu o instrumento urbano das Operações Urbanas Consorciadas, tendo o STJ reconhecido a existência de uma simbiose entre o Direito Urbanístico e o Direito Ambiental, enfatizando que a política urbana engloba o meio ambiente natural e artificial. (BRASIL. Superior Tribunal de Justiça. *AgInt no AgInt, Recurso Especial nº 1.464.446-RJ (2014/0158282-2)*. Rel. Min. Sérgio Kukina. Julgado em 22.11.2022).

[761] Sobre a atuação resolutiva do Ministério Público ver: FERRI, Giovani. A Pandemia e seus reflexos jurídicos: em busca de um direito resolutivo. *In*: CAMBI, Eduardo; GIACOIA, Gilberto; BONAVIDES, Samia Saad Gallotti (Org.). *Covid-19 e Ministério Público*. 1. ed. Belo Horizonte: D'Placido, 2020. p. 393-419.

[762] MAZZILI, Hugo Nigro. A natureza das funções do Ministério Público e sua posição no processo penal. *Revista dos Tribunais*, São Paulo, v. 91, n. 805, p. 467, nov. 2002.

[763] FERREIRA, Pinto. *Comentários à Constituição brasileira*. São Paulo: Saraiva, 1989. v. 5, p. 106.

de políticas públicas,[764] cabendo ao Ministério Público utilizar dos instrumentos postos à sua disposição para o cumprimento da Política de Desenvolvimento Urbano estatuída na CF/1988.

5.1 As Promotorias de Habitação e Urbanismo e os Grupos de Atuação Especializada em Meio Ambiente, Habitação e Urbanismo

Ao contrário da área de proteção ao meio ambiente, as matérias afetas às áreas de habitação e urbanismo são incipientes no Ministério Público do todo o Brasil. Visando conferir maior efetividade à atuação do Ministério Público nacional, bem como permitir a especialização das matérias, as áreas de habitação e urbanismo exigem atuação dinâmica, articulada e entrelaçada com a área de meio ambiente.

Conforme já alinhavado, a simbiose entre o direito urbanístico e o direito ambiental atualmente não permitem a atuação isolada do Ministério Público, inclusive sendo essencial que ambas as disciplinas estejam a cargo de uma mesma promotoria de Justiça ou Grupo Especializado. Nessa diretriz, a unificação das matérias numa mesma promotoria permite uma visão global dos problemas conexos e, sobretudo, uma atuação estratégica no âmbito judicial e extrajudicial, em defesa dos interesses difusos, coletivos e individuais homogêneos.

Necessário ressaltar que a complexa dinâmica das cidades trouxe ao Ministério Público uma enorme responsabilidade na área do direito urbanístico, pois o órgão passou a tutelar relações jurídicas de alta complexidade, todas relacionadas a direitos coletivos e difusos, a exemplo dos seguintes temas: I. Direito fundamental à moradia; II. Fiscalização de programas, planos e projetos de habitação popular; III. Implementação das cidades sustentáveis e das metas dos Objetivos de Desenvolvimento Sustentável (ODS); IV. Cumprimento das diretrizes e instrumentos da política urbana previstos na Constituição Federal e no Estatuto da Cidade; V. Fiscalização e implementação dos Planos Diretores; VI. Observância do Princípio da Participação Popular na gestão democrática das cidades; VII. Acompanhamento do processo de metropolização e das diretrizes do Estatuto da Metrópole; VIII. Fiscalização das políticas de regularização fundiária urbana e rural;

---

[764] FREITAS, Vladimir Passos de; FREITAS, Mariana Almeida Passos de. A ação civil pública e a judicialização das políticas públicas ambientais. *In*: MILARÉ, Édis (Coord.). *Ação civil pública após 35 anos*. 1. ed. São Paulo: Thomson Reuters Brasil, 2020. p. 1141-1142.

IX. Atuação na prevenção, mediação e resolução de conflitos fundiários urbanos; X. Fiscalização da segurança em edificações, prevenção, combate a incêndio e desastres em estabelecimentos e áreas de reunião pública, com base na Lei Kiss; XI. Fiscalização das políticas de mobilidade urbana; XII. Fiscalização das políticas de ordenação, controle e uso do solo, incluindo diretrizes de zoneamento e parcelamento (loteamentos e desmembramentos); XIII. Fiscalização dos planos, programas e serviços de proteção e defesa civil envolvendo ocupações em áreas de risco; XIV. Fiscalização dos serviços de saneamento básico nas cidades, incluindo oferta de água potável, coleta, tratamento de esgoto e drenagem de águas pluviais; XV. Implementação de planos de recursos hídricos na área urbana, incluindo proteção de mananciais; XVI. Cumprimento da Política Nacional de Resíduos Sólidos quanto à regularidade de aterros sanitários, logística reversa, coleta e tratamento adequado dos resíduos sólidos; XVII. Cumprimento da Política Nacional sobre Mudança do Clima e seus efeitos no âmbito urbanístico.

Conforme se vê, as atribuições conferidas ao Ministério Público nas áreas de habitação e urbanismo são amplas, complexas e interligadas à área ambiental, exigindo especialidade, planejamento e coordenação eficazes para uma melhor atuação nas matérias. Portanto, o enfrentamento eficaz de tais temas exige conhecimento técnico especializado e, sobretudo, estruturação física e humana das promotorias.

Contudo, necessário pontuar que o Ministério Público nacional precisa conferir especial atenção às áreas de Habitação e Urbanismo, mediante a criação de Promotorias Especializadas e Grupos de Atuação Especializada nas matérias. No cenário contemporâneo constitui fato notório a existência de uma demanda reprimida nas áreas de habitação e urbanismo, dificultando a efetividade da atuação ministerial para cumprimento de sua missão constitucional. Por consequência, inúmeras políticas urbanísticas vêm permanecendo ao alvedrio do gestor público, sem efetiva fiscalização do *Parquet*.

No Ministério Público do Estado do Paraná, os Grupos de Atuação Especializada em Meio Ambiente, Habitação e Urbanismo (GAEMA) foram criados somente no ano de 2018, sendo distribuídos de forma equitativa em doze regionais. A criação dos GAEMAs como órgãos regionalizados considerou a necessidade de atuação conjunta e coordenada das Promotorias de Justiça que integram cada região do Estado, tendo por objetivo atuar nos casos de maior lesividade, repercussão e gravidade, devido ao aumento das demandas e à complexidade das questões ambientais, urbanísticas e habitacionais em âmbito regional.[765]

Por consistir numa estrutura especializada, a atuação do GAEMA demanda *expertise*, articulação e planejamento de ações voltadas ao cumprimento de suas funções e metas em defesa do meio ambiente e da ordem urbanística.

Nesse norte, a complexa dinâmica das cidades e o adequado enfrentamento dos problemas de ordem urbanística exigem uma atuação mais estratégica e incisiva do Ministério Público, inclusive por meio do aprimoramento técnico de seus membros.

Para fazer frente aos desafios do planejamento urbano, torna-se necessário que os Ministérios Públicos de todos os Estados brasileiros promovam a criação e efetiva implementação das promotorias e grupos especializados nas matérias de habitação e urbanismo conectadas com a área de meio ambiente.

Tais medidas são imprescindíveis para que o Ministério Público possa executar com êxito na defesa desses relevantes interesses sociais, coletivos e difusos. Para atingir tal desiderato, a atuação das promotorias e grupos especializados demanda *expertise*, articulação e planejamento de ações voltadas ao cumprimento de suas funções e metas.

Para tal mister, medida primordial para uma atuação eficaz e coordenada do Ministério Público na seara urbanística consiste no mapeamento regional dos principais problemas oriundos da ausência de planejamento urbano, com o apontamento de diretrizes, estratégias e mecanismos capazes de promover o enfrentamento dessas questões.

5.2 Plano Setorial de Ação como mecanismo de atuação estratégica do Ministério Público nas áreas de habitação e urbanismo

Visando uma atuação eficaz nas áreas de habitação e urbanismo, aponta-se a relevância dos *Planos Setoriais de Ação* para que o Ministério Público promova um diagnóstico em âmbito regional dos problemas urbanísticos, fixando diretrizes de ação e estabelecendo metas prioritárias de atuação preventiva e resolutiva.

---

[765] PARANÁ. Ministério Público do Estado. *MPPR cria grupos especializados em meio ambiente, habitação e urbanismo*. Curitiba: Ministério Público do Estado, 2018. Disponível em http://mppr.mp.br/2018/10/20899,10/mppr-cria-grupos-especializados-em-meio-ambiente-habitacao-e-urbanismo.html. Acesso em 26 out. 2022.

Além disso, o planejamento institucional permite a tomada de decisões racionais com base em diretrizes previamente estabelecidas, considerando que "o Planejamento é uma das mais importantes funções da administração, talvez a mais nobre de todas. É o que dá início a toda atividade do processo de gestão, cujo ponto de partida é a 'fixação de objetivos'.[766] Outrossim, o planejamento institucional e a fixação de diretrizes de ação voltadas ao melhor desempenho da atuação do Ministério Público constituem instrumentos eficazes de governança e gestão, os quais podem ser decisivos para o melhor enfrentamento de questões complexas, a exemplo das matérias de habitação e urbanismo.

Consoante já destacado nos capítulos anteriores, a ausência de implementação de políticas públicas relacionadas às áreas de habitação e urbanismo constituem elementos negativos a obstar a sustentabilidade das cidades em suas dimensões sociais, ambientais e urbanísticas. Nesse contexto, a não formulação e a inexecução de políticas habitacionais e urbanísticas cogentes pelo poder público são fatores que contribuem para o crescimento desordenado das cidades, expansão dos conflitos urbano-ambientais e aprofundamento de problemas sociais.

Disso resulta a necessidade de uma atuação estratégica do Ministério Público, para que o órgão exerça de forma adequada o seu papel fiscalizatório em defesa da ordem urbanística, com vistas a tornar as cidades coerentes e sustentáveis em suas diversas dimensões. Para alcançar tal desiderato, é preciso que o Ministério Público esteja amparado por dados técnicos, incluindo a formatação de diagnósticos regionais e mapeamentos de problemas habitacionais e urbanísticos que envolvem as cidades e regiões metropolitanas.

A partir dessas diretrizes, é possível obter elementos técnicos que venham a subsidiar a formatação dos Planos Setoriais de Ação, onde serão apontadas linhas-mestras de atuação preventiva e resolutiva pelas Promotorias e Grupos Especializados em habitação e urbanismo.

Para a formatação adequada de um Plano Setorial de Ação nas áreas de habitação e urbanismo, torna-se imprescindível um diagnóstico preliminar dos respectivos municípios ou regiões metropolitanas, através do qual será possível promover um mapeamento local ou regional, com vistas a averiguar a eficácia ou ineficácia de determinadas políticas urbanísticas.

---

[766] SANTINI JÚNIOR, Nelson. *Princípios e ferramentas da estratégia empresarial*. São Paulo: Atlas, 2011. p. 13.

Visando promover um diagnóstico que dará suporte ao Plano Setorial de Ação, as Promotorias e Grupos Especializados de Habitação e Urbanismo podem se valer do seguinte roteiro de requisições ao ente público, para posterior análise e confronto técnico:

1) se o Município possui Plano Diretor vigente (artigo 41, I a VI, da Lei Federal nº 10.257/2001);
2) se o Município está elaborando ou já possui, sob tramitação, processo de revisão decenal do Plano Diretor (artigo 39, §3º, da Lei Federal nº 10.257/2001);
3) se o Plano Diretor ou o projeto de revisão do Plano Diretor observou o Princípio da Gestão Democrática através da realização de Audiências Públicas e debates com a participação da população e de associações representativas dos vários segmentos da comunidade (artigo 40, §4º, I, da Lei Federal nº 10.257/2001);
4) se o Plano Diretor ou o projeto de revisão do Plano Diretor observou os Princípios da Publicidade e Transparência, através da publicidade quanto aos documentos e informações produzidos e do acesso de qualquer interessado aos documentos e informações produzidos (artigo 40, §4º, II e III, da Lei Federal nº 10.257/2001);
5) se o Município possui Comissão ou Conselho de Acompanhamento, Execução e Revisão do Plano Diretor;
6) se o Município está dando cumprimento às metas estabelecidas no Plano Diretor vigente;
7) se o Município possui Comissão Municipal de Urbanismo ou órgão equivalente devidamente instalado e em funcionamento;
8) se o Município possui Conselho Municipal de Meio Ambiente devidamente instalado e em funcionamento;
9) se o Município averiguado integra região metropolitana e possui Plano de Desenvolvimento Urbano Integrado em vigor para fins de governança interfederativa (Lei Federal nº 13.089/2015);
10) se positiva a resposta supra, se o Plano de Desenvolvimento Urbano Integrado (PDUI) da Região Metropolitana ou de Aglomeração Urbana foi submetido à revisão decenal (artigo 11 da Lei Federal nº 13.089/2015);

11) Se o Município possui legislação específica sobre o Zoneamento, Uso e Ocupação do Solo devidamente revisada com o conjunto de normas que compõe o Plano Diretor;
12) Se o Município possui legislação específica sobre Parcelamento de Solo Urbano devidamente revisada com o conjunto de normas que compõem o Plano Diretor;
13) Se o Município possui legislação específica sobre Perímetros Urbanos e Zonas de Expansão Urbana devidamente revisada com o conjunto de normas que compõem o Plano Diretor;
14) Se o Município possui Secretaria ou Departamento específico destinado à apreciação de projetos de parcelamento de solo urbano (loteamentos e desmembramentos);
15) Se nos processos de loteamento o município observa o prévio licenciamento ambiental junto ao órgão licenciador estadual ou ao órgão ambiental municipal, se existente e em funcionamento;
16) Se antes de aprovação, os processos de loteamento são previamente submetidos à análise do Conselho Municipal de Meio Ambiente, do Conselho Municipal de Urbanismo ou de outro órgão ou comissão técnica;
17) Quantos projetos de Loteamento o Município aprovou nos últimos 5 (cinco) anos;
18) Quantos projetos de loteamento tramitam atualmente no Município;
19) Se o Município possui loteamentos aprovados e ainda não registrados perante os Cartórios de Registro de Imóveis, devendo informar os locais, números e situação legal;
20) Se o Município possui ocupações e loteamentos irregulares na área urbana, devendo informar os locais, os números e quais medidas vêm sendo adotadas para a devida regularização;
21) Se o município possui ocupações em áreas de risco e se vem adotando medidas preventivas para fiscalizar e coibir as ocupações em tais áreas, em conformidade com a *Política Nacional de Proteção e Defesa Civil* (Lei nº 12.608/2012);
22) Se o município está inserido no Cadastro Nacional de Municípios com áreas suscetíveis à ocorrência de deslizamentos de grande impacto, inundações bruscas ou processos geológicos ou hidrológicos correlatos (artigo 6º, VI, Lei nº 12.608/2012 e Decreto nº 10.692/2021);

23) Se o Município já promoveu a identificação e o mapeamento dessas áreas de risco com base em cartas geotécnicas (artigo 42-A, §1º, do Estatuto da Cidade);
24) Se positivo, se o Município elaborou Plano de Contingência de Proteção e Defesa Civil, de acordo com os procedimentos estabelecidos pelo órgão central do Sistema Nacional de Proteção e Defesa Civil – SINPDEC (artigo 8º, XI, da Lei Federal nº 12.608/2012 e artigo 3-A, §2º, II, da Lei Federal nº 12.340/2010);
25) Se o Município possui autuações, embargos administrativos e ações judiciais envolvendo parcelamento irregular de solo em área rural (os chamados *condomínios rurais* através de loteamentos e desmembramentos inferiores à Fração Mínima de Parcelamento – FMP), devendo informar locais, números e situação atual;
26) Se identificados casos de parcelamento irregular em áreas rurais, quais medidas o Município vem adotando para coibir essas práticas e qual tratamento tributário o Município confere a tais fracionamentos, diante da vedação de parcelamento inferior à FMP pelo Incra;
27) Se o Município mantém Cadastro Territorial Multifinalitário, Sistema de Geoprocessamento ou outra forma de acompanhamento e controle do uso, ocupação, parcelamento e expansão do perímetro urbano;
28) Se o Município possui ocupações e loteamento irregulares, passíveis de Regularização Fundiária Urbana (Lei Federal nº 13.465/2017), devendo apontar os locais, números e situação atual;
29) Se o Município possui Programa Local de Habitação de Interesse Social (PLHIS), com o objetivo de promover o acesso à habitação para a população de menor poder aquisitivo, evitando-se a aquisição de terrenos irregulares e a proliferação de assentamentos urbanos ilegais;
30) Se positiva a resposta anterior, quantas famílias foram beneficiadas nos últimos 5 (cinco) anos com os projetos de habitação popular;
31) Qual o número de famílias cadastradas perante o Município que aguardam inclusão nos programas de habitação de interesse social, objetivando reduzir o déficit habitacional no município;

32) Se o Município está em situação regular perante o Sistema Nacional de Habitação de Interesse Social (SNHIS, Lei nº 11.124/2005) para que possa receber desembolsos de contratos já firmados e pleitear novos recursos para fins habitacionais.

A partir dessas informações técnicas é possível formatar um Plano Setorial de Ação para averiguar eventual ineficácia de políticas habitacionais e urbanísticas, bem como estabelecer diretrizes, metas e ações que devem nortear a atuação do Ministério Público.

Outrossim, com esteio no referido diagnóstico, é possível averiguar de que forma as promotorias e grupos especializados podem enfrentar tais questões e como podem agir para a efetiva fiscalização e implementação dessas políticas públicas de gestão urbana, apontando mecanismos concretos e ações estratégicas para a solução e correção de eventuais inconformidades envolvendo o ordenamento urbano.

5.3 A Ação Civil Pública como mecanismo de tutela do meio ambiente e do ordenamento urbano

A ação civil pública recebeu tratamento diferenciado pela Lei nº 7.347/1985, inaugurando uma nova modalidade de instrumento processual para a defesa de interesses metaindividuais. Visando consolidar o exercício de tão relevante mecanismo processual, o legislador ainda conferiu ao Ministério Público a exclusividade da instauração do Inquérito Civil, procedimento investigatório inquisitorial destinado à tutela de direitos ou interesses difusos, coletivos ou individuais homogêneos, autorizando o *Parquet* a coletar elementos de prova para dar suporte à propositura da ação civil pública ou lavratura de Termo de Ajustamento de Conduta.[767]

De fato, a Lei nº 7.347/1985 instaurou revolucionária medida processual, conferindo novo tratamento à proteção dos interesses transindividuais, tendo o Brasil assumido um protagonismo com o

---

[767] Previsto nos artigos 8º e 9º da Lei nº 7.347/1985 e nas Leis Orgânicas do Ministério Público, o Inquérito Civil está regulamentado pela Resolução nº 23/2017 do CNMP (Conselho Nacional do Ministério Público. *Resolução 23, de 17 de setembro de 2017*. Regulamenta os artigos 6º, inciso VII, e 7º, inciso I, da Lei Complementar nº 75/93 e os artigos 25, inciso IV, e 26, inciso I, da Lei nº 8.625/93, disciplinando, no âmbito do Ministério Público, a instauração e tramitação do inquérito civil. Disponível em: https://www.cnmp.mp.br/portal/images/Normas/Resolucoes/Resoluo-0232.pdf. Acesso em 6 jul. 2023).

advento da Lei da Ação Civil Pública, na medida em que avançou além das ações individuais para proteger interesses difusos e coletivos.

Nesse norte, Carvalho[768] lembra que, anteriormente a 1985, o único mecanismo processual previsto na legislação brasileira para impugnar os atos administrativos lesivos ao interesse público era a Ação Popular, de iniciativa restrita, de modo que a intervenção do Poder Judiciário nos atos da Administração Pública ficava limitada a esse mecanismo popular, aos mandados de segurança individuais e às ações de responsabilidade civil do Estado.

Com o avanço, a modernização da sociedade e, sobretudo, o surgimento dos direitos de terceira geração, houve o natural crescimento das pretensões de natureza transindividual, sendo necessária a criação de novos mecanismos processuais em busca de soluções para os conflitos de massa e, principalmente, para a defesa de interesses difusos e coletivos.

Segundo Piovesan, o surgimento de conflitos de cunho coletivo ou difuso provém da própria explosão de movimentos sociais das décadas de 70 e 80, dentre eles o movimento ecológico, provocando o aparecimento de novas demandas sociais. Salienta que o surgimento de novos sujeitos de direitos criou outros padrões de conflituosidade que transcenderam a tradicional lógica dos conflitos interindividuais, dando ensejo ao surgimento de direitos metaindividuais, característicos da sociedade de massa,[769] reclamando inclusive novos mecanismos processuais para fazer frente à judicialização de litígios coletivos e complexos, a exemplo do *Processo Estrutural*.[770]

---

[768] CARVALHO, Eduardo Santos de. Ação civil pública: instrumento para a implementação de prestações estatais positivas. *Revista do Ministério Público do Rio de Janeiro*, n. 20, p. 67-92, 2004.

[769] PIOVESAN, Flávia. O direito ao meio ambiente e a Constituição de 1988. In: BENJAMIN, Antonio Herman; FIGUEIREDO, Guilherme José Purvin de (Coord.). *Direito ambiental e as funções essenciais à justiça*: o papel da advocacia de Estado e da Defensoria Pública na Proteção do Meio Ambiente. São Paulo: Revista dos Tribunais, 2011. p. 59.

[770] Na Ação Civil Pública nº 5012843-56.2021.4.04.7200/SC, a 6ª Vara Federal de Florianópolis/SC vislumbrou a necessidade de estabelecer o mecanismo do *Processo Estrutural* para a adequada gestão, governança e proteção da Lagoa da Conceição, reconhecendo tratar-se de uma demanda de natureza complexa e estrutural, determinando a criação de uma Câmara Judicial de Proteção à referida Lagoa, composta por diversos organismos técnicos, com "a finalidade de assessorar este Juízo na adoção de medidas estruturais necessárias para garantir a integridade ecológica do ente natural através de uma governança judicial socioecológica". (BRASIL. Justiça Federal. Seção Judiciária de Santa Catarina. 6ª Vara Federal de Florianópolis. *Ação Civil Pública nº 5012843-56.2021.4.04.7200/SC*. Decisão 11 jun. 2021).

De igual forma, no âmbito de moderna processualística de cunho coletivo, a ação civil pública despontou como relevante mecanismo para a tutela dos direitos transindividuais ou num instrumento de defesa dos interesses sociais que "compõem uma díade incindível, enquanto bens pertencentes a toda a comunidade".[771]

Justamente nessa tônica é que a ação civil pública, enquanto inovador instrumento processual, foi alçada à condição de "ação coletiva por excelência" para a defesa dos interesses mais relevantes da sociedade,[772] mecanismo que vem sendo utilizado diuturnamente pelo Ministério Público brasileiro em decorrência do surgimento de novos direitos.

Com igual compreensão, Capeletti e Garth ressaltam que, a partir da década de 1970, houve um grande movimento de reforma processual tendente a melhorar o acesso à justiça, sobretudo para fazer frente à representação dos interesses difusos, assim chamados "interesses coletivos ou grupais". Para os autores, esta segunda onda processual teve como foco a preocupação específica com os interesses difusos, forçando a reflexão sobre noções tradicionais básicas do processo civil e o papel dos tribunais perante os litígios coletivos, a exemplo das *class action*, exigindo uma revolução do processo civil:

> A concepção tradicional do processo civil não deixava espaço para a proteção dos direitos difusos. O processo era visto apenas como um assunto entre duas partes, que se destinava à solução de uma controvérsia entre essas mesmas partes a respeito de seus próprios interesses individuais. Direitos que pertencessem a um grupo, ao público em geral ou a um segmento do público não se enquadravam bem nesse esquema. As regras determinantes da legitimidade, as normas de procedimento e a atuação dos juízes não eram destinadas a facilitar as demandas por interesses difusos intentadas por particulares.[773]

Nesse cenário evolutivo é que o objeto da Ação Civil Pública prevista na Lei nº 7.347/1985, segundo Mancuso,[774] foi se ampliando

---

[771] GALVÃO, Ilmar. A ação civil pública e o Ministério Público. *In*: WALD, Arnoldo. *Aspectos polêmicos da ação civil pública*. São Paulo: Saraiva, 2003. p. 202.

[772] GUETTA, Maurício. Notas sobre a ação civil pública como instrumento indutor da efetividade de deveres fundamentais em matéria ambiental. *In*: MILARÉ, Édis (Coord.). *Ação civil pública após 35 anos*. 1. ed. São Paulo: Thomson Reuters Brasil, 2020. p. 982.

[773] CAPELETTI, Mauro; GARTH, Bryant. *Acesso à justiça*. (Trad. Ellen Gracie Northfleet). Porto Alegre: Sérgio Antonio Fabris Editor, 1988. p. 18-19.

[774] MANCUSO, Rodolfo de Camargo. *Interesses difusos*: conceito e legitimação para agir. 9. ed. rev. atual. e ampl. São Paulo: Thomson Reuters Brasil, 2019. p. 9-10.

gradativamente, a fim de agregar novos interesses de transcendental relevância, sendo assim positivados outros valores emergentes da sociedade civil, carentes de proteção jurisdicional específica.

Além da proteção ambiental, na atualidade, a ação civil pública se espraia para a defesa da ordem urbanística, à proteção da saúde pública, aos direitos dos consumidores, das pessoas com deficiência, dos idosos, das crianças e adolescentes, dos torcedores, dos investidores do mercado imobiliário, à defesa do patrimônio público e social, à proteção dos bens e direitos de valor artístico, estético, histórico, turístico e paisagístico, à repressão das infrações de ordem econômica, à defesa da honra e da dignidade de grupos raciais, étnicos ou religiosos, dentre outros direitos coletivos e difusos.

Disso resulta a relevância da Ação Civil Pública como principal mecanismo destinado a garantir o cumprimento e a eficácia de deveres fundamentais constitucionais, como bem observa Guetta:

> Considerando a relevância fulcral da Ação Civil Pública como instrumento indutor da efetividade do direito fundamental ao meio ambiente ecologicamente equilibrado, mormente no caso de omissão inconstitucional por descumprimento de deveres fundamentais pelo Poder Público, é preciso enfatizar a necessidade de um processo efetivo, isto é, um processo que produza os resultados previstos pelo ordenamento jurídico, em atenção à adequação e à tempestividade que devem marcar a tutela jurisdicional, mediante a 'preordenação dos instrumentos processuais capazes de promover a tutela de direitos'.[775]

Outrossim, no espectro do direito ambiental, o surgimento da sociedade globalizada de risco ensejou a policontextualidade das questões ambientais e a necessidade de busca da redução dos complexos fenômenos da vida moderna, fator que demanda a potencialização do direito ambiental e de seus instrumentos de contenção, dentre eles a ação civil pública, o inquérito civil e o termo de ajustamento de conduta, com foco na responsabilização civil ambiental.[776]

Por sua envergadura e amplitude, Wedy destaca que a ação civil pública representa importante instrumento para a concretização

---

[775] GUETTA, Maurício. Notas sobre a ação civil pública como instrumento indutor da efetividade de deveres fundamentais em matéria ambiental. *In*: MILARÉ, Édis (Coord.). *Ação civil pública após 35 anos*. 1. ed. São Paulo: Thomson Reuters Brasil, 2020. p. 987.

[776] CARVALHO, Délton Winter de. *Dano ambiental futuro*: a responsabilização civil pelo risco ambiental. 2. ed. Porto Alegre: Livraria do Advogado, 2013. p. 46-49.

do meio ambiente como direito fundamental de terceira geração ou de novíssima dimensão,[777] sendo incontestável que desde o seu advento, no ano de 1987, referido mecanismo processual permitiu a defesa intransigente dos direitos difusos e coletivos, contribuindo de modo significativo para a manutenção do meio ambiente equilibrado e de outros direitos indisponíveis.

No mesmo norte, destaca-se que em razão da Lei da Ação Civil Pública, o Brasil assumiu posição de destaque na proteção de interesses transindividuais, notadamente na defesa do meio ambiente, assumindo posição de liderança entre os países da América Latina.[778] Especificamente na área ambiental, nas últimas décadas floresceram ações civis públicas destinadas a prevenir e a reprimir desmatamentos, queimadas, perda da biodiversidade, combate aos efeitos adversos das mudanças climáticas, preservação de áreas de preservação permanente e parques florestais, proteção animal, enfrentamento aos desastres naturais e catástrofes ambientais.

No tocante ao ordenamento urbano, o Estatuto da Cidade criou a expressão *ordem urbanística* em seu artigo 1º, I, inclusive promovendo alterações na Lei nº 7.347/1985, permitindo a defesa desse direito por intermédio da Ação Civil Pública. Para tanto, o artigo 53 do Estatuto da Cidade alterou a Lei da Ação Civil Pública, inserindo a ordem urbanística no rol de interesses difusos e coletivos passíveis de tutela (art. 1º, VI).

Nesse norte, Carvalho Filho[779] destaca que a ação civil pública urbanística caracteriza-se como um instrumento renovador da proteção de bens e direitos da sociedade, pois a antiga processualística, então voltada à "defesa de bens e direitos individuais, transformou-se em mecanismo destinado à tutela de *interesses transindividuais*", considerando que o pressuposto da ordem urbanística não é "proteger bem jurídico do indivíduo isoladamente considerado, mas sim o de tutelar grupos, comunidades, populações, vistos como conglomerados de pessoas com titularidade sobre direitos de natureza coletiva".

---

[777] WEDY, Gabriel. A ação civil pública de acordo com a doutrina e jurisprudência. In: MILARÉ, Édis (Coord.). *Ação civil pública após 35 anos*. 1. ed. São Paulo: Thomson Reuters Brasil, 2020. p. 787.

[778] FREITAS, Mariana Almeida Passos de; FREITAS, Vladimir Passos de. A complexidade das ações civis públicas envolvendo meio ambiente e populações vulneráveis. In: MILARÉ, Édis (Coord.). *Ação Civil Pública após 30 anos*. São Paulo: Revista dos Tribunais, 2005. p. 35-41.

[779] CARVALHO FILHO, José dos Santos. *Comentários ao estatuto da cidade*. 5. ed. rev. ampl. e atual. São Paulo: Atlas, 2013. p. 454-456.

Aliás, o crescimento desordenado das cidades e dos centros urbanos, aliado ao avanço desmedido do fenômeno da urbanização sobre os recursos naturais, exige uma atuação preventiva, resolutiva e quiçá repressiva por parte do Ministério Público, para fins de adequado planejamento urbano. Nesta senda, revela-se que a ação civil pública urbanística, enquanto instrumento de caráter inibitório, constitui mecanismo salutar para tornar as cidades mais sustentáveis e resilientes. Nessa ótica, a natureza transindividual atribuída à ordem urbanística também decorre da intensa conflituosidade que caracteriza tal interesse (*conflitualitá massima* na doutrina italiana), pois os centros urbanos estão situados na rota de colisão de dois interesses contrapostos: de um lado, o interesse das comunidades e, do outro, interesses diversos, a exemplo dos setores econômico, empresarial, da construção civil, de obras públicas e do mercado imobiliário, incluindo o mercado especulativo, os quais, em muitas situações, consideram mais relevantes seus próprios interesses do que o interesse urbanístico das comunidades.[780]

Desta forma, visando minimizar essa relação conflituosa e atento à necessidade de proteção específica dessa nova modalidade de direito difuso, o legislador ampliou o espectro da ação civil pública com o objetivo de dar maior efetividade ao Estatuto da Cidade e às demais normas de caráter urbanístico, notadamente para alcançar a sustentabilidade urbana e permitir o adequado ordenamento das cidades.

Nas últimas décadas, o mecanismo da ação civil pública tem se mostrado eficiente para a tutela de interesses difusos e coletivos, notadamente para a proteção ao meio ambiente, objeto de um expressivo volume de ações ajuizadas pelo Ministério Público Estadual e Federal, colocando o *Parquet* na vanguarda da matéria. Realidade um pouco diversa ocorre na defesa da ordem urbanística, cuja demanda processual ainda é significativamente menor em relação às ações ambientais.

Nesse norte, dados do *Cadastro Nacional de Ações Coletivas do Conselho Nacional de Justiça* (CNJ) demonstram que até o mês de maio de 2023 estavam tramitando 219.968 Ações Civis Públicas na Justiça Estadual e Federal do Brasil, sendo 38.028 delas em matéria ambiental. Entretanto, os dados do CNJ[781] revelam que as ações civis

---

[780] CARVALHO FILHO, José dos Santos. *Comentários ao estatuto da cidade*. 5. ed. rev. ampl. e atual. São Paulo: Atlas, 2013. p. 456-457.
[781] CONSELHO NACIONAL DE JUSTIÇA (CNJ). *Cadastro nacional de ações coletivas*. Brasília, DF, 2021. Disponível em: https://paineisanalytics.cnj.jus.br/single/?appid=1d54bc4d-81c7-45ae-b110-7794758c17b2&sheet=87f1a661-cf86-4bda-afe4-61dfc6778cd4&lang=pt-BR&opt=ctxmenu,currsel. Acesso em 9 jul. 2023.

públicas urbanísticas possuem reduzido volume em comparação à área de meio ambiente, representando apenas 4.793 ações em trâmite no Brasil, estando o maior número de casos relacionados aos temas de parcelamento de solo (2.833), ordem urbanística (1.486), posturas municipais (763) e segurança em edificações (703).

Referido dado demonstra que ao contrário das demandas ambientais, o Ministério Público não vem atuando de forma coordenada e incisiva na matéria, considerando que os problemas de ordem urbanística são acentuados no País, merecendo prioridade de atuação ministerial. Necessária, portanto, uma mudança de paradigma do Ministério Público, para promover uma atuação coordenada e eficaz na seara do direito urbanístico.

Disso resulta um questionamento: o Ministério Público nacional vem atuando de forma eficaz para a tutela da ordem urbanística? Mancuso confere adequada resposta à pergunta, ao afirmar que o Ministério Público se ressente de um melhor aparelhamento para conduzir de forma eficaz a tutela de interesses diferenciados, os quais requerem conhecimentos extrajurídicos e técnicos, apontando como solução racional dotar seus membros de meios e informações necessárias para a adequada tutela dos interesses difusos.[782]

Efetivamente, o reduzido número de ações na área urbanística se deve, em parte, à ausência de especialização na matéria e estruturação adequada das Promotorias e Grupos Especializados em Habitação e Urbanismo, panorama que exige atenção máxima do Ministério Público brasileiro para fazer frente aos desafios que a matéria impõe.

Essa advertência já era feita há mais de duas décadas pelo então Procurador de Justiça de São Paulo, Herman Benjamin, hoje Ministro do Superior Tribunal de Justiça, ao frisar que a atuação incisiva do Ministério Público demanda a criação de cargos especializados, com promotorias regionais por ecossistemas ou bacias hidrográficas, estruturação de Grupos Especiais compostos por promotores vocacionados e especializados na matéria, além de um constante aperfeiçoamento técnico.[783]

---

[782] MANCUSO, Rodolfo de Camargo. *Interesses difusos*: conceito e legitimação para agir. 9. ed. rev. atual. e ampl. São Paulo: Thomson Reuters Brasil, 2019. p. 264.

[783] BENJAMIN, Antonio Herman. Um novo modelo para o Ministério Público na proteção do meio ambiente. In: ALVES, Airton Buzzo; RUFINO, Almir Gasquez; SILVA, José Antonio Franco da (Org.). *Funções institucionais do Ministério Público*. São Paulo: Saraiva, 2001. p. 399-400.

Nesse norte, a área de urbanismo certamente envolve uma complexa ciência, fator que demanda conhecimentos especializados e interdisciplinares, pois conforme já asseverado, o processo de urbanização, pautado pela constante evolução das cidades, importa na análise conjunta de diversos elementos de outras ciências para a compreensão de seu funcionamento.

Por seu turno, além de conhecimentos especializados na matéria, o planejamento institucional constitui outro elemento de extrema relevância para uma atuação eficaz do Ministério Público. Nessa diretriz, volve-se frisar a relevância na elaboração dos Planos Setoriais de Ação como mecanismos eficazes para o mapeamento de demandas urbanísticas locais e regionais, os quais podem permitir a adoção de medidas estratégicas e instrumentais pelo *Parquet*.

Desta forma, considerando que as estatísticas atuais demonstram um elevado número de loteamentos irregulares no Brasil, um déficit habitacional alarmante, a crescente ocupação de áreas de risco passíveis de desastres, sérios problemas de governança em políticas públicas de urbanização, além da necessidade de maior fiscalização dos Planos Diretores municipais e legislação correlata, torna-se premente uma atuação mais contundente do Ministério Público na seara urbanística.

Enfim, a problemática urbana exige especial atenção do Ministério Público, considerando que o acelerado crescimento das cidades demanda políticas públicas eficazes de planejamento e uma governança eficiente, as quais devem ser pautadas por critérios técnicos, com o objetivo de alcançar a sustentabilidade urbana.

Portanto, o papel do Ministério Público na seara urbanística se revela crucial, competindo ao órgão fomentar a criação e estruturação de Promotorias e Grupos Especializados na matéria, além de aprimorar os conhecimentos técnicos de seus membros, permitindo uma atuação mais eficaz e proativa do *Parquet* no âmbito do direito urbanístico.

CONCLUSÃO

A sociedade contemporânea atravessa um inegável período de crise ambiental, exigindo mudanças comportamentais e a busca de novos paradigmas voltados a restabelecer a relação harmoniosa entre homem-natureza, com vistas a atingir o desenvolvimento plenamente sustentável. Nessa perspectiva, o meio ambiente equilibrado, enquanto direito de terceira geração, constitui pressuposto do desenvolvimento sustentável, abrangendo o desenvolvimento humano, social e econômico.

Similar concepção se estende ao desenvolvimento urbano, pois o conceito de sustentabilidade é multidimensional, evidenciando-se que o crescimento desordenado das cidades é capaz de afetar a sustentabilidade urbana e gerar desequilíbrio ambiental, reduzindo a qualidade de vida da população. Disso resulta a garantia constitucional do direito às cidades sustentáveis enquanto objetivo primordial da política urbana.

Demonstrou-se que na atualidade 55% da população mundial vive nas cidades e demais áreas urbanas adjacentes. As projeções futuras apontam que até 2050, cerca de 70% da população mundial passará a ocupar os centros urbanos, fator que exige ações concretas de planejamento para tornar as cidades ambientalmente sustentáveis. No tocante ao Brasil, dados oficiais estimam uma população urbana de 76%, havendo uma projeção de que esse número alcance 84% a partir de 2022, demonstrando uma elevada densidade demográfica nas cidades e uma concentração desproporcional em relação às zonas rurais.

Outrossim, a Revolução Industrial propiciou o surgimento da sociedade de risco, tornando as cidades perigosas e insalubres, gerando desequilíbrio ambiental e conflitos entre o *habitat* humano e algumas atividades econômicas, exigindo a necessidade de compatibilizar o progresso da sociedade com o desenvolvimento plenamente sustentável nas dimensões econômica, social, ambiental e urbanística.

Nesse prisma, o processo de urbanização exprime um fenômeno complexo e dinâmico, reclamando a implementação eficaz de instrumentos urbanísticos destinados a evitar a deterioração das cidades e permitir o seu adequado desenvolvimento. Sob esta ótica, a interferência humana no meio ambiente natural e construído pode alterar o equilíbrio das cidades e provocar o surgimento de conflitos sociais, territoriais e ambientais, exigindo ações estruturantes para garantir sustentabilidade urbana às presentes e futuras gerações.

É justamente nesse contexto que o planejamento urbano constitui mecanismo essencial para tornar as cidades sustentáveis em suas diversas dimensões, pois almeja a busca de soluções equânimes por intermédio do direito e das ciências multidisciplinares, com o objetivo de reduzir as situações de hipercomplexidade oriundas do desenvolvimento urbano.

Por seu turno, para propiciar a consolidação das funções sociais das cidades e garantir o bem-estar de seus habitantes, o direito urbanístico assume especial relevância com o objetivo de regular o ordenamento urbano e propiciar o adequado planejamento das cidades para melhorar a vida em sociedade.

Para atingir esse desiderato, o direito urbanístico evoluiu de forma conjunta com a ciência do urbanismo. De igual forma, a consolidação do direito urbanístico teve origem na insuficiência do direito administrativo para disciplinar o ordenamento urbano e prevenir a deterioração das cidades, bem como na impossibilidade do direito ambiental regular de forma sistematizada a complexidade da vida urbana. Contudo, a expansão urbana passou a apresentar desafios multidimensionais, levando o direito urbanístico a reaproximar-se gradativamente do direito ambiental em busca de soluções para a garantia do pleno desenvolvimento sustentável.

Além disso, para enfrentar os dilemas que atingem as cidades contemporâneas, surgiu a necessidade de uma abordagem sistêmica do fenômeno da urbanização por intermédio de uma construção interdisciplinar entre o direito urbanístico e o direito ambiental, além da interação com outras ciências afins. Nesse contexto, o fenômeno das aglomerações urbanas assumiu um caráter hiper complexo, produzindo não apenas transformações físicas no cenário urbano, mas também alterações sociais e ambientais, tornando-se um grande desafio aos gestores públicos, urbanistas e operadores do direito.

Conforme observado, o processo de urbanização atingiu maior complexidade a partir do século XX, impulsionado pela industrialização e pela migração em massa da população rural para as cidades, ocasionando crescimento acelerado e o surgimento das grandes metrópoles. Tais fatores provocaram o crescimento desordenado de inúmeras cidades, as quais não dispunham de infraestrutura adequada para receber o elevado número de migrantes, o que acabou causando o surgimento de comunidades periféricas, ocupações em locais de risco e áreas de preservação ambiental e gerando problemas sociais, ambientais e de planejamento urbano.

Nessa vertente, para fazer frente aos desafios das cidades contemporâneas e evitar conflitos na seara urbano-ambiental, o direito urbanístico passou a exigir novos instrumentos normativos, pois os mecanismos legais até então existentes se mostraram incapazes de permitir o adequado planejamento urbano e regular os espaços habitáveis para tornar as cidades sustentáveis.

Visando alterar a realidade do planejamento urbano brasileiro, a Constituição Federal de 1988 estabeleceu a Política de Desenvolvimento Urbano, prevendo a fixação de diretrizes com o objetivo de ordenar o pleno desenvolvimento das funções sociais da cidade e garantir o bem-estar de seus habitantes (arts. 182 e 183 CF/1988). Contudo, após longa espera, somente no ano de 2001 o Brasil aprovou o Estatuto da Cidade (Lei nº 10.257/2001), sendo criados novos instrumentos normativos para disciplinar o ordenamento e o desenvolvimento adequado das cidades.

Nesse prisma, infere-se que o Brasil se atrasou no enfrentamento dos problemas urbanísticos, omissão que propiciou o crescimento desordenado de inúmeras cidades brasileiras, ocasionando graves problemas sociais e urbanísticos que ainda permeiam as cidades do século XXI. De forma contrária, desde a década de 1980, outros países mais desenvolvidos já vinham avançando na área de planejamento urbano, disciplinando o tema por intermédio de métodos técnicos e científicos voltados a atingir a sustentabilidade urbana.

Apesar dos atrasos, o Estatuto da Cidade surgiu como um alento para fazer frente aos desafios urbanísticos da sociedade contemporânea, fortalecendo o conceito do *direito à cidade*, fruto de lutas encampadas a partir do movimento pela reforma urbana dos anos 1980.

Nesse sentido, o direito à cidade sustentável tornou-se o eixo central do direito urbanístico, para onde convergem outros direitos fundamentais. A partir desse ponto de vista, infere-se que o direito à cidade sustentável passou a abranger outros direitos civis e sociais, tais como o direito à moradia, a proteção do meio ambiente natural e construído, o direito aos meios de transportes eficientes e inclusivos, aos sistemas de educação e saúde de qualidade, ao saneamento básico sustentável, à segurança pública e ao lazer para toda a população.

Por seu turno, as cidades do século XXI devem contemplar novos mecanismos de sustentabilidade, tais como as construções verdes (*green building*) e os avanços tecnológicos voltados a tornar as cidades inteligentes (*smart cities*). Além disso, as cidades precisam se preparar para os impactos futuros das mudanças climáticas, os quais podem interferir no cumprimento eficaz do ODS 11, que visa tornar as cidades e os assentamentos humanos inclusivos, seguros, resilientes e sustentáveis.

Noutro vértice, a implementação isolada do Estatuto da Cidade não é capaz de propiciar o desenvolvimento plenamente sustentável das cidades, pois a noção de sustentabilidade conecta diversas políticas públicas comuns que devem dialogar entre si com o objetivo de compatibilizar o artigo 182 e o artigo 225 da CF/1988, tais como a Política Nacional de Habitação de Interesse Social (Lei nº 11.124/2005), a Política Nacional de Saneamento Básico (Lei nº 11.445/2007), a Política Nacional de Resíduos Sólidos (Lei nº 12.305/2010), a Política Nacional de Recursos Hídricos (Lei nº 9.433/1997), a Política Nacional sobre Mudança do Clima (Lei nº 12.187/2009), a Política Nacional de Proteção e Defesa Civil (Lei nº 12.608/2012), a Lei da Mobilidade Urbana (Lei nº 12.587/2012), a Lei de Regularização Fundiária Rural e Urbana (Lei nº 13.465/2017) e o Estatuto das Metrópoles (Lei nº 13.089/2015).

Sob outro prisma, o adequado planejamento urbano e a implementação das cidades sustentáveis exigem uma governança eficaz, transparente e responsável. Nesse norte, para que a sociedade prospere nos campos ambiental, social e econômico, suas ações devem estar embasadas nos quatro pilares da sustentabilidade, os quais englobam o desenvolvimento econômico, o desenvolvimento humano, a proteção do meio ambiente e a boa governança.

Por seu turno, as políticas de planejamento e ordenamento urbano devem ser pautadas pela pluralidade de ideias, sendo imprescindível a observância da gestão democrática das cidades por intermédio da participação pública na tomada de decisões.

Diante da realidade urbanística brasileira, demonstrou-se que o Plano Diretor (artigo 182, §1º, da CF/1988 e artigo 40, *caput*, da Lei nº 10.257/2001) figura como o instrumento mais relevante da política de desenvolvimento urbano, considerando que sua implementação eficaz pelos municípios é essencial para permitir o adequado planejamento urbano, tornando as cidades sustentáveis em suas diversas dimensões. Nesse norte, a elaboração e a revisão do Plano Diretor constituem dever do administrador público, sendo essencial que referido instrumento seja pautado por procedimentos técnicos e jurídicos, para que resulte num mecanismo eficaz de planejamento urbano voltado a prevenir inconformidades urbanísticas e apontar diretrizes que conduzam ao pleno desenvolvimento das funções sociais da cidade.

Quanto ao direito à moradia, dados atuais revelam explícita violação a esse direito fundamental enquanto expressão da dignidade da pessoa humana, um dos eixos sociais que devem ser contemplados pelo Plano Diretor (art. 30 e art. 42, "a", V).

Em nível nacional, verifica-se que o déficit habitacional no Brasil constitui um problema crônico, pois corresponde a 5,8 milhões de moradias, havendo estimativas de que referido número possa atingir um déficit de 11,4 milhões de residências até 2030, fator que exige uma gestão eficiente nas políticas habitacionais. Apesar dos programas habitacionais já implementados e em execução, há uma evidente disparidade entre a oferta de moradias e o número necessário para suprir o déficit habitacional brasileiro, evidenciando que o Sistema Nacional de Habitação de Interesse Social (SNHIS) precisa ser repensado e reestruturado.

Esse cenário revela um verdadeiro contraste social num País rico como o Brasil, colocando em evidência a concentração de riqueza *versus* pobreza e o desenvolvimento econômico *versus* justiça social, numa explícita demonstração de que a sustentabilidade social das cidades carece de plena efetividade. Nessa vertente, não é possível almejar cidades sustentáveis em uma sociedade marcada por desigualdades sociais, sobretudo diante de políticas habitacionais ineficazes, segregadoras e excludentes.

Portanto, torna-se impositivo que os municípios brasileiros reavaliem as metas de seus Planos Diretores e adotem medidas concretas voltadas à reurbanização das ocupações e loteamentos irregulares, além de ações estruturantes dirigidas a reduzir o déficit habitacional, promovendo a alocação de recursos orçamentários suficientes para tal mister.

Sob outra vertente, demonstra-se que o processo de urbanização é permeado por um sistema de desigualdade e especulação imobiliária que fomenta o ciclo de vulnerabilidade social. Nesse norte, a ausência de políticas habitacionais eficazes contribui para o crescimento desordenado das cidades e a intensificação de problemas sociais, pois resulta num processo de segregação socioespacial, fomentando a urbanização de regiões periféricas das cidades, a proliferação de assentamentos precários e a ocupação descontrolada de áreas de risco passíveis de desastres, ocasionando efeitos deletérios para o processo de urbanização.

Esse caótico cenário revela que cerca de 4 milhões de pessoas vivem em áreas de risco no Brasil, com potencial ocorrência de desastres, tais como deslizamentos de terra, inundações, enxurradas, processos erosivos e queda de rochas, fator que exige efetiva implementação da Política Nacional de Proteção e Defesa Civil (Lei nº 12.608/2012).

Em complemento, o mecanismo do parcelamento, uso e ocupação do solo (art. 4º, III, "b", da Lei nº 10.257/2001), operacionalizado pela Lei de Parcelamento do Solo Urbano (Lei nº 6.766/1979), constitui outro relevante instrumento de planejamento urbano. Nesse sentido, a inobservância deste instrumento também pode ensejar inúmeros problemas urbanísticos, tornando as cidades ambientalmente insustentáveis, notadamente no que diz respeito à proliferação de loteamentos irregulares e clandestinos. Disso resulta a necessidade de uma atuação eficaz do poder público no combate ao parcelamento irregular de solo, sendo impositiva uma maior fiscalização no segmento para permitir a sustentabilidade urbana.

Por seu turno, no tocante às ações judiciais, dados do Cadastro Nacional de Ações Coletivas do Conselho Nacional de Justiça (CNJ) revelam que tramitam um elevado número de ações civis públicas em matéria ambiental na Justiça Estadual e Federal do Brasil. Outrossim, as ações civis públicas em defesa da ordem urbanística correspondem a um número extremamente reduzido em relação às ações ambientais, demonstrando que apesar dos crescentes problemas de ordem urbanística no Brasil, persiste um distanciamento entre as duas matérias.

Nesse norte, pontua-se que a atuação do Ministério Público na área urbanística ainda se revela tímida e exige uma redefinição de prioridades para fazer frente aos desafios que envolvem as políticas de planejamento urbano, pois foi incumbida à instituição a tarefa de defesa da ordem urbanística (art. 1º, VI, da Lei nº 7.347/1985) nas hipóteses de desvios ou omissões na gestão pública afeta ao planejamento urbano.

A partir dessa constatação, sobressai a necessidade de redefinir as diretrizes de atuação ministerial na área de planejamento urbano, além de uma melhor estruturação de equipes de trabalho das respectivas Promotorias de Justiça. Por seu turno, face a complexidade e tecnicidade das matérias que envolvem o planejamento urbano, verifica-se o papel primordial dos Grupos Regionais Especializados em matéria urbanística, os quais podem coordenar, auxiliar e dar suporte técnico às Promotorias de Justiça nas demandas afetas às matérias, propiciando respostas mais eficazes à sociedade. Contudo, para uma melhor operacionalização e atuação dos Grupos Especializados, igualmente se exige a estruturação de suas equipes técnicas para que o órgão regionalizado possa atuar de forma mais efetiva e coordenada.

Necessário, portanto, que o Ministério Público promova uma mudança de concepção quanto aos problemas de ordem urbanística e fortaleça o seu papel fiscalizatório, com o objetivo de exigir providências aos gestores públicos e dar respostas efetivas à sociedade. Nessa vertente, para o enfrentamento dos problemas diagnosticados, cabe ao Ministério Público estabelecer metas, diretrizes e planos setoriais de ação para a tutela efetiva da ordem urbanística, fator que pode contribuir positivamente para o adequado planejamento urbano e correção de inconformidades.

Em arremate, a implementação das cidades sustentáveis em seu quádruplo aspecto (social, ambiental, político e econômico) exige a participação ativa da comunidade, uma governança eficaz, a alocação de recursos orçamentários, maior fiscalização do Ministério Público, uma melhor distribuição de renda, redução das desigualdades sociais, além de uma mudança de paradigma por parte de toda a sociedade.

Nessa diretriz, torna-se imperativo que as cidades do século XXI promovam o desenvolvimento sustentável em sua amplitude, considerando que o conceito de sustentabilidade não se resume aos valores ecológicos, urbanísticos e econômicos, pois também abrange a justiça social e a dignidade da pessoa humana, sendo imprescindível que o processo de urbanização seja pautado por uma visão humanitária destinada a reduzir as desigualdades e a segregação socioespacial, tornando as cidades sustentáveis em todas as suas dimensões.

Enfim, as matérias de planejamento urbano e desenvolvimento sustentável envolvem temas indissociáveis, que convivem em manifesta simbiose, fatores que realçam o grande desafio do direito urbanístico em suas interconexões com o direito ambiental.

REFERÊNCIAS

ABRAHÃO, Jorge. Programa ciudades sostenibles: democracia de alta intensidade y reducción radical de la desigualdade. *In*: MOSTAFAVI, Mohsen *et al.* (Coord.). *Urbanismo ecológico en América Latina*. Barcelona: Harvard University Graduate School of Design, 2019.

AGÊNCIA NACIONAL DE ENERGIA ELÉTRICA (ANAEEL). *Resolução normativa n° 482/2012*. Brasília, DF: Agência Nacional de Energia Elétrica, 2015. Disponível em: https://www.aneel.gov.br/geracao-distribuida. Acesso em 3 jul. 2023.

AGUIAR, Vinicius Gomes de; SOUZA, Lorena Francisco de. A contribuição do movimento por justiça ambiental no combate ao racismo ambiental: apontamentos teóricos. Élisée, *Revista de Geografia da Universidade Estadual de Goiás*, Goiânia, v. 8, n. 2, p. 5-8, jul./dez. 2019.

ALBUQUERQUE, Beatriz. Mais de 4 milhões de brasileiros vivem em áreas de risco, alerta CPRM: último levantamento mostra situação de risco em 17 estados. *Rádio Agência Nacional*, Brasília, DF, 2020. Disponível em: https://agenciabrasil.ebc.com.br/radioagencia-nacional/geral/audio/2021-02/mais-de-4-milhoes-de-brasileiros-vivem-em-areas-de-risco-alerta-cprm#:~:text=Junto%20com%20as%20fam%C3%ADlias%20da,mil%20moradias%20em%20locais%20perigosos. Acesso em 5 jul. 2023.

ALBUQUERQUE, Letícia. *Poluentes orgânicos persistentes*: uma análise da Convenção de Estocolmo. Curitiba: Juruá, 2006.

ALCÂNTARA, Maurício Fernandes de. Gentrificação. *In*: *Enciclopédia de antropologia*. São Paulo: Universidade de São Paulo, Departamento de Antropologia, 2018. Disponível em: https://ea.fflch.usp.br/conceito/gentrificacao. Acesso em 8 jul. 2023.

ALEXY, Robert. *Teoria dos direitos fundamentais*. (Trad. Virgílio Afonso da Silva). São Paulo: Malheiros, 2008.

ALFONSIN, Betânia. Repercussões da nova agenda urbana no direito público e privado Brasil e na América Latina: o papel do direito à cidade. *In*: BELLO, Enzo; KELLER, Rene José (Org.). *Curso de direito à cidade*: teoria e prática. 2. ed. Rio de Janeiro: Lumen Juris, 2019.

ALISEDA, Julián Mora; CASTELLANO ÁLVAREZ, F. J. Reflexiones sobre la sostenibilidad del medio urbano. *Observatorio Medio Ambiental*, Madrid, v. 5, n. 2, p. 403, 2002.

ALMEIDA, Fernando Dias Menezes de; MEDAUAR, Odete. *Estatuto da cidade*: comentários a Lei n° 10.257 de 10.07.2001. São Paulo: Revista dos Tribunais, 2012.

ALMEIDA, Silvio Luiz. Capitalismo e crise: o que o racismo tem a ver com isso? *In*: OLIVEIRA, Dennis de (Org.). *A luta contra o racismo no Brasil*. 1. ed. São Paulo: Fórum, 2017. v. 1.

AMORIM, João Alberto Alves. Refugiados ambientais: a interconexão entre direitos humanos, meio ambiente e segurança internacional. In: BRAVO, Álvaro Sanches; MISAILIDIS, Mirta Lerene (Org.). *Os direitos fundamentais dos refugiados (deslocados) ambientais e da exclusão socioeconômica*. São Paulo: Verbatim, 2013.

ANTUNES, Paulo de Bessa. *Direito ambiental*. 7. ed. Rio de Janeiro: Lumen Juris, 2014.

ARAGÃO, Alexandra. A proibição de retrocesso como garantia de evolução sustentável do direito ambiental. In: CHACON, Mário Pena (Ed.). *El princípio de no regresion ambiental em Iberoamerica*. Gland: IUCN – Programa de Derecho Ambiental, 2015.

ARAGÃO, Alexandra. Direito constitucional do ambiente da União Europeia. In: CANOTILHO, José Joaquim Gomes; LEITE, José Rubens Morato (Org.). *Direito constitucional ambiental brasileiro*. 6. ed. São Paulo: Saraiva, 2012.

ARAGON, Thimotie; PAIVA, Caio. *Jurisprudência internacional de direitos humanos*. 2. ed. Belo Horizonte: CEI, 2017.

AREOSA, João. A globalização dos riscos sociais e os acidentes tecnológicos. *Pensamiento Americano*, Colômbia, v. 9, n. 17, p. 156, 2016.

ARISTÓTELES. *A política*. São Paulo: Martins Fontes, 1991.

ASSOCIAÇÃO BRASILEIRA DE INCORPORADORAS IMOBILIÁRIAS (ABRAINC). *Estudo técnico dedicado à atualização das necessidades habitacionais 2004-2030*. São Paulo: Ecconit Consultoria Econômica, 2020. Disponível em: https://www.abrainc.org.br/wp-content/uploads/2020/12/Deficit_Habitacional_-V-8-dez-2020.pdf. Acesso em 5 jul. 2023.

BARROSO, Luis Roberto. Os três papeis desempenhados pelas Supremas Cortes nas democracias constitucionais contemporâneas. *Revista Emerj*, Rio de Janeiro, v. 21, n. 3, t. 1, p. 35, set./dez. 2019.

BASSUL, José Roberto. O Estatuto da Cidade dez anos depois. In: *Estatuto da Cidade 10 anos*: avançar no planejamento e na gestão urbana. Brasília: Senado Federal, gabinete do Sen. Inácio Arruda, 2011.

BAUMAN, Zygmunt. *Confiança e medo na cidade*. (Trad. Eliana Aguiar). Rio de Janeiro: Zahar, 2009.

BAUMAN, Zygmunt. *Globalização*: as consequências humanas. (Trad. Marcus Penchel). Rio de Janeiro: Jorge Zahar Editores, 1999.

BECK, Ulrich. *A metamorfose do mundo*: novos conceitos para uma nova realidade. (Trad. Maria Luiza X. de A. Borges). 1. ed. Rio de Janeiro: Zahar, 2018.

BECK, Ulrich. *La sociedad del riesgo*: hacia una nueva modernidad. (Trad. Jorge Navarro, Daniel Jiménez e Maria Rosa Borrás). Barcelona: Paidós, 1998.

BENEVOLO, Leonardo. *História da cidade*. (Trad. Silvia Mazza). 7. ed. São Paulo: Perspectiva, 2019.

BENEVOLO, Leonardo. *Origines del urbansimo moderno*. Madrid: H. Blume, 1979.

BENITEZ, Solano. Bien Decido. *In*: MOSTAFAVI, Mohsen *et al.* (Coord.). *Urbanismo ecológico en América Latina*. Barcelona: Harvard University Graduate School of Design, 2019.

BENJAMIN, Antonio Herman V. A proteção do meio ambiente nos países menos desenvolvidos: o caso da América Latina. *Revista de Direito Ambiental*, São Paulo, p. 83-84, 1995.

BENJAMIN, Antonio Herman. O meio ambiente na Constituição Federal de 1988. *Informativo Jurídico da Biblioteca Ministro Oscar Saraiva*, Brasília, DF, v. 19, n. 1, p. 44, jan./jun. 2008.

BENJAMIN, Antonio Herman. Princípio da proibição de retrocesso ambiental. *In*: Comissão de meio ambiente, defesa do consumidor e fiscalização e controle do Senado Federal (Org.). *O princípio da proibição de retrocesso ambiental*. Brasília, DF: Senado Federal, 2012.

BENJAMIN, Antonio Herman. Um novo modelo para o Ministério Público na proteção do meio ambiente. *In*: ALVES, Airton Buzzo; RUFINO, Almir Gasquez; SILVA, José Antonio Franco da (Org.). *Funções institucionais do Ministério Público*. São Paulo: Saraiva, 2001.

BERWIG, Juliane Altmann; ENGELMANN, Wilson; WEYERMULLER, André Rafael. *Veredas do Direito*. Belo Horizonte, v. 16, n. 36, p. 223, set./dez. 2019.

BÉTAILLE, Julien. Des "réfugiés écologiques" à la protection des "déplacés environnementaux": éléments du débat juridique en France. *Hommes et Migrations*, [S. l.], n. 1284, 2010. Disponível em: http://hommesmigrations.revues.org/1257. Acesso em 26 out. 2022.

BOBBIO, Norberto. *A era dos direitos*. Rio de Janeiro: Elsevier, 1992.

BOFF, Leonardo. *Saber cuidar*: ética do humano, compaixão pela Terra. 5. ed. Petrópolis: Vozes, 1999.

BOFF, Leonardo. *Sustentabilidade*: o que é – o que não é. 5. ed. Petrópolis: Vozes, 2018.

BONAVIDES, Paulo. *Curso de direito constitucional*. 4. ed. São Paulo: Malheiros, 1993.

BONAVIDES, Paulo. *Dignidade da pessoa humana e direitos fundamentais na Constituição Federal de 1988*. 9. ed. Porto Alegre: Livraria do Advogado, 2011.

BONAVIDES, Paulo. *Teoria constitucional da democracia participativa*. São Paulo: Malheiros, 2001.

BOSSELMANN, Klaus. Direitos humanos, meio ambiente e sustentabilidade. *Revista do Centro de Estudos de Direito do Ordenamento, do Urbanismo e do Ambiente*, Coimbra, a. 11, n. 21, p. 27, 2008. Disponível em: https://digitalis-dsp.uc.pt/bitstream/10316.2/8821/3/1.pdf?ln=pt-pt. Acesso em 16 jun. 2023.

BOSSELMANN, Klaus. Earth governance: trusteeship of the global commons. *In*: BOSSELMANN, Klaus. *New horizons in environmental and energy law*. Cheltenham, UK: Edward Elgar Publishing, 2015.

BOSSELMANN, Klaus. Grounding the rule of law: in memorian of staffan westerlund, chapter *In*: BUGGE, H. C.; VOIGT, C. (Ed.). *Rule of law for nature*: basic issues and new developments in environmental law. Cambridge: Cambridge University Press, 2013.

BOSSELMANN, Klaus. *O princípio da sustentabilidade*: transformando direito e governança. (Trad. Phillip Gil França). São Paulo: Revista dos Tribunais, 2015.

BOSSELMANN, Klaus. *The principle of sustainability*: transforming law and governance. Farnham: Ashgate, 2008.

BOUSKELA, Maurício; CASSEB, Marcia. *Caminho para as smart cities*: da gestão tradicional para a cidade inteligente. Washington, D.C: BID, 2016. Disponível em: https://publications.iadb.org/publications/portuguese/document/Caminho-para-as-smart-cities-Da-gest%C3%A3o-tradicional-para-a-cidade-inteligente.pdf. Acesso em 3 jul. 2023.

BOYD, David R. *Los derechos de la naturaliza*: una revolución legal que podría salvar al mundo. (Trad. Santiago Vallejo Galárraga). Bogotá, Colombia: Fundación Heinrich Böll, 2020.

BULLARD, Robert. D. Anatomia do racismo ambiental e o movimento por justiça ambiental. *In*: BULLARD, Robert D. (Org.). *Confronting Environmental Racism – Voices from the Grassroots*. Boston: South End Press, 1996.

BRASIL. Ministério do Meio Ambiente. *Portaria nº 504/2020*. Brasília, DF: Ministério do Meio Ambiente, 2020. Disponível: https://www.in.gov.br/en/web/dou/-/portaria-n-504-de-21-de-setembro-de-2020-278695663. Acesso em 30 jun. 2023.

BRASIL. Câmara dos Deputados. *Projeto de Lei nº 4.309/2021*: Institui a Política Nacional de Arborização Urbana, cria o Sistema Nacional de Informações sobre Arborização Urbana, e dá outras providências. Brasília, DF, 2021. Disponível em: https://www.camara.leg.br/propostas-legislativas/2310535. Acesso em 7 nov. 2022.

BRASIL. Câmara dos Deputados. *Projeto de Lei nº 775, de 4 de maio de 1983*. Dispõe sobre os objetivos e a promoção do desenvolvimento urbano e dá outras providências. Disponível em: https://www.camara.leg.br/proposicoesWeb/fichadetramitacao?idProposicao=182231&fichaAmigavel=nao. Acesso em 25 abr. 2023.

BRASIL. Congresso Nacional. *Veto nº 10/2021* (acesso à internet na educação básica). PL nº 3477/2020. Mensagem nº 81/2021. Brasília, DF: Congresso Nacional, 2021. Disponível em: https://www.congressonacional.leg.br/materias/vetos/-/veto/detalhe/14045. Acesso em 3 jul. 2023.

BRASIL. Controladoria-Geral da União (CGU). Minha casa minha vida: 56,4% dos imóveis avaliados apresentam defeitos na construção. *Notícias*, Brasília, DF, 16 ago. 2017. Disponível em: https://www.gov.br/cgu/pt-br/assuntos/noticias/2017/08/minha-casa-minha-vida-56-4-dos-imoveis-avaliados-apresentam-defeitos-na-construcao. acesso em 5 jul. 2023.

BRASIL. Decreto nº 2.652, de 1º de julho de 1988: Promulga a Convenção-Quadro sobre Mudança do Clima, assinada em Nova York em 9 de maio de 1992. *Diário Oficial da União*, Brasília, DF: Presidência da República, 02 jul. 1988. Disponível em: http://www.planalto.gov.br/ccivil_03/decreto/d2652.htm. Acesso em 6 jul. 2023.

BRASIL. Decreto nº 3.079, de 15 de setembro de 1938. Regulamenta o Decreto-Lei nº 58, de 10 de dezembro de 1937, que dispõe sobre o loteamento e a venda de terrenos para pagamento em prestações. *Diário Oficial da União*, Brasília, DF: Presidência da República, 19 set. 1938. Disponível: http://www.planalto.gov.br/ccivil_03/decreto/1930-1949/d3079.htm. Acesso em 5 jul. 2023.

BRASIL. Decreto-Lei nº 58, de 10 de dezembro de 1937. Dispõe sôbre o loteamento e a venda de terrenos para pagamento em prestações. *Diário Oficial da União*, Brasília, DF: Presidência da República, 13 dez. 1937. Disponível em: http://www.planalto.gov.br/ccivil_03/decreto-lei/1937-1946/del058.htm. Acesso em 5 jul. 2023.

BRASIL. Decreto-Lei nº 271, de 28 de fevereiro de 1967. Dispõe sôbre loteamento urbano, responsabilidade do loteador concessão de uso e espaço aéreo e dá outras providências. *Diário Oficial da União*, Brasília, DF: Presidência da República, 28 fev. 1967. Disponível em: http://www.planalto.gov.br/ccivil_03/decreto-lei/del0271.htm. Acesso em 5 jul. 2023.

BRASIL. Justiça Federal. Seção Judiciária de Santa Catarina. 6ª Vara Federal de Florianópolis. *Ação Civil Pública nº 5012843-56.2021.4.04.7200/SC*. Decisão 11 jun. 2021.

BRASIL. Lei de 1º de outubro de 1828. Dá nova forma às Câmaras Municipais, marca suas atribuições, e o processo para a sua eleição, e dos Juízes de Paz. *CLBR*, Brasília, DF: Presidência da República, 1828. Disponível em: http://www.planalto.gov.br/ccivil_03/leis/lim/lim-1-10-1828.htm. Acesso em 5 jul. 2023.

BRASIL. Lei nº 5.868 de 12 de dezembro de 1972. Cria o Sistema Nacional de Cadastro Rural, e dá outras providências. *Diário Oficial da União*, Brasília, DF: Presidência da República, 14 dez. 1972. Disponível em: http://www.planalto.gov.br/ccivil_03/leis/l5868.htm. Acesso em 5 jul. 2023.

BRASIL. Lei nº 6.766, de 19 de dezembro de 1989. Dispõe sobre o Parcelamento do Solo Urbano e dá outras Providências. *Diário Oficial da União*, Brasília, 20 dez. 1979. Disponível em: http://www.planalto.gov.br/ccivil_03/leis/l6766.htm. Acesso em 6 nov. 2022.

BRASIL. Ministério das Cidades. *Caderno de referência para elaboração de plano de mobilidade por bicicleta nas cidades*. Brasília, DF: Secretaria Nacional de Transporte e da Mobilidade Urbana, 2007.

BRASIL. Ministério das Relações Exteriores. *Objetivos de Desenvolvimento Sustentável*. Brasília, DF: Ministério das Relações Exteriores, 2015. Disponível em: https://www.gov.br/mre/pt-br/assuntos/desenvolvimento-sustentavel-e-meio-ambiente/desenvolvimento sustentavel/objetivos-de-desenvolvimento-sustentavel-ods. Acesso em 27 jun. 2023.

BRASIL. Ministério do Desenvolvimento Regional. *Carta brasileira para as cidades inteligentes*. Brasília, DF: Ministério do Desenvolvimento Regional, 2019. Disponível em: https://www.gov.br/mdr/pt-br/assuntos/desenvolvimento-regional/projeto-andus/Carta_Bras_Cidades_Inteligentes_Final.pdf. Acesso em 3 jul. 2023.

BRASIL. Ministério do Desenvolvimento Regional. *Dados revisados do déficit habitacional e inadequação de moradias nortearão políticas públicas*. Brasília, DF: Ministério do Desenvolvimento Regional, 4 mar. 2021. Disponível em: https://www.gov.br/mdr/pt-br/noticias/dados-revisados-do-deficit-habitacional-e-inadequacao-de-moradias-nortearao-politicas-publicas. Acesso em 5 jul. 2023.

BRASIL. Ministério do Meio Ambiente. *Agenda 21 Global, item 18.56*. Brasília, DF: Ministério do Meio Ambiente, 1992. Disponível em: https://www.ecologiaintegral.org.br/Agenda21.pdf. Acesso em 27 jun. 2023.

BRASIL. Ministério do Meio Ambiente. *Agenda 21 global*. Brasília, DF: Ministério do Meio Ambiente, 1992. Disponível em: https://antigo.mma.gov.br/responsabilidade-socioambiental/agenda-21/agenda-21-global/item/637.html. Acesso em 27 jun. 2023.

BRASIL. Ministério do Meio Ambiente. *Carta da terra*. Preâmbulo: terra, nosso lar. Brasília, DF, 2015. Disponível em: https://antigo.mma.gov.br/component/k2/item/8071-carta-da-terra.html. Acesso em 16 jun. 2023.

BRASIL. Ministério do Meio Ambiente. Conferência das Nações Unidas sobre o Meio Ambiente e Desenvolvimento (1992). *Agenda 21 Global*. Brasília, DF: Ministério do Meio Ambiente, 2002. Disponível em: https://antigo.mma.gov.br/responsabilidade-socioambiental/agenda-21/agenda-21-global/item/607.html. Acesso em 27 jun. 2023.

BRASIL. Ministério do Meio Ambiente. Conferência das Nações Unidas sobre o Meio Ambiente e Desenvolvimento (1992). *Agenda 21 global*. Brasília, DF: Ministério do Meio Ambiente, 2002. Cap. 23.2. Disponível em: https://antigo.mma.gov.br/responsabilidade-socioambiental/agenda-21/agenda-21-global/item/704. Acesso em 27 jun. 2023.

BRASIL. Ministério do Meio Ambiente. *Portaria 504/2020*. Brasília, DF: Ministério do Meio Ambiente. 2020. Disponível: https://www.in.gov.br/en/web/dou/-/portaria-n-504-de-21-de-setembro-de-2020-278695663. Acesso em 30 jun. 2023.

BRASIL. Emenda Constitucional nº 57, de 18 de dezembro de 2008. Acrescenta artigo ao Ato das Disposições Constitucionais Transitórias para convalidar os atos de criação, fusão, incorporação e desmembramento de Municípios. *Diário Oficial da União*, Brasília, DF, 18 dez. 2008. Disponível em: http://www.planalto.gov.br/ccivil_03/constituicao/emendas/emc/emc57.htm. Acesso em 30 jun. 2023.

BRASIL. Lei nº 12.836, de 2 de julho de 2013. Altera os arts. 2º, 32 e 33 da Lei nº 10.257, de 10 de julho de 2001 – Estatuto da Cidade. *Diário Oficial da União*, Brasília, DF: Presidência da República, 03 jul. 2013. Disponível em: http://www.planalto.gov.br/ccivil_03/_ato2011-2014/2013/lei/l12836.htm. Acesso em 3 jul. 2023.

BRASIL. República Federativa do Brasil. *Diário Oficial do Congresso Nacional*, Capital Federal, a. XXXVIII, n. 041, 06 mai. 1983. Disponível em: http://imagem.camara.gov.br/Imagem/d/pdf/DCD06MAI1983.pdf#page=39. Acesso em 24 abr. 2023.

BRASIL. Superior Tribunal de Justiça. *AgInt no AgInt, Recurso Especial nº 1.464.446-RJ (2014/0158282-2)*. Rel. Min. Sérgio Kukina. Julgado em 22.11.2022.

BRASIL. Superior Tribunal de Justiça. *AgRg no Agravo em Recurso Especial nº 658.954-RJ*. Relator: Min. Assusete Magalhães. 23 out. 2015. Disponível em: https://scon.stj.jus.br/SCON/GetInteiroTeorDoAcordao?num_registro=201500202924&dt_publicacao=23/10/2015. Acesso em 5 jul. 2023.

BRASIL. Superior Tribunal de Justiça. *AgRg no AREsp 446.051/SP*. 2ª Turma. Relator: Ministro Herman Benjamin. 27 mar. 2014.

BRASIL. Superior Tribunal de Justiça. *AREsp 1312435/RJ*. 2º Turma. Relator. Ministro Og Fernandes. 07 fev. 2019.

BRASIL. Superior Tribunal de Justiça. *Recurso Especial nº 1.310.471-SP*. Relator: Min. Herman Benjamin. 18 jun. 2013. Disponível: https://processo.stj.jus.br/processo/revista/documento/mediado/?componente=ATC&sequencial=26782620&num_registro=201102932952&data=20130917&tipo=51&formato=PDF. Acesso em 5 jul. 2023.

BRASIL. Superior Tribunal de Justiça. *Recurso Especial nº 1317547/RS*. 2ª Turma. Relator: Ministro Herman Benjamin, 26 set. 2017. Disponível em: https://processo.stj.jus.br/processo/revista/documento/mediado/?componente=ATC&sequencial=71927507&num_registro=201200679167&data=20200831&tipo=51&formato=PDF. Acesso em 5 jul. 2023.

BRASIL. Superior Tribunal de Justiça. *REsp nº 1770760/SC*. Rel. Ministro Benedito Gonçalves, Primeira Seção, julgado em 28.04.2021, DJe 10.05.2021.

BRASIL. Superior Tribunal de Justiça. *Resp nº 1451818/DF (2014/0103373-3)*. Relator: Min. Luis Felipe Salomão, 05 ago. 2020. Disponível em: https://processo.stj.jus.br/processo/pesquisa/?tipoPesquisa=tipoPesquisaNumeroRegistro&termo=201401033733&totalRegistrosPorPagina=40&aplicacao=processos.ea. Acesso em 5 jul. 2023.

BRASIL. Superior Tribunal de Justiça. *REsp. 302.906/SP (2001/0014094-7)*. 2ª turma. Relator: Min. Herman Benjamin. Julgamento: 26 ago. 2010.

BRASIL. Superior Tribunal de justiça. *Recurso Especial nº 1857098-MS (2020/0006402-8)*. Relator Ministro Og Fernandes. 1ª Seção. Julgamento: 11.05.2022. Disponível em: https://processo.stj.jus.br/processo/julgamento/eletronico/documento/mediado/?documento_tipo=integra&documento_sequencial=154035543&registro_numero=202000064028&peticao_numero=&publicacao_data=20220524&formato=PDF. Acesso em 10 nov. 2022.

BRASIL. Supremo Tribunal Federal. *Ação Direta de Inconstitucionalidade nº 4.983/CE*. Tribunal Pleno. Requerente: Procurador-Geral da República Intimado: Governador do Estado do Ceará; Assembleia Legislativa Do Estado Do CEA. Relator: Ministro Marco Aurélio de Mello. 12 ago. 2015. Disponível em: https://redir.stf.jus.br/paginadorpub/paginador.jsp?docTP=TP&docID=12798874. Acesso em 27 jun. 2023.

BRASIL. Supremo Tribunal Federal. *Ação Penal nº 618*. 2ª Turma. Relator: Min. Dias Tóffoli. 13 dez. 2016. Disponível em: https://portal.stf.jus.br/processos/downloadPeca.asp?id=311935004&ext=.pdf. Acesso em 5 jul. 2023.

BRASIL. Supremo Tribunal Federal. *ADC-41/DF*. Relator: Min. Luis Roberto Barroso. 8 jun. 2017. Disponível em: https://redir.stf.jus.br/paginadorpub/paginador.jsp?docTP=TP&docID=13375729. Acesso em 5 jul. 2023.

BRASIL. Supremo Tribunal Federal. *ADI/DF 3.540-MC*. Tribunal Pleno. Relator: Min. Celso de Mello. Julgamento: 1 set. 2005.

BRASIL. Supremo Tribunal Federal. *ADPF 101/DF*. Relator: Min. Carmem Lúcia, Tribunal Pleno. 24 jun. 2009. Disponível em: https://redir.stf.jus.br/paginadorpub/paginador.jsp?docTP=AC&docID=629955. Acesso em 30 jun. 2023.

BRASIL. Supremo Tribunal Federal. *ADI 3.540-MC/DF*. Relator. Min. Celso de Mello, DJ de 3.2.2006. Disponível em: https://redir.stf.jus.br/paginadorpub/paginador.jsp?docTP=AC&docID=387260. Acesso em 30 jun. 2023.

BRASIL. Supremo Tribunal Federal. *ADPF 747/DF*. Tribunal Pleno, Relatora: Min. Rosa Weber. Julgamento: 28 out. 2020.

BRASIL. Supremo Tribunal Federal. Informativo STF nº 1061/2022. *ADPF 708/DF*. Fundo Clima: funcionamento, destinação de recursos e contingenciamento de verbas. Disponível em: https://www.stf.jus.br/arquivo/informativo/documento/informativo.htm. Acesso em 11 jul. 2023.

BRASIL. Supremo Tribunal Federal. *AgR Recl. 22012/RS*. Relator: Min. Dias Toffoli, 2ª. Turma. Julgamento: 15 jun. 2018.

BRASIL. Supremo Tribunal Federal. *Audiências públicas realizadas*. Brasília, DF, 2021. Disponível em: http://portal.stf.jus.br/audienciapublica/audienciaPublica.asp?tipo=realizada. Acesso em 5 jul. 2023.

BRASIL. Supremo Tribunal Federal. Medida Cautelar na Arguição de Descumprimento de Preceito Fundamental nº 828/DF. *Diário da Justiça Eletrônico*, Brasília, DF, n. 107, 04 jun. 2021. Disponível em: http://www.stf.jus.br/arquivo/cms/noticiaNoticiaStf/anexo/ADPF828liminar.pdf. Acesso em 5 jul. 2023.

BRASIL. Supremo Tribunal Federal. Reclamação nº 47.531/RJ. *Diário da Justiça Eletrônico*, Brasília, DF, n. 114, 14 jun. 2021. Disponível em: http://www.stf.jus.br/arquivo/cms/noticiaNoticiaStf/anexo/RCL47531.pdf. Acesso em 5 jul. 2023.

BRASIL. Supremo Tribunal Federal. *Recurso Extraordinário 1.379.751/PARÁ*. Rel. Min. Alexandre de Moraes. DJE nº 175, de 01.09.2022. Disponível em: https://portal.stf.jus.br/processos/downloadPeca.asp?id=15353205600&ext=.pdf. Acesso em 8 set. 2022.

BRASIL. Tribunal de Contas da União. *Dez passos para a boa governança*. Tribunal de Contas da União. 2. ed. Brasília, DF: TCU, Secretaria de Controle Externo da Administração do Estado, 2021. Disponível em: https://portal.tcu.gov.br/data/files/D5/F2/B0/6B/478F771072725D77E18818A8/10_passos_para_boa_governanca_v4.pdf. Acesso em 3 jul. 2023.

BRAVO, Álvaro Sanches; MISAILIDIS, Mirta Lerena. *Os direitos fundamentais dos refugiados (deslocados) ambientais e da exclusão socioeconômica*. São Paulo: Verbatim, 2013.

BRAVO, Álvaro Sanches; ANGELIN, Rosangela (Ed.). *Mujeres y medioambiente*: feminismo y ecologia. Sevilla: Punto Rojo, 2014.

BRICS. Fourth Brics summit: Delhi declaration. *Brics Information Centre*, New Delhi, 29 mar. 2012. Disponível em: http://www.brics.utoronto.ca/docs/120329-delhi-declaration.html. Acesso em 30 jun. 2023.

BRITO, Felipe Pires M. de. *Contratações públicas sustentáveis*: (re)leitura verde da atuação do Estado Brasileiro. Rio de Janeiro: Lumen Juris, 2020.

BUFFON, Marciano. *Tributação, desigualdade e mudanças climáticas*: como o capitalismo evitará seu colapso. Curitiba: Brazil Publishing, 2019.

BURLE FILHO, Emanuel. Ação civil pública: instrumento de educação democrática. *In*: MILARÉ, Edis. *Ação civil pública*: Lei nº 7.347/1985, 15 anos. São Paulo: Revista dos Tribunais, 2011.

CAFFERATTA, Nestor A. Conferencia de Estocolmo sobre el Ambiente Humano de 1972: piedra bautismal del derecho ambiental. *Revista de Derecho Ambiental – doctrina, jurisprudencia, legislación y práctica*. *Dossier especial*: 50 años del derecho ambiental, Buenos Aires, n. 71, p. 71-72, jul./sep. 2022.

CALGARO, Cleide. HERMANY, Ricardo. O direito à sustentabilidade local em Ignacy Sachs: uma abordagem a partir do planejamento estratégico no âmbito das *smart rural communities*. *Veredas do Direito*, Belo Horizonte, v. 18, n. 41, p. 51-59, mai./ago. 2021.

CÂMARA DA INDÚSTRIA DA CONSTRUÇÃO. *Guia de sustentabilidade na construção*. Belo Horizonte: FIEMG, 2008. Disponível em: http://www.sinduscon-mg.org.br/site/arquivos/up/comunicacao/guia_sustentabilidade.pdf. Acesso em 3 jul. 2023.

CANADA. Conseil Des INNU de Ekuanitshit. *Consecutif 919-082*. Assemblée dument convoqueé. Quebec, 18 janvier 2021. Disponível em: skm_c36821012614400 (harmonywithnatureun.org). Acesso em 05 set. 2022.

CANADIAN ENVIRONMENTAL LAW FUNDATION. *Quebec's magpie river is now a legal person*. Disponível em: https://cela.ca/blog-quebecs-magpie-river-is-now-a-legal-person/. Acesso em 05 set. 2023.

CANOTILHO, José Joaquim Gomes. *Direito constitucional e teoria da constituição*. 6. ed. Coimbra: Almedina, 2002.

CANOTILHO, José Joaquim Gomes. *Direito constitucional e teoria da Constituição*. 7. ed. Coimbra: Almedina, 2003.

CANOTILHO, José Joaquim Gomes. Estado de direito. *Cadernos Democráticos*, Lisboa, n. 7, p. 23, 1998.

CANOTILHO, José Joaquim Gomes. O direito ao ambiente como direito subjetivo. *In*: CANOTILHO, José Joaquim Gomes. *Estudos sobre Direitos Fundamentais*. Coimbra: Coimbra Editora, 2004.

CAPELETTI, Mauro; GARTH, Bryant. *Acesso à justiça*. (Trad. Ellen Gracie Northfleet). Porto Alegre: Sérgio Antonio Fabris Editor, 1988.

CAPRA, Fritjof. *O ponto de mutação*: a ciência, a sociedade e a cultura emergente. (Trad. Álvaro Cabral). São Paulo: Cultrix, 2006.

CAPRA, Fritjof. *The web of life*: a new scientific understanding of living systems. New York: Anchor Books, 1996.

CARLOS, Ana Fani Alessandri. *A condição espacial*. São Paulo: Contexto, 2011.

CARLOS, Ana Fani Alessandri. A privação do urbano e o 'direito à cidade' em Henri Lefebvre. *In*: CARLOS, Ana Fani Alessandri; PÁDUA, Rafael Faleiros de (Org.). *Justiça espacial e o direito à cidade*. São Paulo: Contexto, 2017.

CARNEIRO, José Mário Brasiliense; FREY, Klaus (Org.). *Governança multinível e desenvolvimento regional sustentável*: experiências do Brasil e da Alemanha. 1. ed. São Paulo: Centro Alemão de Ciência e Inovação, 2018.

CARRERAS, Roser Roca. Una nueva gobernanza: empoderamiento de la colectividad. *In*: CARRERAS, Roser Roca *et al*. (Org.). *Hacia un nuevo modelo económico social, sostenible y estacionario*: iniciatives per al decreixement. Barcelona: El Viejo Topo, 2014.

CARSON, Rachel. *Silent spring*. Boston: Hougton Miffin, 1962.

CARVALHO FILHO, José dos Santos. *Comentários ao estatuto da cidade*. 5. ed. rev. ampl. e atual. São Paulo: Atlas, 2013.

CARVALHO NETO, Tarcísio V. de; PEREZ, Marcos Augusto. Delineamento do Direito Urbanístico no Brasil. *In*: MEDAUAR, Odete *et al*. (Coord.). *Direito urbanístico*: estudos fundamentais. Belo Horizonte: Fórum, 2019.

CARVALHO, Augusto de. *O Brazil, colonisação e emigração*: esboço histórico. 2. ed. Porto: Imprensa Portugueza, 1876. Disponível em: https://www.literaturabrasileira.ufsc.br/do cumentos/?action=download&id=42822. Acesso em 30 jun. 2023.

CARVALHO, Délton Winter de. *Desastres ambientais e sua regulação jurídica*: deveres de prevenção, resposta e compensação. 2. ed. São Paulo: Revista dos Tribunais, 2020.

CARVALHO, Délton Winter de. *Dano ambiental futuro*: a responsabilização civil pelo risco ambiental. 2. ed. Porto Alegre: Livraria do Advogado, 2013.

CARVALHO, Eduardo Santos de. Ação civil pública: instrumento para a implementação de prestações estatais positivas. *Revista do Ministério Público do Rio de Janeiro*, n. 20, p. 67-92, 2004.

CASTANHEIRO, Ivan Carneiro. *Direito urbanístico e direito à moradia*. Salvador: JusPodivm, 2018.

CASTANHEIRO, Ivan Carneiro. Direito Urbanístico e Direito à Moradia. *In*: VITORELLI, Edilson (Org.). *Manual de Direitos Difusos*. 2. ed. Salvador: JusPodivm, 2019.

CASTELLS, Manuel. *A questão urbana*. (Trad. Arlete Caetano). 7. ed. Rio de Janeiro: Paz & Terra, 2020.

CAVALCANTE FILHO, Ernani *et al*. Tragédia climática e ambiental na Região Serrana/RJ 2011: diagnóstico, desafios e ações. *In*: *XIX Simpósio Brasileiro de Recursos Hídricos*, Maceió: Abrhidro, 2011. Disponível em: https://www.abrhidro.org.br/SGCv3/publicacao.php?PU B=3&ID=81&SUMARIO=4289&ST=tragedia_climatica_e_ambiental_na_regiao_serrana_ rj_2011_diagnostico_desafios_e_acoes. Acesso em 5 jul. 2023.

CENTER FOR RESEARCH ON THRE EPIDEMIOLOGY OF DISASTERS (CRED). EM-DAT. *The internacional disaster database*. Louvain: Université Catholique de Louvain (UCLouvain). Disponível em: https://www.emdat.be/. Acesso em 5 jul. 2023.

CHINA. *2019 Global Natural Disaster Assessment Report*. The ministry of emergency management-the ministry of management, the ministry of emergency management's National Disaster Reduction Center of China. [S. l.], 2019. Disponível em: https://reliefweb. int/sites/reliefweb.int/files/resources/ 73363_2019globalnaturaldisasterassessment.pdf. Acesso em 5 jul. 2023.

CLIMATE CENTRAL. *Mapping choices carbon, climate, and rising seas our global legacy*. Princeton, 2015. Disponível em: https://sealevel.climatecentral.org/uploads/research/ global-mapping-choices-report.pdf. acesso em 6 jul. 2023.

COIMBRA, José de Ávila Aguiar. *O outro lado do meio ambiente*. Campinas: Millennium, 2002.

COLLINS, Toni; ESTERLING, Shea. Fluid personality: indigenous rights and the te Awa Tupua (Whanganui River claims settlement) Act 2017 in Aotearoa New Zealand. *Melbourne Journal of International Law*, University Melbourne, v. 20, p. 1, 2017. Disponível em: https://law.unimelb.edu.au/__data/assets/pdf_file/0006/3144318/Collins-and-Esterling.pdf. Acesso 27 jun. 2023.

COLOMBIA. Corte Constitucional. *Sentencia T-622/16, 10 noviembre 2012*. Disponível em: https://www.corteconstitucional.gov.co/relatoria/2016/t-622-16.htm. Acesso em 27 jun. 2023.

COLOMBIA. Corte Suprema de Justicia. *STC4360-2018. Radicación nº 11001-22-03-000-2018-00319-01*. 5 abr. 2018. Disponível em: https://cortesuprema.gov.co/corte/wp-content/uploads/2018/04/STC4360-2018-2018-00319-011.pdf. Acesso em 27 jun. 2023.

COMISIÓN INTERAMERICANA DE DERECHOS HUMANOS (CIDH). *Derechos económicos, sociales, culturales y ambientales de las personas afrodescendientes*: Estándares interamericanos para la prevención, combate y erradicación de la discriminación racial estructural. [S. l.], 16 mar. 2021. Disponível em: http://www.oas.org/es/cidh/informes/pdfs/DESCA-Afro-es.pdf. Acesso em 5 jul. 2023.

COMISSÃO AFRICANA DOS DIREITOS HUMANOS E DOS POVOS. *Carta africana de direitos humanos e dos povos*. [S. l.], 1981. Disponível em: https://www.achpr.org/pr_legalinstruments/detail?id=49. Acesso em 30 jun. 2023.

COMISSÃO DAS COMUNIDADES EUROPEIAS. White Paper on governance. *Jornal Oficial*, Bruxelas, n. 287, p. 01-29, 12 Oct. 2001. Disponível em: https://eur-lex.europa.eu/legal-content/PT/TXT/?uri=celex%3A52001DC0428. Acesso em 3 jul. 2023.

COMISSÃO ECONÔMICA PARA A AMÉRICA LATINA E O CARIBE. Acordo Regional sobre Acesso à Informação, Participação Pública e Acesso à Justiça em Assuntos Ambientais na América Latina e no Caribe. *Acordo de Escazú*. Costa Rica, 2018. Disponível em: https://repositorio.cepal.org/bitstream/handle/11362/43611/S1800493_pt.pdf. Acesso em 27 jun. 2023.

COMISSÃO INTERAMERICANA DE DIREITOS HUMANOS. *Protocolo adicional à Convenção Americana sobre Direitos Humanos em matéria de direitos econômicos, sociais e culturais*. Protocolo de San Salvador. [S. l.], 1988. Disponível em: http://www.cidh.org/basicos/portugues/e.protocolo_de_san_salvador.htm. Acesso em 30 jun. 2023.

COMISSÃO MUNDIAL SOBRE MEIO AMBIENTE E DESENVOLVIMENTO. *Nosso futuro comum*. 2. ed. Rio de Janeiro: Fundação Getúlio Vargas, 1991.

COMISSÃO NACIONAL PARA OS OBJETIVOS DE DESENVOLVIMENTO SUSTENTÁVEL (CNODS). *Plano de ação 2017-2019 da Comissão Nacional ODS Brasil*. Brasília, DF, 2017. Disponível em: http://www4.planalto.gov.br/ods/publicacoes/plano-de-acao-da-cnods-2017-2019. Acesso em 27 jun. 2023.

COMPANHIA DE HABITAÇÃO DO ESTADO DO PARANÁ. *Plano Estadual de Habitação de Interesse Social do Paraná (PEHIS-PR)*: pesquisa de necessidades habitacionais do Paraná. Curitiba, 2019. Disponível em: https://www.cohapar.pr.gov.br/sites/cohapar/arquivos_restritos/files/documento/2020-07/pehis_2019_resultados_07_2020.pdf. Acesso em 5 jul. 2023.

CONFEDERAÇÃO NACIONAL DE MUNICÍPIOS. *Estatuto da cidade completa 19 anos*: CNM reforça importância do Plano Diretor. Brasília, DF, 10 jul. 2020. Disponível em: https://www.cnm.org.br/comunicacao/noticias/estatuto-da-cidade-completa-19-anos-cnm-reforca-importancia-do-plano-diretor. Acesso em 5 jul. 2023.

CONSEIL CONSTITUTIONNEL DE LA FRANCE. Préambule de La Constitution du 27 Octobre 1946. *Charte de L'environnement de 2004*. Disponível em: https://www.conseil-constitutionnel.fr/le-bloc-de-constitutionnalite/charte-de-l-environnement-de-2004. Acesso em 27 jun. 2023.

CONSEIL DE L'EUROPA. *6ª Conference Europeene des Ministres Responsables d l'Amenagement du Territoire*. Torremolinos, 19-20 may. 1983. Disponível em: https://rm.coe.int/0900001680911935. Acesso em 30 jun. 2023.

CONSELHO DA UNIÃO EUROPEIA. *Convenção sobre o acesso à informação, participação do público no processo de tomada de decisão e acesso à justiça em matéria de ambiente (2005/370/CE)*. [S. l.], 2005. Disponível em: https://eur-lex.europa.eu/legal-content/PT/TXT/?uri=celex%3A32005D0370. Acesso em 5 jul. 2023.

CONSELHO NACIONAL DE JUSTIÇA (CNJ). *Cadastro nacional de ações coletivas*. Brasília, DF, 2021. Disponível em: https://paineisanalytics.cnj.jus.br/single/?appid=1d54bc4d-81c7-45ae-b110-7794758c17b2&sheet=87f1a661-cf86-4bda-afe4-61dfc6778cd4&lang=pt-BR&opt=ctxmenu,currsel. Acesso em 9 jul. 2023.

CONSELHO NACIONAL DE JUSTIÇA (CNJ). *Recomendação CNJ nº 40, de 13 de junho de 2012*. Brasília, DF, 2012. Disponível em: https://atos.cnj.jus.br/atos/detalhar/841. Acesso em 2 jul. 2023.

CONSELHO NACIONAL DE JUSTIÇA (CNJ). *Recomendação CNJ nº 90, de 2 de março de 2021*. Brasília, DF, 2021. Disponível em: https://atos.cnj.jus.br/files/original1256102021030560422a6ac453a.pdf. Acesso em 5 jul. 2023.

CONSELHO NACIONAL DE JUSTIÇA (CNJ). *Resolução nº 347, de 13 de outubro de 2020*: dispõe sobre a Política de Governança das Contratações Públicas no Poder Judiciário. Brasília, DF: Conselho Nacional de Justiça, 2010. Disponível em: https://atos.cnj.jus.br/files/original170811202010155f8881fb44760.pdf. Acesso em 3 jul. 2023.

CONSELHO NACIONAL DO MINISTÉRIO PÚBLICO (CNMP). *Pacto pela implementação dos Objetivos de Desenvolvimento Sustentável da Agenda 2030 no Poder Judiciário e Ministério Público*. Brasília, DF: Conselho Nacional do Ministério Público, 2019. Disponível em: https://www.cnmp.mp.br/portal/images/Termosdecooperacao/pactoODS2030.pdf. Acesso em 2 jul. 2023.

CONSELHO NACIONAL DO MINISTÉRIO PÚBLICO (CNMP). *Resolução 23, de 17 de setembro de 2017*. Regulamenta os artigos 6º, inciso VII, e 7º, inciso I, da Lei Complementar nº 75/93 e os artigos 25, inciso IV, e 26, inciso I, da Lei nº 8.625/93, disciplinando, no âmbito do Ministério Público, a instauração e tramitação do inquérito civil. Disponível em: https://www.cnmp.mp.br/portal/images/Normas/Resolucoes/Resoluo-0232.pdf. Acesso em 6 jul. 2023.

CONVENTION ON THE BIOLOGICAL DIVERSITY. *The Estrategic Plan for Biodiversity 2011-2020 and the Aichi Biodiversity Targets*. Disponível em: https://www.cbd.int/sp/targets/. Acesso em 14 jan. 2023.

CORBUSIER, Le. *A carta de Atenas*. (Trad. Rebeca Scherer). São Paulo: Editora da Universidade de São Paulo, 1993.

CORDELLA, Ezio Costa. Participación ciudadana ambiental en latinoamérica: una estructura en construcción. *In*: PENA CHACON, Mario (Org.). *Derecho ambiental del siglo XXI*. San Jose da Costa Rica: Isolma, 2019.

CORRALO, Giovani da Silva. Há um direito fundamental à boa governança? *Espaço Jurídico Journal of Law*, Joaçaba, v. 18, n. 1, p. 178, jan./abr. 2017. Disponível em: https://portalperiodicos.unoesc.edu.br/espacojuridico/article/view/4954/pdf. Acesso em 2 jul. 2023.

CORREIA, Arícia Fernandes; FARIAS, Talden. Governança metropolitana: desafio para a gestão pública fluminense. *Revista de Direito Ambiental*, São Paulo, v. 78, p. 456-458, abr./jun. 2015.

CORTE INTERAMERICANA DE DERECHOS HUMANOS (CIDH). *Opinion Consultiva OC-23/17, 15 de noviembre de 2017*: medio ambiente y derechos humanos. [S. l.], 2017. Disponível em: http://www.corteidh.or.cr/docs/opiniones/seriea_23_esp.pdf. Acesso em 30 jun. 2023.

CORTE INTERAMERICANA DE DERECHOS HUMANOS. *Opinión del Centro Internacional de Derecho Ambiental Comparado (CIDCE) sobre la Solicitud de Opinión Consultiva presentada por Colombia ante la Corte Interamericana de Derechos Humanos, el 14 de marzo de 2016*. Disponível em: http://www.corteidh.or.cr/sitios/observaciones/colombiaoc23/35_cidce.pdf. Acesso em 24 mai. 2023.

CORTESE, Tatiana Tucunduva *et al*. Sustentabilidade nas construções: a necessidade de discussão deste novo paradigma. *In*: CORTESE, Tatiana T. Phipippi; KNIESS, Cláudio Terezinha; MACCARI, Emerson Antonio (Org.). *Cidades inteligentes e sustentáveis*. Barueri: Manole, 2017.

COSTA, Beatriz Souza; SILVA, Marcos Edmar R. A. da. Dano ambiental e a segregação social pela poluição: ponderações ao julgamento da Ajax Baterias e a injustiça ambiental. *Revista de Direito Ambiental*, São Paulo, v. 21, n. 83, p. 17-38, jul./set. 2016.

COSTA, Carlos Magno Miqueri da. *Direito urbanístico comparado*: planejamento urbano das constituições aos Tribunais Luso-Brasileiros. Curitiba: Juruá, 2009.

COULANGES, Fustel de. *A cidade antiga*. (Trad. Fernando Aguiar). São Paulo: Martins Fontes, 1998.

COUTINHO, André Augustin *et al*. *Loteamentos irregulares*: o desafio de estimar a população nessa situação com base nos dados do Cadastro Único: o caso de Porto Alegre. Porto Alegre: Secretaria de Planejamento, Governança e Gestão, 2020. Disponível em: https://estado.rs.gov.br/upload/arquivos//loteamentos-irregulares-30-11.pdf. Acesso em 5 jul. 2023.

CRUTZEN, Paul J. Geology of Mankind. *Nature*, [S. l.], v. 415, n. 23, 2002. Disponível em: https://www.nature.com/articles/415023a. Acesso em 27 jun. 2023.

CUNHA FILHO, Alexandre Jorge Carneiro. Planejamento, urbanismo e as normas reguladoras da ocupação do solo. *In*: MEDAUAR, Odete *et al*. (Coord.). *Direito urbanístico*: estudos fundamentais. Belo Horizonte: Fórum, 2019.

CUNHA, Bruno Santos. O princípio da eficiência e o direito fundamental à boa administração. *In*: MARRARA, Thiago (Org.). *Princípios de direito administrativo*. São Paulo: Atlas, 2012.

DALLARI, Adilson de Abreu. Solo criado – constitucionalidade da outorga onerosa de potencial construtivo. *In*: DALLARI, Adilson Abreu; DI SARNO, Daniela Campos Libório (Org.). *Direito urbanístico e ambiental*. 2. ed. Belo Horizonte: Fórum, 2011.

DAMACENA, Fernanda Dalla Libera. A governança dos desastres ambientais e no direito comparado norte-americano e europeu. Brasília, Senado Federal. *Revista de informação legislativa*, v. 52, n. 208, p. 303-319, out./dez. 2015.

DAMACENA, Fernanda Dalla Libera. A "injustiça" por trás do desastre e o papel do direito na redução da vulnerabilidade. *Atlas de Saúde Ambiental*, São Paulo, v. 5, p. 125-156, 2017.

DAMACENA, Fernanda Dalla Libera; OLIVEIRA, Francine Dearmas; DORR, Julia Marta Drebes. Direito à moradia, ocupação de áreas de risco e desastre "natural" à luz da jurisprudência do Tribunal de Justiça do Rio Grande do Sul. *Revista Culturas Jurídicas*, v. 4, n. 8, p. 270-297, mai./ago. 2017.

DE BONA, Celito. *A moradia sustentável*: um direito fundamental em formação. São Paulo: Dialética, 2023.

DENÈFLE, Sylvette *et al*. *Habiter Le Corbusier*: pratiques sociales et théorie architecturale. Nouvelle Édition. Rennes: Presses Universitaires, 2006. Disponível em: http://books.openedition.org/pur/12479. Acesso em 26 jun. 2023.

DERANI, Cristiane. *Direito ambiental econômico*. São Paulo: Max Limonad, 2001.

DERANI, Cristiane; DUARTE, Matheus. A sexta extinção e o direito por uma economia ecológica. *In*: NUSDEO, Ana Maria de Oliveira; TRENNEPOHL, Terence (Coord.). *Temas de direito ambiental econômico*. São Paulo: Thomson Reuters Brasil, 2019.

DIAMOND, Jared. *Colapso*: como as sociedades escolhem os fracassos ou o sucesso. 7. ed. São Paulo: Record, 2012.

DIAS, Daniela Maria dos Santos. *Planejamento e desenvolvimento urbano no sistema jurídico brasileiro*: óbices e desafios. Curitiba: Juruá, 2012.

DICKSTEIN, André Constant. *Participação pública na tomada de decisão ambiental*. Lisboa: AAFDL Editora, 2019.

DI SARNO, Daniela C. Libório. *Elementos de direito urbanístico*. São Paulo: Manole, 2004.

DUNLAP, Riley; VAN LIERE, Kent. The new environmental paradigm: a proposed measuring instrument and preliminary results. *Journal of Environmental Education*, Madison, v. 9, n. 4, p. 10-19, 1978.

ECOLOGICAL LAW AND GOVERNANCE ASSOCIATION. *Oslo manifesto for ecological law and governance*. [S. l.], jun. 2016. Disponível em: https://elgaworld.org/oslo-manifesto. Acesso em 3 jul. 2023.

ECUADOR. *Constitucion de la Republica del Ecuador 2008*. Disponível em: https://www.gob.ec/sites/default/files/regulations/2020-06/CONSTITUCION%202008.pdf. Acesso em 27 jun. 2023.

ECUADOR. Corte Provincial de Loja. *Juicio 11121-2011-0010, Casillero nº 826/2011, 30 marzo 2011*. Richard Frederick Wheeler e Eleanor Geer Huddle c/ Gobierno Provincial de Loja. Disponível em: https://elaw.org/system/files/ec.wheeler.loja_.pdf. Acesso em 27 jun. 2023.

EHRLICH, Paul R.; EHRLICH, Anne H. *The dominant animal*: human evolution and the environment. Washington DC: Island Press, 2008.

EYRET, Laurent. *From ecocrimes to ecocide*. Protecting the environment through criminal law. C-EENRG Reports, University of Cambridge, 2017. Disponível em: https://www.ceenrg.landecon.cam.ac.uk/system/files/documents/report-002.pdf. Acesso em 07 nov. 2022.

EL-HINNAWI, Essam. *Environmental Refugees*. Nairobi: United Nations Environment Programme-UNEP, 1985. Disponível em: https://digitallibrary.un.org/record/121267. Acesso em 26 out. 2022.

ELKINGTON, John. *Cannibals with forks*: the triple bottom line of 21st century business. Canadá: New Society Publishers, 1998.

ENGELMANN, Wilson. As nanotecnologias e o meio ambiente: entre os riscos e a autorregulação regulada. *In*: STRECK, Lenio Luiz; ROCHA, Leonel Severo; ENGELMANN, Wilson (Org.). *Constituição, sistemas sociais e hermenêutica*: anuário do Programa de Pós-graduação em Direito da UNISINOS: mestrado e doutorado. Porto Alegre: Liv. do Advogado; São Leopoldo: UNISINOS, 2018.

ETZKOWITZ, Henry; ZHOU, Chunyan. Hélice Tríplice: inovação e empreendedorismo universidade-indústria-governo. *Estudos Avançados*, São Paulo, v. 31, n. 90, p. 23-24, 2017. Disponível em: https://www.revistas.usp.br/eav/article/view/137883. Acesso em 3 jul. 2023.

EUROPEAN COMISSION. *Leipzig charter on sustainable European cities*. [S. l.], 2007. Disponível em: https://ec.europa.eu/regional_policy/archive/themes/urban/leipzig_charter.pdf. Acesso em 3 jul. 2023.

EUROPEAN CONFERENCE ON SUSTAINABLE CITIES & TOWNS. *Charter of European Cities & Towns Towards Sustainability*. Aalborg, Denmark 27 may. 1994. Disponível em: https://sustainablecities.eu/fileadmin/repository/Aalborg_Charter/Aalborg_Charter_English.pdf. Acesso 02 jul. 2023.

EUROPEAN COUNCIL OF TOWN PLANNERS. Conseil Européen des Urbanistes. *La nouvelle Charte d'Athènes 2003*. La vision du Conseil Européen des Urbanistes sur Les Villes du 21ième siècle. Lisbonne, 20 nov. 2003.

FARBER, Daniel. Disaster law and emerging issues in Brazil. *Revista de Estudos Constitucionais, Hermenêutica e Teoria do Direito (RECHTD)*, São Leopoldo, v. 4, n. 1, p. 2-15, jan./jul. 2012.

FARBER, Daniel. Inequality and coronavirus. *Legal Planet*, Berkeley, 24 mar. 2020. Disponível em: https://legal-planet.org/2020/03/24/inequality-and-the-coronavirus/. Acesso em 5 jul. 2023.

FARBER, Daniel. Perspectives on Inequality and the environment. *Legal Planet*, Berkeley, mar. 2021. Disponível em: https://legal-planet.org/2021/03/08/perspectives-on-inequality-and-the-environment/. Acesso em 5 jul. 2023.

FARIAS, Talden. 40 anos da lei de parcelamento do solo. *Revista Consultor Jurídico*, São Paulo, 21 dez. 2019. Disponível em: https://www.conjur.com.br/2019-dez-21/ambiente-juridico-40-anos-lei-parcelamento-solo#sdfootnote9sym. Acesso em 5 jul. 2023.

FERNANDES, Edésio. *Direito urbanístico*. Belo Horizonte: Del Rey, 1998.

FERNANDES, Edésio. *Regularização de assentamentos informais na América Latina*. Cambridge: Lincoln Institute of Land Policy, 2011. Disponível em: https://www.lincolninst.edu/sites/default/files/pubfiles/regularizacao-assentamentos-informais-full_1.pdf. Acesso em 5 jul. 2023.

FERREIRA, Antonio Rafael Marchezan. Os movimentos sociais como fontes do direito urbanístico na ordem jurídica plural contemporânea. *In*: LIBÓRIO, Daniela Campos (Coord.). *Direito urbanístico*: fontes do direito urbanístico e direito à cidade. Belo Horizonte: Fórum, 2020.

FERREIRA, Pinto. *Comentários à Constituição brasileira*. São Paulo: Saraiva, 1989. v. 5.

FERREIRA, Ximena Cardoso. *Inundações urbanas*: gestão de riscos com foco na prevenção de danos. Rio de Janeiro: Lumen Juris, 2019.

FERRER, Gabriel Real. Calidad de vida, médio ambiente, sostenibilidad y ciudadanía: construímos juntos el futuro? *Revista Novos Estudos Jurídicos*, Itajaí, v. 17, n. 3, p. 319-321, set./dez. 2012. Disponível em: https://periodicos.univali.br/index.php/nej/article/view/4202/2413. Acesso em 30 jun. 2023.

FERRI, Giovani. A evolução e implementação dos ODS 13 (ações contra a mudança global do clima) e o papel do Ministério Público. *In*: GAIO, Alexandre (Org.). *A Política nacional de mudanças climáticas em ação* [livro eletrônico]: a atuação do Ministério Público. 1. ed. Belo Horizonte: Abrampa, 2021.

FERRI, Giovani; WEDY, Gabriel. A Opinião Consultiva 23/17 da Corte Interamericana sob um tríplice enfoque: meio ambiente, direitos humanos e desenvolvimento sustentável. *Revista Direito Ambiental e sociedade*, v. 12, n. 02, p. 284-312, mai./ago. 2022. Disponível em: http://www.ucs.br/etc/revistas/index.php/direitoambiental/article/view/9078. Acesso em 6 fev. 2023.

FERRI, Giovani. A Pandemia e seus reflexos jurídicos: em busca de um direito resolutivo. *In*: CAMBI, Eduardo; GIACOIA, Gilberto; BONAVIDES, Samia Saad Gallotti (Org.). *Covid-19 e Ministério Público*. 1. ed. Belo Horizonte: D'Placido, 2020.

FERRI, Giovani; BALENSIEFER, Patrícia Rangel. A violação ao princípio da prevenção no desastre de Brumadinho/MG e a omissão fiscalizatória nas atividades de mineração no Brasil. *In*: *Revista Jurídica do Ministério Público do Estado do Paraná*, Curitiba, a. 6, n. 11, p. 15-54, dez. 2019.

FERRI, Giovani. O estado de direito ambiental e os impactos da Covid-19 no cumprimento dos Objetivos de Desenvolvimento Sustentável. *In*: WEDY, Gabriel; FERRI, Giovani (Org.). *O Estado de Direito Contemporâneo e seus Desafios*. Blumenau: Dom Modesto, 2021.

FERRI, Giovani. O princípio do desenvolvimento sustentável e a logística reversa na Política Nacional de Resíduos Sólidos (Lei nº 12.305/2010). *Revista dos Tribunais*, v. 912, p. 95-115, out. 2011.

FIGUEIREDO, Lúcia Valle. *Disciplina urbanística da propriedade*. 2. ed. rev. atual. São Paulo: Malheiros, 2005.

FIORILLO, Celso Antonio Pacheco. *Curso de direito ambiental brasileiro*. 13. ed. São Paulo: Saraiva, 2012.

FIORILLO, Celso Antonio Pacheco. *Estatuto da cidade comentado*: Lei nº 10.257/2001 – Lei do meio ambiente artificial. São Paulo: Revista dos Tribunais, 2002.

FIORILLO, Celso Pacheco. Fundamentos constitucionais do direito ambiental brasileiro. *Revista do Tribunal Regional Federal da 3ª Região (RTRF3)*, São Paulo, n. 76, p. 91, 2006.

FOOD AND AGRICULTURE ORGANIZATION OF THE UNITED NATIONS (FAO). *The state of food security and nutrition in the world 2020*. Roma, 2020. Disponível em: http://www.fao.org/3/ca9692en/ca9692en.pdf. Acesso em 27 jun. 2023.

FÓRUM DAS CIDADES. *Programa de ação de Lille*. Lisboa, 2020. Disponível em: https://www.forumdascidades.pt/content/programa-de-acao-de-lille. Acesso em 30 jun. 2023.

FÓRUM SOCIAL MUNDIAL. *Carta mundial pelo direito à cidade*. V Fórum Social Mundial. Porto Alegre, 2005. Disponível em: https://polis.org.br/wp-content/uploads/2021/09/Carta-Mundial-pelo-Direito-a-Cidade.pdf. Acesso em 30 jun. 2023.

FRANCISCO, Papa. *Carta Encíclica Fratelli Tutti, do Santo Padre Francisco*: sobre a fraternidade e a amizade social. Vaticano, 2020. Disponível em: https://www.vatican.va/content/francesco/pt/encyclicals/documents/papa-francesco_20201003_enciclica-fratelli-tutti.html. Acesso em 5 jul. 2023.

FRANCISCO, Papa. *Carta Encíclica Laudato Si, do Santo Padre Francisco*: sobre o cuidado da casa comum. Vaticano, 2015. Disponível em: http://www.vatican.va/content/francesco/pt/encyclicals/documents/papa-francesco_20150524_enciclica-laudato-si.html. Acesso em 27 jun. 2023.

FRASER, Nancy. Redistribuição, Reconhecimento e Participação: por uma concepção integral da justiça. *In*: SARMENTO, Daniel; IKAWA, Daniela; PIOVESAN, Flávia (Org.). *Igualdade, diferença e direitos humanos*. Rio de Janeiro: Lumen Juris, 2010.

FREITAG, Bárbara. *Teorias da cidade*. Campinas: Papirus, 2006.

FREITAS, José Carlos de. O estatuto da cidade e o equilíbrio do espaço urbano. *In*: FREITAS, Jose Carlos de (Org.). *Temas de direito urbanístico 3*. São Paulo: Ministério Público de São Paulo, 2001.

FREITAS, Juarez. *Sustentabilidade*: direito ao futuro. 4. ed. Belo Horizonte: Fórum, 2019.

FREITAS, Mariana Almeida Passos de; FREITAS, Vladimir Passos de. A complexidade das ações civis públicas envolvendo meio ambiente e populações vulneráveis. *In*: MILARÉ, Édis (Coord.). *Ação Civil Pública após 30 anos*. São Paulo: Revista dos Tribunais, 2005.

FREITAS, Vladimir Passos de; FREITAS, Mariana Almeida Passos de. A ação civil pública e a judicialização das políticas públicas ambientais. *In*: MILARÉ, Édis (Coord.). *Ação civil pública após 35 anos*. 1. ed. São Paulo: Thomson Reuters Brasil, 2020.

FUNDAÇÃO PERSEU ABRAMO. Estudo ranqueia municípios mais vulneráveis ao coronavírus. *Boletim de Análise da Conjuntura*, São Paulo, a. 5, n. 45, p. 17, mar./abr. 2020. Disponível em: https://fpabramo.org.br/2020/04/16/estudo-ranqueia-municipios-mais-vulneraveis-ao-coronavirus/. Acesso em 5 jul. 2023.

GALVÃO, Ilmar. A ação civil pública e o Ministério Público. *In*: WALD, Arnoldo. *Aspectos polêmicos da ação civil pública*. São Paulo: Saraiva, 2003.

GARCIA, Emerson; ALVES, Rogério Pacheco. *Improbidade Administrativa*. 9 ed. São Paulo: Saraiva, 2017.

GASPARINI, Diógenes. Alterações da lei do parcelamento do solo urbano. *Revista de Direito Imobiliário*, São Paulo, v. 22, n. 46, p. 66-70, jan./jun. 1999.

GATTES, Bill. *How to avoid a climate disaster*: the solutions we have and the breakthroughs we need. New York: Knopf, 2021.

GEHL, Jan. *Cidades para Pessoas*. (Trad. Anita di Marco). 2. ed. São Paulo: Perspectiva, 2013.

GERMANY. Federal Constitutional Court. *Neubauer et al v. Germany*. [S. l.], 2020. Disponível em: http://climatecasechart.com/non-us-case/neubauer-et-al-v-germany/. Acesso em 26 jun. 2023.

GIDDENS, Anthony. *Modernidade e identidade*. (Trad. Plinio Dentzien). Rio de Janeiro: Jorge Zahar Editor, 2002.

GIDDENS, Anthony. *Para além da esquerda e da direita*. São Paulo: Editora da Universidade Estadual Paulista, 1996.

GIMENEZ, Teresa Vicente. As relaciones entre la naturaleza y el derecho: justicia climática y derechos humanos, justicia ecológica y derechos de la naturaleza. *Revista Electrónica de Derecho Ambiental: medio ambiente & derecho*, Sevilla, n. 37, p. 3, 2020. Disponível em: https://dialnet.unirioja.es/servlet/articulo?codigo=7724482. Acesso em 27 jun. 2023.

GLOBAL FOOTPRINT NETWORK. *Ecological Footprint*. [S. l.], 2021. Disponível em: https://www.footprintnetwork.org/. Acesso em 27 jun. 2023.

GOMES, Laurentino. *Escravidão*: da corrida do ouro em Minas Gerais até a chegada da corte de Dom João ao Brasil. 1. ed. São Paulo: Globo Livros, 2021. v. II.

GONÇALVES, Alfredo José. Migrações internas: evoluções e desafios. *Estudos Avançados*, São Paulo, v. 15, n. 43, p. 174, set./dez. 2001. Disponível em: https://www.revistas.usp.br/eav/article/view/9830. Acesso em 30 jun. 2023.

GONÇALVES, Nathália Assmann; WENCESLAU, Ethiene V. de Souza. A cidade que (re)produz racismo: uma análise materialista histórica das transformações urbanas no Brasil. *In*: MOTA, Maurício; TORRES, Marcos Azevedo; MOURA, Emerson. *Desafios do planejamento urbano no século XXI*: políticas públicas, democracia, econômica e moradia. Rio de Janeiro: Lumen Iuris, 2018.

GRAU, Eros. *Ensaio e discurso sobre a interpretação/aplicação do direito*. 5. ed. São Paulo: Malheiros, 2009.

GRECO-SANTOS, Bruno. *In*: MEDAUAR, Odete *et al*. (Coord.). *Direito urbanístico*: estudos fundamentais. Belo Horizonte: Fórum, 2019.

GREGORY, Derek *et al*. (Ed.). *The dictionary of human geography*. 5th ed. Oxford: Wiley-Blackwell, 2009.

GRUPO DE ESTUDOS DOS NOVOS ILEGALISMOS-UFF e INSTITUTO FOGO CRUZADO. *Mapa Histórico dos Grupos Armados do Rio de Janeiro*. Rio de Janeiro: Universidade Federal Fluminense, 2022. (Coord. Daniel Hirata). Disponível em: https://geni.uff.br/wp-content/uploads/sites/357/2022/09/Relatorio_Mapa_Grupos_Armados_Geni_WEB.pdf. Acesso em 19 set. 2022.

GUATTARI, Félix. *¿Qué es la ecosofía? Textos presentados y agenciados por Stéphane Nadaud*. Ciudad Autónoma de Buenos Aires: Cactus, 2015.

GUETTA, Maurício. Notas sobre a ação civil pública como instrumento indutor da efetividade de deveres fundamentais em matéria ambiental. *In*: MILARÉ, Édis (Coord.). *Ação civil pública após 35 anos*. 1. ed. São Paulo: Thomson Reuters Brasil, 2020.

GUEVARA, Arnoldo J. de Hoyos; SILVA, Luciano Ferreira da. O panorama do desenvolvimento local sustentável nas cidades brasileiras. *In*: CONTI, Diego de Meio; VIEIRA, Vinnícius Lopes Ramos (Org.). *O futuro das cidades*: sustentabilidade, inteligência urbana e modelos de viabilidade utilizando PPPs e concessões. São Paulo: Casa de Soluções, 2020.

GUIMARÃES, Angélica. A ordem jurídica urbana e o direito à cidade: uma leitura crítica sob o olhar da Constituição Federal de 1988. *In*: LIBÓRIO, Daniela Campos (Coord.). *Direito urbanístico*: fontes do direito urbanístico e direito à cidade. Belo Horizonte: Fórum, 2020.

GUIMARÃES, Patrícia Borba Vilar; XAVIER, Yanko Marcius de Alencar. Smart cities e direito: conceitos e parâmetros de investigação da governança urbana contemporânea. *Revista de Direito da Cidade*, Rio de Janeiro, v. 8, n. 4, p. 1362-1380, 2016.

HÄBERLE, Peter. *Hermenêutica Constitucional – a sociedade aberta dos intérpretes da Constituição*: contribuição para a interpretação pluralista e "procedimental" da Constituição. (Trad. Gilmar Ferreira Mendes). Porto Alegre: Sergio Antonio Fabris Editor, 2022.

HALL, Peter. *Cidades do amanhã*: uma história intelectual do planejamento e do projeto urbano no século XX. (Trad. Pérola de Carvalho). 4. ed. São Paulo: Perspectiva, 2016.

HARARI, Yuval Noah. *21 lições para o século XXI*. (Trad. Paulo Geiger). São Paulo: Companhia das Letras, 2018.

HARARI, Yuval Noah. *Homo Deus*: uma breve história do amanhã. (Trad. Paulo Geiger). 1. ed. São Paulo: Companhia das Letras, 2016.

HARARI, Yuval Noah. *Sapiens*: uma breve história da humanidade. (Trad. Jorio Dauster). São Paulo: Companhia das Letras, 2020.

HARDIN, Garret. The Tragedy of the Commons. *Science*, Washington, v. 162, p. 1243-1248, 1968.

HARVEY, David. *Cidades rebeldes*: do direito à cidade à revolução urbana. (Trad. Jeferson Camargo). São Paulo: Martins Fontes, 2014.

HEIDEGGER, Martin. *Ensaios e conferências*: construir, habitar e pensar. (Trad. Emanuel Leão, Gilvan Fogel e Márcia Sá C. Schuback). Petrópolis: Vozes, 2008.

HERCULANO, Selene. Justiça ambiental: de Love Canal à Cidade dos Meninos, em uma perspectiva comparada. *In*: MELLO, Marcelo Pereira de (Org.). *Justiça e sociedade*: temas e perspectivas. São Paulo: LTr, 2001.

HOBBES, Thomas. *Leviatã ou matéria, forma e poder de um estado eclesiástico e civil*. (Trad. João Paulo Monteiro e Maria Beatriz Nizza da Silva). São Paulo: Martins Fontes, 2003.

HOLMES, Stephen; SUNSTEIN, Cass. *O custo dos direitos*: porque a liberdade depende dos impostos. Martins Fontes: São Paulo, 2019.

IDOETA, Paula Adamo. Sem wi-fi, pandemia cria novo símbolo de desigualdade na educação. *BBC Brasil*, São Paulo, 3 out. 2020. Disponível em: https://www.bbc.com/portuguese/brasil-54380828. Acesso em 10 set. 2022.

INSTITUTO CIDADES SUSTENTÁVEIS. *Índice de Desenvolvimento Sustentável das Cidades*. Brasil, 2022. Disponível em: https://idsc.cidadessustentaveis.org.br/. Acesso em 09 jul. 2023.

INSTITUTION OF CIVIL ENGINEERS. *Aberfan disaster*: lessons learned. [S. l.], 2016. Disponível em: https://www.ice.org.uk/what-is-civil-engineering/what-do-civil-engineers-do/aberfan-disaster-lessons-learnt. Acesso em 5 jul. 2023.

INSTITUTO BRASILEIRO DE GEOGRAFIA E ESTATÍSTICA (IBGE). Áreas *urbanizadas do Brasil 2019*: Coordenação de Meio Ambiente. Rio de Janeiro, 2022. Disponível em: https://biblioteca.ibge.gov.br/visualizacao/livros/liv101973_informativo.pdf. Acesso em 23 nov. 2022.

INSTITUTO BRASILEIRO DE GEOGRAFIA E ESTATÍSTICA (IBGE). *Censo demográfico 1940-2010*: taxa de urbanização. Rio de Janeiro, 2010. Disponível em: https://seriesestatisticas.ibge.gov.br/series.aspx?vcodigo=POP122. Acesso em 30 jun. 2023.

INSTITUTO BRASILEIRO DE GEOGRAFIA E ESTATÍSTICA (IBGE). Censo Demográfico. *Prévia da População dos Municípios com base nos dados do Censo Demográfico 2022 coletados até 25.12.2022*. Rio de Janeiro, 2022. Disponível em: https://biblioteca.ibge.gov.br/visualizacao/livros/liv101662.pdf. Acesso em 2 abr. 2023.

INSTITUTO BRASILEIRO DE GEOGRAFIA E ESTATÍSTICA (IBGE). *Estimativas da população residente para os municípios e para as unidades da federação brasileiros com data de referência em 1º de julho de 2019*. Rio de Janeiro, 2019. Disponível em: https://biblioteca.ibge.gov.br/visualizacao/livros/liv101662.pdf. Acesso em 2 jul. 2023.

INSTITUTO BRASILEIRO DE GEOGRAFIA E ESTATÍSTICA (IBGE). Quase dois terços das favelas estão a menos de dois quilômetros de hospitais. *Agência IBGE Notícias*, Rio de Janeiro, 2020. Disponível em: https://agenciadenoticias.ibge.gov.br/agencia-noticias/2012-agencia-de-noticias/noticias/27728-quase-dois-tercos-das-favelas-estao-a-menos-de-dois-quilometros-de-hospitais. Acesso em 5 jul. 2023.

INSTITUTO BRASILEIRO DE GEOGRAFIA E ESTATÍSTICA (IBGE). *Subnormais 2019*: classificação preliminar para o enfrentamento à COVID-19. Rio de Janeiro, 2020. Disponível em: https://dadosgeociencias.ibge.gov.br/portal/sharing/rest/content/items/e537f2bbd43743198f99c77dfc878bff/data. Acesso em 5 jul. 2023.

INSTITUTO DE PESQUISA ECONÔMICA APLICADA. *Relatório brasileiro para a Habitat III*. Brasília, DF: 2016. Disponível em: https://www.ipea.gov.br/portal/index.php?option=com_content&view=article&id=27266. Acesso 30 jun. 2023.

INSTITUTO DE PESQUISAS TECNOLÓGICAS. *Carta geotécnica*. São Paulo, 2021. Disponível em: http://www.ipt.br/institucional/campanhas/16-voce_sabia_que_o_ipt_elaborou_a_primeira_carta_geotecnica_do_pais_.htm. Acesso em 5 jul. 2023.

INSTITUTO DO PATRIMÔNIO HISTÓRICO E ARTÍSTICO NACIONAL (IPHAN). *Carta de Washington para a salvaguarda das cidades históricas*. Brasília, DF: Instituto do Patrimônio Histórico e Artístico Nacional, 1987. Disponível em: http://portal.iphan.gov.br/uploads/ckfinder/arquivos/Carta%20de%20Washington%201987.pdf. Acesso em 30 jun. 2023.

INSTITUTO DO PATRIMÔNIO HISTÓRICO E ARTÍSTICO NACIONAL (IPHAN). *Carta de Machu Picchu*. Brasília, DF: Instituto do Patrimônio Histórico e Artístico Nacional, dez. 1977. Disponível em: http://portal.iphan.gov.br/uploads/ckfinder/arquivos/Carta%20de%20Machu%20Picchu%201977.pdf. Acesso em 30 jun. 2023.

INSTITUTO NACIONAL DE COLONIZAÇÃO E REFORMA AGRÁRIA (INCRA). *Instrução Normativa nº 82, de 27 de março de 2015*. Dispõe sobre os procedimentos para atualização cadastral no Sistema Nacional de Cadastro Rural e dá outras providências. Brasília, DF, 2015. Disponível em: https://antigo.incra.gov.br/media/docs/legislacao/instrucao-normativa/in_82_2015.pdf. Acesso em 5 jul. 2023.

INSTITUTO NACIONAL DE COLONIZAÇÃO E REFORMA AGRÁRIA (INCRA). *Nota Técnica INCRA/DF/DFC nº 02/2016*. Brasília, DF: Instituto Nacional de Colonização e Reforma Agrária, 2016. Disponível em: https://urbanismo.mppr.mp.br/arquivos/File/Nota_Tecnica_02_2016_IN_82_INCRA.pdf. Acesso 5 jul. 2023.

INTERGOVERNMENTAL PANEL ON CLIMATE CHANGE (IPCC). Climate Change 2013. *The physical science basis*. Summary for policymakers. Working group I Contribution to the Fifth Assesment Report of the Intergovermental Panel on Climate Change. [S. l.], 2013. Disponível em: https://www.ipcc.ch/site/assets/uploads/2018/02/WG1AR5_SPM_FINAL.pdf. Acesso em 27 jun. 2023.

INTERGOVERNMENTAL PANEL ON CLIMATE CHANGE (IPCC). Summary for policymakers. *In*: *Special report*: global warming of 1,5ºC. Geneva: World Meteorology Organization, 2019. p. 1-24. Disponível em: https://www.ipcc.ch/site/assets/uploads/sites/2/2019/05/SR15_SPM_version_report_LR.pdf. Acesso em 27 jun. 2023.

INTERGOVERNMENTAL PANEL ON CLIMATE CHANGE (IPCC). Summary for policymakers. *In*: *Climate change 2021*: the physical science basis. Contribution of working group I to the Sixth Assessment Report of the Intergovernmental Panel on Climate Change. Edity by Valérie Masson-Delmotte *et al*. Cambridge: Cambridge University Press, 2021. Disponível em: https://www.ipcc.ch/report/ar6/wg1/downloads/report/IPCC_AR6_WGI_SPM.pdf. Acesso em 27 jun. 2023.

INTERGOVERNMENTAL PANEL ON CLIMATE CHANGE (IPCC). Summary for policymakers. *In*: *Climate Change 2022*: Impacts, Adaptation and Vulnerability. Cambridge:

Cambridge University Press, 2022. Disponível em: https://www.ipcc.ch/report/ar6/wg2/downloads/report/IPCC_AR6_WGII_SummaryForPolicymakers.pdf. Acesso em 27 jun. 2023.

INTERGOVERNMENTAL PANEL ON CLIMATE CHANGE (IPCC). *Synthesis Report 2 of the IPCC sixth assessment report (AR6)*. Summary for Policymakers, 2023. Disponível em: https://report.ipcc.ch/ar6syr/pdf/IPCC_AR6_SYR_SPM.pdf. Acesso em 21 mar. 2023.

INTERGOVERNMENTAL PLATFORM ON BIODIVERSITY AND ECOSYSTEM SERVICES (IPBES). *Plataforma intergubernamental científico-normativa sobre diversidad biológica y servicios de los ecosistemas*. París, 2019. Disponível em: https://ipbes.net/sites/default/files/ipbes_7_10_add.1_es.pdf. Acesso em 30 jun. 2023.

INTERNAL DISPLACEMENT MONITORING CENTRE. *Global report on internal displacement 2020*. New York, 2020. Disponível em: https://www.internal-displacement.org/global-report/grid2020/. Acesso em 25 jan. 2023.

INTERNATIONAL ASSOCIATION OF EDUCATING CITIES (IAEC). *Charter of educating cities*. Barcelona, 1990. Disponível em: https://www.edcities.org/wp-content/uploads/2020/11/ENG_Carta.pdf. Acesso em 30 jun. 2023.

INTERNATIONAL ORGANIZATION FOR MIGRATION – IOM. *Environmental migrant*. Switzerland, 2021. Disponível em: https://www.iom.int/key-migration-terms#Environmental-migrant. Acesso em 26 out. 2022.

INTERNATIONAL ORGANIZATION FOR STANDARDIZATION (ISO). *ISO 15392:2019*: sustainability in buildings and civis engineering works. General principles. [S. l.], dez. 2019. Disponível em: https://www.iso.org/standard/69947.html. Acesso em 3 jul. 2023.

INTERNATIONAL ORGANIZATION FOR STANDARDIZATION (ISO). *ISO 21930:2017*: sustainability in buildings and civil engineering works. Core rules for environmental product declarations of construction products and services. [S. l.], dez. 2017. Disponível em: https://www.iso.org/obp/ui/#iso:std:iso:21930:ed-2:v1:en. Acesso em 3 jul. 2023.

INSTITUTO NACIONAL DE COLONIZAÇÃO E REFORMA AGRÁRIA (INCRA). *Instrução Especial nº 5, de 29 de julho de 2022 do INCRA*: dispõe sobre os índices básicos cadastrais e os parâmetros para o cálculo do módulo rural. Disponível em: https://www.in.gov.br/en/web/dou/-/instrucao-especial-n-5-de-29-de-julho-de-2022-418986404. Acesso em 28 dez. 2022.

IPM SISTEMAS. *Reduzir o uso de papel gera economia e produtividade para as gestões públicas*. Florianópolis, 18 mar. 2021. Disponível em: https://www.ipm.com.br/administracao-geral/reduzir-o-uso-de-papel-gera-economia-e-produtividade-para-as-gestoes-publicas/. Acesso em 3 jul. 2023.

JACOBS, Jane. *Morte e vida das grandes cidades*. (Trad. Carlos Rosa). 3. ed. São Paulo: Martins Fontes, 2011.

JOÃO PAULO II, Papa. *Carta Encíclica Centesimus Annus, do Sumo Pontífice João Paulo II*. Vaticano, 1991. Disponível em: https://www.vatican.va/content/john-paul-ii/pt/encyclicals/documents/hf_jp-ii_enc_01051991_centesimus-annus.html. Acesso em 16 jun. 2023.

JONAS, Hans. *El principio de responsabilidad*: ensayo de una ética para la civilización tecnológica. Barcelona: Herder, 1995.

JUNGES, José Roque. *Ecologia e criação*: resposta cristã à crise ambiental. São Paulo: Loyola, 2001.

KAWAAL, Jason. A History of Environmental Ethics. *In*: GARDINER, Stephen M.; THOMPSON, Allen. *The Oxford Handbook of Environmental Ethics*. Oxford: Oxford University Press, 2017.

KANTER, R. M.; LITOW, S. S. Informed and interconnected: a manifesto for smarter cities. *Harvard Business School General Management Unit Working Paper*, [S. l.], v. 9, n. 141, p. 1-27, 2009. Disponível em: http://papers.ssrn.com/sol3/papers.cfm?abstract_id=1420236. Acesso em 3 jul. 2023.

KIBERT, Charles J. *Establishing principles and a model for sustainable construction*. CIB TG 16, Sustainable Construction, Tampa, 1994. Disponível em: https://www.irbnet.de/daten/iconda/CIB_DC24773.pdf. Acesso em 3 jul. 2023.

KOBAYASHI, A. R. K. *et al*. Cidades inteligentes e sustentáveis: estudo bibliométrico e de informações patentárias. *International Journal of Innovation*, [S. l.], v. 5, n. 1, p. 89-91, 2017. Disponível em: https://papers.ssrn.com/sol3/papers.cfm?abstract_id=3000420. Acesso em 3 jul. 2023.

KOLBERT, Elizabeth. *A sexta extinção*: uma história não natural. Rio de Janeiro: Intrínseca, 2015.

KOTZÉ, Louis J.; MARAUHN. Thilo. A New Paradigm for Biodiversity Governance in a Transnational World. *In*: KOTZÉ, Louis J.; MARAUHN. Thilo (Ed.). *Transboundary governance of biodiversity*: Legal aspects of sustainable development. Leiden/Boston: Brill Nijhoff, 2014.

KUNZIG, Robert. The sixth extinction: a conversation with Elizabeth Kolbert. *National Geographic*, [S. l.], 20 feb. 2014. Disponível em: https://www.nationalgeographic.com/science/article/140218-kolbert-book-extinction-climate-science-amazon-rain-forest-wilderness. Acesso em 27 jun. 2023.

LEÃO XIII, Papa. *Carta Encíclica Rerum Novarum*: sobre a condição dos operários. Vaticano, 1891. Item 19. Disponível em: https://www.vatican.va/content/leo-xiii/pt/encyclicals/documents/hf_l-xiii_enc_15051891_rerum-novarum.html. Acesso em 5 jul. 2023.

LEFEBVRE, Henry. *O direito à cidade*. (Trad. Rubens Eduardo Frias). 5. ed. São Paulo: Centauro, 2015.

LEFF, Enrique. Complexidade, interdisciplinaridade e saber ambiental. *In*: PHILIPPI JR., Arlindo (Org.). *Interdisciplinaridade em ciências ambientais*. São Paulo: Signus, 2000.

LEFF, Enrique. *Discursos sustentáveis*. (Trad. Silvana C. Leite). São Paulo: Cortez, 2010.

LEFF, Enrique. *Racionalidade ambiental*: a reapropriação social da natureza. (Trad. Luís Carlos Cabral). Rio de Janeiro: Civilização Brasileira, 2006.

LEFF, Enrique. *Saber ambiental*: sustentabilidade, racionalidade, complexidade, poder. Petrópolis: Vozes, 2002.

LE GOFF, Jacques. *As raízes medievais da Europa*. (Trad. Jaime A. Clasen). Petrópolis: Vozes, 2007.

LEITE, Carlos; AWAD, Juliana Di Cesare Marque. *Cidades Sustentáveis, cidades inteligentes*: desenvolvimento sustentável num planeta urbano. Porto Alegre: Bookman, 2012.

LEITE, José R. Morato; FERREIRA, Heline Sivini. A expressão do Estado de Direito Ambiental na Constituição Federal de 1988. *In*: LEITE, José R. Morato; FERREIRA, Heline S.; CAETANO, Matheus Almeida (Org.). *Repensando o estado de direito ambiental*. Florianópolis: Fundação Boiteux, 2012.

LEITE, José R. Morato; SILVEIRA, Paula Galbiatti; BETTEGA, Belisa. Princípios estruturantes do estado de direito para a natureza. *In*: LEITE, José R. Morato; DINNEBIER, Flávia França (Org.). *Estado de direito ecológico*: conceito, conteúdo e novas dimensões para a proteção da natureza. São Paulo: Instituto O Direito por um Planeta Verde, 2017.

LEITE, José R. Morato. Sociedade de risco e Estado. *In*: CANOTILHO, José Joaquim G.; LEITE, José R. Morato (Org.). *Direito constitucional ambiental brasileiro*. 3. ed. São Paulo: Saraiva, 2010.

LEITE, José R. Morato; AYALA, Patryck de Araújo. *Dano ambiental*: do individual ao coletivo extrapatrimonial. Teoria e Prática. 3. ed. São Paulo: Revista dos Tribunais, 2010.

LEITE, José Rubens Morato; CODONHO, Maria L. P. C. Ferreira; PEIXOTO, Bruno Teixeira. Por uma Nova Geração de Direito Ambiental: implementação e o geodireito. *In*: LEITE, José Rubens Morato; BORATTI, Larissa Verri; CAVEDON-CAPDEVILLE, Fernanda de S. (Org.). *Direito Ambiental e Geografia*: relação entre geoinformação, marcos legais, políticas públicas e processos decisórios. Rio de Janeiro: Lumen Juris, 2020.

LEITE, José R. Morato; BORATTI, Larissa Verri; CAVEDON-CAPDEVILLE, Fernanda de S. (Org.). *Direito Ambiental e Geografia*: relação entre geoinformação, marcos legais, políticas públicas e processos decisórios. Rio de Janeiro: Lumen Juris, 2020.

LEUZINGER, Márcia Dieguez *et al*. *Os 40 anos da Política Nacional de Meio Ambiente*. Brasília, DF: ICPD – Centro Universitário de Brasília, 2021.

LEVIN, Alexandre. Atos de Improbidade Administrativa Praticados Contra a Ordem Urbanística: Estudo Sobre o Art. 52 do Estatuto da Cidade. *Revista Brasileira de Estudos da Função Pública*, Belo Horizonte, a. 3, n. 8, p. 125-150, mai./ago. 2014.

LIBÓRIO, Daniela Campos. Meio ambiente urbano, moradia e a mulher. *In*: SANCHES BRAVO, Álvaro; ANGELIN, Rosangela (Ed.). *Mujeres y medioambiente*: feminismo y ecologia. Sevilla: Punto Rojo, 2014.

LIRA, Ricardo Pereira. Direito à habitação e direito de propriedade. *Revista da Faculdade de Direito da UERJ*, Rio de Janeiro, n. 6/7, p. 81, 1998.

LOCATELLI, Paulo Antônio. *Elementos para a sustentabilidade da regularização fundiária urbana nas áreas de preservação permanente*: os desafios para a proteção do meio ambiente e o desenvolvimento urbano. Rio de Janeiro: Lumen Iuris, 2021.

LOCATELLI, Paulo Antônio. O Geodireito como instrumento para a construção da justiça territorial e socioecológica. *In*: LEITE, José Rubens Morato; CAVEDON-CAPDEVILLE, Fernanda de S.; DUTRA, Tônia A. Horbatiuk (Org.). *Geodireito, Justiça Climática e Ecológica*: perspectivas para a América Latina. 1. ed. São Paulo, SP: Instituto O direito por um Planeta Verde, 2022.

LOPES, Ana Maria D'ávila; MARQUES, Lucas Barjud. Proteção indireta do direito ao meio ambiente na jurisprudência das Cortes Europeia e Interamericana de direitos humanos. *Revista Brasileira de Direito Animal*, Salvador, v. 14, n. 1, p. 60, jan./abr. 2019.

LORENZETTI, Ricardo Luis; LORENZETTI, Pablo. *Derecho ambiental*. Santa Fé: Rubinzal-Culzoni, 2008.

LORENZETTI, Ricardo Luis. El impacto de la Declaración de Estocolmo en la configuración del derecho y la jurisprudencia ambientales globales. *Revista de Derecho Ambiental – doctrina, jurisprudencia, legislación y práctica. Dossier especial*: 50 años del derecho ambiental, Buenos Aires, n. 71, p. 3, jul./sep. 2022.

LOVELOCK, James. *Gaia*: a new look at life on earth. 3rd ed. Oxford: Oxford University Press, 1979.

LÖWY, Michael. Crise ecológica, capitalismo, altermundialismo: um ponto de vista ecossocialista. *Interfacehs: Revista de Gestão Integrada em Saúde do Trabalho e Meio Ambiente*, São Paulo, v. 4, n. 3, p. 135, 2009.

LÖWY, Michael. *Ecologia e socialismo*. São Paulo: Cortez, 2005.

LUHMANN, Niklas. *Complejidad y modernidad*: de la unidad a la diferencia. Madrid: Trotta, 1998.

LUHMANN, Niklas. *Sistemas sociales*: lineamentos para uma teoria general. México: Alianza, Universidad Iberoamericana, 1991.

LUHMANN, Niklas. *Sociologia del riesgo*. 3. ed. México, D.F: Universidad Iberoamericana, 2006.

LYNCH, Kevin. *A imagem da cidade*. (Trad. Jefferson Camargo). São Paulo: Martins Fontes, 2018.

MACHADO, Paulo A. Leme. *Direito ambiental brasileiro*. 21. ed. São Paulo: Malheiros, 2013.

MANCUSO, Rodolfo de Camargo. *Interesses difusos*: conceito e legitimação para agir. 9. ed. rev. atual. e ampl. São Paulo: Thomson Reuters Brasil, 2019.

MAPBIOMAS. *Destaques do mapeamento anual das áreas urbanizadas no brasil entre 1985*. 2022. Disponível em: https://mapbiomas-br-site.s3.amazonaws.com/MapBiomas_Area_Urbanizada_2022_03_11.pdf. Acesso em 12 nov. 2022.

MARCHESAN, Ana Maria Moreira. Proteção do patrimônio cultural urbano à luz do Estatuto da Cidade (Lei nº 10.257/2001). *Revista Brasileira de Direito Municipal – RBDM*, Belo Horizonte, a. 23, n. 85, p. 43-64, jul./set. 2022.

MARICATO, Ermínia. *A cidade do pensamento* único: desmanchando consensos. 8. ed. Petrópolis: Vozes, 2020.

MARICATO, Ermínia. *Brasil, cidades*: alternativas para a crise urbana. 7. ed. Petrópolis: Vozes, 2013.

MARICATO, Erminia. *Metrópole na periferia do capitalismo*: ilegalidade, desigualdade e violência. São Paulo: Hucitec, 1996.

MARICATO, Ermínia. *Para entender a crise urbana*. 1. ed. São Paulo: Expressão Popular, 2015.

MARTÍNEZ ALIER, Joan. *El ecologismo de los pobres*: conflictos ambientales y lenguajes de valoración. 4. ed. ampl. Lima: Espiritrompa Ediciones, 2010.

MARTINEZ, R.; MALDONADO, C.; SCHÖNSTEINER, J. (Eds.). *Inclusión y movilidad urbana con un enfoque de derechos humanos e igualdad de género*: marco de análisis e identificación de instrumentos de política para el desarrollo de sistemas sostenibles de movilidad urbana en América Latina, Documentos de Proyectos (LC/TS.2022/74). Santiago: Comisión Económica para América Latina y el Caribe (CEPAL), 2022.

MARTINS, João Cândido. Conheça a história dos planos diretores de Curitiba: parte I. *Notícias da Câmara Municipal de Curitiba*, Curitiba, 09 nov. 2015. Disponível em: https://www.curitiba.pr.leg.br/informacao/noticias/conheca-a-historia-dos-planos-diretores-de-curitiba-parte-i. Acesso em 5 jul. 2023.

MATTEI, Ugo; CAPRA, Fritjof. *A revolução ecojurídica*: o direito sistêmico em sintonia com a natureza e a comunidade. (Trad. Jeferson Luiz Camargo). São Paulo: Cultrix, 2018.

MATTOS, Liana Portilho. *A efetividade da função social da propriedade urbana à luz do estatuto da cidade*. Rio de Janeiro: Temas & Ideias, 2003.

MAYORGA MORA, Natalia. *Experiências de parques lineares no Brasil*: espaços multifuncionais com o potencial de oferecer alternativas a problemas de drenagem e águas urbanas. Washington, D.C.: Banco Interamericano de Desenvolvimento, 2013. (Nota técnica IDBTN, 518). Disponível em: https://publications.iadb.org/en/publications/portuguese/document/Experi%C3%AAncias-de-parques-lineares-no-Brasil-espa%C3%A7os-multifuncionais-com-o-potencial-de-oferecer-alternativas-a-problemas-de-drenagem-e-%C3%A1guas-urbanas.pdf. Acesso em 30 jun. 2023.

MAZZILI, Hugo Nigro. A natureza das funções do Ministério Público e sua posição no processo penal. *Revista dos Tribunais*, São Paulo, v. 91, n. 805, p. 467, nov. 2002.

MEADOWS, Donella H. *et al*. *Limites do crescimento*: um relatório para o Projeto do Clube de Roma sobre o dilema da humanidade. (Trad. Inês M. F. Litto). São Paulo: Perspectiva, 1973.

MEDAUAR, Odete. Panorama e Evolução do direito Urbanístico. *In*: MEDAUAR, Odete *et al*. (Coord.). *Direito urbanístico*: estudos fundamentais. Belo Horizonte: Fórum, 2019.

MEDAUAR, Odete; ALMEIDA, Fernando Dias Menezes de (Coord.). *Estatuto da cidade*: Lei nº 10.257, de 10.07.2001: comentários. São Paulo: Revista dos Tribunais, 2002.

MEIRELLES, Hely Lopes. *Direito de construir*. 7. ed. São Paulo: Malheiros, 1996.

MEIRELLES, Hely Lopes. *Direito municipal brasileiro*. 10. ed. São Paulo: Malheiros, 1998.

MELCHIORS, Lucia Camargos; CAMPOS, Heleniza Ávila. *Revista Política e Planejamento Regional*, Rio de Janeiro, v. 3, n. 2, p. 181-203, jul./dez. 2016.

MENEZES, Francisco. *Reconhecer para erradicar*: o impacto das desigualdades de gênero e raça na manutenção de vulnerabilidades. [S. l.]: Action Aid, 2021. Disponível em: https://actionaid.org.br/wp-content/files_mf/1630936444Relat%C3%B3rio_GT2030_vers%C3%A3o_final4_compactado.pdf. Acesso em 5 jul. 2023.

MILARÉ, Edis. *Direito do Ambiente*: a gestão ambiental em foco. 6. ed. rev., atual. e ampl. São Paulo: Revista dos Tribunais, 2009.

MORAND-DEVILLER, Jacqueline. O indivíduo e o corpo social: corpo biológico e corpo social. *In*: MARQUES, Claudia Lima; MEDAUAR, Odete; SILVA, Solange Teles da (Coord.). *O novo direito administrativo, ambiental e urbanístico*: estudos em homenagem à Jacqueline Morand-Deviller. São Paulo: Ed. Revista dos Tribunais, 2010.

MOREIRA NETO, Diogo de Figueiredo. *Mutações do direito administrativo*. 3. ed. Rio de Janeiro: Renovar, 2007.

MOREIRA, Fernando Diniz. Urbanismo e modernidade. reflexões em torno do plano agache para o Rio de Janeiro. *Revista Brasileira de Estudos Urbanos e Regionais*, Rio de Janeiro, v. 9, n. 2, p. 95-101, nov. 2007. Disponível em: https://www.redalyc.org/pdf/5139/513951696006.pdf. Acesso em 5 jul. 2023.

MORIN, Edgar. *Hacia dónde va el mundo?* Barcelona: Paidós, 2011.

MORIN, Edgar. *A via para o futuro da humanidade*. Rio de Janeiro: Bertrand Brasil, 2015.

MOROZOV, Evgeny; BRIA, Francesca. *A cidade inteligente*: tecnologias urbanas e democracia. (Trad. Humberto do Amaral). São Paulo: Ubu Editora, 2020.

MUKAI, Sylvio Toshiro. A constitucionalidade da concessão especial para fins de moradia. *In*: MUKAY, Toshio (Org.). *Temas atuais de direito urbanístico e ambiental*. 1. ed. Belo Horizonte: Fórum, 2007.

MUKAI, Toshio. Aspectos polêmicos da lei de parcelamento urbano: controversial aspects of the urban installment law. *Revista de Direito Administrativo e Infraestrutura – RDAI*, São Paulo, v. 4, n. 15, p. 349-353, 2020. Disponível em: https://rdai.com.br/index.php/rdai/article/view/223. Acesso em 25 out. 2022.

MUKAI, Toshio. *O estatuto da cidade*: anotações à Lei nº 10.257/01. 4. ed. São Paulo: Saraiva, 2019.

MUKAI, Toshio. *Temas atuais de direito urbanístico e ambiental*. Belo Horizonte: Fórum, 2004.

MUMFORD, Lewis. *A cidade na história*: suas origens, transformações e perspectivas. 4. ed. São Paulo: Martins Fontes, 2004.

MUÑOS, Jaime Rodríguez-Arana; CARBALLAL, Almudena Fernández. *La buena administración del urbanismo*: principios y realidades jurídicas. Valencia: Tirant lo Blanch, 2018.

NAÇÕES UNIDAS BRASIL. *Acordo de Paris sobre o clima*, Brasília, DF, 2015. Disponível em: https://brasil.un.org/pt-br/node/88191. Acesso em 26 out. 2022.

NACIONES UNIDAS. Comisión Económica para América Latina y el Caribe (CEPAL). *Primera Reunión de la Conferencia de las Partes del Acuerdo Regional sobre el Acceso a la Información, la Participación Pública y el Acceso a la Justicia en Asuntos Ambientales en América Latina y el Caribe*. Santiago, 20 a 22 de abril de 2022. Disponível em: https://acuerdodeescazu.cepal.org/cop1/sites/acuerdodeescazucop1/files/22-00358_cop-ez.1_declaracion_politica.pdf. Acesso em 24 abr. 2023.

NACIONES UNIDAS. Comisión Económica para América Latina y el Caribe (CEPAL). *Segunda Reunión de la Conferencia de las Partes del Acuerdo Regional sobre el Acceso a la Información, la Participación Pública y el Acceso a la Justicia en Asuntos Ambientales en América Latina y el Caribe.* Buenos Aires, 19-21 abril, 2023. Disponível em: https://acuerdodeescazu.cepal.org/cop2/sites/acuerdodeescazucop2/files/23-00374_cop-ez.2_decision_ii.1.pdf. Acesso em 24 abr. 2023.

NAÇÕES UNIDAS BRASIL. *Agenda 2030 para o desenvolvimento sustentável.* Brasília, DF, ONU Brasil, 2015. Disponível em: https://brasil.un.org/pt-br/91863-agenda-2030-para-o-desenvolvimento-sustentavel. Acesso em 30 jun. 2023.

NAÇÕES UNIDAS. Comissão Econômica para a América Latina e o Caribe. *Acordo regional sobre acesso à informação, participação pública e acesso à justiça em assuntos ambientais na América Latina e no Caribe (Acordo de Escazú, Costa Rica, 2018).* Santiago: Nações Unidas, 2018. Disponível em: https://repositorio.cepal.org/bitstream/handle/11362/43611/S1800493_pt.pdf. Acesso em 27 jun. 2023.

NAESS, Arne. *Ecologia, comunidade y estilo de vida*: esbozos de uma ecosofía. Buenos Aires: Prometeo Libros, 2018.

NALINI, José Renato; SILVA NETO, Wilson Levy B. da. Cidade inteligentes e sustentáveis: desafios conceituais e regulatórios. *In*: CORTESE, Tatiana T. Philippi; KNIESS, Cláudia Terezinha; MACCARI, Emerson Antonio (Org.). *Cidades inteligentes e sustentáveis.* 1. ed. Barueri: Manole, 2017.

NALINI, José Renato. Ética *ambiental*. 3. ed. Campinas: Millenium, 2010.

NATIONAL OCEANIC ATMOSPHERIC ADMINISTRATION (NOAA). *Global Climate Report 2015.* [S. l.], 2015. Disponível em: https://www.ncdc.noaa.gov/sotc/global/201506. Acesso em 26 out. 2022.

NEGRI, André Del. *A divisão do espaço urbano.* Belo Horizonte: Fórum, 2012.

NETO, Djalma Alvarez Brochado; MONT'ALVERNE, Tarin Cristino Frota. Ecocídio: proposta de uma política criminalizadora de delitos ambientais internacionais ou tipo penal propriamente dito? *Revista Brasileira de Políticas Públicas*, v. 8, n. 1, p. 209-226, 2018.

NEW ZEALAND LEGISLATION. *Te awa tupua (Whanganui River Claims Settlement).* Act 2017, [S. l.], 20 mar. 2017. Disponível em: https://www.legislation.govt.nz/act/public/2017/0007/latest/whole.html. Acesso em 27 jun. 2023.

NOLASCO, Loreci Gottschalk. *Direito fundamental à moradia.* São Paulo: Pillares, 2008.

NUSSBAUM, Martha. The Costs of Tragedy, Some Moral Limits of Cost-Benefit Analysis. *In*: SCHMIDTZ, David; WILLOTT, Elizabeth. *Environmental Ethics*: What Really Matters, What Really Works. New York: Oxford University Press, 2016.

ODUM, Eugene P. *Fundamentos de ecologia.* 6. ed. Lisboa: Fundação Calouste Gulbenkian, 2004.

OLIVEIRA, Márcio Piñon de. Para compreender o 'Leviatã Urbano' – a cidadania como nexo político-territorial. *In*: CARLOS, Ana Fani Alessandri; SOUZA, Marcelo Lopes de; SPOSITO, Maria Encarnação Beltrão (Org.). *A produção do espaço urbano.* 1. ed. São Paulo: Contexto, 2019.

OLIVEIRA, Patrícia Fonseca Carlos Magno de. Direito de superfície: uma análise comparada no estatuto da cidade e no novo código civil. *Revista de Direito da Cidade*, Rio de Janeiro, v. 3, n. 2, p. 6-7, 2011.

ORGANISATION FOR ECONOMIC COOPERATION AND DEVELOPMENT (OECD). *Resilient cities.* [S. l.]: OECD, 2016. Disponível em: https://www.oecd.org/cfe/regionaldevelopment/resilient-cities.htm#:~:text=Resilient%20cities%20are%20cities%20 that,cities%20can%20increase%20their%20resilience. Acesso em 2 jul. 2023.

ORGANIZAÇÃO DAS NAÇÕES UNIDAS (ONU). Acordo regional sobre acesso à informação, participação pública e acesso à justiça em assuntos ambientais na América Latina e no Caribe. *Acordo de Escazú.* Costa Rica, 2018. Disponível em: https://repositorio.cepal.org/bitstream/handle/11362/43611/S1800493_pt.pdf. Acesso em 26 jun. 2023.

ORGANIZAÇÃO DAS NAÇÕES UNIDAS (ONU). *Nova agenda urbana, habitat III, 2016.* Nova Iorque: Nações Unidas, 2019. Disponível em: https://uploads.habitat3.org/hb3/NUA-Portuguese-Brazil.pdf. Acesso 2 jul. 2023.

ORGANIZAÇÃO DAS NAÇÕES UNIDAS (ONU). *ONU prevê que cidades abriguem 70% da população mundial até 2050.* Nova Iorque, 2019. Disponível em: https://news.un.org/pt/story/2019/02/1660701. Acesso em 30 jun. 2023.

OST, François. *A natureza à margem da lei:* a ecologia à prova do direito. Lisboa: Piaget, 1997.

OST, François. *O tempo do direito.* Lisboa: Instituto Piaget, 2001.

PANASOLO, Alesandro; PETERS, Edson Luiz; NUNES, Melina Samma. *Áreas verdes urbanas à luz da nova legislação florestal.* Curitiba: Ambiente Juris, 2016.

PANDOLFI, Dulce; GRYNSZPAN, Mário. Poder Público nas favelas: uma relação delicada. *In*: OLIVEIRA, Lúcia Lippi (Org.). *Cidade*: história e desafios. Rio de Janeiro: Ed. Fundação Getúlio Vargas, 2002.

PARANÁ. Lei nº 15.229, de 25 de julho de 2006. Dispõe sobre normas para execução do sistema das diretrizes e bases do planejamento e desenvolvimento estadual, nos termos do art. 141, da Constituição Estadual. *Diário Oficial da União*, 26 jul. 2006. Disponível em: https://www.legislacao.pr.gov.br/legislacao/pesquisarAto.do?action=exibir&codAto=58 23&indice=1&totalRegistros=1&dt=27.8.2021.21.53.8.608. Acesso em 5 jul. 2023.

PARANÁ. Ministério Público do Estado. *MPPR cria grupos especializados em meio ambiente, habitação e urbanismo.* Curitiba: Ministério Público do Estado, 2018. Disponível em http://mppr.mp.br/2018/10/20899,10/mppr-cria-grupos-especializados-em-meio-ambiente-habitacao-e-urbanismo.html. Acesso em 26 out. 2022.

PARANÁ. Ministério Público do Estado. *In*: PINHEIRO, Paula Broering Gomes (Org.). *Manual para elaboração do plano municipal de arborização.* 2. ed. Curitiba: Procuradoria-Geral de Justiça, 2018.

PARANÁ. Tribunal de Justiça. *Agravo de Instrumento nº 0059204-56.2020.8.16.0000.* Cascavel (Acórdão), Relator: Marcel Guimarães Rotoli de Macedo, Data de Julgamento: 14.09.2021, 7ª Câmara Cível, Data de Publicação: 23.9.2021.

PARANÁ. Tribunal de Justiça. *Provimento nº 249, de 30 de setembro de 2013.* Código de Normas do Foro Extrajudicial do Tribunal de Justiça do Paraná. 2021. Disponível em: https://www.tjpr.jus.br/documents/13302/29328945/C%C3%B3digo+de+Normas+do+Fo

ro+Extrajudicial+-+atualizado+at%C3%A9+o+provimento+312.2022.pdf/8a23ca93-1b3b-8f9a-93a0-5015472415ee. Acesso em 5 jul. 2023.

PEÑA CHACÓN, Mario. *Derechos humanos y medio ambiente*. 1. ed. San José, Costa Rica: Programa de Posgrado en Derecho Ambiental, Universidad de Costa Rica, 2021.

PENTINAT, Susana Borràs. Refugiados ambientales: el nuevo desafío del derecho internacional del medio ambiente. *Revista de Derecho*, Chile, v. 19, n. 2, dic. 2006.

PETLEY, David; CHERRY, Brett. The aberfan disaster. *Razard Risk Resilience*, [S. l.], v. 1, n. 1, p. 32-36, 2012. Disponível em: https://reliefweb.int/sites/reliefweb.int/files/resources/IHRRMaghighres.pdf. Acesso em 5 jul. 2023.

PIKETTY, Thomas. *O capital no século XXI*. (Trad. Monica Baumgarter de Bolle). Rio de Janeiro: Intrínseca, 2004.

PIKETTY, Thomas. *Une brève histoire de l'egalité*. Paris: Seuil, 2021.

PINHEIRO, Gabriele Araújo; RODRIGUES, Wagner de Oliveira. Direito fundamental à cidade sustentável e os dilemas do planejamento urbano no estado democrático de direito. *Revista da Faculdade de Direito da Universidade de São Paulo*, São Paulo, v. 106-107, p. 378-379, jan./dez. 2011/2012.

PINTO, Victor Carvalho. *Direito urbanístico*: plano diretor e direito de propriedade. 3. ed. rev. e atual. São Paulo: Revista dos Tribunais, 2011.

PINTO, Victor Carvalho. *Regime jurídico do plano diretor*: temas de direito urbanístico 2. ed. São Paulo: Ministério Público do Estado de São Paulo, 2001.

PIOVESAN, Flávia. O direito ao meio ambiente e a Constituição de 1988. *In*: BENJAMIN, Antonio Herman; FIGUEIREDO, Guilherme José Purvin de (Coord.). *Direito ambiental e as funções essenciais à justiça*: o papel da advocacia de Estado e da Defensoria Pública na Proteção do Meio Ambiente. São Paulo: Revista dos Tribunais, 2011.

PIRES, Lilian Regina Gabriel Moreira. Direito urbanístico e direito à cidade: divergências e convergências. *In*: LIBÓRIO, Daniela Campos (Coord.). *Direito urbanístico*: fontes do direito urbanístico e direito à cidade. Belo Horizonte: Fórum, 2020.

PIRES, Lilian Regina Gabriel Moreira. Fontes do direito urbanístico e critérios de validade da norma. *In*: LIBÓRIO, Daniela Campos (Coord.). *Direito urbanístico*: fontes do direito urbanístico e direito à cidade. Belo Horizonte: Fórum, 2020.

PIRES, Maria Coeli Simões. Os rumos do direito urbanístico no Brasil: avaliação histórica. *Revista Fórum de Direito Urbano e Ambiental*, Belo Horizonte, v. 3, p. 117, 2004.

PRESTES, Vanêsca Buzelato. *Corrupção urbanística*: da ausência de diferenciação entre direito e política no Brasil. Belo Horizonte: Fórum, 2018.

PRIEUR, Michel. *Droit de l'environnement*. 5. ed. Paris: Dalloz, 2004.

PRIEUR, Michel. Princípio da proibição de retrocesso ambiental. *In*: Comissão de meio ambiente, defesa do consumidor e fiscalização e controle do Senado Federal (Org.). *O princípio da proibição de retrocesso ambiental*. Brasília: Senado Federal, 2012.

PRIEUR, Michel; SOZZO, Gonçalo; NÁPOLI, Andrés. El Acuerdo de Escazú. Una gran oportunidad para la construcción de la democracia ambiental em América Latina y el Caribe. *In*: PRIEUR, Michel; SOZZO, Gonçalo; NÁPOLI, Andrés (Ed.). *Acuerdo de Escazú*: hacia la democracia ambiental en América Latina y el Caribe. 1. ed. Santa Fé, Argentina: Universidad Nacional del Litoral, 2020.

PROGRAMA CIDADES SUSTENTÁVEIS (PCS). São Paulo, 2021. Disponível em: https://www.cidadessustentaveis.org.br/inicial/home. Acesso em 30 jun. 2023.

QUARESMA, Cristiano *et al*. A crise de mobilidade urbana brasileira e seus antecedentes socioespaciais. *In*: CORTESE, Tatiana; KNIESS, Cláudia; MACCARI, Emerson (Org.). *Cidades inteligentes e sustentáveis*. Barueri: Manole, 2017.

RAWORTH, Kate. *Doughnut Economics*: Seven Ways to Think Like a 21st-Century Economist. New York: Random House Business, 2017.

RAWORTH, Kate. *Doughnut Economics*: Seven Ways to Think Like a 21st-Century Economist. London: Random House Business, 2018.

REALE, Miguel. *Variações*. 2. ed. São Paulo: Gumercindo Rocha Dorea, 2000.

RECH, Adir Ubaldo. *In*: RECH, Adir Ubaldo Rech; CAINELLI, Juliana de Almeida; RAVANELLO, Tamires (Org.). *Direito urbanístico-ambiental*: uma visão epistêmica. Caxias do Sul: Educs, 2019.

RECH, Adir Ubaldo; RECH, Adivandro. *Cidade sustentável, direito urbanístico e ambiental*: instrumentos de planejamento. Porto Alegre: Educs, 2018.

RECK, Janriê Rodrigues; VANIN, Fábio Scopel. O direito e as cidades inteligentes: desafios e possibilidades na construção de políticas públicas de planejamento, gestão e disciplina urbanística. *Revista de Direito da Cidade*, UERJ, Rio de Janeiro, v. 12, n. 1, p. 482-483, 2020.

REGONINI, Gloria. Estado do Bem-Estar. *In*: BOBBIO, Norberto; MATTEUCI, Nicola; PASQUINO, Gianfranco (Org.). *Dicionário de Política*. 11. ed. Brasília: Universidade de Brasília, 1998.

RYALL, Áine. Access to Justice in Environmental Matters in the Member States of the EU: the Impact of the Aarhus Convention. *Jean Monnet Working Paper Series*, New York: New York University School of Law, n. 5, p. 4-6, 2016. Disponível em: https://www.jeanmonnetprogram.org/wp-content/uploads/JMWP-05-Ryall.pdf. Acesso em 24 nov. 2022.

RIO DE JANEIRO. Prefeitura do Districto Federal. *Cidade do Rio de Janeiro*: extensão, remodelação e embelezamento. Direção Geral Alfred Agache. (Trad. Francesca de Souza). Paris: Foyer Brésilien Editor, 1930. Disponível em: http://planourbano.rio.rj.gov.br/DocReadernet/docreader.aspx?bib=PlanoUrbano&pesq. Acesso em 5 jul. 2023.

RIZZARDO, Arnaldo. *Promessa de compra e venda e parcelamento do solo urbano*. 7. ed. rev. e atual. São Paulo: Ed. Revista dos Tribunais, 2008.

ROCHA, Leonel Severo. Observaciones sobre autopoiese, normativismo y pluralismo jurídico. *Hendu 2, Revista Latino-Americana de Derechos Humanos*, [S. l.], v. 2, n. 1, p. 73, 2011.

ROCKSTRÖM, Johan; STEFFEN, W.; NOONE, K. *et al.* A safe operating space for humanity. *Nature*, [S. l.], v. 461, p. 472-475, set. 2009. Disponível em: https://www.nature.com/articles/461472a. Acesso em 30 jun. 2023.

ROLNIK, Raquel. Brasil e o habitat. *In*: GORDILHO-SOUZA, Angela Maria (Org.). *Habitar contemporâneo*: novas questões no Brasil dos Anos 90. Salvador: Ultragraph, 1997.

ROLNIK, Raquel. Estatuto da cidade – instrumento para as cidades que sonham crescer com justiça e beleza. *In*: SAULE JUNIOR, Nelson; ROLNIK, Raquel. *Estatuto da cidade*: novos horizontes para a reforma urbana. São Paulo: Pólis, 2001. (Cadernos Pólis, 4).

ROTONDANO, Ricardo Oliveira. Da revolução industrial à globalização: capitalismo e reconfiguração histórica do espaço urbano. *Revista de Direito da Cidade*, Rio de Janeiro, v. 13, n. 2, p. 1147-1155, 2021.

SACHS, Ignacy. *Estratégias de transição para o século XXI*: desenvolvimento e meio ambiente. São Paulo: Studio Nobel, 1993.

SACHS, Jeffrey. *The age of sustainable development*. New York: Columbia University Press, 2015.

SALAZAR JR, João Roberto. O direito urbanístico e a tutela do meio ambiente urbano. *In*: DALLARI, Adilson Abreu; DI SARNO, Daniela Campos Libório (Coord.). *Direito urbanístico e ambiental*. 2. ed. Belo Horizonte: Fórum, 2011.

SALLES CAVEDON, Fernanda; STANZIOLA VIEIRA, Rafael. Conexões entre desastres ecológicos, vulnerabilidade ambiental e direitos humanos: novas perspectivas. *Revista de Direito Econômico e Socioambiental*, [S. l.], v. 2, n. 1, p. 179-206, 2011. Disponível em: https://periodicos.pucpr.br/direitoeconomico/article/view/7754. Acesso em 13 nov. 2022.

SANT'ANNA, Mariana Senna. Planejamento urbano e qualidade de vida: da Constituição Federal ao plano diretor. *In*: DALLARI, Adilson Abreu; DI SARNO, Daniela Campos Libório (Coord.). *Direito urbanístico e ambiental*. 2. ed. Belo Horizonte: Fórum, 2011.

SANTINI JUNIOR, Nelson. *Princípios e ferramentas da estratégia empresarial*. São Paulo: Atlas, 2011.

SANTOS JUNIOR, Washington Ramos dos. Considerações sobre o Plano Doxiádis. *Revista Geográfica de América Central*, Costa Rica, p. 1-17, 2º semestre, 2011. Disponível em: https://www.redalyc.org/pdf/4517/451744820449.pdf. Acesso em 5 jul. 2023.

SANTOS, Boaventura de Souza; AVRITZER, Leonardo. Para ampliar o cânone democrático. *In*: SANTOS, Boaventura de Souza (Org.). *Democratizar a democracia*: os caminhos da democracia participativa. Rio de Janeiro: Civilização Brasileira, 2002.

SANTOS, Juliana Cavalcanti dos. A função social da propriedade urbana sob o ponto de vista do Estatuto da Cidade. *In*: ARRUDA ALVIM, José Manoel de; CAMBLER, Eduardo *et al. Estatuto da Cidade*. São Paulo: Revista dos Tribunais, 2014.

SANTOS, Kleidson Nascimento dos. *In*: LIBÓRIO, Daniela Campos (Coord.). *Direito urbanístico*: fontes do direito urbanístico e direito à cidade. Belo Horizonte: Fórum, 2020.

SANTOS, Milton. *A urbanização brasileira*. 5. ed. São Paulo: Editora da Universidade de São Paulo, 2008.

SANTOS, Milton. *A urbanização desigual*: a especificidade do fenômeno urbano em países subdesenvolvidos. 3. ed. São Paulo: Editora da Universidade de São Paulo, 2010.

SANTOS, Paulo J. T. dos; DE MARCO, Cristhian; MOLLER, Gabriela S. Impactos da pandemia no direito à moradia e propostas para a proteção desse direito em tempos de crise: da urgência de se repensar a moradia para além de um objeto de consumo. *Revista de Direito da Cidade*, Rio de Janeiro, v. 13, n. 2, p. 783-784, 2021.

SÃO PAULO (Cidade). Lei nº 16.388/2006. Institui o Programa Integra-Bike São Paulo, e dá outras providências. *Diário Oficial da União*, São Paulo: Prefeitura Municipal, 05 fev. 2006. Disponível em: http://legislacao.prefeitura.sp.gov.br/leis/lei-16388-de-05-de-fevereiro-de-2016. Acesso em 3 jul. 2023.

SÃO PAULO. Tribunal de Justiça de São Paulo. *ADI nº 184.449-0/2-00*. Requerente: Procurador-Geral de Justiça. Requerido: Prefeito Municipal de Sertãozinho. Relator: Des. Artur Marques. Julgamento: 5 mai. 2010.

SARLAT, Rosália Ibarra. *Desplazados climáticos*: evolución de su reconocimiento y protección jurídicap. México: Universidad Nacional Autónoma de México, Instituto de Investigaciones Jurídicas, 2021. (Serie Doctrina Jurídica, nº 921).

SARLET, Ingo Wolfgang. *A eficácia dos direitos fundamentais*: uma teoria geral dos direitos fundamentais na perspectiva constitucional. 10. ed. Porto Alegre: Livraria do Advogado, 2009.

SARLET, Ingo Wolfgang. O direito fundamental à moradia aos vinte anos da Constituição Federal de 1988: notas a respeito da evolução em matéria jurisprudencial, com destaque para a atuação do Supremo Tribunal Federal. *Revista Brasileira de Estudos Constitucionais*, Belo Horizonte, v. 2, n. 8, p. 66, out./dez. 2008.

SARLET, Ingo Wolfgang; FENSTERSEIFER, Tiago. O direito constitucional-ambiental brasileiro e a governança judicial ecológica: estudo à luz da jurisprudência do Superior Tribunal de Justiça e do Supremo Tribunal Federal. *Revista da Academia Brasileira de Direito Constitucional*, Curitiba, v. 11, n. 20, p. 9-10, jan./jul. 2019.

SARLET, Ingo Wolfgang; FENSTERSEIFER, Tiago. *Direito constitucional ambiental*: estudos sobre a Constituição, Direitos Fundamentais e Proteção ao Ambiente. São Paulo: Revista dos Tribunais, 2011.

SARLET, Ingo Wolfgang; FENSTERSEIFER, Tiago. *Direito constitucional ecológico*: constituição, direitos fundamentais e proteção da natureza. 6. ed. São Paulo: Revista dos Tribunais, 2019.

SARLET, Ingo; CAPPELI, Sílvia; FENSTERSEIFER, Tiago. A COP 1 do Acordo de Escazú (2018) e os direitos ambientais de participação no Brasil. *Gen Jurídico*, São Paulo, 9 mai. 2022. Disponível em: http://genjuridico.com.br/2022/05/09/cop-1-do-acordo-de-escazu/. Acesso em 12 jul. 2023.

SARLET, Ingo; FENSTERSEIFER, Tiago. Os limites planetários como parâmetro para a progressividade das 'Leis dos Homens' de proteção ecológica em face da força imperativa da 'Leis da Natureza'. *Gen Jurídico*, São Paulo, 17 ago. 2020. Disponível em: http://genjuridico.com.br/2020/08/17/limites-planetarios-como-parametro/. Acesso em 27 jun. 2023.

SAULE JUNIOR, Nelson. Instrumentos de monitoramento do direito humano a moradia adequada. In: ALFONSIN, Betânia; FERNANDES, Edésio (Org.). *Direito urbanístico*: estudos brasileiros e internacionais. Belo Horizonte: Del Rey, 2006.

SAULE JÚNIOR, Nelson. *Novas perspectivas do direito urbanístico brasileiro. Ordenamento constitucional da política urbana. Aplicação e eficácia do plano diretor*. Porto Alegre: Sergio Antonio Fabris Editora, 1997.

SAULE JÚNIOR, Nelson; UZZO, Karine. A trajetória da luta pela reforma urbana no Brasil / Le parcours de la lutte pour la réforme urbaine au Brésil. In: SAULE JÚNIOR, Nelson *et al.* (Org.). *Retratos sobre a atuação da sociedade civil pelo direito* à *cidade*: diálogo entre Brasil e França / Panorama de l'action de la société civil pour lê droit à la Ville: dialogue entre le Brésil el la France. São Paulo: Instituto Polis, Paris: Aitec, 2006.

SCAFF, Fernando F. *Orçamento republicano e liberdade igual*. Belo Horizonte: Fórum, 2018.

SCHWAB, Klaus. *A quarta revolução industrial*. São Paulo: Edipro, 2016.

SCHWAB, Klaus. *Shaping the fourth industrial revolution*. Cologny: World Economic Forum, 2018.

SCHWAB, Klaus. *The Fourt Industrial Revolution*. Cologny: World Economic Forum, 2016.

SEN, Amartya. *A ideia de justiça*. (Trad. Denise Bottman e Ricardo Doninelli Mendes). São Paulo: Companhia das Letras, 2011.

SEN, Amartya. *Desenvolvimento como liberdade*. São Paulo: Companhia das Letras, 1999.

SEN, Amartya. *Development as freedom*. New York: Random House, 1999.

SENNA, Gustavo; SAMPAIO, Nícia Regina; MINASSA, Pedro Sampaio. O acesso à justiça ambiental nas ondas de Mauro Cappelletti. In: PESSANHA, Jackelline Fraga; GOMES, Marcelo Sant'anna Vieira; SIQUEIRA, Júlio Homem de (Coord.). *Medio ambiente y su protección jurídica*: diálogos doctrinarios y jurisprudenciales nel siglo XXI. Santiago: Ediciones Olejnik Huérfanos, 2021.

SENNETT, Richard. *Construir e habitar*: ética para uma cidade aberta. São Paulo: Record, 2018.

SPECH, Jeff. *A Cidade Caminhável*. (Trad. Anita Di Marco e Anita Natividade). São Paulo: Perspectiva. 2016.

SERRES, Michel. *O contrato natural*. Portugal: Instituto Piaget, 1994.

SERVIÇO GEOLÓGICO DO BRASIL (CPRM). *Mapa on-line da CPRM permite visualizar áreas com riscos de desastres no Brasil*. Brasília, DF, 24 jan. 2020. Disponível em: https://www.cprm.gov.br/publique/noticias/mapa-on-line-da-cprm-permite-visualizar-areas-com-riscos-de-desastres-no-brasil-6146.html. Acesso em 5 jul. 2023.

SILVA, José Afonso da. *Direito ambiental constitucional*. 7. ed. São Paulo: Malheiros, 2009.

SILVA, José Afonso da. *Direito urbanístico brasileiro*. 3. ed. rev. e atual. São Paulo: Malheiros, 2001.

SILVA, José Afonso da. *Direito urbanístico brasileiro*. 5. ed. São Paulo: Malheiros, 2008.

SILVA, José Afonso da. *Direito urbanístico brasileiro.* 6. ed. São Paulo: Malheiros, 2010.

SILVA, José Afonso da. *Direito urbanístico brasileiro.* 7. ed. São Paulo: Malheiros, 2012.

SILVA, José Bonifácio Andrada e. *Representação à Assembléa geral constituinte e legislativa do Império do Brasil*: sobre a escravatura. Brasília, DF: Biblioteca do Senado Federal, 1823. Disponível em: https://www2.senado.leg.br/bdsf/bitstream/handle/id/518681/000022940.pdf?sequence=7&isAllowed=y. Acesso em 16 jun. 2023.

SILVA, Solange Teles da. Princípio da precaução: uma nova postura em face dos riscos e incertezas científicas. *In*: PLATIAU, Ana Flávia Barros; VARELLA, Marcelo Dias (Org.). *Princípio da precaução.* Belo Horizonte: Del Rey, 2004.

SILVA, Solange Telles da. A emergência de uma cidadania planetária ambiental. *In*: MARQUES, Cláudia Lima; MEDAUAR, Odete; SILVA, Solange Telles da (Coord.). *O novo direito administrativo, ambiental e urbanístico*: estudos em homenagem à Jacqeline Morand-Deviller. São Paulo: Revista dos Tribunais, 2010.

SILVA, Vasco Pereira da. *Direito constitucional e administrativo sem fronteiras.* Coimbra: Almedina: 2019.

SINDICATO DA INDÚSTRIA DA CONSTRUÇÃO CIVIL DE SÃO PAULO (SINDUSCON/SP). *Estudo da Abrainc/FGV projeta demanda habitacional até 2027.* São Paulo, out. 2018. Disponível em: https://sindusconsp.com.br/estudo-da-abraincfgv-projeta-demanda-habitacional-ate-2027/. Acesso em 5 jul. 2023.

SINGER, Peter. *Animal liberation.* New York: Random House, 1975.

SINGER, Peter. *Practical ethics.* New York: Random House, 1979.

SOARES, Paulo R. Rodrigues. Metropolização, aglomerações urbano-industriais e desenvolvimento regional no sul do Brasil. *Cad. Metrop*, São Paulo, v. 20, n. 41, p. 19, jan./abr. 2018.

SOTTO, Débora. A participação popular e a aderência ao plano diretor como condição de validade das normas urbanísticas municipais: breves reflexões sobre a teoria das fontes do direito aplicada ao direito urbanístico. *In*: LIBÓRIO, Daniela Campos (Coord.). *Direito urbanístico*: fontes do direito urbanístico e direito à cidade. Belo Horizonte: Fórum, 2020.

SOUPIZIT, Jean François. *Cidades inteligentes*: desafios para as sociedades democráticas. (Trad. Regina Marcia Teixeira). São Paulo: Fundação Fernando Henrique Cardoso: Centro Edelstein. 2017. Disponível em: http://www.plataformademocratica.org/Arquivos/Cidades_inteligentes_desafios_para_as_sociedades_democraticas.pdf. Acesso em 3 jul. 2023.

SOUTH AFRICA. Constitutional Court of South Africa. *Case CCT 11/00*: Irene Grootboom and others. [S. l.], 4 oct. 2000. Disponível em: http://www.saflii.org/za/cases/ZACC/2000/19.pdf. Acesso em 5 jul. 2023.

SOUZA, José Amilton de. A arte de dizer e de territorializar a cidade. *In*: ANDRADE, Alexandre Carvalho de; ANDRADE, Ana Eugenia Nunes de (Org.). *Cidades em movimento.* Jundiaí: Paco, 2013.

SOUZA, Marcelo Lopes de. *Mudar a cidade*: uma introdução crítica ao planejamento e à gestão urbanos. 6. ed. Rio de Janeiro: Bertrand Brasil, 2010.

SOUZA, Marcelo Lopes de. Semântica Urbana e Segregação: disputa simbólica e embates políticos na cidade 'empresarialista'. *In*: VASCONCELOS, Pedro de Almeida; CORRÊA, Roberto Lobato; PINTAUDI, Silvana Maria (Org.). *A cidade contemporânea*: segregação espacial. 1. ed. São Paulo: Contexto, 2018.

STERLING, Ana Yábar. Política ambiental y ordenación del territorio urbano en la Unión Europea y España. *In*: ALISEDA, Julián Mora; CONDESSO, Fernando R.; SERRANO, José Castro (Coord.). *Nuevas tendencias en la ordenación del territorio*. Cáceres: Ed. Fundicotex, Universidad de Extremadura, 2015.

STIGLITZ, Joseph E. A desigualdade trava o crescimento: entrevista com o Prêmio Nobel de Economia Joseph Stiglitz. *Revista Instituto Humanitas Unisinos*, São Leopoldo, 8 nov. 2019. Disponível em: http://www.ihu.unisinos.br/78-noticias/594207-a-desigualdade-trava-o-crescimento-entrevista-com-o-premio-nobel-joseph-stiglitz. Acesso em 5 jul. 2023.

STIGLITZ, Joseph E. *O preço da desigualdade*. Lisboa: Bertrand, 2013.

STRAPAZZON, Carlos Luiz; TRAMONTINA, Robison. Direitos fundamentais sociais em cortes constitucionais: o Caso Grootboom – tradução e comentários. *Espaço Jurídico Journal of Law*, [S. l.], v. 17, n. 1, p. 285-288, 2016. Disponível em: https://portalperiodicos.unoesc.edu.br/espacojuridico/article/ view/10347. Acesso em 5 jul. 2023.

STRECK, Lenio Luiz. O direito como um conceito interpretativo. *Pensar*, Fortaleza, v. 15, n. 2, p. 502, jul./dez. 2010.

SUNDFELD, Carlos Ari. O estatuto da cidade e suas diretrizes gerais. *In*: DALLARI, Adilson Abreu; FERRAZ, Sérgio (Org.). *Estatuto da cidade (comentários à Lei Federal nº 10.257/2001)*. 4. ed. São Paulo: Malheiros, 2014.

SUNSTEIN, Cass. Social and economic rights? Lessons from South Africa. *John M. Olin Law & Economics Working Paper*, Chicago, n. 124, p. 16, 2001. Disponível em: https://dash.harvard.edu/bitstream/handle/1/12785996/Social%20and%20Economic%20Rights_%20Lessons%20from%20South%20Africa.pdf?sequence=1&isAllowed=y. Acesso em 5 jul. 2023.

SUNSTEIN, Cass. *The ethics of influence*: government in the age of behavioral science. New York: Cambridge University Press, 2016.

SUZUKI, David. Un río va a la corte. *In*: BOYD, David. *Los derechos de la naturaleza*: una revolución legal que podría salvar al mundo. Bogotá: Fundación Heinrich Böll, 2020. Disponível em: https://co.boell.org/sites/default/files/2021-04/Derechos%20de%20la%20naturaleza%20Web.pdf. Acesso em 27 jun. 2023.

TAMANAHA, Brian Z. O primado da sociedade e as falhas do direito e desenvolvimento. (Trad. Tatiane Honório Lima. Revisão técnica de José Rodrigo Rodriguez). *Revista Direito Getúlio Vargas*, São Paulo, v. 6, n. 1, p. 191, jan./jun. 2010.

TARTUCE, Flávio. A lei da regularização fundiária (Lei nº 13.465/2017): análise inicial de suas principais repercussões para o direito de propriedade. *Pensar Revista de Ciências Jurídicas*, Fortaleza, v. 23, n. 3, p. 22, jul./set. 2018.

TEIXEIRA, Anderson Vichinkeski; SARAIVA, Bruno Cozza. O destino da humanidade como fatalidade: a crise ecológica como a dessacralização do habitar-morar na terra. *Revista Jurídica Unicuritiba*, Curitiba, v. 2, n. 47, p. 47-59, 2017. Disponível em: http://revista.unicuritiba.edu.br/index.php/RevJur/article/view/2064/1326. Acesso em 16 jun. 2023.

TELLES, Goffredo. *O povo e o poder*. São Paulo: Malheiros, 2003.

TEUBNER, Gunther. *Fragmentos constitucionais*: constitucionalismo social na globalização. São Paulo: Saraiva, 2016.

THALER, Richard H.; SUNSTEIN, Cass R. *Nudge*: como tomar melhores decisões sobe saúde, dinheiro e felicidade. (Trad. Ângelo Lessa). 1. ed. Rio de Janeiro: Objetiva, 2019.

THE EUROPEAN URBAN KNOWLEDGE NETWORK (EUKN). *The reference framework for sustainable cities (RFSC, 2015)*. [S. l.], 2015. Disponível em: http://rfsc.eu/wp-content/uploads/2016/03/30-objectives-1.pdf. Acesso em 3 jul. 2023.

THE INTERNACIONAL DISASTER DATABASE EM-DAT. Center for Research on the Epidemiology of Disasters (CRED). *Natural disasters report 1900-2011*. Louvain: Université Catholique de Louvain (UCLouvain), 2021. Disponível em: https://www.emdat.be/. Acesso em 5 jul. 2023.

THE WORLD BANK. The International Bank for Reconstruction and Development. *Governance and development*. Washington D.C., 1992. Disponível em: https://documents1.worldbank.org/curated/en/604951468739447676/pdf/multi-page.pdf. Acesso em 3 jul. 2023.

THOMAS, Vinod et al. *A qualidade do crescimento*. (Trad. Élcio Fernandes). São Paulo: Editora UNESP, 2002.

TRINDADE, Cançado; LEAL, César Barros (Coord.). *Direitos humanos e ambiente*. Fortaleza: Expressão Gráfica e Editora, 2017.

UNESCO. *Convention for the Safeguarding of the Intangible Cultural Heritage*. Paris, 17 oct. 2003. Disponível em: https://unesdoc.unesco.org/ark:/48223/pf0000132540. Acesso em 7 nov. 2022.

UNIÃO EUROPEIA. Carta dos Direitos Fundamentais da União Europeia. *Jornal Oficial das Comunidades Europeias*, [S. l.], 18 dez. 2000. Disponível em: https://www.europarl.europa.eu/charter/pdf/text_pt.pdf. Acesso em 30 jun. 2023.

UNIÃO EUROPEIA. *Cidades de amanhã*: desafios, visões e perspectivas. Bruxelas, 2011. Disponível em: https://ec.europa.eu/regional_policy/sources/docgener/studies/pdf/citiesoftomorrow/citiesoftomorrow_final_pt.pdf. Acesso em 5 jul. 2023.

UNITED CITIES AND LOCAL GOVERNMENTS. *European charter for the safeguarding of human rights in the city*. Saint-Denis, 2000. Disponível em: https://uclg-cisdp.org/sites/default/files/documents/files/2021-06/CISDP%20Carta%20Europea%20Sencera_baixa_3.pdf. Acesso em 2 jul. 2023.

UNITED NATIONS DEVELOPMENT PROGRAMME. *Environmental rule of law*: first global report. Nairobi, 2019. Disponível em: https://www.unep.org/resources/assessment/environmental-rule-law-first-global-report. Acesso em 27 jun. 2023.

UNITED NATIONS DEVELOPMENT PROGRAMME. *Human development report 2019*: Beyond income, beyond averages, beyond today. Inequalities in human development in the 21st century. [S. l.], 2019. Disponível em: http://hdr.undp.org/sites/default/files/hdr_2019_pt.pdf. Acesso em 5 jul. 2023.

UNITED NATIONS ECONOMIC COMMISSION FOR EUROPE (UNECE). *Convention on Access to Information, Public Participation in Decision-making and Access to Justice in Environmental Matters.* Done at Aarhus, Denmark, on 25 June 1998. Disponível em: https://unece.org/DAM/env/pp/documents/cep43e.pdf. Acesso em 5 jul. 2023.

UNITED NATIONS HUMAN RIGHTS. The General Assembly. *United Nations Millennium Declaration, A/RES/55/2, 8.9.2000.* Geneva, 2000. Disponível em: https://www.ohchr.org/EN/ProfessionalInterest/Pages/Millennium.aspx. Acesso em 27 jun. 2023.

UNITED NATIONS. *Addis Ababa Action Agenda of the Third International Conference on Financing for Development.* 2015. Disponível em: https://sustainabledevelopment.un.org/content/documents/2051AAAA_Outcome.pdf. Acesso em 30 set. 2022.

UNITED NATIONS. The human right to a clean, healthy and sustainable environment. *Promotion and protection of human rights*: human rights questions, including alternative approaches for improving the effective enjoyment of human rights and fundamental freedoms. Disponível em: https://documents-dds-ny.un.org/doc/UNDOC/GEN/N22/442/77/PDF/N2244377.pdf?OpenElement. Acesso em 12 jun. 2023.

UNITED NATIONS HUMAN SETTLEMENTS PROGRAMME (UN-Habitat). *The new urban agend*. Un-Habitat III. Nairobi: United Nations, 2016. Disponível em: https://unhabitat.org/sites/default/files/2020/12/nua_handbook_14dec2020_2.pdf. Acesso em 30 jun. 2023.

UNITED NATIONS OFFICE FOR DISASTER RISK REDUCTION. *Hyogo framework for action 2005-2015.* Hyogo, 2005. Disponível em: https://www.unisdr.org/2005/wcdr/wcdr-index.htm. Acesso em 5 jul. 2023.

UNITED NATIONS OFFICE FOR DISASTER RISK REDUCTION. *Report of the World Conference on Natural Disaster Reduction.* Yokohama, may 1994. Disponível em: https://www.undrr.org/publication/report-world-conference-natural-disaster-reduction-yokohama-23-27-may-1994. Acesso em 27 jun. 2023.

UNITED NATIONS. Climate Change. *Report of the Conference of the Parties on its twenty-seventh session, held in Sharm el-Sheikh, from 6 to 20 November 2022.* Addendum. Part two: Action taken by the Conference of the Parties at its twenty-seventh session. 2022. Disponível em: https://unfccc.int/documents/626561. Acesso em 18 jun. 2023.

UNITED NATIONS. Climate Chage. *Sharm-El-Sheikh Adaptation Agenda*: the global transformations towards adaptive and resilient development. November 2022. Disponível em: https://climatechampions.unfccc.int/wp-content/uploads/2022/12/SeS-Adaptation-Agenda_Complete-Report_COP27-.pdf. Acesso em 18 jun. 2023.

UNITED NATIONS. Climate Change. *Decision/CP.26 Glasgow Climate Pact*: The Conference of the Parties. Glasgow, 2021. Disponível em: https://unfccc.int/sites/default/files/resource/cop26_auv_2f_cover_decision.pdf. Acesso em 18 jun. 2023.

UNITED NATIONS. Committe on Economical, Social and Cultural Rights. *General comment nº 4*: the right to adequate housing (Art. 11, 1) of the Covenant. Geneva, 1991. Disponível em: https://www.refworld.org/pdfid/47a7079a1.pdf. Acesso em 5 jul. 2023.

UNITED NATIONS. Department of Economic and Social Affairs – DESA. *The sustainable development goals report 2020*. New York, 2020. Disponível em: https://unstats.un.org/sdgs/report/2020/The-Sustainable-Development-Goals-Report-2020.pdf. Acesso em 27 jun. 2023.

UNITED NATIONS. *Development programme*. Reconceptualizing governance. New York, 1997. Disponível em: https://digitallibrary.un.org/record/268781?ln=en. Acesso em 3 jul. 2023.

UNITED NATIONS. Digital Library. *Johannesburg Declaration on Sustainable Development and Plan of Implementation of the World Summit on Sustainable 2002*. New York, 2003. Disponível em: https://digitallibrary.un.org/record/499757. Acesso em 27 jun. 2023.

UNITED NATIONS. *Documentos temáticos da Habitat III*: 21 – Cidades Inteligentes. Nova Iorque, 2015. Disponível em: https://uploads.habitat3.org/hb3/21-Cidades-Inteligentes_final.pdf. Acesso em 3 jul. 2023.

UNITED NATIONS. *Framework Convention on Climate Change, COP 18*. Doha, 2012. Disponível em: https://unfccc.int/resource/docs/2012/cop18/spa/08a01s.pdf. Acesso em 27 jun. 2023.

UNITED NATIONS. General Assembly. Human Rights Council Fortieth session, 2019. A/HRC/40/55. *Issue of human rights obligations relating to the enjoyment of a safe, clean, healthy and sustainable environment*. [S. l.], 2019. Disponível em: https://undocs.org/en/A/HRC/40/55. Acesso em 2 jul. 2023.

UNITED NATIONS. *Report of the Special Rapporteur on contemporary forms of racism, racial discrimination, xenophobia and related intolerance on ecological crisis climate justice and racial justice*. 25 oct. 2022. Disponível em: https://www.ohchr.org/en/documents/thematic-reports/a772990-report-special-rapporteur-contemporary-forms-racism-racial. Acesso em 10 nov. 2022.

UNITED NATIONS. General Assembly. *Transforming our world*: the 2030 agenda for sustainable development. [S. l.], 15 oct. 2015. Disponível em: https://www.un.org/en/development/desa/population/migration/generalassembly/docs/globalcompact/A_RES_70_1_E.pdf. Acesso em 27 jun. 2023.

UNITED NATIONS. Human Rights Council. Forty-eighth session. A/HRC/48/L.23. *Promotion and protection of all human rights, civil, political, economic, social and cultural rights, including the right to development*. [S. l.], sept./oct. 2021. Disponível em: https://documents-dds-ny.un.org/doc/UNDOC/GEN/G21/289/53/PDF/G2128953.pdf?OpenElement. Acesso em 20 ago. 2023.

UNITED NATIONS ENVIRONMENT PROGRAMME – UNEP. *Conference of the parties to the convention on biological diversity*. Montreal, Canada, 7-19 dec. 2022. Disponível em: https://www.cbd.int/doc/decisions/cop-15/cop-15-dec-01-en.pdf. Acesso em 14 jan. 2023.

UNITED NATIONS. *Report of the United Nations Conference on the human Enviroment*. Stockholm, 5-16 jun. 1972. Disponível em: https://www.un.org/ga/search/view_doc.asp?symbol=A/CONF.48/14/%20REV.1. Acesso em 30 jun. 2023.

UNITED NATIONS. *Resolution adopted by the General Assembly, 2009. A/RES63/278, International Mother Earth Day*. [S. l.], 2009. Disponível em: https://documents-dds-ny.un.org/doc/UNDOC/GEN/N08/487/47/PDF/N0848747.pdf?OpenElement. Acesso 30 jun. 2023.

UNITED NATIONS. *Rio+20, United Nations Conference on Sustainable Devlopment*: the future we want. Jun. 2012. Disponível em: http://www.rio20.gov.br/documentos/documentos-da-conferencia/o-futuro-que-queremos/at_download/the-future-we-want.pdf. Acesso em 27 jun. 2023.

UNITED NATIONS. *Sendai framework for disaster risk reduction 2015–2030*. Novo Iorque, 2015. Disponível em: https://www.preventionweb.net/files/43291_sendaiframeworkfordrren.pdf. Acesso em 2 jul. 2023.

UNITED NATIONS. *The millenium development goals report 2015*. New York, 2015. Disponível em: https://www.un.org/millenniumgoals/2015_MDG_Report/pdf/MDG%20 2015%20rev%20(July%201).pdf. Acesso em 27 jun. 2023.

UNITED NATIONS. *Transforming our world*: the 2030 Agenda for Sustainable Development. A/RES/70/1. New York, 2015. Disponível em: https://undocs.org/en/A/RES/70/1. Acesso em 27 jun. 2023.

UNITED NATIONS. *United Nations Conference on Environment and Development (UNCED), Earth Summit*. Rio de Janeiro, 1992. Disponível em: https://sustainabledevelopment.un.org/milestones/unced. Acesso em 27 jun. 2023.

UNITED NATIONS. United Nations Conference on Human Settlements (Habitat II). *Report of the United Nations conference on human settlements (habitat II)*. Istanbul, Turkey, 1996. Disponível em: https://undocs.org/en/A/CONF.165/14. Acesso em 30 jun. 2023.

UNITED NATIONS. United Nations Development Programme. *Corruption and good governance*. New York, 1997. Disponível em: https://digitallibrary.un.org/record/1491472?ln=en. Acesso em 3 jul. 2023.

UNITED NATIONS. *World Charter for Nature, A/RES/377*. [S. l.], 1982. Disponível em: https://digitallibrary.un.org/record/39295#record-files-collapse-header. Acesso em 27 jun. 2023.

UNITED STATES. *US Case Law*. New York, 2021. Disponível em: https://law.justia.com/cases/. Acesso em 5 jul. 2023.

UNIVERSIDADE DE LISBOA. Faculdade de Medicina. As epidemias e as pandemias na história da humanidade. *News Fmul*, Lisboa, n. 99, mar. 2020. Disponível em: https://www.medicina.ulisboa.pt/newsfmul-artigo/99/epidemias-e-pandemias-na-historia-da-humanidade. Acesso em 6 jul. 2023.

VASCONCELOS, Pedro de Almeida. Contribuição para o debate sobre processos e formas socioespaciais nas cidades. *In*: VASCONCELOS, Pedro de Almeida; CORRÊA, Roberto Lobato; PINTAUDI, Silvana Maria (Org.). *A cidade contemporânea*: segregação espacial. 1. ed. 2. reimpr. São Paulo: Contexto, 2018.

VÊNANCIO, Maria Demaria. Estado de direito ecológico e agroecologia: repensando o direito ambiental rumo à sustentabilidade. *In*: LEITE, José Rubens Morato; DINNEBIER, Flávia França (Org.). *Estado de direito ecológico*: conceito, conteúdo e novas dimensões para a proteção da natureza. São Paulo: Instituto O Direito por um Planeta Verde, 2017.

VERA, Felipe *et al*. *Diseño ecológico*: estrategias para la ciudad vulnerable: infraestructuras verdes urbanas y espacio público en América Latina y Caribe. Banco Interamericano de Desarrollo (BID), 2022.

VERGOTTINI, Giuseppe. Ordem pública. *In*: BOBBIO, Norberto; MATTEUCI, Nicola; PASQUINO, Gianfranco (Org.). *Dicionário de política*. 11. ed. Brasília, DF: Universidade de Brasília, 1998.

VILLAC, Teresa. *Licitações Sustentáveis no Brasil*: um breve ensaio sobre ética ambiental e desenvolvimento. 1. ed. Belo Horizonte: Fórum, 2019.

VILLAÇA, Flávio. Uma contribuição para a história do planejamento urbano no Brasil. *In*: DEÁK, Csaba; SCHIFFER, Sueli Ramos (Org.). *O processo de urbanização no Brasil*. São Paulo: Editora da Universidade de São Paulo, 1999.

VILLAÇA, Flávio. Uma contribuição para a história do planejamento urbano no Brasil. *In*: DEÁK, Csaba; SCHIFFER, Sueli Ramos (Org.). *O processo de urbanização no Brasil*. São Paulo: Editora da Universidade de São Paulo, 2010.

WEDY, Gabriel. A ação civil pública de acordo com a doutrina e jurisprudência. *In*: MILARÉ, Édis (Coord.). *Ação civil pública após 35 anos*. 1. ed. São Paulo: Thomson Reuters Brasil, 2020.

WEDY, Gabriel. *Desenvolvimento sustentável na era das mudanças climáticas*: um direito fundamental. São Paulo: Saraiva, 2018.

WEDY, Gabriel. *Litígios climáticos*: de acordo com o direito brasileiro, norte-americano e alemão. Salvador: JusPodivm, 2019.

WEDY, Gabriel; FERRI, Giovani. Mudanças climáticas e migrações ambientais no cenário contemporâneo. *RDA – Revista de Direito Ambiental*, São Paulo, v. 106, p. 255-282, 2022.

WEDY, Gabriel; FERRI, Giovani. O papel do Poder Judiciário e do Ministério Público nos litígios climáticos. *Revista Magister de Direito Ambiental e Urbanístico*, Porto Alegre, a. XVI, v. 96, p. 115-142, jun./jul. 2021.

WEDY, Gabriel. *O princípio constitucional da precaução como instrumento de tutela do meio ambiente e da saúde pública*. 2. ed. São Paulo: Fórum, 2017.

WEISS, Edith Brown. Climate change, intergenerational equity & int'l law. *Vermont Journal of Environmental Law*, [S. l.], n. 9, p. 620, 2008.

WEISS, Edith Brown. *Un mundo justo para las futuras generaciones*: derecho internacional, patrimonio común y equidad intergeracional. (Trad. Máximo Gowland). Madrid: Ediciones Mundi-Prensa, 1999.

WEYERMÜLLER, André Rafael. *Água e adaptação ambiental*: o pagamento pelo seu uso como instrumento econômico e jurídico de proteção. Curitiba: Juruá, 2004.

WEYERMULLER, André Rafael. *Refugiados na Alemanha*: história, direitos humanos e adaptação. 2. ed. rev. e ampl. Curitiba: Appris, 2021.

WOLKMER, Antônio Carlos. *Pluralismo jurídico*: fundamentos de uma nova cultura no direito. 3. ed. São Paulo: Alfa Ômega, 2001.

WOLKMER, Antônio Carlos. Ética da sustentabilidade e direitos da natureza no constitucionalismo latino-americano. *In*: LEITE, José R. Morato; PERALTA, Carlos E. (Orgs.). *Perspectivas e desafios para a proteção da biodiversidade no Brasil e na Costa Rica*. [S. l.]: Instituto o Direito por um Planeta Verde, 2014.

ZURBRIGGEN, Cristina. Gobernanza: una mirada desde América Latina. *Perfiles Latinoamericanos*, México, v. 19, n. 38, p. 40, 2011. Disponível em: http://www.scielo.org.mx/pdf/perlat/v19n38/v19n38a2.pdf. Acesso em 3 jul. 2023.

Esta obra foi composta em fonte Palatino Linotype, corpo 10
e impressa em papel Chambril Avena 70g (miolo) e
Supremo 250g (capa) pela Gráfica Star7.